中国社会科学院创新工程学术出版资助项目

中国社会科学院马克思主义理论
学科建设与理论研究工程系列丛书

资本主义向何处去？

当前西方社会矛盾与社会主义运动新发展

于海青　刘淑春　邢文增　宋丽丹　李凯旋　著

中国社会科学出版社

图书在版编目(CIP)数据

资本主义向何处去？：当前西方社会矛盾与社会主义运动新发展/于海青等著. —北京：中国社会科学出版社，2017.2
（中国社会科学院马克思主义理论学科建设与理论研究工程系列丛书）
ISBN 978-7-5203-0487-0

Ⅰ.①资… Ⅱ.①于… Ⅲ.①资本主义社会—矛盾—研究②资本主义国家—国际共产主义运动—研究 Ⅳ.①D033.3②D1

中国版本图书馆 CIP 数据核字（2017）第 104357 号

出 版 人	赵剑英
责任编辑	刘 艳 徐沐熙
责任校对	陈 晨
责任印制	戴 宽

出　　版	中国社会科学出版社
社　　址	北京鼓楼西大街甲 158 号
邮　　编	100720
网　　址	http://www.csspw.cn
发 行 部	010-84083685
门 市 部	010-84029450
经　　销	新华书店及其他书店
印　　刷	北京明恒达印务有限公司
装　　订	廊坊市广阳区广增装订厂
版　　次	2017 年 2 月第 1 版
印　　次	2017 年 2 月第 1 次印刷
开　　本	710×1000 1/16
印　　张	24
插　　页	2
字　　数	401 千字
定　　价	108.00 元

凡购买中国社会科学出版社图书，如有质量问题请与本社营销中心联系调换
电话：010-84083683
版权所有　侵权必究

前　　言

以毛泽东、邓小平、江泽民为核心的党的三代领导集体和以胡锦涛同志为总书记的党中央始终高度重视党的理论工作，重视全党对马克思主义理论的学习和研究工作。十八大以来，以习近平同志为总书记的党中央更是把意识形态工作作为党的一项极端重要的工作来抓。

2004年1月，《中共中央关于进一步繁荣发展哲学社会科学的意见》下发，并决定实施马克思主义理论研究和建设工程。为贯彻落实党中央关于把中国社会科学院努力建设成为马克思主义坚强阵地、党和国家的思想库智囊团（智库）、哲学社会科学的最高殿堂的要求，中国社会科学院党组采取了一系列重要措施。2009年初成立了中国社会科学院马克思主义理论学科建设与理论研究工程领导小组。小组成立后，一方面注重抓好马克思主义理论学科组织机构的建设，设立马克思主义理论类别的研究室和中心等；另一方面注重马克思主义基础理论研究。

为了推进马克思主义基础理论研究，中国社会科学院从2010年起陆续推出的"马克思主义理论学科建设与理论研究系列丛书"，包括"马克思主义经典作家专题摘编系列"、"马克思主义专题研究文丛系列"、"马克思主义基础理论研究系列"等。"马克思主义基础理论研究系列"是马克思主义及其中国化理论研究的专门论著，该系列论著的推出，将有助于马克思主义话语体系的构建和马克思主义话语权的巩固。

中国社会科学院马克思主义理论学科建设
与理论研究工程领导小组
2015年1月

目 录

序言 …………………………………………………………………… (1)

上篇 国际金融经济危机后西方社会矛盾冲突新变化

第一章 反抗运动迭起
　　——西方世界社会矛盾凸显 ……………………………… (3)
　第一节 席卷欧美地区的罢工潮 ………………………………… (3)
　第二节 经济危机下海外青年抗议浪潮高涨 …………………… (25)
　第三节 从"愤怒者"运动到"占领华尔街"：西方反建制运动
　　　　　勃兴 ……………………………………………………… (44)
　第四节 边缘性政党崛起及其对西方政治的冲击 ……………… (55)

第二章 探讨社会矛盾问题的思想理论线索 ……………………… (63)
　第一节 马克思主义经典作家的社会矛盾思想 ………………… (63)
　第二节 马克思恩格斯的公平观与当前西方社会矛盾 ………… (71)
　第三节 西方马克思主义学者的资本主义危机与社会矛盾
　　　　　理论 ……………………………………………………… (77)
　第四节 美国学界关于社会不平等的左右之争 ………………… (83)

第三章 西方社会矛盾冲突个案解析 …………………………… (98)
　第一节 南欧地区社会矛盾激化与发展困境 …………………… (98)
　第二节 美国社会矛盾的发展与特点 …………………………… (112)
　第三节 西方"中产阶级"危机的真相 ………………………… (123)
　第四节 欧洲移民问题剖析
　　　　　——以意大利为例 ……………………………………… (139)

第四章 西方社会矛盾冲突深层透视 …………………………（156）
- 第一节 西方政府反危机措施是社会矛盾加剧的推手 ………（156）
- 第二节 经济金融化激化资本主义内在矛盾 …………………（165）
- 第三节 民粹主义兴起彰显欧洲福利国家与民主政治困境 …（171）
- 第四节 美国总统选举折射的种族矛盾与民主危机 …………（176）

下篇 资本主义危机与社会主义未来

第五章 国外共产党视野中的国际金融经济危机 ……………（187）
- 第一节 国外共产党对经济危机的认识与主张 ………………（187）
- 第二节 南欧共产党的反紧缩斗争及对相关问题的思考 ……（200）
- 第三节 瑞典共产党人关于经济危机等问题的看法 …………（214）

第六章 国外共产党对资本主义与社会主义问题的新思考 …（223）
- 第一节 国外共产党论资本主义制度危机与社会主义未来 …（223）
- 第二节 发达国家共产党基于公平正义思想的资本主义
  批判 ……………………………………………………（243）
- 第三节 西方共产党解析当前资本主义阶级问题 ……………（260）
- 第四节 美国共产党发起"社会主义"大讨论 …………………（271）

第七章 国外社会主义运动的新动向 …………………………（285）
- 第一节 世界共产党的发展现状与走向 ………………………（285）
- 第二节 "共产主义运动的今天与明天"
  ——国外共产党论世界局势、国际共运战略等问题 …（307）
- 第三节 金融危机下美国共产党与工会运动的新发展 ………（316）
- 第四节 意大利共产党的碎片化及其发展前景 ………………（324）
- 第五节 法国左翼阵线的演进、问题与困境 …………………（337）

结语 ………………………………………………………………（347）

参考文献 …………………………………………………………（359）

图 目 录

图1.1　国际金融经济危机下欧美一些国家的罢工统计数据 ……… (5)
图1.2　2012年4月欧美主要国家失业率（%） ……………………… (11)
图1.3　2011年全球年轻人失业率前十位的国家 ………………… (35)
图3.1　南北欧主要国家失业率（2006—2013，%） ……………… (106)
图3.2　南欧主要国家10%最富群体与其他90%人群的平均
　　　收入比（18—65岁） …………………………………………… (107)
图3.3　南欧主要国家存在贫困风险的人口比例（%） …………… (107)
图3.4　主要国家代际收入弹性 ……………………………………… (118)
图3.5　意大利外籍移民数量（1970—2013年） …………………… (141)
图3.6　金融危机前后意大利GDP、CPI增长率和失业率 ……… (142)
图3.7　金融危机前后意大利失业率 ………………………………… (144)
图3.8　意大利人与移民的半失业比例 ……………………………… (145)
图3.9　意大利人和移民学历过剩者比例 …………………………… (145)
图3.10　意大利人和外籍移民月均收入对比（欧元） ……………… (148)
图7.1　意重建共党党员人数统计（1991—2015年） ……………… (326)
图7.2　意大利共产党人党党员人数统计（1999—2015年） ……… (328)

序　　言

2008年，一场始料未及却又带有某种必然性的金融危机横扫全球。世界主要经济体受到冲击，尤其是引爆危机的发达资本主义国家"领头羊"——美国更是遭到经济重创。2010年，金融危机的阴霾尚未消散，欧洲主权债务危机又悄然而至，以"欧猪"五国（PIIGS，包括葡萄牙、爱尔兰、意大利、希腊和西班牙）为代表的欧盟区国家陷入债务问题的困扰。在主权债务危机的直接影响下，欧洲经济发展停滞，就业市场萎靡，物价不断上涨，购买力持续下降，陷入了二战后最严重的经济衰退状态。经济危机反过来很快就诱发了社会政治危机，欧美主要资本主义国家出现了近几十年间罕见的社会动荡。各种形式的反紧缩罢工抗议连绵不断，高潮迭起；从"愤怒者"运动、"占领华尔街"到"黑夜站立"，捍卫民众基本权利、呼吁进行政治变革的群众性反抗运动此起彼伏，接连发生；传统政党反危机举措失灵，招致民怨沸腾，支持率下滑，面临政治代表性危机，希腊激进左翼联盟、西班牙"我们能"党、法国国民阵线和代表美国共和党上台执政的特朗普等左、右翼民粹主义政治力量顺势兴起；欧洲一些国家不断遭受恐怖袭击，移民危机爆发，种族主义、排外主义抬头；继英国"脱欧"之后，意大利第一大党民主党主导的修宪公投失败，使得欧洲一体化前景暗淡……短短几年间，发达资本主义国家的社会矛盾和冲突激烈迸发。人们不禁会问，资本主义到底是怎么了？

我们对金融危机后资本主义社会矛盾和冲突的关注始于2011年。是年末，时任中国社会科学院常务副院长的王伟光同志到马克思主义研究院进行工作调研。他在调研后强调指出，研究国际共产主义运动和国外马克思主义，需要结合资本主义的最新发展情况，对国际金融危机、"占领华尔街"、欧洲工人运动等重大问题和事件进行跟踪调研，通过理论与现实的结合创新马克思主义。根据这一工作指示，社会科学院"马工程"办公室委托马克思主义研究院积极开展"国际金融经济危机与当代资本主义社会矛盾"的专题研究。为此，我们成立了课题组，通过实地考察、与国外相关领域专家学者建立联系并进行学术对话、查阅一手研究资料等方式，专门就危机后资本主义社会矛盾和冲突的新发展、新变化进行跟踪研究，围绕危机背景下资本主义社会矛盾的现状，社会矛盾发展变化的根源、特点、趋势等进行深入思考和理论分析，写作了十余篇高质量的研究报告上报相关部门。2014年11月22日，我们召开课题结项会。与会专家对项目成果给予了高度评价，认为相关研究报告聚焦当前西方社会实践与理论发展的热点和难点问题，所探讨的很多问题都是具有普遍性但却没有得到理论界重视的问题。同时，与会专家也提出应该继续进行深入研究，紧紧抓住当代资本主义的新特点、新变化，利用多学科、跨学科研究方法，提升理论分析力度和说服力。根据专家建议，近两年来我们课题组多次进行集体攻关，在已有成果的基础上不断调整研究视角、扩充研究框架、丰富研究内容，经过课题组成员的共同努力，我们最终完成了这部凝结着集体智慧的研究专著。

本书的框架构建主要基于两个方面的考虑。一是围绕"资本主义怎么了"这一主题，对当前西方社会矛盾冲突进行解读，致力于说明金融危机后资本主义社会矛盾冲突出现了哪些新的变化？具有代表性的国家和地区社会矛盾的表现特点、形式有哪些？导致资本主义社会矛盾凸显的根本原因到底是什么？二是围绕"资本主义向何处去"，分析当前西方社会主义运动的新发展，尝试阐明在资本主义发生危机以及社会矛盾冲突日益激烈的背景下，西方共产党人为捍卫民众利益、推动社会进步、实现自身发展进行了哪些努力和斗争？针对资本主义危机和社会冲突，他们提出了哪些新的思想和理论？各国共产党当前面临着哪些发展机遇和挑战？通过这一部分的阐释，我们力图勾勒西方共产党在经济危机后相对活跃的发展态势，并展望团结社会主义力量、推动社会主义走出低谷、迎来新的发展高潮的未来前景。

根据这一思考，全书设计为上、下两篇。上篇通过四个章节的阐释，着重分析国际金融经济危机后西方社会矛盾冲突的新情况和新特点。这一部分以我们前期完成的十余份研究报告为基础，并根据近两年资本主义社会矛盾冲突发展的新情况进行了内容扩充。第一章是对危机后西方反抗运动发展动态的梳理和解读。分别考察了国际金融危机爆发以来，欧美罢工潮的发生、发展、起因、特点、影响及面临的挑战；蓬勃兴起的青年抗议浪潮的发生特点、形成高涨态势的直接原因和根本原因、造成的社会影响与发展趋势；以"愤怒者"运动和"占领华尔街"为代表的群众性反建制运动的勃兴，其与西方历史上的群众性反抗运动，尤其是全球正义运动的联系，以及宏观视野下西方群众性反抗运动的连续性与发展趋势；欧洲激进左右翼政党以及议题性政党等边缘性政党的迅速崛起，其兴起的原因及对西方政治的冲击和挑战。本章是对危机下西方社会冲突激化之表象的白描式解析，力图对当前西方社会矛盾发展变化的整体状况提供感性认知，同时也为接下来的深入分析和论述建立基础。

第二章侧重于理论线索的阐释和考察。第一节梳理了马克思主义经典作家，尤其是马克思、恩格斯、列宁的社会矛盾思想，以为下文的分析、论述奠定思想和方法论基础。第二节聚焦马克思、恩格斯的公平观，并以此为理论依据深入探讨当代资本主义表面公平背后隐藏的不公平现象。第三节关注西方马克思主义学者的危机和社会矛盾理论，其相关思考有助于我们拓展思路、深化认识。第四节着眼于美国保守派和自由派学者在社会不平等问题上的争论，尝试说明这一论战是当前资本主义社会矛盾激化的反映，而当前西方左右翼提出的各种换汤不换药的、缓解社会冲突的方案，并不能从根本上解决资本主义面临的问题和矛盾。

第三章是对当前西方社会矛盾冲突的个案探讨。本部分选取了两个典型地区和国家、一个典型社会群体、一种典型社会现象进行深入分析。南欧是受本次经济危机影响最严重的地区。第一节从罢工、青年抗议、移民抗争等层面考察了南欧社会矛盾冲突激化的表现，立足于南北欧的发展差异，探讨南欧劳资矛盾激化的原因及其在政治社会层面产生的重要影响。第二节关注金融危机的发源地——美国，从工人阶级贫困化、统治阶级社会基础弱化、社会体制难以满足民众需求、工人组织性削弱等具体方面深入阐释了美国社会矛盾激化的表现。第三节具体考察受危机冲击最严重的社会阶层，即西方"中产阶级"的危机，尝试揭示中产阶级身为无产阶级的本质，及其危机与金融资本统治的必然联系。第四节以意大利为例，思考作为当前欧洲重要社会现象的移民问题，透视意大利劳工恶劣的生活状况及其在危机中开展的抗争活动，分析其发生的原因及影响。

第四章尝试从不同视角观察西方社会矛盾冲突激化的成因。第一节以2008年金融危机以来，西方各国政府采取的反危机举措为切入点，提出各种反危机举措，更多考虑的是大资本，尤其是金融垄断资本的利益，进一步削减民众的福利，将危机的后果转嫁到普通民众身上，从而导致西方国家的社会矛盾更加凸显。第二节专题评析资本主义世界的经济金融化，认为经济金融化是诱发资本主义经济危机的根源，而危机以来各种金融改革并未遏制经济金融化的发展，因此必将继续加剧资本主义的经济动荡。第三节探讨欧洲近年来兴起的民粹主义风潮，从欧洲福利国家的发展困境和自由民主政治的发展危机两个层面阐释了民粹主义兴起的影响。第四节从分析2016年美国总统大选以及特朗普的当选出发，揭示了当前美国社会固化的种族主义矛盾和冲突以及全民民主外衣下推行的金钱政治的本质。

下篇是对金融危机以来西方国家社会主义运动新实践、新理论、新态势的阐释和评析。这一部分与前文对西方社会矛盾的解析相互呼应。第五章是对金融危机以来国外共产党理论与斗争实践的概括和总结。第一节主要关注危机爆发之初国外共产党所进行的斗争，对危机进行的理论分析及其摆脱危机的策略主张。即使在危机发生8年之后，这些思考对于我们理解当前资本主义的困境仍然具有启发意义。第二节是对欧债危机爆发后南欧地区共产党的斗争与理论观点的评介。由于该地区是这场资本主义危机的重灾区，因此南欧四国共产党的理论和实践尤其具有代表性。同时，本节还专门对希腊共产党在危机中提出的反资本主义斗争应注意的几个重要观点进行了梳理。第三节探讨了瑞典共产党人的危机理论和政策主张。相比该国的社会民主主义力量，瑞典的共产主义运动较为弱小。它代表了发达地区的一些小党在相关问题上的看法和主张，有利于我们整体认识和把握西方社会主义运动的发展状况。

第六章探讨了国外共产党在资本主义和社会主义这两个重要问题上的认识和看法。第一节概述了国外共产党金融危机以来阐释资本主义制度危机以及社会主义运动结盟、发展出路和前景的基本主张。第二节立足发达国家共产党的公平正义观，探讨了各国党对资本主义非正义性的批判，以及社会主义作为公平正义社会制度之替代选择的必要性。第三节关注西方共产党在阶级问题上的基本观点，指出各国党认识到当前资本主义阶级结构总体上并没有发生大的改变，发达国家工人阶级存在阶级意识淡弱和内部分隔问题，而把议会内外斗争有机结合起来将是共产党走出困境的关键。第四节围绕2016年美国总统大选中因由桑德斯提出的"民主社会主义"论而在美国社会引发的"社会主义"热，梳理总结了美国共产党针对主流舆论的反社会主义论调发起的社会主义大讨论。美国共产党人和左派知识分子、社会活动家积极开展意识形态斗争，批驳错误观点，深入探讨社会主义的真正含义、本质特征及其实现途径等问题，对于澄清以及深化在社会主义问题上的理解和认识具有积极意义。

第七章是对当前国外共产党发展现状的扫描和分析。第一节对苏东剧变至今世界共产党的演变、当前发展态势及面临的挑战进行整体概述，提出尽管剧变后世界共产主义力量严重削弱，但仍保持着一定的组织基础，各国党也在重新进行理论反思和战略调整，目前出现了局部复苏态势，但困难仍然很大，挑战仍然严峻。第二节以俄罗斯共产党主办的2012年国际论坛为例，阐发了各国共产党在国际共产主义运动命运攸关的战略策略问题上的重要看法。第三节结合作者访美经历，对美国共产党和工会运动的最新发展状况进行了介绍和评析。第四节关注意大利共产主义运动的新发展、新实践，深入探讨意大利共产主义政党和激进左翼运动碎片化的成因，以及两个主要共产党为克服碎片化，建立统一的组织而付出的努力及其面临的问题。第五节聚焦以共产党、左翼党为代表的法国激进左翼运动，以左翼阵线的演进和存在的问题为论述逻辑，阐释了法国社会主义运动的困境与发展前景。

结语部分是全文的落脚点，在综合解析金融危机给社会主义运动带来的机遇的基础上，对危机以来西方社会主义运动的发展给予充分肯定，但也强调当前社会主义运动仍然面临巨大挑战，呼吁世界社会主义力量团结起来，为推动世界社会主义运动走出低谷贡献力量。

本书具体分工如下（以章节排列为序）：于海青写作前言，第一章第一节（部分）、第三节、第四节，第二章第四节，第五章第一节（部分）、第二节，第六章第二节、第四节，第七章第五节，结语（部分），以及负责提纲设计、全书统稿、参考文献整理等；宋丽丹写作第一章第二节，第三章第三节，第四章第四节，第六章第一节；韩禄写作第二章第一节；邢文增写作第一章第一节（部分），第二章第二节，第四章第一节、第二节；雷晓欢写作第二章第三节；李凯旋写作第三章第一节、第四节，第四章第三节，第五章第三节，第六章第三节，第七章第四节；[美]瓦迪·哈拉比写作第三章第二节（邢文增译）；刘淑春写作第五章第一节（部分）、第七章第一节、第二节、第三节，结语（执笔）。

本书写作的目的，是希望能够给关注资本主义发展走向以及世界社会主义前途命运的人们提供一些具有启发意义的思考。但因涉及国家较广、内容较多，难免存在疏漏，恳请学界同仁和广大读者批评指正。

上 篇

国际金融经济危机后西方社会矛盾冲突新变化

第一章　反抗运动迭起
——西方世界社会矛盾凸显

2008年爆发的国际金融危机,是近年来西方政治社会大变动的导火索。受危机直接影响,被一度经济繁荣所掩盖的社会矛盾剧烈迸发出来,导致资本主义的社会冲突和对抗呈现出第二次世界大战后罕见的激烈状态。为应对经济和社会政治危机,西方各国政府采取了一系列措施,但传统的运作方式明显失灵,治理手段失效,使得内部矛盾和冲突如滚雪球般越积越多。用萨米尔·阿明(Samir Amin)的话来说,"新自由主义体系无可避免地发生了内爆"①。本部分主要选取具有代表性的罢工运动、青年抗议运动、群众性社会反抗运动以及边缘性政党兴起等现象,来描述西方社会矛盾冲突的新发展、新变化及其对资本主义带来的巨大冲击和影响。

第一节　席卷欧美地区的罢工潮

国际金融危机爆发后,罢工运动在遭受危机重创的欧美地区此起彼伏、绵延不断。2008—2011年,是罢工运动最为激烈的一段时期,构成了近20年来对西方世界冲击和影响最大的一轮罢工斗争浪潮。在这次罢工潮中,不同地区和国家既存在一些具有共性的发生规律,也体现出诸多反映各国政治、经济和社会明显不同的发展特点。此外,以欧美各国共产党及其工会为代表的激进左翼组织和力量,对推动危机下罢工运动的发展壮大也起到了一定的积极作用。

---

① Samir Amin, "The Election of Donald Trump", Nov. 30, 2016, http://mrzine.monthlyreview.org/2016/amin301116.html.

一　国际金融危机以来欧美地区的罢工潮

国际金融危机发生后，伴随着欧美各国经济衰退、失业率持续攀升以及劳资矛盾的激化，各种形式的罢工运动迅速发展起来。从总体上看，资本主义危机下发生的这些罢工运动，在波及范围、斗争强度以及社会影响等方面均创下了各国近年抗议斗争的最高水平。但由于危机对各地区影响程度的不同，危机的破坏性影响出现的时间也前后有别，各国（不同年份）的罢工频率和规模存在较大差异，如图1.1所示。

意大利、西班牙、葡萄牙和希腊等南欧四国，是这次资本主义危机的重灾区，其罢工和反抗斗争在各地区中表现得最为激烈。据意大利公共管理和精简部的统计，意大利在2008年宣称要进行的罢工多至2195起，而实际举行的罢工达到了856起，其中全国总罢工84起，较2007年的731起增长了17%。①2009年的全国总罢工有87起，2010年达到128起，2011年则降至101起。②西班牙2008年至2011年的罢工总数分别为810起、1001起、984起和777起；全国总罢工分别为42起、20起、35起和30起。③虽然由于各种原因，希腊和葡萄牙④的官方统计数据难以寻觅，但从相关罢工的报道频率及规模看，两国金融危机后的罢工运动蔚为壮观。在希腊，百万人以上的全国罢工频繁上演，各种形式的小规模罢工也接连不断。仅2011年下半年至2012年上半年，就发生了10余次全国性大罢工。

在西欧和北欧地区，罢工运动的发展很不平衡，其总体发生频率与各国经济状况存在很大联系。在一些经济形势较好的国家，危机下的罢工与以往相比没有出现较大变化。比如在荷兰，2001—2011年共发生了200余

---

① http：//www.funzionepubblica.gov.it/la-struttura/funzione-pubblica/attivita/informativa-sugli-scioperi-nazionali/s.

② http：//www.corriere.it/economia/09_febbraio_26/martone_numeri_scioperi_stagione_2008_c0db3b82-03f4-11de-8e80-00144f02aabc.shtml.

③ http：//www.empleo.gob.es/estadisticas/hue/welcome.htm.

④ 据葡萄牙"战略与计划办公室"网站上的信息显示，由于罢工统计方法在进行修改，2008年后葡萄牙的罢工统计缺失，参见http：//www.gep.msss.gov.pt/estatistica/greves/index.php。希腊的相关数据经各种方式均难找到。

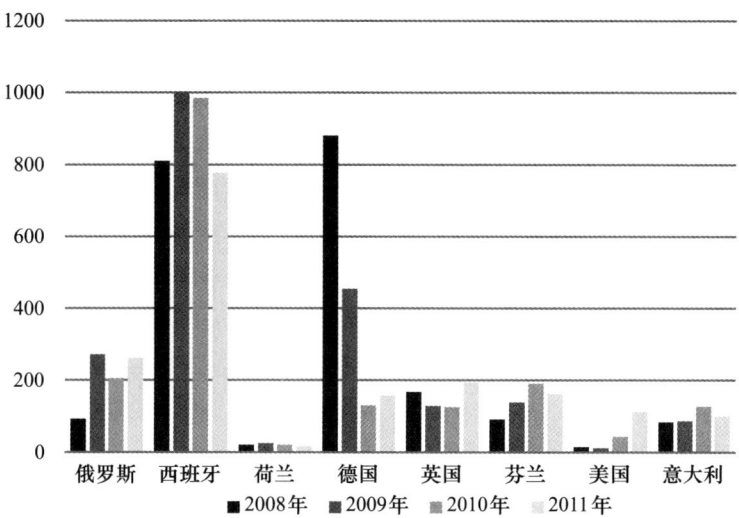

图 1.1　国际金融经济危机下欧美一些国家的罢工统计数据

注：本图表依据各国统计数据绘制。其中美国为 1000 人以上的罢工数，意大利为全国罢工数。

起罢工，2008—2011 年分别发生了 21 起、25 起、21 起、17 起。① 在一些国家，随着经济状况逐渐好转，罢工运动呈递减趋势。比如在德国，2008—2011 年的罢工数分别是 881 起、454 起、131 起和 158 起。其中 2008 年最高，仅次于 2002 年的 938 起。② 危机下英国的罢工总数较危机前没有显著增加，2008—2011 年分别是 168 起、130 起、127 起和 194 起，但以损失工作天数和参与工人数为计算标准的大规模罢工却呈增长态势。英国统计局的数字显示，2011 年 11 月全国大罢工后，英国单月参与罢工的工人达到 114 万，共损失将近 10 万个工作天数，创 20 世纪 90 年代以来单月最高纪录。③ 在以热衷罢工著称的法国，危机下的罢工热情依然高涨。法国统计局 2012 年 2 月的分析报告指出，拥有 10 名员工以上的法国企业在 2008 年和 2009 年经历一次以上罢工的比例分别为 2.4% 和 2.2%。其中

---

① http：//www.cbs.nl/en-GB/menu/themas/arbeid-sociale-zekerheid/publicaties/artikelen/archief/2011/2011-3362-wm.htm.
② http：//www.arbeitsagentur.de/nn_426332/EN/Navigation/Startseite/Englisch-Nav.html.
③ http：//www.ons.gov.uk/ons/rel/lms/labour-market-statistics/january-2012/statistical-bulletin.html#tab-Labour-disputes-not-seasonally-adjusted-，这是官方统计数据，也有工会称参加人数达到 200 多万。

2009年，500人以上大公司的罢工比例高达40%。① 在北欧一些传统福利国家，危机后罢工总数也有明显增长。比如在芬兰，2008—2011年的罢工数分别为92起、139起、191起和163起。②

在东欧地区，罢工运动总体呈现上升趋势。在波兰，2008年罢工达到了自1989年以来的历史最高值12765起。③ 依据官方统计数据，匈牙利2008年、2009年的罢工分别为8起和9起，与20世纪90年代以来的历年罢工数字持平。但在2011年，匈牙利罢工猛升至53起，参与人数达到19000人。④ 在捷克，危机后的罢工也非常活跃，2010年12月8日，全国20多个主要城市举行的罢工和示威游行活动创近20年之最，参加罢工的人数接近15万人。

在苏联地区，危机下的罢工运动出现一个新高潮。据俄罗斯"社会劳动权利中心"2012年3月公布的报告显示，俄罗斯自2008年到2011年的罢工总数分别是93起、272起、205起、262起。⑤ 另据《劳动报》的网站文章，2009年，俄罗斯至少发生了90多起罢工，其中15起是大规模的罢工。⑥ 由于俄罗斯经济衰退持续时间不长，2011年罢工中没有出现过激的行动，"均处于当局可控的范围内"。

危机下美国的罢工运动经历了一个逐渐增长的过程。根据美国劳工统计局的记录，2008—2012年，1000人以上参加的罢工分别发生了15起、5起、11起、19起、19起，共涉及7.2万名、1.3万名、4.5万名、11.3万名和14.8万名工人。⑦

二 为什么罢工潮席卷欧美国家？

金融危机发生后，西方国家之所以频繁爆发大规模的罢工运动，不仅

---

① http://www.insee.fr/fr/ffc/docs_ffc/ref/EMPSAL12i_FTLo4socia.pdf.
② 芬兰统计部门通过电子邮件发送给作者的统计数据。
③ http://laborsta.ilo.org/STP/guest.
④ Christoph Dreier, "Polish government plans new attacks on the working class", Mar. 1, 2012, http://www.wsws.org/articles/2012/mar2012/pola-m01.shtml.
⑤ Петр Бизюков, ТРУДОВЫЕ ПРОТЕСТЫ В РОССИИ В 2008 – 2011 гг. АНАЛИТИЧЕСКИЙ ОТЧЕТ (по результатам мониторинга трудовых протестов ЦСТП), http://www.trudprava.ru/index.php?id=2112.
⑥ Эффект забастовки. http://www.trud.ru/article/23-12-2009/234296_effekt_zabastovki/print №, 23 Декабря 2009г.
⑦ http://www.bls.gov/news.release/pdf/wkstp.pdf.

与金融危机本身及资产阶级政府的反危机举措对工人阶级造成的利益损害直接相关，还与资本主义基本矛盾的发展、新自由主义政策等有根本关系。

（一）金融危机造成的工人阶级利益受损是罢工运动蓬勃发展的直接原因

金融危机重创了资本主义国家的经济，而在这一过程中，工人阶级的就业和生活状况都受到了极大影响，这一方面是因为危机导致大量企业裁员，工人失业率大幅上升；另一方面是由于资本主义政府不断地将纳税人的钱用以援助大金融资本，将危机的后果转嫁到工人阶级和劳动群众身上。这两方面的原因都导致人民生活水平大幅下降。

从欧洲的情况来看，在经历了2008年的经济衰退后，2009年经济继续下滑，并陷入欧债危机的泥潭。2009年第一季度，欧盟27国经济环比下降2.5%，同比下降4.7%，由此导致失业率急剧上扬。2009年6月，欧元区失业率为9.4%，欧盟27国失业率为8.9%，其中西班牙的失业率高达18.7%。到2009年第三季度，欧洲平均失业率上涨至9.2%，其中西班牙为19.3%，爱尔兰为10%。2011年第四季度，欧盟国家就业形势再度恶化，27个成员国的平均失业率高达9.8%，其中青年、低技能者、移民等群体失业情况最为严重，且长期失业人数所占比例不断上升。2011年11月，欧盟青年失业人口共计560万，青年平均失业率达到22.3%，比2008年春季上升了约7个百分点，西班牙等国的青年失业率甚至接近50%。截至2012年4月，欧盟27国的失业率已经攀升至10.3%，创下21世纪以来的新高。与高失业率相对应的是物价上涨，欧元区各国的平均通货膨胀率一度高达4%，爱沙尼亚、罗马尼亚、拉脱维亚等东欧国家的通货膨胀率在2011年年末依然维持在4%以上。[①]

从美国的情况看，危机发生后，失业率一直维持在较高水平。在2009年第三季度，美国的失业率高达10.2%。尽管随着美国经济的缓慢复苏，就业市场状况有所改善，但截至2012年4月，美国非农业部门失业率仍高达8.1%。据美国共产党副主席贾维斯·泰纳的统计，2011年美国有5000万人处于生活保障线之下，1800万年龄在18—25岁的青年人待业，

---

① http：//epp. eurostat. ec. europa. eu/tgm/table. do? tab = table&language = en&pcode = tsieb060&tableSelection = 1&footnotes = yes&labeling = labels&plugin = 1.

53%的大学毕业生离校后一年之内找不到工作。① 在失业率居高不下的同时,许多公司还借机大幅削减工人工资和福利,由此引发许多工人罢工运动,如2008年美国车桥公司工人罢工、2010年精神航空公司(Spirit Airlines)的飞行员罢工、2011年8月美国电信营运商威讯通信(Verizon Communications Inc.)45000名员工的罢工等都是如此。

(二) 资本主义基本矛盾的深化是罢工运动蓬勃发展的根本原因

生产的社会化与生产资料的资本主义私人占有形式之间的矛盾,是资本主义的基本矛盾,也是在资本主义各个发展阶段引发工人运动的根本原因。第二次世界大战后资产阶级政府通过对生产关系的自我调适、垄断资本的对外扩张等,在一定程度上为资本主义赢得了新的发展空间,然而,资本主义基本矛盾却并未随着资本主义经济的发展而消失,反而不断深化并日益向全球扩展。

一方面,垄断资本的日益集中和激烈的竞争使产能过剩现象日益加剧。据《2011年世界投资报告》统计,在2009年,全球跨国公司的数量已达82000家,控制着约81万家子公司。2010年,跨国公司外国分支机构销售额和产品增值分别达到33万亿美元和7万亿美元,出口量达6万亿美元,约占当年全球出口量的1/3。全球范围内,跨国公司总产值达到16万亿美元,约占全球经济总产出的1/4。面对激烈的国际竞争,每个势力庞大的跨国公司都会根据自身的战略目标去组织生产和经营,以攫取高额垄断利润并在竞争中处于主动地位,这必然导致产能盲目扩大,世界生产的无政府状态加剧。如今,在西方发达国家,不仅汽车、化工、钢铁、纺织等传统行业的产能已经严重过剩,高新技术产品和IT产业也出现了产能过剩的现象,全球生产能力的增长已明显超过消费需求,如美国制造业产能利用率在2009年仅为66.2%。

另一方面,与世界生产能力无限扩大趋势相对应的是,世界范围内的有效需求严重不足。在经济全球化时代,由于"中心"对"边缘"的残酷剥削和掠夺,世界上多数人口处于相对或绝对贫困化。在发达国家内部,财富集中和劳动收入的绝对和相对下降在同时进行。在2010年,标普500公司CEO的平均薪酬为1076万美元,而职工的平均工资仅为3.31万美

---

① 刘淑春:《全球金融危机背景下的美国工会运动和美国共产党》,载《马克思主义研究》2011年第9期。

元。这些垄断资产阶级不仅控制着国内的经济、政治等,而且通过其在世界经济中的影响力来影响和控制全球的重大经济和政治决策,通过新的国际分工和分配体制在全世界进行剥削。截至2009年,世界上最富有国家的人均收入比最贫穷国家的人均收入高出330多倍。垄断资产阶级在全球的垄断与剥削也使得工人阶级越来越认识到各国工人联合起来的重要性。

(三) 新自由主义政策的推行是罢工运动蓬勃发展的政策因素

罢工运动的蓬勃发展与工人阶级队伍的不断壮大和社会矛盾的加剧密不可分。事实上,自20世纪七八十年代新自由主义取代凯恩斯主义成为西方的主流思潮后,资本主义国家的阶级结构就在逐步发生转变,工人阶级的数量日益增加。这是因为,在新自由主义思潮的指导下,作为总资本家代表的资产阶级政府采取了诸多削减福利开支、限制工人权利的政策,不仅使工人阶级的生活水平不断下降,也使更多的中产阶级不断加入工人阶级的队伍中。可以说,正是新自由主义政策的推行,"催生了一支新型的全球性的工人阶级队伍。世界范围内农民的锐减和工人阶级的上升为真正全球规模的新型阶级政治奠定了基础"[①],反抗资本主义的主体力量不断扩大。在英国,国家社会研究中心于2007年1月公布的数据显示,57%的人认为自己是工人阶级,这表明发达国家的阶级结构已经不再如20世纪八九十年代那样呈现橄榄形状态,而是更为明显地两极分化,中产阶级除极小部分人上升为居统治地位的垄断资产阶级外,大部分重新滑入工人阶级的队伍。在日本,畅销书《2010年中产阶级消失》的作者田中胜博宣称,在2010年"将出现10%的富人和90%穷人的大分裂,中产阶级将消失"[②]。

而在金融危机发生后,资产阶级政府利用国家干预的手段采取了一系列反危机措施,但从这些举措的实质来看,大多数仍然秉承了新自由主义的宗旨,以确保垄断资本尤其是金融资本的利益,由此使社会矛盾不断加剧。这主要体现在两方面:

一是实行紧缩财政政策,削减社会福利。金融危机尤其是欧债危机发生后,许多主流学者都将福利制度作为引发债务危机的罪魁祸首,因此,

---

① [英] 菲尔·赫斯:《"自在"还是"自为":工人阶级的阶级意识瓦解了吗》,载《马克思主义研究》2009年第10期。

② 木春山、纪双城等:《西方担心中产阶级成"动荡之源"》,载《环球时报》2010年3月15日。

削减社会福利成为其反危机的重要举措。在欧洲，许多国家纷纷采取了推迟退休年龄、缩短失业救济领取期限、增加社会保险中的个人缴费比例等方式来达到削减财政预算的目标。如希腊的《福利改革法案》规定，公务员至少三年内禁止加薪；企业裁员的遣散费将遭削减；女性退休年龄由62岁提高至65岁；每月养老金在1200欧元以上的将削减20%。法国把退休年龄从60岁调高至62岁，完全领取养老金的年龄由65岁推迟至67岁。丹麦改革了提前退休金制度，并计划将退休年龄从现在的65岁逐步提高到2020年的69岁。

二是救助垄断资本。危机发生后，斥巨资对金融垄断资本进行救助成为各资产阶级政府的共同选择。危机的后果被转嫁到工人阶级和劳动群众身上，垄断资本家的利益丝毫无损。据美国"薪酬沙皇"肯尼思·范伯格（Kenneth Feinberg）2010年7月23日发布的一份报告显示，有17家接受纳税人援助资金的银行在危机期间向其高管支付了总额达16亿美元的奢华薪酬。其中，美国的AIG接受美国政府的援助资金共计1800亿美元，但在接受援助期间，却向其金融产品部门高管支付总额高达1.65亿美元的奖金，而这一部门正是令AIG走向破产边缘的罪魁祸首。垄断资本不仅通过寻求政府援助减少损失，而且利用危机大规模裁员，更加剧了工人阶级的损失。如通用汽车公司在2009年6月1日向法院申请破产保护，奥巴马政府决定拨款300亿美元支持其利用破产保护进行全面重组，由此使资本家的损失得以减少。然而，通用公司在重组计划中，却将在美国原有的6000家销售代理商裁撤2000家，关闭14家设在美国的制造厂，并于2009年年底在美国本土裁员2万人。

以上为欧美罢工潮兴起的共同背景。除此之外，危机下不同地区和国家罢工潮兴起的具体原因也存在一些差别。

在美国，金融危机以来引发罢工的原因主要有两个。一是不满现有的工资水平。与其他发达国家相比，美国工人工资较低。然而在危机发生后，许多公司和机构仍然继续大幅削减工人工资和福利。二是原有的劳资协议到期，劳资双方无法就新协议内容达成一致。比如，2008年9月波音公司、2011年8月美国电信营运商弗莱森电讯员工罢工等都属于这种情况。

在西欧、南欧等地区，罢工主要发生在两个层面。首先是因工作协议、工作条件、工资偿付、工会问题等举行的罢工或抗议活动。这种罢工多为行业性、部门性罢工，规模相对较小，但由于涉及一些特殊行业，社会影响不容小觑。比如运输业的全国性罢工，往往会导致国家交通瘫痪，使社会生活陷入混乱。其次是针对政府紧缩政策发起的罢工，比如围绕政府退休制度和养老金改革、削减财政支出等进行的罢工斗争。这种罢工多具有跨行业、全国性特征，参与人数多、社会影响大。此外，由于危机下失业率上升、工作机会减少，针对外籍移民和劳工的罢工也时有发生。

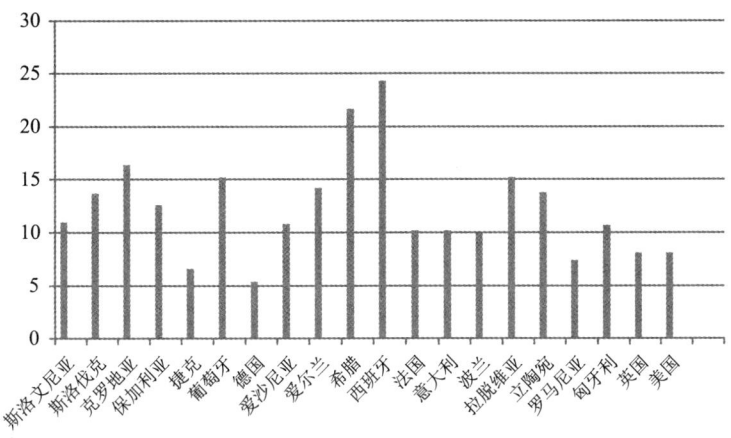

图1.2　2012年4月欧美主要国家失业率（％）

注：依据欧洲委员会统计数据绘制。参见 http：//epp.eurostat.ec.europa.eu/tgm/table.do？tab=table&language=en&pcode=teilm020&tableSelection=1&plugin=1。

与欧美发达国家不同，俄罗斯罢工潮的形成有其特殊的历史背景。早在苏联后期，俄罗斯和乌克兰等地就曾爆发大规模矿工大罢工。迫于压力，苏联最高苏维埃于1989年10月9日匆忙通过了《关于解决集体劳动争议的程序》的法律，该法律确认罢工为合法，并规定了实行罢工的程序。在苏联解体后的俄罗斯，罢工虽然得到了法律保障，但实际上举行罢工并非易事，需要受到烦琐程序的限制。比如，工会罢工至少要提前42天向相关部门提出申请，未经批准的罢工被视为非法。这也是俄罗斯很少像西方那样频繁发生罢工的原因之一。另外，进入21世纪以来，俄罗斯经济状况转好，社会相对稳定，"2000年代"被视为"肥硕的年代"，社会抗议行动趋于缓和，罢工多采取"文明的"形式。然而，国际金融危机以来，俄罗斯经济受到严重冲击。在经济恶化的背景下，罢工事件逐渐增多。与此同时，2011年9月1日，俄罗斯国家杜马通过了关于简化举行罢工和解决劳动纠纷程序的法案，规定工会如要举行罢工，需至少提前7个工作日提出书面申请。这大大缩短了举行罢工的候审时间，为合法罢工提供了便利。

在危机下，三方面劳资矛盾的激化进一步催发了俄罗斯罢工潮。一是拖欠工资，这种情况在2009年和2010年尤为突出，分别占罢工原因的56%和52%，2011年降到1/3。二是对低工资的不满。与危机的前两年不同，2011年罢工的主要原因就是因为工资低，在通货膨胀的背景下，劳动者生活艰难。因低工资导致的罢工从2009年的8%和2010年的18%，上升到2011年的26%。三是对雇主严苛的雇佣条件和变相解雇员工的做法不满。由于雇主为摆脱危机而采取重组生产、申请破产或关闭企业等措施，导致员工损失工资、福利，甚至丧失就业岗位，因而罢工抗议成为企业员工逼迫雇主谈判的手段。以上三个原因在2009—2011年分别占75%、76%和69%。[1]

东欧原社会主义国家在转向资本主义道路之后，劳动者的利益遭受极大损害。私有化过程不仅使国家利益受损，更是导致了贫富对立，东欧各国的罢工斗争一直没有间断过。在匈牙利，1995—1998年、2003—2007年先后出现了两次比较大的罢工潮。波兰在1992—1993年、1999年也曾发生两次罢工潮。金融危机爆发后，由于东欧诸国经济严重依赖西欧资本，当西欧陷入危机不可自拔时，东欧出现了异常严峻的经济形势。为转嫁危机，东欧各国政府普遍采取包括涉及延长职工的退休年龄、削减工资及社会福利、税收改革等损害工人利益的紧缩措施。这直接导致了物价飞涨、劳动者实际工资下降、工作不稳定、人民生活陷入困境。在这种情况下，劳动者只能通过罢工抗议等方式维护自己的经济权利。

三 主要地区与国家罢工运动的特点

与以往相比，国际金融经济危机下的欧美地区罢工运动呈现诸多与资本主义危机相关、深刻体现各地区和各国政治经济现状的鲜明特点。

（一）罢工的激烈程度与国家经济状况联系密切

在欧美不同国家，罢工运动水平存在显著差异：经济运转越好，罢工

---

[1] Забастовочное движение в России в 2011 г. http://www.krasnoetv.ru/node/13838.

行动越少；反之，经济状况越糟糕，罢工斗争就越激烈。比如，在经济状况相对较好的一些西欧小国如卢森堡、荷兰、奥地利等，罢工抗议较少出现；而面临严峻经济形势的希腊、葡萄牙、意大利、西班牙等国，罢工抗议行动却异常频繁。即使在同一国家内部，经济状况的好坏也直接决定着不同时期的罢工频率。比如在俄罗斯，受危机影响最严重的2009年劳资冲突最多，达到前一年，即2008年的三倍。① 在美国，危机发生后的两年内，罢工频次和规模一直没有明显增加，相反，在2009年和2010年还达到了历史低点。进入2011年，由于美国经济迟迟无法摆脱危机的泥潭，罢工的规模和次数有了明显增长。在南欧，随着危机的深化以及各国经济状况持续恶化，罢工规模不断扩大、频率不断增加，均在危机最为严重的2009年和2010年达到了顶峰。在西欧，由于各国经济状况差异较大，罢工高潮出现的时间分布不均，但总体上反映着各国经济形势的变化趋势。

（二）罢工行业集中、形式多样

经济危机下的罢工涉及范围广、参与人员多，但大多集中在几个重要的行业和部门。一是工业部门。在俄罗斯，2009年工业部门抗议行动占所有抗议行动的60%，2010年占48%，2011年占40%（其中，机器制造业和食品业抗议最多，占工业部门抗议的50%）。② 在美国，尽管制造业在美国国民经济中所占比重已大幅下降，但工业部门的罢工行动仍然是美国工人运动的重要组成部分。二是交通运输部门。在俄罗斯，2010年交通行业的抗议占所有抗议行动的17%，由于市政交通员工罢工增多，2011年达到23%。荷兰2010年和2011年的罢工主要发生在交通和仓储部门，分别达到当年罢工总数的1/2和1/3。③ 在法国2008年和2009年罢工中，交通运输业在各行业中罢工最多，每1000名员工损失工作天数分别达到387天和597天。④ 三是由财政预算拨款的公共部门，如医疗卫生、教育、文化部门等。在俄罗斯，2011年公共部门罢工达到20%。在波兰，教育行业的罢工自2006年后呈上升趋势，2008年达到12609次，占全年罢工总数的

---

① Эффект забастовки. http：//www.trud.ru/article/23 - 12 - 2009/234296_ effekt_ zabastovki/print №，23 Декабря 2009г.

② Ibid..

③ http：//www.cbs.nl/en-GB/menu/themas/arbeid-sociale-zekerheid/publicaties/artikelen/archief/2012/2012 - 3615-wm.htm，and http：//www.cbs.nl/en-GB/menu/themas/arbeid-sociale-zekerheid/publicaties/artikelen/archief/2011/2011 - 3362-wm.htm.

④ http：//www.insee.fr/fr/ffc/docs_ ffc/ref/EMPSAL12i_ FTLo4socia.pdf.

98.7%。2012年，欧洲地区的公共部门罢工明显增多。相继发生了爱沙尼亚1.5万名教育工作者罢工、英国20万名公共部门员工围绕养老金问题进行的大规模罢工，以及30年来挪威首次发生的公共部门大罢工，等等。

危机下欧美地区的罢工运动采取停工、游行示威、集会、上访等多种形式。罢工者通常先是提出要求，在要求得不到满足的情况下，罢工者便采取停工方式抗议。在美国，停工是罢工最主要的表现形式。在俄罗斯，2011年停工占罢工种类的16%。游行示威和集会的罢工形式在各国也比较普遍。俄罗斯这种形式的罢工在2011年达到1/3。[①] 由于集会游行使得罢工行动成为一种公共事件，因而一般都能够产生较大的社会反响。除此之外，还有一些罢工是通过罢工者求助于当局或执法机构，采用集体写信上访、投诉等方式进行的抗议。另外，还出现了一些极端的罢工方式，比如绝食斗争等等。

（三）以经济诉求为主，政治诉求开始凸显

20世纪后期以来，工人运动的主要诉求大多体现在经济方面，如保障就业、提高工资、反对削减福利、提高教育水平，等等。通过罢工等维护工人的经济利益成为工人运动的主要目标，而政治诉求则明显不足。然而，随着危机的逐步展开和深化，资本主义经济和政治力量的反动属性越来越清晰，资本主义制度才是造成危机及其他社会问题的根源这一科学命题也为越来越多的人所接受，因而在工人运动中政治诉求已逐渐显现，出现了"终结资本主义制度""我们拒绝为资本主义的危机付账"等口号，表明工人运动已开始关注政治主题。

（四）自发罢工与有组织罢工各有侧重

从组织方式看，欧美地区的罢工主要有工会组织和自发罢工两种形式。在欧美绝大多数地区，工会仍然是罢工运动的主要的、直接的组织者。在本轮罢工运动中，只有极少数罢工是没有任何领导的工人自发行为，如2009年上半年英国林森石油精炼厂、伟世通公司、维斯塔斯风力发电公司等行业工人为捍卫工作权利进行的罢工。但总体上看，这种形式的罢工规模小、数量少，绝大多数尤其是大规模的、产生广泛社会影响的罢工抗议都是有各种各样工会组织做后盾的。在当前欧美主要地区，罢工运动与工会密不可分。

---

① Забастовочное движение в России в 2011 г. http://www.krasnoetv.ru/node/13838.

与这些地区相比，俄罗斯的自发罢工比例较大。在2008—2011年，俄罗斯近一半的抗议行动都是员工自发组织的，在所有抗议行动中的占比分别是：62%、43%、38%、41%；其余一多半则是由工会领导的或有工会参与的。在众多罢工主体中，基层工会组织分别占33%、42%、44%、48%；上层工会组织分别占3%、28%、29%、36%；政党和运动组织分别占0%、9%、12%、7%；2010年和2011年还出现了由工人委员会组织的罢工，分别占6%、2%。①

此外，与欧美地区以合法斗争为主导的罢工运动不同，俄罗斯的罢工运动还有一个显著特点，即罢工者采取合法抗议形式比例低（所谓合法形式包括：雇主不按合同条款发工资而停工，按规定采取不罢工方式解决集体劳动争议，以罢工形式解决集体劳动争议，等等），只有8%的抗议形式是符合劳动立法规定的。其余的要么是一般的公民集会，要么是非法行动。究其原因，一方面，现有劳资纠纷调解机制失效，雇主往往无视员工的正当要求，员工很难在企业内部通过合法程序实现维权，不得不越过企业谋求自己的利益。另一方面，受罢工的法律程序限制。尽管俄罗斯劳动法典有专门条款规定员工可以为保护自己的劳动权利进行抗议，但实际上，"试图按照法律抗议的人几乎是有保障的失败"②。

（五）罢工运动与"占领"运动相互联系、彼此促进

2011年后，欧美地区的罢工运动与各种形式的"占领"运动交织互动，共同奏响了反资本主义斗争的新乐章。但在欧洲与北美大陆，罢工与"占领"运动的社会影响力存在明显差异。

在欧洲，尤其是传统西欧地区，有组织的罢工运动对政府造成的政治压力远远大于"占领"运动。其原因与欧洲工会的巨大影响力密不可分。欧洲工会有着悠久的历史传统，尤其在第二次世界大战后的30年间，一直保持着强劲的发展势头。20世纪80年代以来，虽然因为新自由主义政策的推行而受到打压，但欧洲各国工会凭借其积累的丰富的谈判经验，凭借完善的法律支持，往往能够通过各种斗争形式尤其是罢工这一重要斗争

---

① Петр Бизюков, ТРУДОВЫЕ ПРОТЕСТЫ В РОССИИ В 2008 – 2011 гг. АНАЛИТИЧЕСКИЙ ОТЧЕТ (по результатам мониторинга трудовых протестов ЦСТП). http://www.trudprava.ru/index.php?id=2112. 需要说明的是，由于每次参与罢工的主体不是一个，因而这里的百分比总数相加超过100%。

② Забастовочное движение в России в 2011 г. http://www.krasnoetv.ru/node/13838.

武器实现自身诉求。另一方面，欧洲也具有罢工的思想文化土壤。源于法国大革命以来的历史传统，欧洲人一旦觉得利益受损，往往愿意通过上街抗议来伸张自己的权利。而且在欧洲许多国家，法律规定罢工参与者不会因为不上班而受到惩罚，为罢工的流行提供了条件。在经济危机期间，因为经济状况的急剧恶化，罢工抗议更是"一呼百应"。尽管危机下欧洲的罢工示威不如20世纪八九十年代雅克·德洛尔（Jaques Delors）担任欧盟主席的"社会民主主义妥协"时期那么奏效，① 但在一些国家，罢工行动的确产生了直接的社会后果。比如，在英国，正是声势浩大的公共部门罢工运动，才致使政府在养老金改革中做出了部分让步。

与"占领华尔街"运动相比，美国在金融危机后的罢工行动逊色得多。其原因一是工人加入工会的比例低，导致工会的影响力日益下降。2008年美国各类工会会员人数是1570万，占工薪雇员人数的12.1%，其中，私营企业只有7%的雇员是工会会员。2010年，工会会员占工薪雇员总数的比例进一步下降至11.9%；二是美国工会奉行"工联主义"原则，强调通过与雇主的集体谈判来提高工资；三是司法介入使罢工组织者承受巨大压力。在罢工发生后，司法部门经常会要求领导罢工的工会主席和其他工会高层出庭应对司法起诉，如果他们拒绝结束罢工，还会威胁判处这些工会领袖监禁；四是政府对待罢工态度强硬。组织罢工的工会不仅会面临司法介入的压力，而且政府还会对工会采取罚款、扣除罢工工人工资等措施。在这种情况下，当面临劳资纠纷等问题时，罢工一般不会是工会的首选行动。据统计，美国98%的劳资纠纷都是通过谈判而不是罢工的方式解决的。但即便如此，由于危机迟迟未平，2011年以来美国的罢工规模仍然出现了明显增长。

2012年，欧美地区的罢工运动与"占领"运动出现了相互交织和结盟的趋势。其重要表现，是2012年5月1日由"占领华尔街"运动在美国众多城市酝酿发起的"五一"大罢工。在劳动节当天，从美国东海岸到西海岸的超过100个城市同步举行了罢工示威活动，产生了重要的社会影响。这场罢工是"占领"运动与工会组织联合斗争的一次重要尝试。有学者早就指出，工会运动与社会运动联合行动的趋势是工会运动复兴的征兆

---

① Vasco Pedrina, "The Euro Crisis and the European Trade Union Movement", Sep. 29, 2011, http://www.social-europe.eu/2011/09/the-euro-crisis-and-the-european-trade-union-movement.

和发展方向。① 英国著名马克思主义学者大卫·哈维（David Harvey）在此次罢工前的访谈中也指出，"如果'占领华尔街'运动与工会运动更加紧密地结合起来，那么有可能迎来更大规模的政治行动"②。显然，二者的结合互动，有利于资本主义危机中普通劳动者的团结斗争，从而为彼此开辟更为广阔的发展空间。

（六）国际联合明显加强

马克思在《共产党宣言》中曾明确提出"全世界无产者，联合起来"的口号。在垄断资本借助国家机器的力量不断壮大自身势力的条件下，在发达资本主义凭借强大的经济和军事实力不断加强对发展中国家的剥削与掠夺的背景下，发达国家和发展中国家的工人阶级也日益认识到国际联合的重要性。这不仅表现为各国共产党以及各种左翼组织之间的国际联系与合作不断恢复和发展，也表现为对其他国家发生的工人运动进行声援与支持。如在2010年3月的英航机组员工工会罢工中，来自美国、澳大利亚、西班牙、法国、德国和意大利等航空或交通工会都表态将会采取一些"同情性"行动，譬如在不违反安全规定的前提下寻求方式阻碍英航班机正常运作等，法航机组员工和葡萄牙机师工会都决定同期举行罢工进行声援。美国的"占领华尔街"抗议浪潮更是在2011年10月15日席卷全球，欧洲、北美、拉丁美洲、亚洲和非洲至少有82个国家的951个城市，同步举行示威，共同表达对日益拉大的贫富差距的不满。正如列宁早就指出的那样，尽管"资产阶级唆使一个民族的工人反对另一个民族的工人，千方百计分裂他们"，但"觉悟的工人懂得，消除资本主义所造成的各民族间的隔阂具有必然性和进步性"。③

（七）罢工运动中暴力行为频发

自20世纪60年代运动以来，欧美地区的群众性政治、经济反抗斗争多以"非暴力抗议"为主要斗争手段。危机下的欧美罢工整体上虽然温和有序，但许多罢工抗议都引发了示威者与警方的激烈冲突，有的罢工演化成骚乱。比如在法国和希腊，危机下发生的多起罢工最后均以骚乱收场；

---

① ［英］安德列亚斯·比勒尔：《欧洲工会和社会运动联合反对新自由主义》，载《国外理论动态》2011年第5期。

② David Harvey, "Urban Revolution is coming", Apr. 29, 2012, http://www.salon.com/2012/04/28/urban_ revolution_ is_ coming/.

③ 《列宁专题文集——论资本主义》，人民出版社2009年版，第87页。

在苏联地区，2011年12月，哈萨克斯坦的扎纳奥津市持续数月的矿工罢工引发了大规模骚乱，造成14人死亡，近百人受伤，70多人被逮捕。①

西方一些政府和新闻媒体利用这些事件诱导舆论、贬低罢工、诋毁和污蔑领导罢工的左翼组织和力量。对此，激进左翼强调必须将罢工与骚乱事件区分开来，坚决捍卫工人罢工权。希腊共产党总书记阿莱卡·帕帕莉卡（Aleka Papariga）针对2010年5月5日的希腊骚乱明确指出，这一事件是"少数煽动性团体和机构组织的挑衅行为，旨在误导人民，降低群众性反抗斗争的重要性"，"人们应该谴责这些行为，但同时也要采取各种措施捍卫自己的斗争"。② 在实践中，激进左翼力量也通过一些特殊行动唤起人们对这种极具偏见和敌视性态度的关注。2012年3月24日，哈萨克斯坦的一些工会人士和共产党人就在莫斯科举行集会，纪念在扎纳奥津市事件中的受害者，呼吁释放仍被关押的工会领导人和共产党人。

（八）罢工与工会力量部分复兴

资本主义危机发生以来，许多国家的工会组织都积极行动，谋求自身力量的发展和复兴。一些工会把重点放在自身发展战略的更新上，强调自身角色的转换，主张将工会从"服务型"模式转到"组织型"模式，即增加工会会员的参与和动员上来。③ 比如，爱尔兰零售业工人工会——"命令工会运动"，遵循这一新的发展目标，在危机期间发起了"命令成员周"活动，要求数以百计的工会成员在新成员招募和组织中承担更多责任，确保全国每一个零售业工人都有机会加入到"命令工会运动"④。

另一方面，危机下罢工运动的蓬勃发展及其成就，也充分展示出劳动者联合斗争的力量。在一些国家，罢工运动直接引发了人们参与工会的热情，工会入会率有显著提高。《劳工研究》2012年第2期文章显示，2011

---

① 24 марта в Москве пройдет акция памяти убитых рабочих Жанаозена. http://www.socialismkz.info/news/2012 - 03 - 19 - 2304.

② International Section of the CC of KKE, "Massive class response to plutocracy and the anti-people policy of the social-democrat government, the EU and the IMF", May 5, 2010, http://inter.kke.gr/News/2010news/2010 - 05 - 05 - strike.

③ Walton Pantland, "Trade union crisis and the potential for renewal", Apr. 24, 2010, http://cyberunions.org/trade-union-crisis-and-the-potential-for-renewal/#/vanilla/discussion/embed/? vanilla_ discussion_ id = 0.

④ "Major Trade Union recruitment drive takes place in Ireland this week", May 26, 2010, http://www.mandate.ie/News/NewsItem.aspx? nid = 175&ntype = 2.

年 11 月英国公共部门大罢工前后，加入各公共部门工会的人数明显增加。其中拥有约 12 万会员的英国大学和学院工会（UCU）在 11 月间有 2500 人加入；拥有 16 万成员且在其 127 年发展历史中首次参与全国罢工行动的英国教师和讲师工会（ATL），2011 年 11 月末比 2010 年同一时期的入会率提高了 5%；英国物理治疗师特许学会（CSP）入会率增加了 15%。除公共部门工会外，其他工会组织也有受益。一般工人工会（GMB）在 2011 年 10 月和 11 月分别增加了 8000 人和 12000 人，而 2010 年同一时期分别只增加了 6000 人和 7000 人；英国最大的联合总工会（General Union United）2011 年下半年的公共部门会员数增加了 6600 人。① 另据每两年进行一次的、对英国总工会（TUC）55 个附属工会中代表了 97% 会员的 48 个工会的调查显示，2007—2011 年，新入会的年轻人比例从 29% 增加到 48%。②

四　共产党及其工会在罢工运动中的作用

一般来说，欧美地区共产党及其阶级工会是资本主义危机下各国罢工潮的积极参与者和支持者。但在大多数国家，由于共产党自身在苏东剧变后面临边缘化处境，也由于共产党或亲共产党工会在各国工会中力量相对弱小，在资本主义危机后的罢工运动中尚不能发挥主导作用。

比如在俄罗斯，金融危机以来，共产党加强了与工会的联系，重视组建独立于官方工会的"阶级工会"，并通过这些"阶级工会"指导工人运动。例如，俄罗斯共产主义工人党—俄罗斯共产党人党采取了建立广泛的阶级力量联盟的策略，在 2010 年 2 月成立了名为"俄罗斯联合劳动阵线"的组织，几个工会组织是其中的骨干成员。该党的某些领导人同时兼任这些工会组织的共同主席，直接参与领导工人运动。该党负责组织工作的中央书记 A. K. 切列帕诺夫说，近年俄罗斯劳动者举行的罢工等抗议事件增多。在共产党的基层组织参与工人运动的地方，工人罢工等抗议斗争明显比其他地方活跃和有组织性，"阶级工会"也因此而发展壮大。③

---

① "UK unions report recruitment bonanza from pensions strike", Jan. 25, 2012, http://www.lrd.org.uk/issue.php?pagid=1&issueid=1499.

② Beth Holmes, "Unions recruiting more minority workers", Sep. 13, 2011, http://www.personneltoday.com/articles/2011/09/13/57949/unions-recruiting-more-minority-workers.html.

③ А. К. Черепанова: Тактика и стратегия борьбы РКРП в условиях кризиса. Выступление на международном коммунистическом семинаре в Брюсселе. http://rkrp-rpk.ru/content/view/7371/1/, 29.05.2012 г.

但在目前，共产党并非罢工的主要领导者。现在统领俄罗斯工会的全国性组织是俄罗斯独立工会联合会，该联合会成立于1990年，联合了全国性49个行业工会和79个地区性工会联盟，拥有2500万会员，这几乎囊括了俄罗斯工会会员的95%。该联合会是原全苏工会中央理事会的合法继承组织。它宣称独立于国家和任何政党及企业，但由于其历史身份和支持现政府的立场，被舆论视为俄罗斯的官方工会。该联合会与作为现政府反对派的共产党（无论是体制内还是体制外的共产党）的关系很紧张。共产党人不信任这个"官方"工会，指责它维护资产阶级国家和雇主的利益。而共产党为了扩大自己的影响，或者绕过俄罗斯独立工会联合会，与某些行业工会保持合作关系，如俄罗斯联邦共产党与飞行员工会、农民协会等保持良好关系；或者与独立于俄罗斯独立工会联合会的"阶级工会"合作，如俄罗斯共产主义工人党—俄罗斯共产党人党与"保护劳动"跨地区工会联合组织关系密切。尽管近年来共产党支持的工会影响日渐扩大，但这类工会目前在整个国家所有工会中所占的比重仍不大，共产党在工人运动中能够发挥作用的空间因而也很有限。

南欧是欧美共产主义运动较为发达的一个地区，葡萄牙、西班牙、意大利和希腊四国共产党在各国工会及其组织的罢工斗争中能够发挥不同程度的影响力。在葡萄牙，成立于1970年、拥有约65万成员的葡萄牙工人联合会（CGTP），是最大的工会组织，它也是一个与共产党存在密切联系的工会，其路线政策受葡萄牙共产党影响很大。执掌工人联合会长达12年的曼努尔·卡瓦略·席瓦尔（Manuel Carvalho da Silva），以及2012年1月替任的领导人亚美尼亚·卡洛斯（Armenie Carlos）都是葡萄牙共产党员，其中卡洛斯还是葡共中央委员会成员。金融危机以来，葡萄牙发生的重要罢工行动都是由工人联合会发起。长期以来，工人联合会与另一个亲社民党和自由保守党的工会组织——全国总工会（UGT）关系非常紧张，近年有所缓和。2010年11月，两大工会自1988年后首次联合举行了反政府紧缩政策的300万人大罢工。[①]

西班牙共产党对西班牙最大的工会——工人委员会（CCOO）有很大的影响力。工人委员会由西共和工人罗曼天主教团体联合组建于20世纪

[①] http://www.worker-participation.eu/National-Industrial-Relations/Countries/Portugal/Trade-Unions.

60年代，最终在1976年和西班牙其他工会组织合并为工人委员会。如今，西共对工人委员会控制力虽不如20世纪70年代，但仍有不少西共党员在工人委员会内担任领导职务。金融危机以来，在西共的倡议下，工人委员会与西班牙工人总联合会（UGT）联合组织了多次全国总罢工。

相对而言，意大利两支共产主义政党——意大利重建共产党和意大利共产党人党对昔日意共领导的意大利总工会（CGIL）影响力较弱。这两支共产党党员均以个人名义加入工会，并力求在其中发挥积极作用。在某些地方或行业工会，如意大利机械联盟与冶金职工联合会（FIOM）中，共产党具有一定影响力。

希腊共产党通过其阶级工会"全国劳工斗争阵线"（PAME）组织罢工斗争。"阵线"成立于1999年，是一个包括230个工会、18个分支和外围组织的激进工会联盟，它主张自己是工人阶级利益的代表者，强调自己与希腊国内其他支持并维护剥削体系以及资本主义战略和反人民政策的工会力量，如两个最大的工会组织——劳工总会（GSEE）和公职协会（AD-EDY）存在本质区别。[①] 金融危机爆发后，"全国劳工斗争阵线"积极参与领导和组织各种形式的罢工斗争。尤其是在一些具有阶级导向的罢工斗争中，"阵线"发挥了不可替代的重要作用。最典型的案例是始于2011年10月至2012年7月长达272天的希腊钢铁工人罢工，在罢工伊始，劳工总会的附属工会金属业工人联合会就试图孤立和阻挠罢工。与之相反，作为"阵线"附属工会的钢铁工人总工会则积极通过各种方式，如发表决议、宣言以及为罢工工人家庭提供经济援助和募集食物等来支持罢工行动，从而在罢工工人中赢得了极高的声望。[②]

五 欧美罢工运动的影响与挑战

总体而言，国际金融经济危机下欧美地区的罢工斗争，是劳动阶层面对生存状况恶化、寻求自身经济权利的直接反应，是紧缩政策引发社会矛盾激化产生的直接社会后果。在斗争中，有些激进组织和左翼人士甚至将矛头对准资本主义制度本身，指出完全的自由市场经济是危机的根源，提出了"资本主义是危机的源头"以及"让资本主义死掉吧"等口号。但整

---

① http://www.pamehellas.gr/content_fullstory.php?pg=1&lang=2.
② http://www.wsws.org/articles/2012/mar2012/gree-m13.shtml.

体上看，危机下罢工运动尚未形成政治斗争的局面，仍然主要表现为资本主义秩序范围内具有合法性、争取捍卫劳动者自身经济利益的经济斗争。危机下的罢工斗争实质上仍然深深植根于资本与劳动之间的根本对立及其内在的、不可调和的矛盾，是资本主义生产关系内部矛盾运动的必然结果。罢工运动与资本主义经济周期的波动一致，是经济危机形势下出现的阶段性工人运动浪潮。欧美罢工潮的兴起表明，在垄断资本全球发展的新阶段，资本主义固有的一些矛盾和问题日益凸显，并且正在以更加尖锐和激烈的劳资对抗的形式表现出来。当前，由于资本主义经济危机阴霾不散，这种对抗将在很长一段时间内重复上演。虽然尚不能根本动摇资本主义统治，但却在一定程度上冲击了资本的特权，阻止了资本对劳动权利的过度侵害，培育了多元劳动阶层的反抗和斗争精神，强化了共产党等左翼力量的社会存在。从长远看，罢工斗争对徘徊不前的欧美社会主义运动的发展也具有积极意义。

但从另一方面看，在当前"强资本、弱劳动"的局面仍未从根本上得以改善的条件下，在资本主义发达国家仍然控制着国际政治经济秩序的背景下，罢工运动要想动摇资本主义制度的根基，造成资本主义的统治危机，还面临诸多挑战。

(一) 共产党在工人运动中的作用亟须提高

不论是从历史还是现实来看，工人运动的发展都表明，无产阶级作为资本主义制度的掘墓人和社会主义社会创立者的历史使命并没有改变。但这一使命的完成却要依靠掌握科学理论的组织和领导，即共产党在工人运动的发展中要起到领导和组织的重要作用。然而在现实的工人运动中，尽管资本主义国家的共产党积极参与工人运动，而且在部分罢工运动中也发挥了领导作用，如2010年6月希腊主要海港比雷埃夫斯的工人大罢工，其领导者就是希腊共产党的工会组织"全国劳工斗争阵线"。但从当前的工人运动总体来看，共产党组织并没有在运动中充分发挥其领导和组织作用。这不仅与共产党在苏东剧变后的现实生存状况有关，也与共产党在应对资本主义的新发展等方面的能力有关。

从共产党的生存状况看，苏东剧变后，西方国家的共产党组织受到了沉重打击，大多数共产党党员人数锐减并日益被边缘化。尽管各国共产党此后都对国际共产主义运动和社会主义模式等进行了反思，并结合全球化时代资本主义在经济、政治和意识形态等方面出现的新变化对各自的党纲和党章进行了调整，从而扩大了影响力和群众基础。但从现实来看，资本主义国家共产党的力量仍然受到很大限制。在这种情况下，尽管各国共产党都认识到了共产党参与和领导工人运动的重要性，并提出了"在今天的现实情况下，当务之急在于共产党和工人党参与并加强人民的这些防御性斗争，并把这种防御性斗争转变为进攻性斗争，以争得更广泛的工人和人民的权利，并废除资本主义"①，但其本身的力量却决定了在运动中共产党的作用受到严重的限制。

从共产党应对资本主义的新发展的能力方面来看，在苏东剧变后，资本主义国家的共产党对资本主义的社会现实、马克思主义理论以及社会主义的发展模式和路径等都有了更为科学的认识，但从总体来看，共产党在对资本主义和社会主义的理论认知与宣传方面，更加侧重于对资本主义的批判。然而对于工人运动的发展而言，不仅要对现实的资本主义进行批判，更重要的是要对替代资本主义的社会进行客观的描绘，但对于社会主义如何发展，以前及现在的社会主义国家的发展模式是否是真正的社会主义，社会主义社会除所有制的改革、管理方式的调整等还需要哪些其他的制度才能解决资本主义发展过程中出现的一系列矛盾与冲突等问题，各国共产党还不能达成一致，这就造成了共产党无法提出一个富有吸引力和说服力的运动发展前景，从而使其领导力大打折扣。在第十一次共产党和工人党国际会议上，许多国家共产党的代表就指出，"直到今天……有关社会主义替代方案的标准和特征、社会主义生产力的发展、社会主义市场的发展、各种不同的经济管理方式、行之有效的社会主义计划、社会主义生产资料所有制的形式、政权机构建设和司法机制建设，以及在经济和社会中捍卫人民群众当家做主地位的途径等方面，也都缺乏应有的共识"，"特别是在苏联解体后，我们也期望澄清什么是社会主义"②。

（二）工会的组织能力有待加强

在当前的罢工运动中，不仅工会成员是重要的参与者，而且工会组织在多数罢工中也都承担着重要的领导和协调、组织的作用，这就对工会的组织能力提出了更高的要求。然而，在经济全球化的背景下，在新自由主

---

① 刘春元：《第十二次共产党和工人党国际会议的政策主张》，载《当代世界社会主义问题》2011年第1期。

② 聂运麟、刘卫卫、杨成果：《第十一次共产党和工人党国际会议书评》，载《当代世界与社会主义》2010年第3期。

义政策的影响下，工会的影响力在一定程度上却被削弱了。

首先，产业结构的调整使工会的力量受到影响。20世纪后期，发达资本主义国家的产业结构进一步调整和升级，第三产业比重增加，而传统的制造业不仅在国民经济中所占比重日益缩减，而且许多都转移到发展中国家。在英国，服务业的工作机会从1978年的1480万个上升到2005年的2150万个，增加了45%，而制造业的工作机会则从690万个锐减至320万个，下降了54%。由于第三产业的特点是流动性、灵活性较大，规模相对较小，因此，随着越来越多的人在较小型的工作单位里工作，工人阶级的"大规模化"已不复见。这不仅使工人阶级的组织化程度大大削弱，也使工会的力量受到极大影响。在英国，1979年工会会员数达到1300万，而如今则降至600万。[①]

其次，新技术革命和经济全球化突出了劳动力市场非技术劳动力供大于求的矛盾，使劳动的非正规化现象变得明显。对企业而言，与非技术工人签订短期合同甚至不签订劳动合同，以及采用非正式的雇佣方式成为上策。对于这些非规范就业的劳动者而言，他们不仅工资水平严重低于正式的工人，而且不能享受社会保障制度和集体合同规定的各种保险、福利等。如今在发达国家，非规范就业者一般占就业人口的20%以上。

最后，工会的宪政化严重削弱了工会在领导罢工运动中的作用。发达国家大多制定了一系列协调劳资关系的法律法规，使工会走向宪政化，并进而使工会向职业化、专业化方向发展，其结果是工会经常陷于小规模的经济斗争和烦琐的法律程序中，从而导致工会官员眼界狭隘，逐渐丧失总揽全局的能力。如在德国，涉及劳资关系的主要法律有《集体合同法》《职工参与法》《企业委员会法》《解雇法》和《罢工法》等。根据《罢工法》，工会可以组织工人罢工，但仅限于工资和劳动时间的诉求，而且必须在劳资谈判破裂以后，经75%以上工会会员同意才能举行。这种烦琐的法律规定严重削弱了工会的作用。

(三) 经济罢工必须与政治罢工相结合

列宁早就指出，"经济罢工和政治罢工必须结合起来，而在真正广泛

---

① [英] 菲尔·赫斯：《"自在"还是"自为"：工人阶级的阶级意识瓦解了吗》，载《马克思主义研究》2009年第10期。

的全民的运动中,这种结合也是必然的"①。在当前的工人运动中,经济罢工仍是工人运动的主要形式,这一方面是因为工人知道"正是这种增加工资的要求的**广泛性**,正是罢工的**全面性**,最能吸引大量新的参加者,最能保证冲击的力量并赢得社会的同情,最能保证工人本身的成功和工人运动的全民意义"②,另一方面也是因为工人阶级的阶级意识与战前相比,有了明显的下降。之所以出现这种现象,不仅仅是因为资本主义国家福利制度的推行、职工持股制度的实施以及资本主义经济的发展等大大提升了工人阶级的生活水平,还因为各国共产党和马克思主义者对社会主义的许多问题无法达成理论上的统一,从而降低了社会主义的吸引力。

工人阶级阶级意识下降直接导致的后果就是工人运动主要是在资本主义体制内进行经济斗争,经济诉求明显高于政治诉求,尽管在运动中出现了一些政治性声音,部分斗争也将矛头指向资本主义政治制度,但从总体来看,还是缺乏对资本主义制度的批判和斗争,缺乏对社会主义替代方案的明确表达,从而导致"各国工人阶级并未能充分认识到自己的阶级地位和阶级利益,特别是没有形成作为全球工人阶级的意识,缺失对抗全球资本统治的主体性和自觉性,仍然处于'自在阶级'状态"③。

面对这种状况,各国共产党和左翼组织的首要任务是从理论上加快马克思主义大众化的步伐,借此提高工人阶级对马克思主义理论的认知程度,通过科学理论的指导使工人阶级明确认识到自己的阶级地位和阶级利益,从"自在"走向"自为"。

第二节 经济危机下海外青年抗议浪潮高涨

国际金融经济危机以来,西方国家乃至整个世界的青年抗议运动出现高潮。目前,全球15—24岁的年轻人数量占人口总数的1/6以上④,而15—34岁的年轻人数量更多,他们的经济地位普遍较低且无保障,更容易成为资本主义经济危机的受害者,因而他们的反抗也更为普遍和激烈。进

---

① 《列宁全集》第21卷,人民出版社1990年版,第326页。
② 同上书,第327页。
③ 姜辉:《论当代资本主义的阶级问题》,载《中国社会科学》2011年第4期。
④ [美]大卫·E.布鲁姆:《前途未卜的年轻人》,《金融与发展》2012年3月号,http://www.imf.org/external/chinese/pubs/ft/fandd/2012/03/pdf/bloom.pdf。

入 21 世纪以来，以 20 世纪后期金融化为特征的又一个资本主义"黄金时期"结束了，资本主义积累体制的危机日趋严重。在 2007 年美国次贷危机爆发前后，从反抗紧缩措施到争取免费教育权利，全球出现多个青年抗议运动高发区。其中，不乏对世界政治经济进程产生重大影响的抗议事件，形成了以骚乱和学潮为主要形式的海外青年抗议浪潮。

一 海外青年抗议浪潮的规模和特点

这里的海外青年抗议活动是指以海外青年为主体、不是由工会或政党组织的社会抗议活动，通常表现为示威游行、学潮和骚乱等形式。

首先，此次海外青年抗议浪潮的高涨，表现为短时间内（从 2005 年至今）在多国大规模爆发，并具有全国甚至国际影响。参加者从数万人到数百万人，其中欧洲的学生运动涉及的国家最多，规模也很大，并且相互响应。

其次，一些国家如法国、英国、西班牙和希腊等连续爆发大规模青年抗议活动。以警察枪杀无辜青年为导火索，2005 年的法国、2008 年的希腊和 2011 年的英国，接连爆发近几十年来规模最大的骚乱。为抗议政府在教育或其他社会领域的新自由主义改革，法国（2006 年、2010 年）、希腊（2006 年 6 月）、意大利（2008 年）、奥地利（2009 年）、智利（2006 年、2011 年）、加拿大（2012 年）、西班牙（2011 年）和美国（2011 年）等，均爆发了所在国 30 多年来最大的学生罢课和示威抗议活动。

此外，人们看到，2011 年年初由突尼斯小贩自焚触发的"阿拉伯之春"，2011 年 9 月的"占领华尔街"运动，2011 年以色列的"帐篷之城"运动，2012 年南非的矿工"暴动"，2012 年年底印度女大学生被轮奸引发的全国抗议和骚乱……在各国此起彼伏的罢工、游行示威等抗议活动中，都有一个鲜明的特点——运动参与者以青年为主，打先锋的学生身影尤为引人注目。"愤怒的一代"[①] 的称谓由此而起。

综观世界各地的青年抗议，从以下主要事件中不难发现，骚乱的导火索通常与警察的滥杀或执法不当有关，而学潮的起因往往与教育或劳工领域的新自由主义改革有关。这二者的背后都存在深刻的社会矛盾。

---

① 郑若麟：《多种因素糅合出欧洲"愤怒的一代"》，载《文汇报》2011 年 8 月 13 日第 6 版。

先看海外青年的骚乱。2005年10月，两名北非裔少年为躲避警察的追捕不幸触电身亡，在法国造成了长达三周、被认为是自1968年"五月风暴"以来最严重的骚乱。2008年12月，希腊警察在与青年的冲突中打死15岁的少年，引发全国主要城市的多日骚乱。2011年8月，英国因一名29岁的黑人男青年被警察枪杀，引发近年来规模最大的骚乱。从这三起骚乱来看，海外青年尤其是少数族裔青年面临的经济及社会困境，是这些骚乱发生的深层原因。

再看海外青年的学潮。2006年3月，法国各地30多万大学生罢课抗议《首次雇用合同》的新劳工法案，并与工人一同组织了300万人参加的自法兰西第五共和国成立以来规模最大的一次游行。2010年10月，为抗议法国政府的养老金改革，法国400多所中学的学生罢课，声援全国范围的罢工。2008年、2010年和2012年，英国大学生接连举行大规模示威活动，抗议政府上涨学费、取消教育补贴。自2006年5月后，希腊大学生爆发针对政府的高等教育改革和削减教育开支的全国性抗议运动。在"占领华尔街"爆发之前的2006年，为反抗教育部门的新自由主义改革，希腊学生占领了90%以上的大学。2011年9月8日，希腊420所高校中有283所被学生占领。[1] 2006年智利高中生要求政府提高教育质量的抗议活动，导致该国教育部垮台，并引发数月的政治危机。从2011年3月开始，智利的中学生和大学生发起了持续一年多的示威游行和罢课，抗议教育领域内推行的新自由主义政策，并得到智利群众尤其是工人的支持。这一斗争已经不再局限于教育领域，而是将抗议的矛头直指过去30年智利的新自由主义"发展"模式。2012年8月，智利学生再次发动全国规模的抗议活动。2008年10月，意大利教育部门推出一套旨在削减教育经费的教改方案，这一方案遭到包括小学生和大学生在内的所有学生及其家长的抗议。2009年奥地利6万多名大学生，举行了30多年来最大的罢课抗议活动。从2010年开始，美国的学生们就以罢课、占领学校等形式抗议教育经费的削减和学费上涨，并积极参加"占领华尔街"运动。2012年2月至今，加拿大东部魁北克省爆发了加拿大历史上持续时间最长、参与人数最多的学潮，学生们抗议政府计划在7年间将学费提高82%。这一运动还

---

[1] Nikos Anastasiades, Xekinimaand Danny Byrne, "Huge Student Movement Kicks off an Autumn of Struggle", Sep. 9, 2011, http://www.socialistworld.net/doc/5274.

得到了多国学生的支持,"全球学生运动组织"(La Global Education Strike)在 2012 年 11 月筹办了世界范围内、历时一周的全球学生大游行,旨在抗议教育商业化趋势。①

冷战结束后,世界共产主义运动步入低潮,资本主义全球化进入"新自由主义"时期。这一时代背景下的海外青年抗议浪潮,具有如下特点。

其一,斗争矛头直指金融资本。一方面,自 20 世纪 80 年代以来,资本主义经济开始全方位地金融化,此次危机最初就爆发在金融领域,并迅速蔓延至整个资本主义经济体系。人们认为,危机直接由华尔街设计的不负责任的金融衍生产品所引起,但这些危机的始作俑者非但没有受到惩罚,还得到政府毫无道理的救助。这些事实明白无误地向大众传达这样一个信息:金融资本既控制着经济命脉,也控制着国家机器,并成为制造危机和不幸的根源。另一方面,体现金融资本利益的新自由主义已经推行多年,很快加剧了社会生活的不平等程度。大学生这一曾经有着光明前途的"天之骄子",现在也面临毕业即失业,或即使有收入也难以偿还学生贷款的困境。因此,海外青年抗议运动中虽然有要求推翻资本主义制度、实现社会主义、追求社会公平的口号,但得到广泛响应的号召仍然集中在对金融资本的控诉上。"我们都是 99%"是对这一思想的集中表达。同时,海外青年们已经清醒意识到,体现金融资本利益的新自由主义政策,是要使整个社会商品化,而这样的市场经济必然导致两极分化。如果不对这一进程加以抵抗和阻止,海外青年们就毫无未来可言。这也许就是金融垄断资本主义给此次海外青年抗议浪潮烙下的最深印记。

其二,信息技术的作用凸显,但作用有限。WEB 1.0 时代(指第一代互联网应用)是用户通过浏览互联网获取信息。进入 21 世纪尤其是自 2006 年以来,在 WEB 2.0 时代(指第二代互联网应用),互联网用户不再只是被动地接收信息,而是可以通过"脸谱"等网站成为网络内容的提供者、发布者和传播者。

2011 年先后发生的"阿拉伯之春"和"占领华尔街"运动及其后的很多抗议活动,都离不开网络信息和号召的发布,各种有关"维基革命"或"推特革命"的说法不胫而走。有人据此提出,旧的政治组织不再重要,

---

① Matthew Brett and Rushdia-Mehreen, 2012, "Beyond the Québec student strike", Global Researrch, Oct. 10. www.globalresearch.ca.

传统左翼的组织动员机制也已经没有影响力，青年们不需要领导者，因为他们中的许多人既无时间也无意识等待接受任何政党的指引。① 事实上，现在每天都有许多呼吁举行抗议行动的网页或信息出现在网络上，但能够成为现实抗议行为的则少之又少，而能够形成大规模抗议行动的更是凤毛麟角。

在当代社会，信息的传播在组织社会运动方面固然十分重要，但缺少物质准备、组织机构、人员和舆论营造，光有网上的呐喊显然是远远不够的。要知道，在网上参与"抗议"非常简单，只要轻点鼠标，就可以为支持某项"倡议"或"运动"签名请愿。但这样的签名请愿如果没有转变为参与者在网下的现实行动，只靠递交请愿书对现实政治的影响可以说是为零。

在奥巴马2008年的竞选中，网上募捐和网络拉票活动之所以获得巨大成功，离不开他的竞选团队在线下的苦心经营。"阿拉伯之春"的开展，"一方面突尼斯事件使人们获得信心，另一方面埃及活动家开展了一些系统性的工作，如在一些很少有人接触到互联网的地区散发传单并高举标语牌"。② 尤其要注意的是，在埃及"革命"的幕后推手中，有许多组织都长期得到西方的人员培养和资金支持。"占领运动"、学生运动的开展都离不开大量社会主义者和激进主义活动家的推动，更别说工人阶级对这些抗议运动的实质性支持了。

在看到信息技术在组织和动员抗议运动的巨大效用时，也不能忘记，网络上的信息披露是不对称的。即使因为有"维基解密"这样的网站出现，我们知道了突尼斯前总统本·阿里的奢华生活、美军虐俘这样的"内幕"，但网络上更多的是源自西方的大量不实信息，使诸如伊朗、朝鲜或中国这样的国家面临严峻的网络环境。同时，各国对于披露出来的信息的处理能力也是不对称的。西方国家尤其是美国面对不利消息，可以凭借国际主流媒体的轻描淡写被"公关"过去，但别的国家尤其是所谓"无赖国家"的负面信息却被西方利用到极致，使当事国遭受极大压力。在这些扭曲的报道积累了相当的道义力量之后，西方便可以以"人权、民主、自

---

① Jonny Jones, "Social Media and Social Movement", International Socialism, Issue 130, Apr. 4, 2011, www.isj.org.uk.
② Ibid..

由"为名，对当事国进行政治、外交甚至是军事干涉。近年来发生在利比亚、叙利亚和伊朗等国的情况就是如此。

既然信息技术可以被海外青年用为召集示威、发布组织信息的工具，那么政府也可以通过监控网络和手机的信息平台掌握青年动态，甚至在必要时采取非常手段切断这些信息途径。2011年英国骚乱平息后，英国政府旋即着手抓捕网络"肇事者"并将其判以重刑，"英国首相卡梅伦呼吁，英国警方和情报部门应专门研究限制微博、社交网站等媒体的使用，一旦发现骚乱者利用这些网络工具策划暴力、动乱和犯罪，要下令中断网络的社会服务"。①

即使信息技术的运用已经成为当下海外青年抗议活动区别于之前社会运动的一个新特点，但所谓的"旧的政治组织已经无关紧要"的断言和"维基革命"的说法，其实是掩盖西方正在加紧利用网络进行线上尤其是线下的"软实力"控制的烟幕弹。简言之，信息技术绝不可能取代物质手段和现实斗争，但弱者必须善用网络，以取得最广泛的支持和同情，并使其转变为现实的物质力量。

二 抗议浪潮凸显西方民主的虚伪

本次海外青年抗议浪潮，在阿拉伯地区和英美发达国家都有爆发，但际遇大为不同。

加拿大魁北克学生抗议运动是该国历史上持续时间最长、规模最大的学生示威运动，但直到爆发100天时，西方主流媒体几乎都只有零星报道，罢课斗争只能主要通过网络对外宣传。这是西方主流媒体对付本国抗议的第一手，即新闻封锁、避免示范效应。而当阿拉伯地区的青年抗议活动兴起时，迅即得到西方主流媒体铺天盖地的报道，全程追踪，不遗余力地鼓吹是阿拉伯人民追求民主自由的时候了。当穆巴拉克为控制局势切断网络时，在西方媒体看来那就是专制独裁。但是2011年英国骚乱后，"以英美为代表的西方一些国家坦言要放弃他们长期宣称的'网络信息不受限制'的管理理念"②。

---

① 中央组织部党建研究所课题组：《英国骚乱的原因及启示》，中组部党建研究网2011年11月19日，http://www.djyj.cn/Default.aspx?tabid=99&ArticleId=4439。

② 同上。

西方主流媒体对付本国抗议的第二手,体现在报道的调门上。主流媒体将本国抗议称为"迷失一代"的泄愤行径,而将"阿拉伯之春"称为"觉醒一代"的革命行为,法国和欧盟还将因自焚身亡引发"阿拉伯之春"的突尼斯小贩列为"英雄"。① 同样是在阿拉伯国家,当君主专制的巴林、也门等国发生青年抗议时,西方却不像对待利比亚、埃及等世俗国家那样同样待之,而是低调处理,不予实质支持。西方的新闻自由,只有在报道对立国家的负面新闻时才会充分体现,其实质是维护整个统治阶级的国家利益。

无论是"占领运动"还是学生罢课,要想坚持下去,精神和物质的援助都是必不可少的。世界上只要在西方有统治阶级利益需要的地方发生动乱,马上就会有各种基金会、人权团体的支持接踵而至,但发生在他们本国的抗议则只能靠网上的个人捐助来维持。

埃及"革命"是"阿拉伯之春"的重要转折点,其幕后主要推手"4月6日青年运动"成员,曾远赴塞尔维亚向参与推翻米诺舍维奇的塞尔维亚青年运动 Otpor(意为"抵抗",该组织得到西方支持)取经。该组织还与海外埃及人在卡塔尔成立的"变革学院"和"埃及民主学院"(该项目旨在促进埃及人权及选举监察,获得美国拨款援助)密切合作,筹划抗议活动。② 利比亚反政府武装,如果不是得到西方赤裸裸的武装和财政支持,应该早被消灭在班加西了。英国爆发警察滥杀而引发的骚乱后,"尽管他们的抗议行为非常有正当性,但演变成暴力之后,就成为英国的全民公敌,政客和媒体甚至呼吁必要时动用军队"③。而当叙利亚的反对派在国内大搞暗杀、暴动,叙利亚政府完全有正当理由镇压之时,西方媒体却大加挞伐,说是独裁者对人民革命的血腥压制。法国等西方国家迅速承认叙利亚反对派的合法性,尽管它们对在本国暴动的"反对派"严厉镇压。

---

① 2011年2月4日,即布瓦吉吉逝世一个月后,巴黎市长宣布将巴黎一处地方命名为"布瓦吉吉",以兹纪念;2011年10月27日,欧洲议会颁发萨哈罗夫奖给突尼斯贫民穆罕默德·布瓦吉吉以及另外4名分别来自埃及的阿斯玛·马夫兹、利比亚的阿买德·撒努西、叙利亚的拉赞·扎伊多纳和阿里·法扎特,以表彰他们为本国人民争取人权和自由所做的突出贡献。信息来源分别是:"Tunis renames square after man who sparked protests" Feb. 17, 2011, http://www.swissinfo.ch/chi/detail/content.html?cid=31449394。
② 《再见了!阿拉伯旧秩序》,载《侨报》2011年12月31日第T06版。
③ 宋鲁郑:《非洲突尼斯:从女城管打人和小贩自焚说起》,2012年7月8日,http://www.chinainnovations.org/Item.aspx?id=37279。

在魁北克学生持续抗议4个月并发生了一场警察与学生的流血冲突后，魁北克政府突然颁布一项限制集会和言论自由的《第78号法案》。多个社会团体联名要求魁北克高等法院推翻此法，但后者却认为《第78号法案》并无违宪行为而不予撤销。同样，无论是美国、英国、希腊还是法国，政府无不运用警察和法院等国家机器，对抗议活动进行预防性或惩罚性控制。为何同是政府镇压抗议活动的行为，在西方就是正义和合理，在其他国家就是暴政和独裁，就需要西方抡起大棍进行制裁呢？

通过此次几乎同时发生在西方世界和阿拉伯国家的青年抗议运动的不同遭遇，西方的民主虚伪性与两面性显露得淋漓尽致。

三　海外青年抗争的直接原因

经济危机爆发前，普通人的生活尚可通过借贷等方式维持在一定水准，但危机恶化了人们，尤其是海外青年的社会处境，使他们的生活难以为继。

（一）上学难

教育尤其是高等教育，对于劳动者取得在劳动力市场中的竞争优势至关重要。然而，教育费用的上涨，使多数海外青年及其家庭难以承担。

首先，教育费用的上涨是20世纪90年代以来的一个长期过程，危机只是加快了这一进程。苏东剧变后，社会主义阵营对资本主义制度的威胁解除了。资本主义国家于是得以逐步消解原先用于同苏联式社会主义竞争人心的社会福利制度，低廉的学费逐步上涨，最后到了学生不堪承受的地步。据媒体报道，在葡萄牙每天有近100名大学生因学费问题而辍学。① 而诸如"学费年年涨，学生抗议无效，英国医学院8%学生卖淫"② "德国三成大学生愿卖淫求学"③ "求包养网站爆红美国，女大学生用户多当妓女卖淫"④ 等报道不断见诸报端。

---

① 马洁君：《葡萄牙一女大学生借助"脸谱"网站筹钱付学费》，新华网2012年11月29日，http://news.xinhuanet.com/edu/2012-11/30/c_113863070.htm。
② 《学费年年涨，学生抗议无效，英国医学院8%学生卖淫》，半岛网-城市信报2012年3月1日，http://news.bandao.cn/news_html/201203/20120301/news_20120301_1825194.shtml。
③ 《德国三成大学生愿卖淫求学》，美国中文网2011年5月20日，http://news.sinovision.net/portal.php?mod=view&aid=171573。
④ 任安理、刘皓然：《求包养网站爆红美国，女大学生用户多当妓女卖淫》，《环球时报》2012年11月21日，http://world.huanqiu.com/well_read/2012-11/3296239.html。

其次，资本逐利的本性使得教育，尤其是高等教育，成为一项必须追逐利润的产业。2012年美国大学理事会发布的数据显示，在过去的十年里，大学的年度费用均值已经累计增长40%，达到3122美元。① 另外，新自由主义主导下的国家政策，使"（美国）国家、各州以及地方为每个大学学生所支付的费用，剔除通胀因素，已经达到了25年来的低点"②。在加拿大，"30年前，学费占大学年运营费用的比例不到1/7——随着政府把负担转嫁给学生及其父母——现在超过了1/3"③。国家把本该承担的大部分教育费用推卸给了劳动者。

再次，信贷消费的膨胀会引起通货膨胀，其后果之一就是学费的上涨，但同时期劳动者的工资收入却不升反降，在此情况下必然通过借贷才能上学。美国联邦储备银行纽约分行估计，现有3700万美国人欠着求学贷款债务，④ 约1/5的美国家庭负有求学贷款债务。⑤ 根据美国教育部的统计，大约有2/3的学士学位获得者是靠贷款读的大学，包括从政府或是私人处获得的款项。但是，总的借款人数应该更高，因为并没有跟踪调查是否有人向家庭成员借款。对于所有的借款人，2011年的平均债务是23300美元。⑥ 加拿大魁北克65%的大学生毕业时的平均负债为14000加元。⑦

美国联邦储备银行纽约分行2012年第三季度的报告指出，联邦政府持有的学生贷款债务为9560亿美元。考虑到约85%的学生贷款债务属于

---

① 《美学生贷款成其第一大债务负担，或影响全球经济》，和讯网2012年9月20日，http://news.hexun.com/2012-09-20/146078019.html。
② [美]乔磊：《教育贷款负担重 大学生成债奴》，[美]《侨报》2012年7月27日，http://epaper.uschinapress.com：81/qiaobao/html/2012-07/27/content_701444.htm。
③ Cedric Gerome, "Students take 'indefinite' strike action", Feb. 3, 2012, http://www.socialistworld.net/doc/5616.
④ Tyler Durden, "Student Loan Debt Slaves In Perpetuity-A True Story Of 'Bankruptcy Hell'", Apr. 26, 2012, http://www.zerohedge.com/news/student-loan-debt-slaves-perpetuity-true-story-bankruptcy-hell.
⑤ Hope Yen, Associated Press, "Student debt hits record 1 in 5 U.S. households", Sep. 27, 2012, http://usatoday30.usatoday.com/news/nation/story/2012/09/27/student-debt-hits-record-1-in-5-us-households/57847628/1.
⑥ Jill Schlesinger, "Student loan debt nears $1 trillion: Is it the new subprime?", Nov. 28, 2012, http://www.cbsnews.com/8301-505145_162-57555780/student-loan-debt-nears-$1-trillion-is-it-the-new-subprime/.
⑦ Cedric Gerome, "Students take 'indefinite' strike action", Feb. 3, 2012, http://www.socialistworld.net/doc/5616.

联邦政府，余下的15%属于私人借贷，① 学生债务现在已经突破1万亿美元大关，超越信用卡债务而成为美国国民第一大债务负担。

最后，经济危机以来，多国在削减教育开支的同时纷纷上调学费，给学生及其家长带来了更大的经济负担。自2007年年底金融危机以来，美联储的数据显示，美国学生总债务的增长超过56%。2012年英国大学学费上涨了两倍，成千上万的学生无法负担学费，从而使英国大学的入学申请人数下降了几乎8个百分点。② 俄罗斯2013年的新教育法不仅要撤并134所高校，还允许幼儿园等教育机构自行收费，这意味着学费上涨10%。智利多年的新自由主义政策已经使教育成为一门生意，学生们背负沉重的债务负担，然而政府仍要进一步私有化教育产业。

由于多数学生毕业后难以找到称心的工作，偿还学生贷款成为难题。根据前述美联储的报告，1万亿美元的学生贷款在一个季度中有22%被拖延超过90天以上。美联储自己证实了学生贷款泡沫正在形成。③ 同时，由于学生贷款不允许贷款人像抵押贷款或信用卡贷款那样通过破产而清零，这是否会带来新的"次贷危机"呢？

（二）生存难

失业是资本主义社会存在的普遍现象。自20世纪70年代资本主义进入滞胀时期以来，年轻人的高失业率就成为社会问题。在全球经济萧条的情况下，这一人群的就业状况更为恶化。

2012年全球有7500万名青年面临失业（比经济危机前的2007年增加近400万人），约12.7%的年轻人处于失业状态。④ 美国18—29岁的年轻人就业人口中，32%的人未充分就业（失业或者没有全职工作），这一比例是30岁以上人群的两倍。⑤ 2011年英国25岁以下失业者已经超过100

---

① Tyler Durden, "Student Loan Debt Slaves In Perpetuity-A True Story Of 'Bankruptcy Hell'", Apr. 26, 2012, http://www.zerohedge.com/news/student-loan-debt-slaves-perpetuity-true-story-bankruptcy-hell.

② Andre Damon, "A lost generation and the struggle for socialism", Sep. 6, 2012, http://www.wsws.org/en/articles/2012/09/pers-s06.html.

③ Tyler Durden, "The Scariest Chart of The Quarter: Student Debt Bubble Officially Pops As 90 + Day Delinquency Rate Goes Parabolic", http://www.zerohedge.com/news/2012-11-27/scariest-chart-quarter-student-debt-bubble-officially-pops-90-day-delinquency-rate-g.

④ 吴陈、王昭：《国际劳工组织报告称今年将有近7500万年轻人失业》，2012年5月22日，http://news.xinhuanet.com/world/2012-05/22/c_112012738.htm.

⑤ 《美国年轻一代的失业困局，年轻人失业率飙升》，载《中国证券报》2012年5月26日。

万，创 10 多年来新高。① 一份"2011 年全球年轻人失业率②前十位的国家"图（如图 1.3 所示），清晰地展示了经合组织国家中的年轻人失业率。③ 在经济危机全面爆发前的 2007 年第一季度已经超过 15%，而金融危机后美国的整体失业率最高也才接近 10%，2011 年第一季度则突破 15% 的高位。

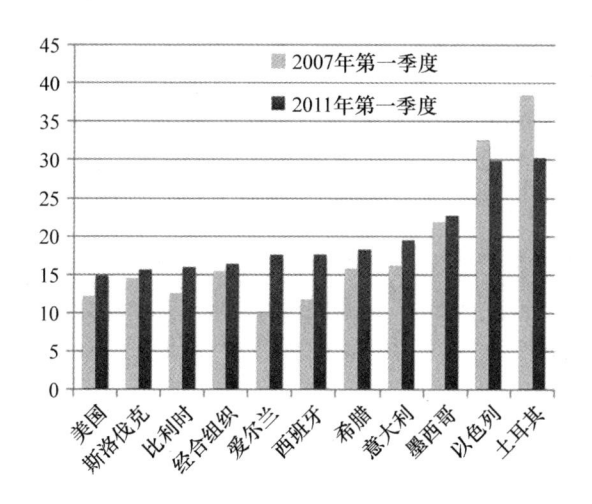

图 1.3　2011 年全球年轻人失业率前十位的国家

2012 年的就业数据显示，欧元区的总体失业率达 11%，是 1999 年欧元正式使用以来的最高值。而年轻人的失业情况更为严重，比总失业率高一倍，为 22%，其中以希腊最高，近 53%，西班牙（51.5%）和意大利（35%）次之。④ 欧洲青年论坛副主席卡塔琳娜·妮维达洛娃来华访问时称，当代欧洲青年人是历史上受教育程度最高的一代，却是在就业上遇到

---

① 杜娟：《英国社会正迎来"迷失的一代"》，载《新民晚报》2011 年 11 月 17 日第 A15 版，http：//news.xinhuanet.com/world/2012 - 05/26/c_ 112040278.htm。
② 此处的年轻人失业率指 25 岁以下、不在学校念书、没有参加任何培训，也并未被雇用的年轻人所占的比例。
③ 经合组织数据为经济合作组织 34 国的平均值。《全球年轻人失业率最高的国家：美国第 10》，2012 年 6 月 8 日，http：//money.163.com/12/0608/14/83G25RFJ00253G87.html。
④ ［新］《联合日报》，《或引起社会动荡，欧洲年轻人失业率达 22%》，Jul. 12，2012，http：//cnews.cari.com.my/news.php? id = 247861。

最大问题的一代。① 在第三世界国家,受过高等教育的年轻人失业率更高。这主要是由于这些国家的工业基础薄弱,吸收高素质劳动者的能力有限。

年轻人失业问题,可谓"冰冻三尺非一日之寒"。首先,企业更倾向于雇用正值壮年、经验丰富同时办事稳重的中年人。过去,在经济繁荣时期,年轻人还有很多就业机会,但随着危机的到来,由于年轻人参加工作时间短、解雇成本低,企业解雇的对象中首当其冲的就是年轻人。这也提高了年轻人的失业率。其次,随着生产力水平的提高,两大传统主导产业——纺织业和汽车业在20世纪都经历了一个大量收缩劳动力使用量的过程,而可大量吸收劳动力的新主导产业尚未出现。服务业虽然吸收了大量年轻人就业,但与传统产业相比就业总量还是不大,而且提供的工作极不稳定,报酬也很低。2008年,西班牙63%的15—24岁的被雇用青年是临时工,被雇用时间平均为每月10天左右,而且随时可能被解雇。② 最后,为应对日益激烈的竞争,降低雇佣成本成为企业发展趋势;在发达国家,资本纷纷涌入金融业,但金融业的就业量非常狭窄。这使"'实习一代'和'不稳定一代'这样的名词已经进入欧洲国家的日常语言"③。

此外,与失业率密切相关的年轻人贫困率也非常高。现在许多养不活自己的年轻人,不得不与父母同住,被迫"啃老"。2008年,欧盟18—34岁的年轻人中,46%与父母同住。④ 这一比例在崇尚独立的西方是很值得反思的。

(三)发展更难

首先,这体现为海外工人的经济地位日益下降。第二次世界大战后,资本主义经历过一个高速发展的黄金时期,但自20世纪80年代以来,工人的经济地位日益下降。一方面,这体现在劳动者收入并没有随生产力的提高而上升,反而下降。以美国为例,1979—2007年美国每小时产值上升

---

① 杨宁、单青:《高失业率撼动欧洲"失落的一代"路在何方?》,载《人民日报》(海外版)2011年8月16日。
② Danny Byrne, "Austrian students show the way forward!", June 11, 2009, http://www.socialistworld.net/doc/3766.
③ 宋丽丹:《国外共产党论当前资本主义经济危机及世界形势》,载《当代世界与社会主义》2012年第3期。
④ Corbis Images:《失业的欧洲青年人,失落的一代来源》,载《OV海外文摘》2012年第9期。

了1.91%，但实际平均时薪下降了0.04%。① 另一方面，贫困率上升。以美国为例，到2012年11月美国有约4970万人处于贫困线以下，占总人口的16.1%。② 欧洲委员会的最新数据表明，欧洲约4000万人正在遭受"严重的物质剥夺"。③ 发达国家尚且如此，第三世界国家的情况就更为恶劣，仅在孟加拉国，失业人口就已经超过三千万。④ 工人经济地位的日益下降，意味着作为劳动后备军的海外青年们的发展日益艰难。

其次，海外青年的未来被"金融化"透支。为了解决消费不足问题，推动经济增长，一方面消费信贷被大力扩张，另一方面家庭不透支也难以支付诸如住房、汽车和教育这样的大额消费，甚至是日常消费。截至2012年9月30日，美国的家庭债务高达11.31万亿美元。⑤ 资本借"金融化"吞噬了工人当下和未来的收入，工人被剥了"二层牛皮"。在这种背景下，海外青年不仅现状堪忧，未来也因之被"透支"。根据美国的一项调查，"18至29岁的人群中：39%的人没有健康保险，23%的人表示他们买不起日用品，20%的人有超过1万美元的信用卡欠款，49%的人为还债不得不从事不情愿的工作，24%的人为省钱搬回家与父母同住，20%的人因此推迟了婚期，18至34岁的人群中有22%已经推迟了生育"⑥。

（四）新失落的一代？

前国际货币基金组织主席卡恩称当前这一代年轻人是"失落的一代"。他这么说也许是认为现在的年轻人是群无所事事的小流氓，只知道在大街上闹事，但这种称呼，换个角度来考察也是恰如其分的。

首先，经济窘迫使越来越多的年轻人选择与父母同住或被迫"啃老"，

---

① 吴筱筠、丁俊萍：《新自由主义与经济金融危机——美国学者大卫·科兹对当前经济金融危机原因及其影响的分析》，载李慎明主编《世界在动荡、变革、调整》，社会科学文献出版社2012年版，第292页。

② Andre Damon, "The social crisis in the US", Nov. 24, 2012 http：//www.wsws.org/articles/2012/nov2012/pers-n24.shtml.

③ Mark Blackwood, "Britain：Soup kitchens become part of mainstream welfare provision", Nov. 28, 2012, http：//www.wsws.org/articles/2012/nov2012/food-n28.shtml.

④ Ruhin Hossain Prince, "Contribution of CP of Bangladesh", Dec. 11, 2011, http：//www.solidnet.org/bangladesh-communist-party-of-bangladesh/2290 – 13-imcwp-contribution-of-bangladesh-en.

⑤ Jill Schlesinger, "Student loan debt nears ﹩1 trillion：Is it the new subprime?", Nov. 28, 2012, http：//www.cbsnews.com/news/student-loan-debt-nears-1-trillion-is-it-the-new-subprime/.

⑥ Nancy Hanover, "US student loan debt：Where did it come from and who benefits?" May 29, 2012, http：//www.wsws.org/en/articles/2012/05/loan-m29.html.

这无疑挑战了年轻人珍视的"独立"价值观——他们的价值观"失落"了。其次，就业的困难让很多年轻人不得不受限于每月数百欧元或美元的工资，难以成家立业，更别提实现自己的理想——他们的梦想"失落"了。再次，失业带给年轻人的不仅是经济窘迫，更多的是自我怀疑和否定，容易导致一蹶不振，甚至自杀。①而且失业也会使人铤而走险，从此踏上犯罪道路——他们的自我"失落"了。最后，社会不能为年轻人提供人尽其才的岗位，大量的临时就业和低工资，使年轻人无法储备适应更高层级工作的技能与经验。他们最常对记者描述自己处境的一句话是："我们看不见未来"②——他们的前途"失落"了。于是，所谓的"新失落的一代"就这样形成了。

但历史并不是"TINA"（别无选择）。自2008年以来，《资本论》《共产党宣言》和《政治经济学批判大纲》在西方社会的销量激增，《共产党宣言》成为仅次于《圣经》的历史最畅销图书。③英国伦敦"马克思主义2012"节的组织者约瑟夫·楚纳拉指出，"马克思主义兴趣的再次流行，尤其在年轻人中的流行，是因为它提供了分析资本主义尤其是资本主义危机——我们现在就身陷其中——的工具"。④欧文·琼斯这位英国27岁的新左派标志性人物说，"由于经济危机……阶级又回到我们的现实之中。现在不可能像在20世纪90年代说服我们那样说我们都是中产阶级。这个政府的改革是基于阶级的"⑤。

"危机以来，（美国）一项社会调查显示，20%的被调查者赞成社会主义经济制度，其中30岁以下年轻人中的1/3，即33%的人更喜欢社会主义。这种情况在美国是前所未有的。"⑥当然，西方泛滥的议会主义、"和平长入社会主义"的思想对年轻人的影响也是不言而喻的，但是现实正在

---

① 2005年到2009年4年内，埃及国内因承受不了失业压力而自杀的年轻人居然达到1.2万，Feb.14，2009，http：//www.moheet.com/show_files.aspx?fid=222275。
② 赵全敏：《希腊骚乱会引燃全欧洲吗》，载《世界新闻报》2008年12月16日，http：//gb.cri.cn/12764/2008/12/16/145s2362983.htm。
③ Stuart Jeffries，"Why Marxism is on the rise again"，Jul.4，2012，http：//www.guardian.co.uk/world/2012/jul/04/the-return-of-marxism.
④ Ibid..
⑤ Ibid..
⑥ 刘淑春：《全球金融危机背景下的美国工会运动和美国共产党》，载《马克思主义研究》2011年第9期。

教育他们。随着危机的深入和海外青年反抗斗争的开展,将有更多的年轻人会更清醒地看待资本主义,更客观地评价马克思主义,甚至走上革命的道路。因此,不能笼统地说,危机使资本主义社会的年轻人都成了"新失落一代",他们更多的是在"失落"中寻找自身甚至是社会的不同于资本主义的出路。

四 抗议浪潮高涨的根本原因

自20世纪70年代以来,资本主义国家的劳动者收入就呈下降趋势,苏联的解体使工人的贫困问题更加恶化。以美国为例,如果把通货膨胀和债务因素考虑在内,今天美国工人的工资比1973年时还低。① 不仅如此,危机还成为垄断资产阶级趁火打劫的最好时机。仍以美国为例,危机爆发之后的2011—2012年,美国最富的前400人的净资产增长了13%,达到1.7万亿美元,与之形成鲜明对照的是,当年美国整体经济增长速度仅为1.7%。② 根据美国政府的最新数据,其国内生产总值为13.56万亿美元,也就是说这些人的净资产就占了美国GDP的1/8,贫富鸿沟进一步扩大。③

2008年金融危机后的几年里,为了救市(即救大资本),一方面,"大量资金被注入经济——其中美联储投入了数万亿美元,欧盟也超过一万亿美元"④;另一方面,各项针对劳动人民的紧缩政策不断被推出,"在卢森堡,紧缩政策已使卢森堡所有的劳动者仅在2011年5月至10月之间月工资就下降了12.5%,但与此同时,10%的家庭拥有国家80%的财富。2011年,英国家庭实际收入正在以近11%的速度下降,这是34年来的最大降幅"⑤。

英国一家思想库用"iPod"形容新一代年轻人承受的压力:没有安全

---

① [美]瓦迪·哈拉比:《十项因素:当今科学发展中的政治经济学》,载《海派经济学》2008年第4期。

② Shannon Jones,"Net worth of richest Americans soars by 13 percent in 2012",Sep. 21,2012,http://www.wsws.org/articles/2012/sep2012/rich-s21.shtml.

③ 《最富的400个美国人:盖茨19年稳居榜首》2012年9月20日,http://news.mydrivers.com/1/241/241831.htm。

④ [美]彼得·胡迪斯:《超越经济紧缩对资本主义结构性经济危机的反思》,载《中国社会科学报》2012年11月28日。

⑤ 宋丽丹:《国外共产党论当前资本主义经济危机及世界形势》,载《当代世界与社会主义》2012年第3期。

感、压力大、承担过重税收负担、债务高筑。① 有人在分析希腊学生抗议频发的原因时指出,"多年来,学生们一直努力去适应这样的逻辑,即如果他们努力奋斗将来或许能有更好的生活。事到如今,希腊的学生们认识到,即使他们有第二学位和研究生学历,他们也逃脱不了资本主义的魔爪。他们的学位可能价值低廉甚至一文不值,他们毕业时仍可能面对大规模失业。即使能找到一份工作,仍可能是临时的,他们不得不接受每月600至700欧元的基本工资,每天工作10个小时以上,还没有加班工资"②。伦敦一位参加骚乱的青年说:"伦敦是一个看重成功、金钱和物质的城市,政府从来不会关心我们,只会关心那些有钱人,钱包就是你的通行证。"一位英国青年也说:"我们知道正被政府忽略,在100万年轻人失业的形势下,你怎么能期望我们坐下来冷静?"③

可见,政府的反危机措施,直接或间接地严重损害了海外青年的生存与发展,这是导致海外青年抗议活动高涨的直接原因。而资本主义的基本矛盾,则决定了社会两极分化的日益加深,使海外青年承担着越来越大的经济和社会压力,这就是海外青年抗议活动发生的根本原因。

五 社会影响与发展趋势

(一) 抗议浪潮产生的社会影响

青年抗议活动通常是更大规模的社会抗议运动或社会变革的前奏。从历史上看,在殖民地、半殖民地国家的民族解放运动中,走在斗争前列的青年是民族解放运动的主体,青年抗议活动尤其是学生运动是其必不可少的组成部分甚至是唤醒民众觉醒的导火索。在发达国家,学生运动与工人运动相结合,常常构成对资产阶级政府的巨大压力,如1968年的"五月风暴"和同时期席卷西方社会的大罢工、民权运动及反战运动,就是以学生运动为先锋、工人阶级群起支持的社会抗议浪潮。

从这几年的经验来看,海外青年抗议浪潮推迟了资产阶级对社会权益的侵蚀,"魁北克相对较低的学费是1995年和2005年的重要学生罢课抗

---

① 胡洁:《希腊骚乱是欧洲青年困局的缩影》,载《长江商报》2008年12月13日。
② Andros Payiatsos, "Students still occupying over 90% of universities and technical colleges", June 27, 2006, http://www.socialistworld.net/doc/2352.
③ 杨宁、单青:《高失业率撼动欧洲,"失落的一代"路在何方?》,载《人民日报》(海外版) 2011年8月16日第6版。

议运动的直接结果……这清楚地表明群众斗争是迫使新自由主义进攻在教育领域或其他领域撤退的决定性因素。成千上万的魁北克学生参加的正是这种群众的、长期的斗争。他们清楚地了解，他们的斗争是为了他们未来——这种未来正被市场经济制度的'逻辑'日益破坏——进行的总斗争的一部分"①。无论是在希腊、意大利还是西班牙，学生斗争的高涨都使工会面临群众要求发动总罢工以支持学生斗争的压力，从而在各国掀起了学生斗争与工人斗争相互支援的局面。

2011年的"阿拉伯之春"也是由青年抗议活动引发的，它直接导致了突尼斯、埃及和利比亚政权的更迭，使叙利亚等阿拉伯国家政局动荡，对世界地缘政治的影响至今仍在持续。

但到目前为止，虽然海外青年抗议声势浩大，多数却仍停留在抗议具体政策和体制上，并不寻求推翻资本主义制度，因而并不能从根本上动摇资产阶级的统治，其历史作用有限。

（二）抗议浪潮的发展趋势

海外青年抗议的兴起有其深刻的经济、社会原因，但任何一个抗议运动并不会自然而然地就能提出社会主义性质的政治口号或要求，而是在运动中受各种政治势力的影响和主导，或误入歧途或走向革命。

1. 误入歧途

任何革命发展的前期一般都是以抗议、骚乱甚至暴动为表现形式的，关键是社会抗议行为在其演变过程中受到什么思想的指导或政治力量的左右。

近年来，由于经济不景气，将社会问题归咎于移民政策、福利政策，鼓吹种族主义、民族沙文主义和法西斯主义的极右翼势力，尤其是新法西斯主义政党在资本主义国家大为增强，而多年来暴力文化的渲染使不少年轻人将暴力视为解决问题的主要手段，这种人一旦接受极右翼势力的影响就很容易制造暴力事件。在近年的挪威枪击案和美国连续发生的严重枪击案中，主角都是年轻人，挪威枪手还自诩为极右翼组织"圣殿骑士团"的一员。

某些阶级、种族或少数族裔受到歧视和压迫，是资本的剥削和压迫在

---

① Cedric Gerome, "Students take 'indefinite' strike action", Feb. 3, 2012, http://www.socialistworld.net/doc/5616.

社会生活领域的自然延伸，因而这种歧视和压迫也是阶级矛盾的一种表现，但它带给被歧视者和被压迫者的认知不可能直接将矛头对准资本主义制度，而通常是将不满和愤怒发泄给整个社会和不相干的人们，2005年伦敦大爆炸的4名英国籍巴基斯坦裔罪犯就是这样的例子。

由最初300多名少数族裔抗议黑人青年被警察滥杀，演变为英国多个城市不限于单一族裔的2011年大规模骚乱，被视为"对社会现象不满而引发的综合性'泄愤'行为"[1]。法国2005年、希腊2008年的骚乱也同样被视为青少年的泄愤行为。事实上，任何社会抗议都可以被看作是一种对社会不满的"泄愤"行为。在资本主义国家，无政府主义、个人主义、改良主义的盛行对青年的影响非常大，抗议行为如果得不到正确的指导和组织就会发展成单纯的"泄愤"——骚乱，这时政府就要以"法律和秩序"的名义加以镇压。在希腊2008年的"骚乱"中，除了无政府主义团体在"美丽的城市，美丽的燃烧"口号下尽可能制造暴力，同时还有便衣警察加入到暴徒队伍中去制造混乱。[2] 这三个国家的骚乱最后都被镇压下去。

"占领华尔街"运动中"我们都是99%"的口号，把斗争的矛头直指金融寡头，在多数青年抗议中也是以抗议金融资本的统治和新自由主义政策为主，虽然这种斗争的指向并无错误，但无疑也是受到了"主流"的引导，似乎是1%的金融贵族和不正确的政策导向才导致了经济危机的发生。应该明确的是，金融垄断资本的统治是资本主义发展的必然结果，新自由主义不过是金融资本的统治在意识形态和政策措施上的表现而已。要根本解决危机、解决失业和免费教育等现实问题，只有推翻资本主义制度、建设社会主义制度才有可能。

目前的海外青年抗议还更多地局限于指责新自由主义和金融寡头的统治，提出的多是诸如"不要左翼、不要右翼，要前途，要工作"[3]"免费教育"等口号，表明青年抗议从整体上还不能从制度层面来审视斗争的对象。这与西方资产阶级左翼的宣传有关，他们更多地把资本主义制度当前

---

[1] 中央组织部党建研究所课题组：《英国骚乱的原因及启示》，《党建研究》2011年11月19日，http：//www.djyj.cn/Default.aspx? tabid=99&ArticleId=4439。

[2] "The 'December Days' rising of Greek youth", Feb.8, 2009, http：//www.socialistworld.net/mob/doc/3399.

[3] 郑若麟：《多种因素糅合出欧洲"愤怒的一代"》，载《文汇报》2011年8月13日。

的危机归咎于金融垄断资本的统治，这也与国外共产党多数处于弱势、不掌握意识形态主导权的处境有关，这就造成了青年抗议的最大缺陷：得不到马克思主义政党和理论的正确指导，把斗争的矛头指向矛盾的结果而不是原因，不能以彻底的理论指导彻底的行动，获得的力量支持也必将越来越少，在取得当局一定的妥协后便偃旗息鼓。"占领运动"和青年抗议最后的结果一般都是要么被资产阶级选举政治所利用，如美国总统选举的相关争论；要么被反动势力利用——进行政权更迭，如突尼斯、埃及；要么就是无法突破社会僵局，国家陷入动荡，有法西斯主义趁机崛起的危险，如希腊目前的形势。

于是，只要海外青年抗议运动的主要力量没有达到一定的认识水平，不主张彻底推翻资本主义制度、不接受马克思主义政党的领导，那么这种激进化的斗争就依然面临巨大的阻力。

2. 走向革命

在海外青年抗议尤其是学生抗议活动中，青年们意识到自己的抗争并不能局限于自己的眼前利益，他们有的已经能从社会发展前景的高度来深化自己斗争的意义。有人这样评价魁北克学生运动："它已经远远超过了单纯对学费上涨的抗议。这次学费上涨对大多数学生而言并不产生影响，因为学费是分七年来逐渐上涨的，它真正影响到的是那些即将走进大学的学生。这些数量庞大的在校学生甚至会为了与他们切身利益不相干的问题去冒推迟学期的危险。"① 在法国和智利这两个学生抗议规模很大的国家，同样可以看到，中学生甚至是小学生及其家长都加入到抗议斗争中去了，尽管他们不一定和抗议运动有直接利益关系，但是他们都已经意识到国家、资本对教育权利的侵犯不会停休，而市场化、商品化不仅对教育而且对生活的方方面面都会产生巨大的负面影响。

学生运动已经注意到要同工人斗争相配合，例如，在魁北克学生运动中，激进学生组织"CLASSE"在4月14日组织的一次示威中提出的口号是"学生罢课也是群众斗争"。魁北克省政府为了遏制学潮推出了被认为严重侵犯集会权利和言论自由的《第78号法案》，这使学生们的抗议得到了工人的同情和支持。而各国青年和学生都积极地参与到工人的游行示威

---

① Joshua Koritz, "Interview with an organiser of the student strike", June 24, 2012, http://www.socialistworld.net/doc/5826.

中，他们意识到工人阶级的利益同自己的未来紧密地结合在一起。以上这些现象的发生不过是表明，资本主义社会的贫富分化、阶级对立已经发展到了一个无法掩饰的地步，现在人们已经知道阶级和阶级斗争是资本主义社会不可逃避的现实，人们的医疗、教育和住房等需求则无法通过市场得到满足。那些新自由主义政策在人们心目中已经破产。

但无论是"占领运动"、学生的和平示威还是青年的暴力发泄，资本的总代理人都是用暴力来解决问题，这无疑表明，资本主义基本矛盾在资本主义制度内的不可解决性，它的彻底消除还是要靠暴力、靠社会主义制度的实现来达成。

正是由于青年的前途与命运同工人阶级的是一致的，各国共产党都非常重视吸收包括青年抗议在内的青年运动作为反资本主义斗争的有机组成部分。自危机以来，各国共产党克服当局的种种限制，向群众，尤其是青年开展关于危机的根源、性质及其前景的宣讲，说服群众只有社会主义才是最好的替代，吸收了不少新党员，其中多数是青年人，尤其是大学生，如俄共、法共、日共等。

海外青年抗议运动要转变为自觉的、有组织的反资本主义运动，就必须与工人斗争及其他形式的阶级斗争——环境保护运动、反种族歧视运动、反法西斯运动等一道会合和团结起来成为广泛的群众运动。海外青年抗议浪潮的高涨对各国乃至世界形势都有着巨大而深远的影响，它与其他社会抗议运动，尤其是工人阶级解放斗争的结合是反资本主义斗争取得胜利的关键。

第三节 从"愤怒者"运动到"占领华尔街"：西方反建制运动勃兴

20世纪60年代以来西方资本主义演进的50年，伴随着群众性反抗运动的勃兴。从新左派运动，到新社会运动，再到20世纪90年代以来的全球正义运动，一波又一波的反抗运动此起彼伏、高潮迭起，在政治、经济和社会各个层面都深刻地影响和改造着当代资本主义。进入21世纪第二个十年，西方国家先后发生了西班牙"愤怒者"运动，源于美国、继而席卷全球的占领运动。国际金融危机下这些反抗运动的发生，是当前西方社会矛盾、冲突激化的体现，其形成有资本主义危机的特定背景，但又同以往社会运动具有明显的连续性，体现了当前西方群众性社会运动发展的一般趋势。

一 历史视野中的西方群众性反抗运动

从历史发展的纵向看，自20世纪60年代至国际金融危机爆发，西方世界主要出现了三种具有突出代表性的社会运动形式，即20世纪60年代的抗议运动、新社会运动、20世纪90年代以来的全球正义运动。

20世纪60年代的抗议运动，亦即所谓"60年代抗议周期"，最早可以追溯至20世纪50年代中期的反文化运动或"嬉皮士运动"。在当时的西方社会，出现了一批以奇装异服和怪异行为反抗传统的年轻人，他们鼓吹远离社会，提倡"新生活""新文学"和"新艺术"，用吸食大麻、听爵士乐等极端方式，对资本主义文化价值观和生活方式发起挑战。随着反越战运动和黑人民权运动的兴起，反文化运动与之汇合成一股强劲的反叛运动潮流，对西方社会的文化安排、公共舆论、政府政策等各个方面形成强烈冲击。同时，这些反叛运动也为新左派运动的崛起奠定了基础。新左派运动，尤其是作为其主要实践形式的学生运动，主导着整个20世纪60年代运动的发展方向。到60年代末时，随着学生运动的激进化转型，以法国的"五月风暴"为开端，新左派运动最终演变成为一场席卷西方世界的造反运动，对战后西方社会造成了颠覆性影响。

随着运动高潮的到来，作为一种集体行动的60年代运动也逐渐走向衰落。然而，60年代运动仍然从各个方面深刻影响着此后出现的抗议行动，比如60年代运动的许多领导人和参与者仍在制度内外参与新的社会运动；新运动仍然在采用60年代运动运用的一些策略，比如民权运动创造的静坐策略；60年代运动的主框架和新的文化理解仍然影响着新一代抗议行动者；甚至有些60年代运动的反对者也仍然在继续反对新的运动形式；等等。也正是在这一意义上，拉封丹将60年代运动尤其是1968年的新左派学生运动视为新社会运动的先兆。进入70年代，随着争取妇女权利运动、绿色和平运动和反核运动的大规模兴起，当代西方出现了第二种具有代表性的社会运动形式——新社会运动。在随后20多年中，西方国家反对堕胎和家庭暴力，反对各种形式生态破坏、反对核污染与核威胁、争取同性恋权利、少数民族权利和动物权利的抗议行动绵延不断，构成了当代西方蔚为大观的新社会运动潮流。①

20世纪90年代以来全球正义运动迅速崛起，标志着一种全新的群众性反抗运动形式在当代西方形成。全球正义运动萌芽于20世纪80年代全球各地的反新自由主义集体行动，起始点是1999年反西雅图世贸会议的抗议行动。当时包括环保人士、工会成员、人权支持者、学生、女性主义者在内的约5万人聚集西雅图，抗议世贸组织会议，并与警察发生了激烈冲突。随后，在华盛顿、魁北克、日内瓦、意大利等地相继发生了更多的抗议活动，它们以国际金融机构及其推行的新自由主义政策为斗争靶向，指责其造成了发展中国家的贫困，加重了妇女和家庭的负担，破坏了环境，降低了劳动水平。最初，人们因为这场运动的反全球资本主义导向而称其为"反全球化运动"。后来，运动的参与者逐渐将他们的事业界定为"全球正义运动"，因为其主要目标是推进全球正义而非仅仅反对全球化。运动参加者集结在反新自由主义的旗帜之下，或在全球各大城市发动以反对新自由主义全球化为主题的跨国大型群众抗议，或组织召开"平行峰会"，与国际金融机构和政府间的会议分庭抗议。

从总体上看，60年代运动、新社会运动和全球正义运动仍然归属于一般概念的西方社会运动范畴，它们具有作为社会和政治变革工具的社会运动的共同特点。但与此同时，源于当代西方社会结构和阶级关系的变化以及新形式的社会矛盾和冲突，这些运动也展现出区别于传统社会运动的一些相似性，展现出自身政治发展的一些独特性。正是这些相似性，使得这些运动构成了一个连续发展的整体。而也正是这些独特性的存在，使得当代西方社会运动成为能够有效挑战现存权力和权威的、具有可持续发展潜力的群众性反体制斗争新形式。

二　国际金融危机后的西方群众性反抗运动

国际金融危机爆发后，社会层面的反抗运动此起彼伏。其中，"占领"运动是资本主义危机下最具影响力的群众性反抗运动。

"占领"运动的起点是发生于西班牙的"愤怒者"运动。所谓"愤怒者"运动，是欧债危机下因由失业率激增等社会问题而在西班牙发生的一

---

① 当代西方新社会运动的主要形式，参见 Hank Johnston and Albert Melucci, *New Social Movement*, Temple University Press, 1994, p. 3。

系列抗议示威的总称。自2010年9月开始，当时执政的工社党政府为应对危机而尝试采取彻底改革劳工市场、延长退休年龄等措施，导致西班牙社会矛盾激增，反紧缩罢工抗议频繁发生。2011年1月，一些社会论坛和网络的使用者建立了数字化平台——"马上要真民主"，通过推特和脸书等社交网络呼吁青年人、失业者在5月15日上街游行。是日，西班牙58个城市爆发大规模游行示威。随后几个月，抗议风潮遍及西班牙各地。愤怒者高举反对失业、削减福利和政治腐败的旗帜，呼吁保障家庭、工作、教育、医疗等基本权利，要求进行根本性政治变革。"愤怒者"运动吸引了650万—800万西班牙人参与其中。从形式上看，如同20世纪中叶以来西方多数群众性社会运动一样，"愤怒者"运动带有非正式性、自发性、松散性等显著特点。抗议者以个人身份参与运动，通过网络进行联系和开展联合行动，没有固定的组织机构，缺乏有效的领导和协调。从实践上看，"愤怒者"运动在凝聚民众的集体共识，比如反腐败、反对后1978年的西班牙民主建制等方面效果显著，但当代西方群众性反建制斗争的局限性也在这场运动中被充分彰显：数以万计的"愤怒者"被动员起来走上街头抗议精英政治，引发了巨大的社会和媒体轰动效应，但却不能扭转政府的政策走向，甚至未能对政策制定产生任何实质性影响。

"愤怒者"运动拉开了席卷全球的"占领"运动的序幕，对国际金融危机以来岌岌可危的西方资本主义形成了巨大冲击和挑战。其发展高潮是2011年秋在资本主义世界中心——美国爆发的"占领华尔街"运动。这一运动的意图，是为了抗议金融系统弊病和政府监管不力，以及高失业、贫富两极分化等社会问题。2011年9月17日，上千名示威者聚集在美国纽约曼哈顿，试图"占领华尔街"，有人甚至带了帐篷，扬言要长期坚持下去。他们通过互联网组织起来，要把华尔街变成埃及的开罗解放广场。10月5日晚间再次发生大规模抗议行动，人数达至上万，参加者主要是教师工会和运输工会的成员。同时，"占领"运动延伸至高校校园，"占领高校"运动大规模兴起。2011年10月8日，"占领华尔街"运动呈现升级趋势，千余名示威者在首都华盛顿游行，部分示威者同安保人员发生冲突，场面一度十分混乱。2011年11月15日凌晨，美国纽约警方展开突击行动，对"占领华尔街"运动的大本营曼哈顿祖科蒂公园进行彻底清场。

此后，"占领华尔街"运动声势减弱，但各种五花八门的小型"占领"行动在全美各地频繁上演。运动参与者为了规避政府的打压和封杀，在法律和政策边缘游走，逐渐发明了一些新的"占领"形式，其中具有代表性的是"快闪占领"和"睡觉抗议"。所谓"快闪占领"（flash occupy），是把政治抗议与时髦的"快闪族"（flash mob）文化结合起来的一种"占领"形式。"快闪族"一词最早于2003年出现在美国纽约，是指一群互不相识的人出于娱乐目的，通过互联网相约在指定时间和地点集合并开展活动，然后迅速解散。"占领"运动的组织者借用"快闪族"的行为方式，在超市、街道、广场等公共场所唱歌、跳舞，吸引来往民众注意，并在警察到来前解散，以达到短时间"占领"和制造轰动效应的目的。① "睡觉抗议"（sleepful protest）自2012年4月开始在美国的占领者中流行。根据美国法律规定，人们在街边睡觉可以作为一种政治表达，但其占据的地方不能超过人行道的一半，并且不能挡住商家的大门。占领者以这一规定为护身符，首先在纽约证交所对面的华尔街和百老汇街安营扎寨，其后类似的街边睡觉形式在华盛顿、洛杉矶、波士顿、亚特兰大等城市陆续出现。②

2012年5月1日，"占领"运动和工会组织发起"五一国际劳动节"大罢工和示威游行。从美国东海岸到西海岸，示威运动在约115个城市同步举行。运动参加者提出了"不上班，不上课，不购物，不做家庭作业"等口号，提出了各种不同的诉求，如控诉社会大利益集团、要求改善就业待遇、痛批学费和医疗费高涨，等等。各地大罢工和示威游行在和平进行的间歇，还发生了不同程度的骚乱。此后，"占领华尔街"运动逐渐偃旗息鼓。

三 "占领"运动与全球正义运动的相似性比较

与先前的群众性社会运动相比，"占领"运动与全球正义运动的关系最为密切。除了拥有表面相似的组成人员（多为白人和中产阶级）、标志性抗议（西雅图抗议和祖科蒂公园抗议）外，二者在起源、目标、战略策略以及面临的问题和挑战等诸多方面，都具有明显的相似性。

第一，两个运动具有类似的起源。全球正义运动最主要的初期形式，是对新自由主义形成巨大挑战的墨西哥帕萨塔运动。这一运动及其发展过

---

① Aaron Klein, "New Occupy plot: Flash mobs. 'Alternative forms of protest' put cities, cops at disadvantage", Nov. 20, 2011, http://kleinonline.wnd.com/2011/11/20/flashmobs/.

② Steve Kastenbaum, "Occupy Wall Street returns with 'sleepful protest'", Apr. 18, 2012, CNN, http://edition.cnn.com/2012/04/18/us/occupy-wall-street-returns/index.html.

程中形成的各类组织，如人民全球行动等，针对关贸总协定、世界银行、国际货币基金组织发起的众多抗议，已经在很大程度上改变了全球化以及先前运动的含义。而作为全球正义运动形成标志的西雅图抗议，不过只是漫长运动发展的必然结果而已。"占领"运动爆发之前，欧洲、阿拉伯世界、拉美和非洲发生的众多抗议行动也同样成为运动的先导。在占领华尔街的过程中，抗议者不断地在表达着与突尼斯、埃及、西班牙、希腊等国运动的联系。他们在"占领华尔街运动"网站上这样说，"我们要用革命的'阿拉伯之春'的战略实现我们的目标，我们鼓励使用非暴力方式最大限度地保障所有参加者的安全"[①]。

第二，两个运动具有类似的斗争目标和方式。当代资本主义的新发展，比如新科技革命促进了资本和劳动力的跨边界流动；企业合并浪潮使产业和市场份额集中在少数大跨国集团和银行手中；超国家机构和国际贸易协议使得一些新的组织，如欧盟、世贸组织和北美自由贸易区取代了国家主权；等等，为运动的参与者提供了共同的目标。同时，新技术如互联网、数字媒体、手机、非法广播的发展，也为运动参与者提供了一些利于交流的更好方式。

在实践中，这些变化极大地促进了抗议运动组织的融合。劳工、民权、女权、同性恋、环保以及一些深受经济结构重组影响的传统左翼组织，与全球正义运动和"占领"运动缔结了联盟。既有的这些组织通过后者获得发展，而全球正义运动和"占领"运动也通过与工会、非政府组织等的结盟获得了合法性和资金支持。而早期社会运动所采取的一些策略和技巧，比如非暴力不合作以及采取直接的激进行动等，在全球正义运动和"占领"运动中也都有所体现。

第三，两个运动具有类似的决策方式。"占领"运动采用并发展了全球正义运动的一些具有创新性的参与决策形式，比如会议发言人（spokes-councils）模式等。会议发言人模式允许参与运动的各团体联盟集中组织会议，以协商战略和协调行动。来自各团体的发言人或代表参加联盟会议，交换信息和行动计划。一般来说只有发言人才能够代表团体发表观点，但各团体的成员也可以坐在发言人身后做补充。尽管可能会制订共同的计

---

① "OccupyWallSt. org is the unofficial de facto online resource for the growing occupation movement happening on Wall Street and around the world", http：//tipsparty.com/ows/.

划,但各团体并不必受任何"决定"的约束。在共同行动中,各团体可以选择不同层级的参与方式。这种模式使得各团体间在进行合作的同时也保持了自治。①

第四,两个运动面临着类似的挑战和发展前景。全球正义运动显然取得了很大成功。通过在国际金融机构和政府组织峰会上举行大规模的静坐、集会、游行示威,它把对新自由主义的批判提上了公共议程,增强了公众对货币政策及其危害(如对工人的剥削和对环境破坏)的认识,促进了全球正义理念的传播。在实践中,它也的确对国际机构和政府间会议的改革议程产生了一定的实际影响,推动其朝着更具开放性和包容性的方向发展。"占领"运动本质上是一场反对社会两极分化的左翼社会运动,它抨击美国巨富阶层,尤其是金融资本过度攫取社会财富,反对政府成为巨富阶层的获利工具,希望通过社会压力迫使政府改善劳动阶层和社会底层的经济政治地位。通过"占领"当代资本主义世界权势象征的一些地标性区域,运动对美国和国际其他政治实体形成了巨大冲击。

在取得明显成就的同时,两个运动面临着类似的问题和挑战。在全球正义运动内部,不同组成部分有不同的人员构成和关注重点。尽管反新自由主义的动员框架为构成全球正义运动的不同运动和组织建立了某些共同基础,但联盟的实际维系并非易事。"参加运动的派别在纲领内容上差异很大,就是在各个派别内,也有不同的甚至是相互矛盾的思潮。很难在反抗阵线中形成具有约束力的共同纲领";"没有一个有决定意义的、考虑到这种公开矛盾的纲领和战略,运动就只能局限在各种要求的折磨之中"。②"占领"运动的失败同样受制于这一因素的影响。有学者指出,"运动衰落的根本原因在于没有采取正确的运动策略,其坚持不动员参与选举、不提出具体政策要求的原则,使得运动因为缺乏激励参与者的具体目标而难以维持"③。

---

① "Global Justice and OWS: Movement Connections", Aug. 26, 2013, http://sdonline.org/59/global-justice-and-ows-movement-connections/.
② [德]约翰·尼尔森:《反对全球资本主义:新社会运动》,载《国外理论动态》2006年第11期,第19页。
③ 王欢:《占领华尔街运动是社会矛盾的产物远未终结》,载《辽宁日报》2012年7月24日。

四 当代西方群众性反抗运动的发展趋势

从更为宏观的视角看，从 60 年代运动、新社会运动、全球正义运动到"占领"运动，当代西方的这些群众性反抗运动之间存在着明显的连续性。后面发生的运动很大程度上是前一运动的继续、发展以及延伸和深化。在动员范围、活动领域等各个方面，后一运动都拥有比前一运动更为强劲、具有颠覆性的发展潜力和势头。同时，在组织形式和斗争方式上，运动也展现出一定的发展趋势，体现了当代西方群众性反抗斗争的发展方向。

第一，运动的参加者范围越来越广。60 年代运动的参与者主要是青年人，尤其是青年学生。青年人富于激情、活力，但同时也具有心理状态不稳定、不成熟的特点。这一特点决定了他们虽然能够积极参加运动并推动运动的展开，但却对自己的斗争目标并不十分清楚。他们感兴趣的往往只是运动本身。

关于新社会运动的参加者，国内外理论界存在争论，有两种观点比较突出：其一是认为运动的支持者主要是"新中间阶级"，由于这一阶层大多服务于那些受国家财政支持的部门，如学术、艺术以及公共事业机构等；其二是认为新社会运动的参加者不是按照阶级而是以对社会议题的共同关注，不是按照共同的结构定位而是以共同价值来界定的。但无论如何归类，新社会运动的参与人群在数量、"质量"（相对更为理性、成熟）上都比 60 年代运动有了很大增长和提高。

与先前的运动相比，全球正义运动参加者的成分更加庞杂。全球正义运动和新社会运动的参加者存在一定交叉，如环保主义者、生态主义者和女权主义者等新社会运动的成员，也是全球正义运动的重要组成力量。但全球正义运动明显比新社会运动容纳的人群更广。那些所在国家、所处地位和追求利益并不相同的人们，由于在新自由主义全球化的迅速发展面前感到被抛弃、排斥、失落或不知所措，于是便在反新自由主义的旗帜下聚集起来，为捍卫人类尊严、追求全球正义而展开共同斗争。在运动中，既有传统的工人阶级，也有工会组织及其活动分子；既有左翼组织和民主派人士，也有各种新社会运动的成员；既有激进人士和右派分子，也有许多失业者及其他弱势的边缘化人群。而"占领"运动的参加者很大程度上是全球正义运动的延伸，自称代表"99%"的被压迫者，既有学生、失业者，也包括在危机中遭遇沉重打击的白领和中产阶级，甚至一些知名人士。

第二，运动的活动空间越来越广阔。与多数社会运动一样，60年代运动以传统国家为斗争目标和指向，且基本上局限于一国范围之内。虽然60年代欧美主要国家的运动形势此起彼落、此消彼长，但尚未能够相互呼应、相互支持，整个运动呈现出各自为战、各国为战的状态。

与60年代运动不同，新社会运动的一个重要特点，是其地区化、国际化的发展态势。这在很大程度上是由新社会运动的斗争主题决定的。新社会运动关注的诸多议题，无论是环境问题、妇女权利问题，还是和平问题等，都是突破了国家界限的全球性问题，根本不可能在一国的政治框架内得到解决。因此，新社会运动强调通过地区化和国际化的联合行动来实现其斗争目标。这一特点也为新社会运动赢得了更为宽广的发展空间。

作为一种与新自由主义全球蔓延针锋相对的运动，全球正义运动从一开始就展现出与生俱来的全球斗争特点和倾向。一方面，抗议行动如影子般跟随国际会议的召开游走于全球各地，整个世界都成为运动的主战场。另一方面，随着运动的规模不断扩大，涉及的国家和地区越来越广泛，全球运动的相互呼应也越来越明显。[①] 全球正义运动显然是一场世界运动，以至于有学者认为这场运动是"反全球化"的全球化。

"占领"运动更是具有全球性发展特点，从华尔街逐渐扩展到美国各地，进而全球120多个城市卷入到抗议活动中来。活动组织者在美国以外的国家（包括布拉格、法兰克福、多伦多、墨尔本、东京和爱尔兰）组织支持活动。亚洲的日本、韩国等地也都分别举行了各自规模不同的"占领"行动。

第三，运动从单一、分散趋向确立共同目标的联合斗争。60年代运动发生在战后资本主义发展的黄金时期，当时的经济发展相对稳定、社会矛盾并不十分突出，而且资本主义发展的破坏性后果如环境恶化等也尚未充分表现出来。60年代运动很大程度上只是官僚化统治下大众压抑情绪的宣泄和反映。因此，运动的主题相对抽象、统一和集中，即反对官僚统治和压迫，要求复兴民主理念和精神。而在运动形式上，主要表现为围绕反战、学生运动、民权等展开的反资本主义异化统治的抗议行动。

---

① 庞中英：《全球化、反全球化与中国》，上海人民出版社2002年版，第347页。

与60年代运动不同，新社会运动主要存在于西方经济繁荣的中断期。20世纪70年代中期以来，西方社会危机不断、矛盾重重。结构性失业、劳动危机、福利国家危机、生态环境危机、民主权利危机等，社会矛盾和问题在经济社会各个层面上展现出来。新社会运动将其斗争触角延伸至社会矛盾的方方面面。与之相应，新社会运动的组织形式也更为丰富和多样。一般而言，它既包括"城市社会斗争、环境或生态运动、女权运动、同性恋解放、和平运动以及与学生和青年激进主义相联系的文化反抗"[①]等相对成熟的运动形式，也包括争取动物权利运动、反堕胎运动、消费运动等形形色色的日常生活的抗议运动。

全球正义运动是伴随新自由主义全球化的扩张而出现的运动。在迅猛推进的全球化面前，任何运动都不可能单凭一己之力做出回应。各种运动形式确立共同的斗争目标，采取共同行动联合斗争成为不可避免的选择。全球正义运动正是这样一场明确组织起来挑战新自由主义，并对公司主导的世界体系设想替代机制的运动。它既超越了单个国家，也超越了单个议题，将不同国家追求不同斗争目标的运动集结在反抗新自由主义的旗帜之下，寻求各种不同运动的相互联姻来创造一个市场驱动更少而正义更多的世界。这一运动虽然在组织形式上仍然没有摆脱松散、分散的发展特点，但与新社会运动相比，斗争目标却相对集中、明确，表现出明显的相互呼应和联合斗争倾向。

"占领"运动尽管没有明确的最终目标，但却具有相对集中的斗争指向，即占人口1%的权贵阶层。"占领"运动的著名口号就是"我们是99%"，剑指美国社会的财富两极分化，反对"1%阶层"的贪婪、腐败，强调99%国民的权利被1%的人侵蚀。显然，相对于以往运动，"占领"运动的斗争方向更为明确，很大意义上从新社会运动相对分散的后物质主义目标，回归西方传统工人和群众运动的经济主义话题和斗争框架。

第四，运动经历了从制度外到制度化再到制度外再到制度化的转变。60年代运动是典型的制度外运动。运动产生于对主流文化和现存制度的不满与批判，对少数民族处境的同情，以及对和平的渴望。在实践中，它主张用激进手段进行社会改革，试图从制度外挑战资本主义官僚统治。

---

① C. Boggs, *Social Movements and Political Power*, Philadelphia, PA: TempleUniversity Press, 1986, pp. 39 – 40.

新社会运动在兴起之初主要采取的是制度外的或对抗性的集体行动，运动经常采用的是一些传统型抗议行动，如呼吁、宣讲、签名，以及示威、游行集会等。随着运动的推进，常规化的合法手段越来越成为其主要的行动形式选择。一些新社会运动团体，如环境运动团体、女性运动团体等，从制度外社会抗议团体转变成为制度内社会政治决策的压力团体或游说团体。有的新社会运动甚至接受了它曾经最为反对的政党政治，比如在生态运动中发展起来的绿党。制度化显然是20世纪80年代后新社会运动发展的一个重要特点。

与新社会运动不同，全球正义运动坚决反对制度化行为。独立、多元和行动是运动团体的主要原则。因此，尽管全球正义运动的斗争形式多种多样，但在这一原则指导下，运动采取的几乎完全是制度外的行动方式。全球正义运动的组织团体，如阿塔克、人民全球行动等，不是政党，也不愿意组织政党阵线。它们反对制度内的游说活动，也反对制度化的选举逻辑和选举博弈，不推选任何候选人参与选举。团体的正式代表，被赋予类似"心脏起搏器"的民主推动者，而非政治发言人或选举候选人的角色。有学者对全球正义运动的这种行动方式给予了高度评价，认为"这使得这次运动成为一个全球联合，也反映了它开放、质疑和青春的精神"[①]。

"占领"运动是一场制度外的运动，它的反对目标正是制度本身。但运动发展的结果，出人意料却又似乎理所当然地转向制度内，或对制度内运作产生了重要影响。"愤怒者"运动在实践中的发展困境，使得政治替代的必要性凸显出来。一些激进的愤怒者因而开始反思被列为运动禁忌的政党政治和政治营销策略的必要性。2014年3月中旬，从"愤怒者"运动中诞生了一个正式的政党——西班牙"我们能"党，该党在西班牙政治中的影响越来越大。而"占领华尔街"运动尽管已经过去数载，但对美国政治的发展仍然具有巨大影响力。有观点认为，伯尼·桑德斯（Bernie Sanders）在民主党初选中的成功，甚至在一定程度上特朗普的成功，都证明"占领"运动的基本主张在过去五年已经拥有大量支持者。而桑德斯竞选总统提名的许多草根支持者，都与"占领"运动有关联。因此，"如果

---

① [美]查尔斯·德伯：《人高于利润》，钟和译，中信出版社2004年版，第163页。

没有占领运动,桑德斯不可能有今天的成功"①。

五 小结

研究国际金融经济危机下的西方群众性反抗运动,可以采取一个更为宏观的视角。将其放在西方社会运动发展,尤其是20世纪60年代以来西方社会运动演进的历史长进程中,我们会发现,西方群众性的社会反抗运动具有明显的连续性。不同时期的不同运动尽管形成原因、目标、主张有所差异,但却拥有同一主题,即以反对异化的当代资本主义为主旨。由资本主义基本矛盾所决定的当代资本主义形态各异的社会矛盾冲突,是各种社会运动兴起的直接原因。以此为主线发生发展的西方社会运动,形成一个连续性的整体,并呈现特定的发展趋势。在当前西方资本主义国家迟迟难以走出危机的背景下,这一研究视角也为我们预测其群众性反抗运动的继续深入发展提供了依据。

第四节 边缘性政党崛起及其对西方政治的冲击

从政党政治层面看,资本主义经济危机在西欧地区衍生了一个明显现象,即边缘性政党的迅速兴起。这些党多为在政治光谱两端持激进意识形态的小党,危机前大都处于政治边缘,甚或是在危机中方始建立的新生政党,但在危机后影响力急剧飙升,一些党进入各国和欧洲议会,有的甚至成为主流政党上台执政。这类政党缘何迅速"蹿红"?其兴起对欧洲政治发展具有何种影响?

一 经济危机以来西欧边缘性政党的兴起

危机以来迅速崛起的西欧边缘性政党主要分为三种类型。

首先是激进左翼政党。其中最成功的莫过于希腊激进左翼联盟。这个脱胎于选举联盟、名不见经传的小党,短短十余年间实现了巨大飞跃。在2012年两次希腊议会选举中,激进左翼联盟异军突起,从议会第五大党跃升为第二大党,打破了泛希腊社会主义运动和新民主党长期占据主导地位

---

① Ben Geier, "The Occupy Movement comes of age", *Fortune*, May 24, 2016, http://fortune.com/2016/05/24/the-occupy-movement-comes-of-age/.

的局面。在2015年1月的议会选举中，激进左翼联盟不出所料胜选上台执政，成为欧洲政坛目前唯一当政的激进左翼政党。秉持激进左翼意识形态的成功范例，还有西班牙"我们能"党。2014年1月成立的"我们能"党开创了欧洲政党政治发展的一个里程碑，其上升速度之快，在政党政治发展史上是绝无仅有的。它在不到一天的时间里，就获得了5万名线上支持者。成立后的头20天，有10万人加入其中。在2个月后首次参加欧洲议会选举时，拥有近8%的全国支持率和5个议席。2015年12月20日的议会选举中，"我们能"党的支持率是20%，得到69个议席，成为西班牙政坛第三大政党，直接导致了西班牙近40年间由人民党与工人社会党轮流执政的历史走向终结。2016年6月再次大选，"我们能"党与西班牙共产党主导的联合左翼组建的竞选联盟获得71个议席，仍然位列议会第三位。

其次是激进民粹主义右翼政党。这类政党在欧洲政治中的兴衰起伏并非新现象，但资本主义经济危机以来整体上的强势抬头引发了全球的普遍关注。在2014年5月的欧洲议会选举中，法国国民阵线、英国独立党、丹麦人民党在各国位居首位，而奥地利自由党、正统芬兰人党等的支持率也均有不同程度的增幅。2014年地方选举中，法国国民阵线还将11位市长和1500多名市议员收入囊中，选举成就远远超过了其在20世纪90年代最辉煌的时期。2017年法国总统大选，国民阵线候选人玛丽娜·勒庞（Marine Le Pen）成为中左翼和中右翼政党的最大威胁。在德国和瑞典，极右翼政党也获得了新的发展。2013年2月成立的德国新选项党，2014年5月第一次参加欧洲议会选举就获得了7%的支持率，2014年8月后曾在4个州政府的选举中获得超过10%的支持率，赢得33个地方议席。瑞典民主党在2014年全国议会选举中选票翻倍，获得12.9%的得票率和49个议席，成为议会第三大党，拥有否决政府决策的能力。此外，带有新纳粹主义性质的希腊金色黎明党，危机前的得票率一直徘徊在0.1%—0.3%之间，2012年以来的得票率增长至6%以上，目前是希腊议会第三大党。

最后是一些议题化政党。这类党持反建制立场，不以传统的左、右翼范式划界，组织化程度很低，"运动性"远远大于政党性，但在欧洲成熟的议会政治框架内却取得了重大成就。其代表是靠博客走红、由喜剧演员毕普·格里罗领导的意大利五星运动党。这个2009年才正式成立的政党，在2013年全国议会选举中已获得25.6%的选票，成为众议院中最大的单一性政党。在 2014 年欧洲议会选举中，得票率高居第二位。在 2016 年的地方选举中，五星运动党成为最大赢家，目前是意大利第二大政治力量。而在 12 月意大利修宪公投失败后，随着总理伦奇宣布辞职，五星运动更是极有可能主掌政权。2011 年以来，德国海盗党也成功跻身 4 个州议会以及欧洲议会。

二 边缘性政党为何不再边缘

尽管这些边缘性政党差异很大，但其兴起却源于一些相似的原因。除国际金融经济危机，尤其是欧债危机这一共同的发生背景外，主要可以归结为以下几个方面。

第一，边缘性政党兴起的重要原因是自由民主政治的运转出现了问题，导致民众政治需求的增长在传统政治框架内难以找到有效的表达渠道。这主要表现在两个方面，一是与欧洲政治发展的中间主义共识相关。第二次世界大战后，西欧政治相对稳定，主要是作为社会中间力量代表的中左翼、中右翼政党，得到各国选举制度保障和民众认同，长期占据主导地位，在各国政治舞台上一直轮流执政。20 世纪末以来，为争夺中间阶层选票，中左翼、中右翼政党意识形态分歧日益缩小，政策趋同。这实际上导致了一种将民众权力排除在外的民主类型的发展。由于左、右翼政党的政治纲领、承诺没有根本性区别，民众感到自己被排除于执政精英之外，认为无论投哪个党的票都不再有任何影响，欧洲政治出现了"代表性"的体系危机，这也是有西方学者将当前欧洲称为后民主社会的后政治时代的原因。正是这种政治氛围，为尝试代表民众声音的反建制政党的兴起提供了肥沃的土壤。

第二，伴随着全球化的发展，欧洲经济受到很大冲击，社会矛盾冲突加剧，福利国家面临发展困境。近几十年来，无论中左还是中右政党上台执政，都对解决失业、经济低迷、民众焦虑感回天乏力。各国主流政党既不能保证民众满意度，也不能通过各种承诺来整合社会不满情绪。加之各种制度性渠道，因资源、意愿以及政治能力等影响受阻碍，不再能够对民众的请愿、要求等做出回应。尤其面对欧债危机迁延难愈，难以有效应对危机的各国主流政党更是成为民众不满的宣泄对象。新自由主义和传统政治精英的明显失灵，对经济停滞的愤怒、对欧盟的幻灭以及对移民政策的质疑，导致民众越来越不相信传统政治能够解决面临的严峻现实问题。2014 年德国艾伯特基金会的统计显示，有 73% 的受访者不认为主流政党能够解决他们面临的问题。① 当前欧洲政治发展的这种所谓"机体性危机",为欧洲一些国家边缘性政党的发展创造了政治空间。

第三,深陷经济困境的中产阶级,成为边缘性政党新的支持基础。最近十几年来,欧洲社会一直在经历着因新自由主义加速重构而导致的社会紧张关系。越来越多的人对现存生活状态不满,尤其是占社会绝大多数的中产阶级的不安全感,使得欧洲政党体制和民主决策过程处于危机之中。在经济危机条件下,高失业率和经济的长期复苏乏力,造成西欧中产阶级,尤其是下层中产阶级的生存状况进一步恶化,面临贫困和社会排除的风险。中产阶级选民潜在的反抗情绪不断累积,最终导致其转向提出了更为激进政治纲领的政党。从各国议会选举看,边缘性政党不仅获得了社会底层民众的支持,更获取了作为中左翼、中右翼政党传统拥趸的大量中产阶级选民的"抗议票"。对2015年希腊大选的研究显示,激进左翼联盟获胜的关键动力是得到了下层中产阶级的大力支持。这个社会阶层受危机冲击最为严重,不再诉诸传统的政治吁求,从社会保守倾向转向激进的政治替代,因而有评论认为,激进左翼联盟的获胜,实际上就是"中产阶级危机"的结果。② 而对法国国民阵线支持群体的分析也指出,最倾向于支持玛丽娜·勒庞的,恰恰是那些位于贫困线之上的人群,他们拥有工作、住宅和一定技能,但也惧怕失去其辛苦所得,害怕从社会阶梯上掉下来。③

第四,边缘性政党对欧洲一体化的质疑及其反建制战略,成功地引起了民众共鸣。欧洲一体化是战后欧洲历史和政治实践的结果,但反对欧洲统合的大众"疑欧主义"始终伴随着欧洲一体化进程。经济危机以来,出于对经济发展前景的悲观失望以及对执政党的不满,欧洲民众的"疑欧""脱欧"倾向明显升温。2013年统计显示,约一半的英国人支持脱离欧盟;④ 而在一向"亲欧"的法国,也有约1/3的民众主张退出欧元区。⑤

---

① http://www.csmonitor.com/World/Europe/2015/0315/Why-fringe-parties-are-surging-in-Europe.

② http://www.socialeurope.eu/2015/02/how-the-greek-middle-class-was-radicalised/.

③ http://www.theguardian.com/world/2015/mar/19/front-national-secret-welcome-provincial-france-elections.

④ http://www.express.co.uk/news/uk/446290/Brits-eager-to-leave-EU-thanks-to-mass-immigration-fears.

⑤ "French Sour on EU", https://yougov.co.uk/news/2013/11/11/french-sour-european-union/.

危机中兴起的边缘性政党无一例外都是迎合了民众拒绝欧盟和反危机政策诉求的"疑欧"政党，尽管其"疑欧主义"存在程度上的差异，但"反紧缩"或"退出欧元区"却是其鲜明的政治"标签"。比如在2014年竞选中，希腊激进左翼联盟基本上是围绕"反紧缩"提出了"40点执政纲领"；西班牙"我们能"党的主要目标也是重新协商紧缩政策，缩减《里斯本条约》内容；德国新选项党将财政整顿作为其纲领的核心内容，主张有计划、有组织地撤出欧元区，回归单一民族国家结构，重新采用德国货币或公民身份；等等。

同时，这些党尽管政治理念不同，但大多回应了现实欧洲社会矛盾的焦点问题。比如，激进右翼政党的反移民和政治庇护以及捍卫国家安全等主张，呼应了多半西欧人对各国大量涌入的移民和难民所带来的诸种社会问题的担忧；西班牙"我们能"党的反腐败和反不平等诉求，与近年来该国频发的腐败丑闻不无关联；意大利五星运动党等通过电子民主发展公民直接参与公共事务管理等倡议，也是欧洲民众对时下政治阶级和精英失望、不满的直接反映。

第五，"去极端化"的重新政治定位拓展了边缘性政党的生存空间。激进政党在欧洲政治中之所以长期位处边缘，除受各国选举制度的限制外，与人们对其同各种极端和激进政治思潮的历史联系不无关系。危机下迅速崛起的激进政党，大都是用新的理念进行身份包装、实现政治转型的政党。它们虽然仍保持着明显的"激进"特征，但"极端"的意识形态色彩已经大大弱化。

具有代表性的是那些获得了可观政治支持的激进右翼政党，它们经历了从极端民族主义向相对温和化的激进右翼民粹主义转型的显著"去妖魔化"过程。与历史上的极右翼政党明显不同，"新"激进右翼政党不再具有同质性和统一的意识形态。它们虽然持强硬的反精英立场，批判现代民主运行机制，并借助民族主义情感批评国内的移民政策，但已不主张取代自由民主，完全是在宪法框架内进行活动。比如，自2011年玛丽娜·勒庞领导法国国民阵线以来，就在尝试软化党的形象，摆脱其新纳粹主义特征，坚决谴责反犹主义。它不再否认"死刑毒气室"的历史存在，承认大屠杀是"人类野蛮主义发展的巅峰"，宣称国民阵线反对的是偏执以及压迫女性、同性恋和犹太人的伊斯兰教，它不是"种族主义"政党，而是民主和安全的捍卫者，等等。从选举政治运作上看，这种"去极端化"的做法，使得激进政党更容易获得民众的接受和认可。据统计，近年来认为国民阵线是"坚持传统价值观的右翼政党"的法国民众显著增加，而将其定性为"排外的民族主义极右翼政党"的比例也有所下降（2011年分别为37%和46%，2013年分别为44%和43%）。①

第六，致力于塑造党的清廉形象，为边缘性政党赢得民众青睐。不少边缘性政党注重塑造党的清廉形象，与受腐败和非法政党献金丑闻困扰的主流政党形成鲜明对照。比如，西班牙"我们能"党规定，该党欧洲议会议员的月工资不能超过1930欧元，只是欧洲议会议员平均工资水平（8000欧元）的不到1/4，并声称外出公干时不乘坐商务舱，如果院外集团向其游说，将会公之于众，等等。②意大利五星运动党也提出，政治只是一项"暂时性的服务"，应该回归公民，任何人都不能在全国和地方议会中任职超过两次。它提出要捍卫所谓"零成本政治"，主张政治不能成为赚钱的方式和一种职业；在遭遇特殊情况，比如预算缩减、福利补贴增加时，全体党员主动降薪，并明确拒绝竞选捐献。边缘性政党的这些举措，为饱受非议的欧洲政坛带来一股清新之风。

第七，富有鼓动性和个人魅力的政党领袖，也是边缘性政党获得政治认同的重要因素。在大众传播时代，政党领袖在政治竞争中发挥着越来越大的作用。成功崛起的边缘性政党领袖，大都是新闻媒体的宠儿。从作为"希腊的奥巴马"的齐普拉斯，引发西班牙政治地震的保罗·伊格莱西亚斯，到有"法国最危险女人"之称的玛丽娜·勒庞，以及被称为"民粹之鞭"的毕普·格里罗，无不是富于激情和表现力的演说家。他们的言论极具感染力和鼓动性，令欧洲民众在重重危机迷雾中依稀看到了隧道尽头的曙光。

三 西欧政治面临的冲击与挑战

希腊激进左翼联盟作为经济危机以来第一个激进左翼政党上台执政，其潜在的成功极大地推动了区域性疑欧主义和反建制情绪的发展。2015年后，西欧边缘性政党展现出强劲的发展势头。边缘性政党的崛起对欧洲政

---

① http：//www.policy-network.net/pno_detail.aspx?ID=4358&title=The-de-demonisation-of-the-Front-National.

② http：//www.theguardian.com/politics/2014/may/27/podemos-citizen-politics-spain-elections-indignados-movement.

治具有何种影响？换言之，这种左右翼"民粹主义的反叛"能够重塑面临民主危机的欧洲政治吗？

当前，围绕边缘性政党的崛起有几种质疑性观点。第一，当代西方政治体制之所以愈益展现出缺陷性，原因在于其所代表的社会发展愈益多样化，而以民粹主义为理念核心的边缘性政党，对民主的理解经常是崇尚绝大多数人利益，因此它们不能有效应对欧洲社会面临的问题。[①] 第二，边缘性政党利用欧洲的经济危机，通过提出一些反建制呼求和非正统的经济政策措施实现崛起，这是其依据民众变革需求采取的一种政治战略。问题在于，这些党到底是真在寻求和平、自由及平等，还是为迎合经济危机打击下选民的经济和政治需要呢？[②] 第三，边缘性政党的兴起并非国家政治左转或右转的标志，因为其支持基础并不必然具有激进性。从长期发展看，许多激进政党将趋于温和化，为传统政治所接纳。[③]

但无论如何，从现实政治实践看，边缘性政党的兴起迎合了民众的政治需求，对西欧传统的政党政治格局造成了巨大冲击。传统政党衰落，边缘性政党进入主流政治，导致西欧多国政治生态多元化、碎片化。对于正在经历"民主危机"的西欧政治来说，这既是实现新发展的机会，也是一个重大挑战。一方面，它促使主流政党更加直面社会，转向民众利益和需求。另一方面，它也增加了欧洲政治的不确定性。由于边缘性政党缺乏执政经验，在上台执政后将首先面临如何将其选举纲领转换成政策实践的问题。同时，不少国家的边缘性政党胜选后多须组建执政联盟，其实施政治议程的能力将受到与联盟伙伴协商谈判的制约。此外，作为新兴政治力量，边缘性政党大都面临巩固党组织的问题，党内的潜在分裂倾向将增加采取"即兴政策"的可能性，进而限制各国应对经济危机的能力。

边缘性政党的兴起虽然对主流政党形成了威胁和挑战，但至少在目前，并不能替代中左翼、中右翼政党在欧洲政坛的主导地位。不少国家受文化和社会环境的制约以及不利于新兴政党的选举体制的限制，很难复制希腊等国边缘性政党的成功。实际上，作为整体的激进边缘性政党能否发

---

① http://www.csmonitor.com/World/Europe/2015/0315/Why-fringe-parties-are-surging-in-Europe.

② http://www.financialsense.com/contributors/global-risk-insights/rise-radical-parties-challenges-eurozone-efficiency.

③ http://www.ibtimes.co.uk/pegida-syriza-rise-radical-europe-1486915.

挥持续性影响力，将主要取决于与"危机"相关的两个因素：一是经济危机和社会矛盾的激化程度，毕竟边缘性政党的成功主要源于社会和政治因素的变化，是与"作为社会总危机组成部分的统治性意识形态话语的危机联系在一起的"①；二是已进入主流政治的边缘性政党本身解决危机的实际能力及其实践成效，尤其是一些已上台执政的政党，如希腊激进左翼联盟的示范效应将对其他边缘性政党的发展产生重要影响。

---

① http：//www.transform-network.net/index.php? id=316&L=0&tx_ newstransform_ newstransform%5Bcontroller%5D=Programm&tx_ newstransform_ newstransform%5Baction%5D=detail&tx_ newstransform_ newstransform%5BnewsItem%5D=4952&cHash=d47111f3b8266821e7aca7ccbe6fc0b2.

第二章 探讨社会矛盾问题的思想理论线索

社会矛盾冲突及其相关问题,是资本主义研究的重要问题。马克思恩格斯和列宁提出了关于社会矛盾的一系列重要论断。围绕资本主义社会的不公平、不公正现象,马克思恩格斯也做出了许多分析和阐释。马克思主义经典作家的这些基本理论,是我们认识、理解当前西方社会危机和社会矛盾问题的宝贵思想财富,以及进一步深入探讨西方社会矛盾问题的主要理论依据。同时,资本主义危机和社会矛盾冲突,也是当代西方马克思主义学者关注的焦点问题。尤其在2008年国际金融危机爆发后,他们从传统的经济视角,转向寻求新的研究范式来解读资本主义的危机和社会冲突。此外,作为当前西方社会矛盾冲突关键问题的收入和财富的不平等,在资本主义危机后愈益凸显,引发了西方学界的普遍关注,在美国学界甚至上演了一场左、右观点的大辩论。西方学者的这些相关分析和讨论,也为我们研究资本主义的危机和社会矛盾提供了思想理论线索。

第一节 马克思主义经典作家的社会矛盾思想

马克思主义经典作家的理论宝库中蕴含着丰富的社会矛盾思想。马克思恩格斯以资本主义社会尖锐的劳资矛盾为蓝本,对欧洲工业革命时期的社会矛盾展开深入研究,具体分析了资本主义制度下三大社会矛盾,并提出了社会基本矛盾的理论。列宁分析了俄国社会矛盾的特殊性和必然性,在探索中形成了"人民内部不一致"的理论。列宁的社会矛盾理论,总体上是围绕现实社会主义社会展开的,是对马克思恩格斯社会矛盾理论的继承与发展。尽管本书探讨的主要是资本主义问题,但从理论发展的连续性以及拓展研究思路、认识深度等层面考虑,这里对列宁的社会矛盾思想也进行了考察和梳理。

一　马克思主义创始人的社会矛盾思想

（一）马克思恩格斯社会矛盾思想产生的理论渊源与时代背景

1. 马克思恩格斯社会矛盾思想产生的理论渊源

马克思恩格斯的社会矛盾思想受黑格尔的矛盾学说影响较大。在黑格尔生活的时代，形而上学的思维方式在人们的思想观念中仍占统治地位，但它并不能科学地揭示自然界各领域之间的有机联系。恩格斯对此说道，"无论在十八世纪的法国人那里，还是在黑格尔那里，占统治地位的自然观都是：自然界是一个在狭小的循环中运动的、永远不变的整体"[①]。在当时的学界，要想突破"形而上学"的藩篱，必须在思维范式上构建新的分析方法。黑格尔对"社会没有矛盾"和"矛盾是不可想象的、无法思维的"观点进行了批判，并提出矛盾是一切事物发展的动力，"而矛盾则是一切运动和生命力的根源；事物只因为自身具有矛盾，它才会运动，才具有动力和活动"[②]。矛盾双方具有同一性和互斥性，任何事物都必须经历"统一、差异、对立、矛盾"四个过程，事物的内在矛盾与外在矛盾是推动其自身发展的动力。通过对"矛盾"概念的考察和对"矛盾"范畴的推演，黑格尔提出了"辩证矛盾"的概念，形成了较为完整的矛盾理论体系，但并未对矛盾的斗争性展开过多论述，他的学说唯心主义色彩较为浓厚。马克思恩格斯在批判继承黑格尔辩证矛盾学说的基础上，对资本主义社会的社会矛盾展开了深入研究，形成了科学的社会矛盾思想。

此外，法国著名历史学家梯叶里、基佐、米涅等人的阶级斗争理论，英国著名经济学家亚当·斯密、大卫·李嘉图等人的阶级分析理论，都对马克思恩格斯社会矛盾思想的产生有重大影响。在法国革命之前，资产阶级与封建贵族以及僧侣阶层之间的矛盾早已达到不可调和的地步，斗争异常激烈和残酷，梯叶里、基佐和米涅等人看到了阶级斗争在法国革命中的作用，在正确分析法国革命爆发原因的基础上提出了阶级斗争理论。亚当·斯密和大卫·李嘉图按照收入来源和收入高低来划分英国的社会阶层，把整个社会划分为依靠利润为生的资本家阶级、依靠工资为生的无产阶级和依靠地租为生的土地占有者三大阶级，并提出三大阶级在根本利益上是处于对立状态的观

[①]《马克思恩格斯全集》第20卷，人民出版社1971年版，第28页。
[②][德]黑格尔：《逻辑学》下卷，商务印书馆1976年版，第66页。

点，形成了阶级分析理论。马克思恩格斯在批判继承阶级分析和阶级斗争理论的基础上，结合欧洲工业革命带来的社会巨变，对资本主义制度下的社会矛盾进行了系统分析，形成了科学的社会矛盾思想。

2. 马克思恩格斯社会矛盾思想产生的时代背景

工业革命在欧洲大陆引发的社会巨变是马克思恩格斯社会矛盾思想产生的时代背景。随着蒸汽机、机床、纺纱机等新兴生产工具的推广和应用，新兴产业部门开始出现，生产力得到极大发展，社会经济结构发生深刻变革，"自然力的征服，机器的采用，化学在工业和农业中的应用，轮船的行驶，铁路的通行，电报的使用，整个大陆的开垦，河川的通航，仿佛用法术从地下呼唤出来的大量人口，——过去哪一个世纪料想到在社会劳动里蕴藏有这样的生产力呢"[①]？

工业革命在解放生产力、推动生产力发展的同时，也引发了一系列的社会矛盾和社会问题。在经济领域，工业革命使得生产不断集中、规模不断扩大、城市逐步兴起，手工作坊和以手工劳动为主的中小企业纷纷破产倒闭，机器大生产开始出现，劳资矛盾不断涌现，贫富差距严重。在社会领域，工业革命带来的经济利益分化使社会矛盾日趋激烈，阶级之间的对立逐步严重，斗争范围日益扩大，资本成为决定一切的关键因素，无产阶级与资产阶级之间由雇佣劳动所产生的人身依附关系成为资本主义社会关系的主流。在政治领域，工业革命为无产阶级超越企业和行业的藩篱，走向大规模、联合的斗争提供了前提，使欧洲工人运动向自觉、联合、有序的状态发展，一系列组织良好、规模宏大的工人运动此起彼伏，声势浩荡，其中最为著名的是"三大工人运动"。1831年，里昂纺织工人为改善困苦的生活举行大规模起义。1838年至1848年，英国工人阶级为争取普选权开展了长达十年的宪章运动。1844年，德国西里西亚纺织工人举行大规模起义。工人运动虽给资产阶级以沉重打击，但最终都因遭到残酷镇压而失败。这一系列的社会现实为马克思恩格斯社会矛盾理论的诞生提供了现实依据。

（二）马克思恩格斯社会矛盾思想的内容

1. 社会基本矛盾

在充分研究奴隶社会、封建社会和资本主义社会等不同社会形态下的

---

① 《马克思恩格斯选集》第1卷，人民出版社1995年版，第277页。

社会矛盾基础上，马克思恩格斯第一次提出了社会基本矛盾理论。马克思恩格斯指出，在人类社会不同发展阶段都普遍存在着这样一种矛盾，它自始至终地存在于一切社会形态中并规定社会的性质和基本结构，贯穿于人类社会发展的始终且推动着人类社会由低级向高级发展，马克思恩格斯称其为社会基本矛盾。[①]

在《〈政治经济学批判〉序言》中，马克思对社会基本矛盾做了经典表述。马克思指出，一方面，生产力决定生产关系，生产关系反作用于生产力，有什么样的生产力就会有什么样的生产关系，生产力的变化决定生产关系性质的变化，"手推磨产生的是封建主的社会，蒸汽磨产生的是工业资本家的社会"[②]；另一方面，经济基础决定上层建筑，上层建筑反作用于经济基础，"人们在自己生活的社会生产中发生一定的、必然的、不以他们的意志为转移的关系，即同他们的物质生产力的一定发展阶段相适合的生产关系。这些生产关系的总和构成社会的经济结构，……社会的物质生产力发展到一定阶段，便同它们一直在其中运动的现存生产关系或财产关系（这只是生产关系的法律用语）发生矛盾。于是这些关系便由生产力的发展形式变成生产力的桎梏。那时社会革命的时代就到来了"[③]。

2. 资本主义社会的阶级矛盾和民族矛盾

在马克思恩格斯看来，阶级是一个经济范畴，阶级的本质在于一部分人利用手中占有的生产资料无偿占有另一部分人的剩余劳动。马克思恩格斯指出，"因此人类的全部历史（从土地公有的原始氏族社会解体以来）都是阶级斗争的历史，即剥削阶级和被剥削阶级之间、统治阶级和被统治阶级之间斗争的历史"[④]。马克思恩格斯认为，阶级斗争是社会发展的直接动力，阶级斗争产生的原因在于阶级之间在根本利益上的对立和矛盾，只要阶级矛盾长期存在，阶级斗争就不会停息，而无产阶级和资产阶级、工人阶级和资本家之间的矛盾是资本主义社会最主要的阶级矛盾。马克思恩格斯提出，民族矛盾不是从来就有的，是人类社会发展到一定阶段的产物，"各民族之间的相互关系取决于每一个民族的生产力、分工和内部交

[①] 马克思恩格斯未直接提出社会基本矛盾概念，这一概念是毛泽东明确提出的，但其核心思想是马克思恩格斯创造的。
[②] 《马克思恩格斯选集》第1卷，人民出版社1995年版，第142页。
[③] 《马克思恩格斯选集》第2卷，人民出版社1995年版，第32—33页。
[④] 《马克思恩格斯选集》第1卷，人民出版社1995年版，第257页。

往的发展程度。这个原理是公认的。然而不仅一个民族与其他民族的关系，而且这个民族本身的整个内部结构也取决于自己的生产以及自己内部和外部的交往的发展程度"①。

3. 资本主义社会三大具体社会矛盾

马克思恩格斯把城乡差别、工农差别、脑力劳动和体力劳动的差别视为资本主义社会的三大具体社会矛盾。恩格斯在《共产主义原理》中指出，人类社会只有到了共产主义社会才能真正消灭阶级和城乡之间的对立，这实际上意味着在共产主义社会的初级阶段——社会主义社会，还存在着工农之间的矛盾、城乡之间的矛盾以及脑力劳动和体力劳动之间的矛盾。马克思恩格斯指出，三大社会矛盾是由资本主义私有制和不合理的分工造成的，要消灭三大社会矛盾必须大力发展生产力、消灭私有制、消除不合理的分工。马克思恩格斯认为，只有"当社会成为全部生产资料的主人，可以在社会范围内有计划地利用这些生产资料的时候，社会就消灭了迄今为止的人自己的生产资料对人的奴役。不言而喻，要不是每一个人都得到解放，社会也不能得到解放。因此，旧的生产方式必须彻底变革，特别是旧的分工必须消灭。代之而起的应该是这样的生产组织：在这个组织中，一方面，任何人都不能把自己在生产劳动这个人类生存的自然条件中所应参加的部分推到别人身上；另一方面，生产劳动给每一个人提供全面发展和表现自己全部的即体力的和脑力的能力的机会，这样，生产劳动就不再是奴役人的手段，而成了解放人的手段，因此，生产劳动就从一种负担变成一种快乐"②。马克思还指出，在消除阶级矛盾基础上，必须合理规划工农格局、强化城市与农村的联系、大力发展教育事业，这样才能真正消灭城乡差别、消灭脑力劳动和体力劳动的差别，从而消除三大具体社会矛盾。

二 列宁的社会矛盾思想

"十月革命"胜利后，面对复杂的国内局势，列宁审时度势，妥善处理了俄国国内的社会矛盾、阶级矛盾和民族矛盾，形成了丰富的社会矛盾思想，为建设苏维埃社会主义联盟奠定了理论基础。

---

① 《马克思恩格斯选集》第1卷，人民出版社1995年版，第68页。
② 《马克思恩格斯选集》第3卷，人民出版社1995年版，第644页。

（一）俄国社会矛盾的特殊性与必然性

在国际共运史上，列宁是最早明确肯定社会主义必然存在矛盾的领导人。1920年5月，他在阅读布哈林《过渡时期经济学》一书时，针对布哈林"资本主义是对抗的、矛盾的制度"的观点做出了一个批注："极不确切。对抗和矛盾完全不是一回事。在社会主义下，对抗将会消失，矛盾仍将存在。"① 列宁认为，必须把对抗和矛盾区别开来，对抗是阶级之间根本利益的冲突，存在于"社会分裂为两个基本阶级"的时候，矛盾则会贯穿于人类社会发展的始终，即使阶级消灭了矛盾也依然存在。列宁指出，随着剥削和私有制的消灭、社会主义公有制的建立，资产阶级与无产阶级之间、资本家和工人阶级之间的对抗将会消失，但社会矛盾依然存在。列宁指出，在社会主义制度下，由于各阶级之间在根本利益上是一致的，因而阶级之间的矛盾是非对抗性的矛盾，是可以通过制度、机制化解的矛盾。列宁的这一论断，指出了社会主义社会与以往社会形态本质上的区别，为"社会主义社会矛盾的非对抗性特征"奠定了理论基础。

与此同时，列宁对俄国社会矛盾的特殊性进行了研究。列宁认为，与英、法等国相比，俄国政治、经济、文化比较落后，仍是一个以农奴制为基础的封建国家，资本主义发展非常缓慢。20世纪初，俄国局势错综复杂，国内新兴资本主义制度与落后的农奴制之间存在着重重矛盾，致使资本主义的发展举步维艰；国际方面俄国同西方主要资本主义国家之间在划分势力范围、掠夺殖民地、商品市场争夺等利益问题上冲突不断。1900年，欧洲经济危机爆发，俄国国内企业停产，工人失业率不断攀升、工资水平下降，导致工人运动不断，政治集会、游行示威高潮迭起，社会矛盾激化。俄国社会民主工党在列宁领导下抓住这一历史机遇，领导工人阶级开展了一系列的反抗斗争，并最终取得了"十月革命"的胜利，建立了世界上第一个社会主义国家。"十月革命"胜利后，以列宁为首的俄国共产党面临着一系列特殊的社会问题，政治上农民与地主、无产阶级和资产阶级、被压迫民族与大国沙文主义者之间普遍存在严重对抗，思想文化上封建愚昧主义与资产阶级思想相互交织，影响深远且民众文化素质普遍较低，在国际关系上俄国是帝国主义国家之间矛盾冲突的焦点，并处于第一次世界大战的泥潭，这些困难都是苏维埃政权建立后必须首先要解决和克

---

① 《列宁全集》第60卷，人民出版社1990年版，第281—282页。

服的特殊问题。

（二）俄国社会的基本矛盾和具体矛盾

在继承马克思恩格斯社会矛盾思想基础上，列宁对俄国社会的基本矛盾和具体矛盾做了具体分析。列宁认为，社会主义制度建立后，俄国社会的基本矛盾是先进的社会主义制度与落后的经济文化之间的矛盾，这个矛盾将长期存在并制约俄国经济社会的发展。

在分析社会基本矛盾的基础上，列宁对俄国政治、经济、文化等领域的具体矛盾进行了分析。列宁指出，过渡时期俄经济的主要特点在于"在这里不是国家资本主义同社会主义作斗争，而是小资产阶级和私人资本主义合在一起，既同国家资本主义又同社会主义作斗争"①。因而经济领域的矛盾主要表现为"一方面是在一个大国的全国范围内按共产主义原则联合劳动的最初步骤，另一方面是小商品生产，是保留下来的以及在小商品生产基础上复活着的资本主义"②。列宁指出在政治领域，无产阶级在推翻沙皇专制政权后，已经掌握了全国政权；资产阶级虽被推翻，但在管理国家事务中仍具有一定优势；农民阶级、小资产阶级作为劳动者有倾向社会主义的一面，作为私有者又有倾向于资本主义的一面，因而政治领域的矛盾主要是无产阶级和资产阶级对农民、小资产阶级的领导权争夺问题，这是事关俄国走资本主义道路还是社会主义道路的核心问题。列宁指出，在思想文化领域，俄国的主要矛盾是社会主义先进思想文化与封建腐朽文化、资产阶级思想之间的矛盾。面对阶级敌人在思想文化上制造的混乱局面，苏维埃部分干部曾认为党在思想意识领域也可以"退却"，列宁提出，我们"应该处处用自己的共产主义影响加以抵制"③，必须毫无条件地确立马克思主义在思想文化和意识形态领域的指导地位。列宁十分重视社会主义文化建设，把文化建设放在与政治建设、经济建设同等重要的位置，把文化建设看作俄国建成社会主义的标志之一。列宁说："现在，只要实现了这个文化革命，我们的国家就能成为完全社会主义的国家了。"④

（三）"人民内部不一致"的重要思想

列宁认为，社会主义社会是资本主义与共产主义之间激烈斗争的社

---

① 《列宁选集》第3卷，人民出版社1995年版，第522页。
② 《列宁选集》第4卷，人民出版社1995年版，第60—61页。
③ 《列宁全集》第40卷，人民出版社1986年版，第77页。
④ 《列宁选集》第4卷，人民出版社1995年版，第774页。

会，兼具资本主义和共产主义两种社会形态的特点，因而社会主义社会的人民内部必然存在各种复杂的矛盾关系。列宁坚决反对社会主义制度建立后党内出现的"人民内部是一致的""人民内部没有阶级斗争"的观点，认为"马克思一向都是无情地反对那些认为'人民'是一致的、认为人民内部没有阶级斗争的小资产阶级幻想。马克思在使用'人民'一语时，并没有用它来抹煞各个阶级之间的差别，而是用它来概括那些能够把革命进行到底的一定的成分"[①]。

列宁认为，在社会主义制度建立以后，在人民内部还存在许多不一致的地方。这主要表现在五个方面。一是工人阶级内部的不一致。工人阶级虽富有团结精神，但还保留着小私有者的习气和利己主义心理，"工人和旧社会之间从来没有一道万里长城。工人同样保留着许多资本主义社会的传统心理。工人在建设新社会，但他还没有变成新人，没有清除掉旧世界的污泥，他还站在这种没膝的污泥里面"[②]。二是农民内部和工农之间的不一致。由于革命地位和建设分工不同，工人和农民在政治权利、经济利益等方面存在着一定程度上的不平等。列宁就此提出，要给农民一定的流通自由、给小生产者一定的经营自由，不断满足农民的需求，同时要加强工农之间的合作，克服官僚主义，最终达到工农一致。三是无产阶级与知识分子之间的不一致。由于长期受资本主义世界观的影响，知识分子、技术精英和管理专家不可避免地会与无产阶级在管理方式、管理理念、管理手段以及利益要求等方面发生冲突和对立。列宁提出，要发挥暴力专政的震慑作用、道德的潜移默化作用和纪律的严格约束作用，将资产阶级知识分子改造为真正的社会主义劳动者。四是中央与地方之间、各民族之间的不一致。由于生活方式、价值观念、宗教信仰等方面的差异，民族之间不可避免地会存在矛盾。虽然生产资料公有制的建立为消灭民族剥削、消除民族压迫提供了经济前提，但各民族之间要实现真正的平等和民主还需要很长时间。列宁主张在制定政策时要最大限度地满足各民族的利益需求，只有这样才能消除民族间的矛盾。五是党和群众之间、政府与人民之间也存在着不一致。随着共产党地位的变化，列宁敏锐地察觉到在党和政府内部存在着的官僚主义现象。他警告说："我们所有经济机构的一切工作中最

---

① 《列宁选集》第1卷，人民出版社1995年版，第636页。
② 《列宁全集》第35卷，人民出版社1985年版，第438页。

大的毛病就是官僚主义。共产党员成了官僚主义者。如果说有什么东西会把我们毁掉的话，那就是这个。"① 列宁提出，要把反对官僚主义作为一个长期而艰巨的任务常抓不懈，通过制度建设对各级政府工作人员的行为进行规范和约束。

马克思主义经典作家关于社会矛盾问题的这些重要观点和论断，为我们思考和评判当代西方社会矛盾的新发展、新变化，以及正确对待社会主义条件下的社会矛盾问题提供了重要标准。尽管当代资本主义，尤其是金融危机以来的资本主义与马克思主义创始人的时代发生了很大变化，社会矛盾冲突也出现了许多新的表现形式，但资本主义基本矛盾却并未因此发生改变，马克思主义经典作家的判断在现时代仍然成立，这将是我们接下来进行相关分析、评述的出发点和主要依据。

第二节　马克思恩格斯的公平观与当前西方社会矛盾

马克思恩格斯的公平观是他们在揭示资本剥削的秘密时，在对蒲鲁东、杜林等人的错误思潮进行批判的过程中所提出的。在对公平进行阐释的过程中，马克思和恩格斯不仅分析了资本主义社会不公平的社会历史根源，还进一步提出了如何实现真正的社会公平。其相关思想对我们正确认识当代资本主义社会表面平等背后所隐藏的各种不公平现象有重要帮助。

一　马克思恩格斯公平观的主要内容

马克思恩格斯并没有专门、系统地论述过公平，而是在同蒲鲁东、拉萨尔、杜林等人的论战中进行了阐发，在《哲学的贫困》《哥达纲领批判》《反杜林论》《论住宅问题》等著作中都有与公平相关的论述。总体而言，其主要内容表现在以下几个方面。

（一）公平是一个具体的、历史的范畴，是特定经济关系的反映

小资产阶级社会主义的代表人物蒲鲁东、杜林等人从历史唯心主义出发，从抽象的"人的本质"引申出公平这一范畴，把公平作为各种法律体系中共有的永恒价值，认为存在永恒的公平。如蒲鲁东就将公平看作是"至高无上的原则"，是"支配其他一切原则的原则"，"是人类自身的本

---

① 《列宁全集》第52卷，人民出版社1988年版，第300页。

质"。杜林也认为，平等是两个人意志的完全平等，并将这种平等视为绝对公理，作为其道德正义的基础。对于这种抽象的、永恒的公平，恩格斯进行了无情的批判，认为杜林的平等观实质上体现着"这两个人应当是这样的：他们摆脱了一切现实，摆脱了地球上发生的一切民族的、经济的、政治的和宗教的关系，摆脱了一切性别的和个人的特性，以致留在这两个人身上的除了人这个光秃秃的概念以外，再没有别的什么了，于是，他们当然是'完全平等'了"①。

在对蒲鲁东等人的抽象、永恒的公平观的批判中，马克思恩格斯指出，公平属于道德与法的范畴，它不是先验的、决定经济关系的东西，恰恰相反，它是由经济关系决定的，公平的标准是随经济关系的变化而变化的，公平"始终只是现存经济关系的或者反映其保守方面、或者反映其革命方面的观念化的神圣化的表现"②。因此，永恒的、抽象的公平是不存在的。"希腊人和罗马人的公平认为奴隶制度是公平的；1789 年资产者的公平要求废除封建制度，因为据说它不公平。在普鲁士的容克看来，甚至可怜的行政区域条例也是对永恒公平的破坏。所以，关于永恒公平的观念不仅因时因地而变，甚至也因人而异。"③

在提出公平的标准是随经济关系而变化的基础上，马克思恩格斯还从公平自身的发展规律入手，从历史唯物主义的立场出发，对"永恒公平"和将平等视为绝对公理的观念进行了猛烈抨击。他们认为，平等观念在自己的历史发展中，同样遵循着"否定之否定"的规律。新的平等总是在否定旧的平等中为自己开拓道路。平等的观念"本身都是一种历史的产物，这一观念的形成，需要一定的历史条件，而这种历史条件本身又以长期的以往的历史为前提。所以，这样的平等观念说它是什么都行，就不能说是永恒的真理"④。

（二）在阶级社会中，公平具有鲜明的阶级性

公平不是超阶级的"永恒真理"，而是在一定历史条件下一定阶级的阶级意识。因此，在阶级社会中，公平观念总是一定阶级的公平观念，具有鲜明的阶级性，它或者为统治阶级的统治和利益辩护，或者当被压迫阶

---

① 《马克思恩格斯选集》第 3 卷，人民出版社 1995 年版，第 439 页。
② 同上书，第 212 页。
③ 同上。
④ 同上书，第 448 页。

级变得足够强大时，代表被压迫者对这个统治进行反抗并争取他们的未来利益。正如恩格斯所指出的，希腊人和罗马人认为奴隶制度是公平的，而以蒲鲁东为代表的小资产阶级的永恒公平理想是希望通过颁布法律废止一切市场竞争，全体劳动者按照一定的价值比例关系来公平交换各自的劳动产品，这种观念实际上是在资本主义大工业发展的条件下，小资产阶级希望重返小生产时代的梦想，从根本上而言是为了小生产者的生存，代表了小资产阶级的利益。

对于资产阶级来说，其公平观是建立在商品经济自由贸易基础上的，他们所谓的平等是资本主义商品经济发展的必然产物，"作为纯粹观念，平等和自由仅仅是交换价值的交换的一种理想化的表现；作为在法律的、政治的、社会的关系上发展了的东西，平等和自由不过是另一次方的这种基础而已"①。马克思还将价值交换领域看作"天赋人权的真正乐园"，认为"那里占统治地位的只是自由、平等、所有权和边沁"②。然而，这种表面上、形式上的公平合理，却掩盖了资本主义制度下事实上、本质上的不平等。

在资本主义私有制下，生产资料占有的不平等决定了工人必然要遭受资本家的剥削，工人和资本家绝不可能处于同等的经济地位上，而劳资之间也永远不可能在公平的条件下缔结协定。对此，马克思和恩格斯有过深刻的论述，在《工资、价格和利润》中，马克思就指出，"在雇佣劳动制度的基础上要求**平等的或仅仅是公平的**报酬，就犹如在奴隶制的基础上要求**自由**一样"③。恩格斯在《卡尔·马克思》一文中也同样指出，"现代资本家，也像奴隶主或剥削徭役劳动的封建主一样，是靠占有他人无酬劳动发财致富的，而所有这些剥削形式彼此不同的地方只在于占有这种无酬劳动的方式有所不同罢了。这样一来，有产阶级胡说现代社会制度盛行公道、正义、权利平等、义务平等和利益普遍和谐这一类虚伪的空话，就失去了最后的立足之地，而现代资产阶级社会就像以前的各种社会一样真相大白：它也是微不足道的并且不断缩减的少数人剥削绝大多数人的庞大机构"④。

---

① 《马克思恩格斯全集》第46卷（上），人民出版社1979年版，第197页。
② 《马克思恩格斯选集》第2卷，人民出版社1995年版，第176页。
③ 同上书，第76页。
④ 《马克思恩格斯选集》第3卷，人民出版社1995年版，第338页。

工人阶级不仅在经济上受剥削,而且在政治上也处于受镇压的地位,"国家政权在性质上也越来越变成了资本借以压迫劳动的全国政权,变成了为进行社会奴役而组织起来的社会力量,变成了阶级专制的机器"①,因此,资产阶级的"理想王国",到头来也变成了赤裸裸的阶级专制的工具,资产阶级议会制共和国不亚于君主国。在这个"理想王国"中,资产阶级统治一旦受到威胁,它就会毫不犹豫地把"**共和国**的'自由,平等,博爱'这句格言代以毫不含糊的'步兵,骑兵,炮兵!'"②。

(三) 消灭私有制、实现人类解放是马克思恩格斯公平观的实质

在对资产阶级"永恒公平""绝对的平等"等观念的严厉批判中,在对资本主义制度"自由""平等"谎言的深刻揭露中,马克思恩格斯阐释了无产阶级的平等要求。他们认为,无产阶级所追求的公平,就是消灭私有制,消灭阶级,从而消除一切的政治奴役和经济剥削,消除不公平产生的根源,并最终在极大地推动经济发展和社会进步的基础上,使人类获得彻底解放,使人的全面自由发展成为可能。这也就是马克思恩格斯公平观的实质,即消灭私有制、实现人类解放。

在马克思对未来社会的构想中,私有制和阶级已经不存在,因而阶级剥削和阶级压迫也将随之消灭,未来的社会将是"这样一个联合体,在那里,每个人的自由发展是一切人的自由发展的条件"③。在这个联合体中,旧式分工已消失,生产力得到巨大发展,人的需要得到极大满足,个人的劳动不再是异化劳动。只有在这种状态下,人类才能获得彻底的解放,"真正的公平"才能实现。

要实现这种公平,只有通过消灭私有制,消灭阶级才能最终实现。而这一历史使命必然要依靠无产阶级来完成。这首先是因为过去一切剥削阶级的公平观都是为了他们本阶级的利益,因而所实现的也只能是本阶级的公平,"过去一切阶级在争得统治之后,总是使整个社会服从于它们发财致富的条件,企图以此来巩固它们已经获得的生活地位"④。而无产阶级是人类历史上最后一个阶级,也是人数最多、受压迫最重、革命性最强的阶级,他们肩负着解放全人类的伟大历史使命,这就决定了

---

① 《马克思恩格斯选集》第3卷,人民出版社1995年版,第53页。
② 《马克思恩格斯选集》第1卷,人民出版社1995年版,第622页。
③ 同上书,第294页。
④ 同上书,第283页。

"这个阶级能够在历史上第一次不是要求消灭某个特殊的阶级组织或某种特殊的阶级特权,而是要求根本消灭阶级"①。只有通过无产阶级革命来消灭资本主义私有制,才可能实现无产阶级的解放,并最终实现全人类的解放,实现马克思主义平等观的根本要求。"对我们来说,问题不在于改变私有制,而只在于消灭私有制,不在于掩盖阶级对立,而在于消灭阶级,不在于改良现存社会,而在于建立新社会"②,"随着阶级差别的消失,一切由这些差别产生的社会的和政治的不平等也自行消失"③。

二 马克思恩格斯的公平观有助于我们认识当代资本主义表面公平背后隐藏的不公平

资本主义从萌芽时期开始,就以"自由""平等""博爱"为口号,以此对抗封建特权制度。第二次世界大战后,随着生产力的发展以及社会主义阵营力量的增强,发达资本主义国家不得不在总财富增加的基础上,提高工人的待遇,建立了较完善的社会保障制度,从而在一定时期内使不平等状况有所缩减。然而,20世纪80年代后新自由主义思潮的推行使这一状况发生了改变,工人阶级的经济地位和政治地位进一步恶化,南北差距进一步拉大,世界范围内的不平等日趋明显。尽管资本主义提出"人民资本主义"等口号,但运用马克思恩格斯的公平观我们可以清楚地看到资本主义表面的公平背后隐藏的不公平现象正在加剧。

(一)平等交换背后隐藏的工人阶级和资产阶级经济地位的不平等日益加剧

根据马克思恩格斯的公平观,资本主义市场经济从表面上和形式上看是公平合理的,市场经济按照等价交换的原则在自由竞争的条件下运行。然而,这种表面上、形式上的公平合理,却掩盖了资本主义制度下事实上、本质上的不平等。在资本主义私有制下,生产资料私有制决定了工人阶级和资产阶级在所有权上的不平等,这就决定了它们的经济地位永远无法处于平等的状态,即使资产阶级有所妥协,也是在无损其根本利益的前提下为调动工人阶级的积极性而做出的极微小的让步。事实上,在新自由

---

① 《马克思恩格斯选集》第3卷,人民出版社1995年版,第500页。
② 《马克思恩格斯选集》第1卷,人民出版社1995年版,第368页。
③ 《马克思恩格斯选集》第3卷,人民出版社1995年版,第311页。

主义成为西方的主流思潮后，这种表面上的平等也日益成为虚幻。

从发达资本主义国家内部来看，收入差距日益扩大，不平等状况进一步恶化。以美国为例，2010年，美国有4620万人生活在贫困线以下，而该年度标普500公司CEO的平均薪酬却高达1076万美元，职工的平均工资则仅为3.31万美元。这种极端的收入差距不仅对资本积累也对资本主义制度的生存构成了巨大的挑战，正如德国社会学家乌尔利希·贝克所指出的那样，"这个唯私有者的资本主义只以盈利为目标，它要把就业者、（社会福利）国家、民主制度统统排除。这个资本主义也就取消了自己生存的合法性"①。

从世界范围来看，中心对边缘的剥削一直是帝国主义榨取剩余价值的重要途径，在新帝国主义论者不断宣扬其"将积极致力于把民主、发展、自由市场和自由贸易的希望带到世界每一个角落"②的时代，这种剥削不仅并未消失，反而变本加厉，使世界范围内的贫富差距急剧扩大，据统计，全球最富有国家与最贫穷国家的人均实际收入指标已经从1900年的10∶1上升至2004年的74∶1。在2012年福布斯公布的全球人均GDP排行榜中，美国人均GDP为46860美元，位列第7，而最贫穷国家却仅有312美元。

（二）普选权背后的政治不平等依然严重

恩格斯曾对资本主义民主制度受资本家控制的特性进行过深刻探讨和揭露，他指出，"资产者如果不直接地、经常不断地控制本国的中央行政机关、对外政策和立法，就无法保障自己的利益"③，"资产阶级共和国就是资本主义生意人的共和国；在那里，政治同其他任何事情一样，只不过是一种买卖"④。随着垄断资本规模的日益扩张，资本主义民主制度呈现出更为明显的寡头政治、金钱政治的特点，垄断资本的利益成为政策的主导。有学者形象地指出，"政府只是这些精英集团的女仆，只会不惜余力地去维护垄断所需要的国内秩序"⑤。2010年1月21日，美国联邦最高法

---

① 张世鹏等：《全球化时代的资本主义》，中央编译出版社1998年版，第119—129页。
② The U. S. National SecurityCouncil, "The National Security Strategy of the United States of America", Sep. 2002.
③ 《马克思恩格斯全集》第4卷，人民出版社1958年版，第52页。
④ 《马克思恩格斯文集》第10卷，人民出版社2009年版，第641页。
⑤ ［美］弗雷德里克·普赖尔：《美国资本主义的未来》，中国社会科学出版社2004年版，第277页。

院更以"政府不能干预政治言论"为由,解除对企业和工会在美国政治竞选中提供资金的限制,为"权钱政治"大开方便之门。2014年4月2日,又以"保护公民活动权利"为由推翻了为美国政治竞选捐款总额12.32万美元的上限。西方民主制度的寡头政治、金钱政治的特性更为明显。

在国际范围内,以美国为首的西方国家在世界各地推行其民主制度,打压当地的民主、践踏人权和公民权,充分说明西方民主在对待第三世界时缺乏道德。西方独立记者托马斯·芒廷指出,西方式民主正在摧毁非洲,在非洲所能看到的就是以暴力和流血为标志的选举。[1] 西班牙《起义报》文章也指出,在推行西方民主制度的中东国家,特别是阿拉伯国家中,对人权和公民权的践踏更为严重,与民众心目中道德的、公正的和人性化的制度相反,西方民主展现了不道德、不公正、缺乏人性和罪恶的一面。

第三节 西方马克思主义学者的资本主义危机与社会矛盾理论

资本主义危机理论一直是国外马克思主义学者关注的焦点。但一直以来,他们大都把资本主义危机的原因与经济因素联系在一起。2008年金融危机对资本主义的猛烈冲击打破了对这一传统的认知模式,事实证明单一的角度已经不能再进行有效的批判,许多西方马克思主义学者纷纷寻求从其他角度重新反思资本主义危机,形成了诸多不同的观点。在各种理论中,体制危机论、福利国家危机论和总体性危机论最具代表性。与传统的经济危机理论不同,当前的危机理论不再将资本主义危机单纯地理解为经济危机,而是趋向多元化阐释,更加侧重于从政治维度分析,将资本主义危机的原因归结为资本主义制度的结构问题。西方马克思主义学者的资本主义危机理论,有助于我们认识当代资本主义社会的新发展,深化我们对于西方社会矛盾冲突新变化的理解。

一 体制危机论

一些西方主流经济学家认为,2008年的金融危机只是暂时的,但是在

---

[1] 参考消息网:《西方记者:非洲掉进西方式民主陷阱》,2012年11月3日。

采用了一系列金融救助、货币扩张政策、财政刺激政策之后，他们发现这些措施并没有起到实质性的作用。相反，西方社会经济仍然处于低迷期，甚至还在不断爆发新的危机。事实雄辩地证明了这种短期金融危机的观点缺乏必要的说服力，大多数学者更加倾向于认为这是一场长期的制度性危机。大卫·科茨（David M. Kotz）、热拉尔·杜梅尼尔（Gerard Dumenil）和多米尼克·莱维（Duo Minike Laiwei）都提出了比较系统的新自由主义危机理论。他们一致认为，2008 年的金融危机不是普通的商业周期性危机，而是资本主义制度的一种特殊模式的体制危机，即新自由主义的资本主义危机。科茨指出，2008 年由美国开始的金融危机表明了资本主义新自由主义模式的体制危机开始出现。20 世纪 80 年代以来，欧美等西方国家推行的新自由主义经济政策，代表了金融垄断资本的利益，其实质是一种金融化形式的资本主义。许多马克思主义学者认为，新自由主义制度下美国资本主义三个方面的矛盾激化直接导致了这场危机：（1）工资与利润的不平等导致了严重的社会不平等和个人主义；（2）虚拟经济和实体经济严重脱离，加剧了社会矛盾；（3）新自由主义加重了经济运行的无政府状态。金融危机的爆发表明，新自由主义条件下，资本家为了追求更高的利润放弃了传统经济活动，转而从事风险投机活动，虽然表面上促进了经济的发展，但是由于金融部门的投机性，它的弊端也逐渐暴露，危机慢慢渗入全球资本主义的庞大体系。因此，金融危机的爆发可以归结为是新自由主义的资本主义危机。①

当代英国著名的左翼学者 I. 梅扎罗斯（I. Meszaros）则认为，当代资本主义危机是一种结构性危机。他从资本主义制度本身的性质和发展状况阐释了自己的观点：首先，资本的无限扩张决定了资本主义生产的唯一目的是获取更多的财富，这势必导致生产大于需求，继而不可避免地产生"财产拜物教"。而工人的生产劳动无法得到合理的财富分配，因此资本主义生产方式的内在局限性开始凸显。其次，资本的无限扩张和扩大再生产，必然会"突破了以使用价值为指向的生产的制约，以及严格限定的与之分离的生产和消费方式的直接或间接的理性化"②。这种对供需平衡生产

---

① ［美］大卫·科茨：《当前金融和经济危机：新自由主义资本主义的体制危机》，载《海派经济学》2009 卷第 25 辑。
② ［英］I. 梅扎罗斯：《超越资本——关于一种过渡理论》，中国人民大学出版社 2003 年版，第 656 页。

规律的忽视，导致资本主义无法给自己的发展设定合适的界限。最后，资本主义制度必然导致破坏性的自我生产。由此，梅扎罗斯得出结论：资本主义已经完全陷入了结构性危机之中。这种结构性危机并不局限于社会、经济领域，而是一场包括政治危机在内的制度性危机。那么，应该如何应对这种危机呢？在梅扎罗斯看来，资本并不能通过扩大"财富的生产"来解决资本主义制度的深刻危机，唯一的出路就是走社会主义道路，建立起一种新的、能够经受考验的社会主义有机体系。

埃及著名马克思主义学者萨米尔·阿明长期秉持的一个重要观点：认为当前垄断资本主义已经出现了质的变化，演变成为全球化垄断资本主义，其主要特征是普遍化垄断、全球化垄断和经济金融化。全球化垄断资本主义在政治、社会、生态等方面具有明显的不可持续性。2008年金融危机爆发，表明全球化垄断资本主义发生了内爆。其原因在于，在这一资本主义发展的新阶段，资本力量特别是金融资本力量的过分强大，一方面使得政治力量对经济的调控能力受到限制而日渐萎缩，另一方面使全球化垄断资本主义产生新的内部核心矛盾，而现有结构下的政治和经济体制都失去了掌控与协调这种核心矛盾的能力。由于美、日、欧三巨头的经济金融化所产生的内部矛盾，尤其是主权债务危机的发生不断深化全球化垄断资本主义的内部矛盾，使得从政治和经济两个方面都无法解决这种矛盾，最终导致内爆的发生。[①]

美国著名社会学家伊曼纽尔·沃勒斯坦（Immanuel Wallerstein）在题为"资本主义的终结"的访谈录中指出，当前的危机是资本主义体系的危机，这一体系在未来20年或30年后将不会再继续，它将会消失并且被另外一种世界体系完全取代。古巴世界经济研究中心研究员福斯蒂诺·戈梅斯、格拉迪斯·佩德拉萨也提出，全球金融危机是资本主义的系统性危机，当前全球经济危机是1929年以来最严重、最深刻和最全面的危机，而不只是资本主义经济系统的危机。

二 福利国家危机论

福利国家危机理论虽不是新的主张，但在2008年金融危机爆发后，

[①] ［埃及］萨米尔·阿明：《资本主义世界体系的内爆——萨米尔·阿明谈当代全球化垄断资本主义的不可持续性》，魏南枝译，载《红旗文稿》2013年第11期。

许多学者都开始重新关注这一前瞻性的理论。最早提出福利国家危机理论的是德国社会学家、政治学家、法兰克福学派第三代代表人物克劳斯·奥菲（Claus Offe），他秉承法兰克福学派的批判理论传统，借鉴哈贝马斯对公共领域的界定、合法性危机的阐述及其对经典马克思主义的大量修正，运用德国系统理论的方法，提出了福利国家危机理论，它也被称作危机管理的危机。在《福利国家的矛盾》一书中，奥菲阐明了在现代资本主义条件下，从生产领域寻找危机根源的做法已经不合时宜，资本主义危机并不只局限在经济领域，而是要从政治领域着手探寻危机的根源。他认为当前资本主义危机由经济危机走向了政治危机，具体表现为现代福利国家的危机。

在奥菲看来，福利国家是资本主义历史演变的产物，它对资本主义经济采取的积极干预和调节措施，通过各种福利政策对社会财富实行的再分配，在一定程度上造就了现代资本主义社会的经济繁荣，缓和了现代资本主义社会的各种矛盾。但是从根本上讲，它并没有彻底解决资本主义的问题，反而成为各种问题的根源。比如，20世纪70年代之后，现代福利国家遭遇一系列矛盾和危机，财政赤字、通货膨胀、失业率增长等难以解决的问题不断涌现，由此掀起了人们对福利国家反思的热潮。奥菲认为，国家作为维护社会制度和资本主义社会中所有成员利益的工具，是资本主义的商品交换关系得以实现的必要条件，但它无法与资本主义体系共存，因为福利国家政策与商品原则是矛盾的，它会破坏商品交换关系的存在，进而对资本主义体系造成破坏性的影响。这样先前的经济危机就转化为政治危机，进而演变为国家的危机，产生了福利国家的危机管理的危机。这是国家自身的危机，也可以说是福利国家自身的过程性危机。奥菲的福利国家危机理论的核心是将福利国家面临的矛盾与危机诠释为后期资本主义的系统危机。①

奥菲提出的现代福利国家危机的理论，挑战了传统的经济危机理论，拓展了传统经济危机理论的视阈，它不再单纯地从生产领域去寻找危机的根源，而是透过政治系统和福利国家的政策去分析现代资本主义社会的危机。

---

① ［德］克劳斯·奥菲：《福利国家的矛盾》，吉林人民出版社2011年版，第148页。

三 总体性危机论

随着认识的深化，越来越多的西方马克思主义研究者主张2008年金融危机是一场资本主义的总体性危机，这种总体性危机具有多维度、多层次的特点。许多学者从不同的角度反思这场危机的根源，得出了诸如金融危机、制造业危机、粮食危机、生态危机、战争危机、文化危机、教育危机等结论。

由此看来，这场危机虽然发生在经济领域，但它带来的连锁效应不容小觑。美国左翼学者和马克思主义者一致认为，由次贷危机引发的经济危机只是此次全球资本主义危机的一个部分。例如，《每月评论》2009年7—8月刊就集中讨论了"粮食危机"的根源与应对策略，此外，2009年度的全球左翼论坛开幕式的主题（当前的危机：经济、政治、环境、文化）也从侧面反映了这场危机的综合性和根本性：它不是单纯的金融危机，而是以美国为代表的资本主义自身陷入了一系列政治、经济和生态等方面的总体性危机。

古巴全国人大经济委员会主任、著名经济学家奥斯瓦尔多·马丁内斯（Osvaldo Martinez）认为，当前人们面临的形势不仅仅是经济和金融危机，同时也是社会危机、食品危机和生态危机，是所有这些烈性危机爆发的综合性结果。因此，要认识和医治这些危机，就必须对资本主义进行全面的批判和反思。

此外，还有一些危机理论是从技术和自然角度展开分析的，这包括重大科技创新缺乏危机论和资源环境危机论。前者将资本主义危机划分为三个阶段，每个阶段危机的产生都是由于科技创新接近尾声，而新的科技还未诞生导致的，比如，20世纪30年代，由于内燃机驱动的经济增长进入结束阶段，所以产生了"大萧条"；20世纪70年代初资本主义国家的滞胀则是以家电为标志的半导体技术支撑下的经济的下滑的结果；而当前的资本主义危机是以计算机为标志的信息技术革命推动下的经济已经进入尾声的结果。资源环境危机论认为，资本主义的发展经由量变到质变，如今面临着石油、粮食和水等关键性资源的匮乏和分配不均，由此遭遇重大的危机，所以资本主义的破坏性生产和浪费性的资本主义增长方式已经越来越受到资源和环境有限性的约束，同时，资本主义所导致的全球气候变暖已经开始威胁人类的生存。①

四 小结

在当前的世界形势和文化背景下,对于资本主义危机爆发的复杂性和长期性,我们应该有清醒的认识。除经济因素之外,还应该综合考虑其他原因,需要把资本主义危机看作一个整体去理解。不可否认,资本主义社会的矛盾性质没有发生根本变化,生产的社会性和生产资料私人占有之间的矛盾,由这种矛盾所引起的资本主义个别企业生产的有组织性与整个社会生产的无政府状态之间的矛盾,以及生产的不断扩大与劳动者支付能力的相对缩小之间的矛盾仍旧十分突出。所以,在资本主义危机愈演愈烈的时代,马克思的资本主义危机理论仍然具有深刻性。其次,我们也需要深刻认识资本主义社会运行和社会矛盾发展的新特点。

(一) 马克思资本主义危机理论的深刻性

通过上述西方学者的资本主义危机理论,不难发现,他们仍旧在马克思主义理论的框架内分析问题。首先,是因为马克思关于资本主义经济危机根源的分析是正确而深刻的。马克思在《资本论》第3卷中提出了"虚拟资本"的概念,这一概念是理解当前这场危机的关键。其次,马克思对资本主义经济危机的分析方法是正确的。布鲁斯·诺顿(Bruce Norton)认为,关于经济危机的理论框架在马克思的后继者那里仍然是类似的。因为马克思主义的经济危机分析框架,为人们提供了正确认识资本主义本质的方法论工具,它使我们在分析资本主义经济危机时必然可以看到资本主义内在的矛盾和缺陷,也必然能够预见到社会主义取代资本主义的必然性和客观性。② 最后,马克思从全球视角对资本主义危机加以分析,对于今天理解资本主义危机至关重要。马克思曾经明确提到:"19世纪的商业危机,特别是1825年和1836年的大危机……而是使资产阶级生产过程中的一切因素的矛盾都爆发出来的世界市场大风暴。"③ 他的论断对我们认识当前资本主义危机的实质具有重要意义。显然,马克思对资本主义危机根源的论断具有深刻性和有效性,解读当代资本主义危机,绕不开马克思主义。

---

① Li Minqi, "Climate Change, Limits to Growth, and the Imperative for Socialism", *Monthly Review*, 2008, July-August.
② Bruce Norton, "Economic Crises", *Rethinking Marxism*, Issue 1, 2013.
③ 《马克思恩格斯文集》第7卷,人民出版社2009年版,第620页。

(二) 对资本主义社会变化本质的新认识

当代资本主义处于资本主义发展的新阶段，即垄断资本主义的高级阶段，虽然变化巨大，但其社会性质和根本矛盾并没有发生根本性的改变，它的基本矛盾在资本主义框架内不可能得到根本解决。而金融资本作为理解垄断资本主义的逻辑起点，决定了资本主义社会的新变化。首先，社会经济的发展很大程度上依赖金融业的发展与推动，但是这种非生产性行业的大规模过度性扩张，实际上无益于社会生产的增长，相反在消耗着国家的经济，整个国家的经济随时会产生多米诺骨牌效应。其次，西方国家的政治走向由于受金融垄断资本主义意识形态的影响，越来越侧重于维护金融资本主义的发展。因此，西方国家推广的所谓自由民主，本质是金融垄断资本主义的全球扩张。但是，每个国家的实际情况不同，发展道路各异，这种"一刀切"的全球政治发展模式是一种空想和妄想，是美国"霸权"的生动反映。

总之，当前的资本主义危机是一个多维度的统一体，国外马克思主义学者对于资本主义危机的分析具有一定价值。他们从不同的角度梳理并且补充了马克思主义的资本主义危机理论，对于我们深入思考和理解当代资本主义危机和当代资本主义社会矛盾具有积极意义。

第四节 美国学界关于社会不平等的左右之争

国际金融危机发生后，伴随西方经济形势持续恶化以及社会矛盾和冲突的凸显，不平等问题重新回归美国学界的视野。2011—2013年，"占领华尔街"运动的爆发与蔓延、各大机构一系列最新研究数据的相继公布，以及民主党与共和党在大选年围绕向富人增税的"巴菲特规则"的激烈论争，更是将收入不平等话题推向社会舆论的风口浪尖。贫富两极分化的社会现实，也引发西方学界的深刻反思。在美国，关注政治和社会平等、主张机会均等、捍卫凯恩斯主义经济政策的自由派学者，与倾向个人自由、维护私有财产和自由企业制度、倡导新自由主义的保守派学者，甚至上演了一场大论战。他们从各自不同的立场出发，阐发自己对不平等问题的认识，围绕当代美国收入和财富不平等问题进行思想论辩和交锋。

一　美国收入与财富的不平等差距到底有多大

自由派和保守派学者都承认，自20世纪80年代以来，美国社会各阶级，尤其是占人口绝大多数的中产阶级与极少数上层阶级，在收入和社会财富占有上的差距扩大了。但是，二者之间到底存在多大程度的差距，不同立场的学者看法不一。

自由派学者强调，第二次世界大战后长期以来生产率增长与工资增长间的联系，已经被打破了。在过去30年间，剥削率大大上升，美国社会从中受益的人群只有1%。2000年以来，加州大学经济学教授伊曼纽尔·赛斯（Emmanuel Saez）[1]等关于顶层收入者的相关研究，为自由派的观点提供了有力的数据支持。他们对美国国税局发布的历年统计数据进行分析发现，20世纪80年代中期后，美国顶层家庭收入所占份额急剧扩大。到2007年时，顶层1%家庭占有的收入份额约达到24%，为1928年"大萧条"开始前一年以来的最高水平。而在20世纪50年代到80年代中期，这一数字从未超过10%，一直徘徊在7.7%—9.8%。[2]

早在金融危机爆发前，保守派经济学家就一直在驳斥赛斯的数据，批评其采用的是税前收入，因而没有表明联邦政府以累进税、社会保险和所得税抵免等支付形式进行的货币再分配对富人的影响。[3]康奈尔大学教授理查德·伯克豪瑟（Richard Burkhauser）等指出，如果采用税后的收入，并将政府的货币转移也包括在内，差距并没有那么大。如1979—2007年，美国收入分布情况是：顶层20%的人群收入增加了49%，而中间20%的家庭收入也几乎增加了30%。[4]

2011年以来，一些无派别倾向的组织机构相继发布一批最新统计数据，与保守派的统计结果针锋相对。如2011年10月美国国会预算办公室

---

[1] Emmanuel Saez 因为在不平等研究上的重要贡献，2009年曾获得被誉为经济学界"小诺贝尔奖"的克拉克奖。

[2] Emmanuel Saez, "Striking It Richer, The Evolution of Top Incomein the United States", Aug. 5, 2009, http://elsa.berkeley.edu/~saez/saez-UStopincomes-2007.pdf.

[3] Alan Reynolds, "The Top 1%…of What?", *Wall Street Journal*, Dec. 14, 2006, http://marginalrevolution.com/marginalrevolution/2006/12/an_excerpt_from.html.

[4] Richard V. Burkhauser & Jeff Larrimore & Kosali I. Simon, "A 'Second Opinion' on the Economic Health of the American Middle Class", NBER Working Papers 17164, National Bureau of Economic Research, Inc.

公布的数据表明,"1979—2007 年间,1% 最高收入者的平均税后家庭实际收入攀升了 275%,而中间 3/5 的人口只增长了不到 40%";"顶层 20% 人口的税后实际收入增长了 10 个百分点,其中绝大部分又流向了 1% 的最高收入人群,其他各部分人群所占收入份额则下降了 2 个—3 个百分点"。①美国人口普查局的统计数据也显示,在 2010 年的家庭总收入中,20% 最富有的家庭占 50.2%,20% 最贫困的家庭只占 3.3%。而 1980 年,即所谓"里根革命"开始之初,二者所占份额分别是 44.1% 和 4.2%。也就是说,在这 30 年间,最贫困家庭的收入减少了 21.4%,最富裕的家庭收入增加了 13.8%。而其他各 20% 的家庭所占收入份额,都有不同程度的减少。美国人口普查局还对顶层 5% 家庭进行统计,其所占收入份额,从 1980 年的 16.5% 增加到 2010 年的 21.3%,即增长率达到 29.1%。到 2010 年时,顶层 5% 家庭所占收入份额要大于底层 50% 的家庭总和。②

这些新数据被自由派学者广泛引用,用以批评和指责当代美国社会的贫富分化和收入不平等,而保守派则继续撰文质疑和攻击这些数字的准确性。布鲁金斯学会资深研究员罗恩·哈斯金斯(Ron Haskins)认为,关于收入不平等急剧增长的指控,在很大程度上是错误的或者具有误导性,美国贫富差距并不如想象般巨大。他的依据除了前文所说的税收等对富人收入的影响没有计算在内之外,还强调,作为中低阶层的美国人收入重要组成部分的非现金津贴,如食物券、收入税抵免以及为儿童提供早期教育的"启蒙计划"和帮助低收入家庭子女上大学的"佩尔助学金计划"等,都没有纳入统计之中,这些津贴实际上每年需花费 9000 亿美元。③ 曼哈顿研究所的戴安娜·弗奇戈特·罗思(D. Furchtgott-Roth)则认为,收入差距扩大的误导因素还包括高收入双职工家庭和低收入单身家庭的增加,以及 1986 年美国税改以来,税法变化带来的以企业标准收税转向以个人标准收税造成的影响。④

---

① Congressional Budget Office, "Trends in the Distribution of Household Income Between 1979 and 2007", Oct., 2011, http: //cbo. gov/ftpdocs/124xx/doc12485/10 - 25 - HouseholdIncome. pdf.

② U. S. Bureau of the Census, *Annual Social and Economic Supplements to the Current Population Survey*, 2012.

③ Ron Haskins, "The Myth of Disappearing Middle Class", *Washington Post*, Mar. 29, 2012, http: //www. brookings. edu/opinions/2012/0329_ middle_ class_ myth_ haskins. aspx.

④ D. Furchtgott-Roth, "The Myth of Increasing Income Inequality", Mar. 2, 2012, www. manhattan-institute. org/pdf/ir_ 2. pdf.

二 不平等是"好事"还是"坏事"

保守派学者认为,不平等反映的主要是人们在努力程度和天生才能等方面的差异,因此收入不平等是件好事。它能够促使人们努力地改变现状,而如果每个人都拥有同样的收入、地位、声望和其他报酬,多数人将很难产生奋发向上的动力。卡托研究所(Cato Institute)高级研究员米歇尔·坦纳(Michael Tanner)这样比喻说,经济绝非一块具有固定尺寸的蛋糕,不是一个人分的蛋糕越大,其他人得到的就越少。这块蛋糕的尺寸是无限的。但为了让蛋糕变大,需要让人们成为有雄心、有技能的风险承担者,需要人们为更大的分享而努力奋斗。这意味着他们必然因其努力、技能、雄心以及承担的风险而得到回报,从而不可避免地导致更大的不平等。他引用哈耶克的话总结道:"我们期望实现的经济飞速发展在很大程度上正是这种不平等的结果。"我们寻求的是一种更少贫困的繁荣和不断增长的经济,其中每个人都能因其才华和本能而实现自身的发展。在这种情况下谁还需要平等呢?① 斯坦福大学胡佛研究所的丹尼尔·黑尔(Daniel Heil)也表达了同样观点。他指出,如果不平等的发生是受更专业化的经济驱动,人们因为自己的生产而赚了大钱,并且能够像"苹果"的史蒂夫·乔布斯之类的企业家一样,为人们创造有价值的产品和就业,那么不平等就是一件好事,人们应为此欢欣鼓舞。②

显然,在保守派那里,"机会平等"远比"结果平等"重要。美国企业研究所总裁亚瑟·布鲁克斯(Arthur Brooks)这样说,我们支持平等,但这是支持机会平等而非结果平等。如果你是占70%的多数人,你应当相信每个人都有机会成功或失败。占30%的知识分子和政治领袖,则更不喜欢因无视个人努力程度和个人才能,而最终实现的经济地位的大致平等。公正不是他们的王牌,而是其"阿喀琉斯之踵"。收入平等不是公正,而明显是不公正。③ 一些保守派也倾向认为,只要人们在整个一生中能够有

---

① Michael Tanner, "The Income-Inequality Myth", Jan. 10, 2012, http://www.nationalreview.com/articles/287643/income-inequality-myth-michael-tanner.

② "The Experts Weigh in on the State of the U. S. Middle Class", *Pittsburgh Post-Gazette*, Nov. 14, 2011, http://old.post-gazette.com/pg/11318/1189721-455-0.stm?cmpid=news.xml.

③ Arthur C. Brooks, "American Fairness Means Equality of Opportunity, Not Income", Jul. 13, 2010, http://www.aei.org/article/society-and-culture/free-enterprise/american-fairness-means-equality-of-opportunity-not-income/.

机会增加收入，能够比父辈生活得更好，这个体系就是有效的。托马斯·索维尔（Thomas Sowell）近年出版的著作，通过分析美国社会较高的社会流动性，证明现行体系运行的有效性。他发现，多数美国人最后达到的薪资水平，往往会高于其最初阶段，"在1975年收入排在全国最后20%的人当中，有3/4的人的收入在16年后上升到了全国的40%"①。

自由派学者反对以个人能力和努力来界定不平等，认为天生的不平等制约着机会平等的实现。2008年诺贝尔经济学奖得主、普林斯顿大学教授保罗·克鲁格曼（Paul Krugman），对美国是一个无阶级社会的传统说法提出质疑。他认为，美国社会的突出特点，表现为出身至关重要，来自社会底层的人几乎没有机会爬到社会中层，更不用说社会顶层。以来自社会底层的孩子为例，他们即便与那些来自富裕家庭的孩子相比，具有相同或者更高的天资，并且通过努力上了好的大学，但由于缺乏资金支持，因而更加容易辍学。因此，在美国现实社会中，小霍雷肖·阿尔杰式的穷人孩子，最后成功的故事远没有传奇中那么普遍。② 2012年1月，普林斯顿大学教授、具有白宫经济顾问委员会主席身份的阿兰·克鲁格（Alan Krueger）在政府智囊机构"美国进步中心"发表的演讲中，在分析美国的阶级不平等状况后认为，美国社会的高度不平等使代际流动水平较低，从而形成了一个"了不起的盖茨比曲线"，即社会越不平等，个人的经济地位就越将由其父母的地位决定。他预测，到2035年，美国的代际流动甚至会比现在还少，那时个人出生时的阶级地位，将在很大程度上决定其未来的经济前景。③

与保守派相比，自由派学者更加关注和重视分配，强调如果把经济比作一块大蛋糕，富人分享的越多，其他人分享的就越少。自20世纪70年代末以来，由于政策的钟摆越来越偏向富人一边，富人获得的蛋糕越来越大，导致社会贫富差距日益扩大，"中产阶级"不断萎缩，作为当代美国政治标签的"美国梦"已经破灭。在上文提及的演讲中，克鲁格高调指出由收入分配的"两极化"造成的中产阶级萎缩的问题。他以家庭收入达到

---

① ［美］托马斯·索维尔：《被掩盖的经济真相》，中信出版社2008年版，第136页。
② Paul Krugman, "America's Unlevel Field", *New York Times*, Jan. 8, 2012, http://www.nytimes.com/2012/01/09/opinion/krugman-americas-unlevel-field.html.
③ Alan Krueger, "The Rise and Consequences of Inequality in the United States", Jan. 12, 2012, http://www.whitehouse.gov/sites/default/files/krueger_cap_speech_final_remarks.pdf.

中等收入作为中产阶级的统计标准，指出美国中产阶级家庭的数量从20世纪70年代的50.3%，下降到2000年的44.2%，而2010年只有42.2%。① 加利福尼亚大学劳动经济学家西尔维亚·艾勒格里托（Sylvia Allegretto）也认为，在第二次世界大战后30年间，中产阶级的工资增长一直与生产力增长保持一致，但此后中产阶级的收入已经大大滞后于生产力增长的水平，其标志性指标是CEO的工资，在20世纪70年代，它们只是普通工人工资的24倍，而今天已经达到300倍。她援引美联储每三年公布一次的消费者财务状况调查数据并指出，2007年，福布斯评选的美国400名富豪占有的财富达到1.54万亿美元，相当于底层50%家庭的财富总和。而沃尔顿家族占有的财富就达到697亿美元，相当于最底层30%家庭的财富总和。在艾勒格里托看来，收入差距扩大已经到了攸关美国经济和民主存亡的地步。②

三 收入与财富不平等的根源何在

关于造成收入和财富不平等的原因，美国学界长期存在争论，三种观点一直占据主导。

（一）全球化论

这种观点认为，全球化造成美国收入不平等的扩大。究其原因，一是非技术移民直接参与工作竞争，而远在其他国家的非技术工人也通过贸易间接地参与到竞争之中，两者共同压低了美国非技术工人的工资。尤其因为这些非技术移民基本上位于收入分布的底部，从而使得收入差距拉大的现象更加严重。③ 二是全球化直接经由贸易以及外国直接投资、离岸业务等渠道，对美国的收入分配造成显著影响。④

（二）技术进步论

这种观点强调，20世纪70年代后，美国收入不平等程度的扩大源于经济结构变化，主要是新科技革命的兴起，提高了对高技术工人的需求

---

① Alan Krueger, "The Rise and Consequences of Inequality in the United States", Jan. 12, 2012, http://www.whitehouse.gov/sites/default/files/krueger_cap_speech_final_remarks.pdf.
② Sylvia Allegretto, "The Few, the Proud, the Very Rich", Dec. 5, 2011, http://blogs.berkeley.edu/2011/12/05/the-few-the-proud-the-very-rich/.
③ ［美］拉古拉迈·拉詹：《断层线》，中信出版社2011年版。
④ K. F Scheve and M. J. Slaughter, "A New Deal for Globalization", Foreign Affairs, Vol. 86, No. 4, 2007.

量，造成"知识工人阶级"收入激增，拉大了与其他劳动阶层的收入差距。但也有学者认为，技术变革实际上很难与全球化模式分割开来，因为全球化的发展也在很大程度上提高了技术的重要性。哈佛大学经济学家理查德·弗里曼（Richard B. Freeman）指出，技术进步隐藏在分散的经济活动以及离岸生产背后，"离岸生产与数字化共生共存"①。

作为技术进步论的延伸，近些年美国保守派中逐渐流行起一种说法，认为教育在美国收入不平等的发展中扮演着重要角色。哈佛大学高级专家史蒂文·施特劳斯（Steven Strauss）甚至认为，受教育水平将美国分割成了两个经济上迥然相异的国家。他对不同职业人群的收入进行对比后发现，受教育水平越高，收入就越高。如拥有专业学位的人，收入能够达到非高中毕业生的6倍，2009年二者的收入分别是12.8万美元和2万美元。而且，受教育水平也与失业率直接相关：受教育程度越高，失业率越低。过去10年的统计数据显示，非高中毕业生的失业率在7%—15%浮动。而那些拥有大学文凭的人，在当前经济危机下的失业率为4.5%，只是美国整体失业水平的一半。这样，美国经济创造了两个分裂的社会：一是受教育水平较低者，缺乏稳定性，不断经历着衰退和萧条；二是受教育水平较高者，拥有的财富在不断增加，受经济衰退的影响很小，个人发展前景良好。这种趋势反过来又对教育的发展产生了积极影响。2000年美国大学入学率只有63%，2009年这一数字约为70%。②

自由派学者反对教育决定论。他们虽然承认更好的教育终将有助于美国经济的发展，但强调教育并不具有决定意义，教育既不能解决失业问题，也不能缩小收入差距。美国经济政策研究所的劳伦斯·米歇尔（Lawrence Mishel），运用大量数据分析美国失业问题，得出一个大胆而极富说服力的结论——美国的失业并非结构性失业，而是周期性失业。周期性失业意味着今天的失业者，最终能够依靠其掌握的技能在各自的产业部门找到工作，意味着教育对于改善收入不平等状况没有助益。同时，大量数据也表明，教育与收入不平等问题无关。即使拥有大学甚至更高学历，也不

---

① Richard Freeman, "Globalization and Inequality", in W. Salverda, B. Nolan and T. Smeeding (eds.), *Oxford Handbook of Economic Inequality*, Oxford University Press, 2009, p. 579.

② Steven Strauss, "The Connection between Education, Income Inequality, and Unemployment", Nov. 2, 2011, http://www.huffingtonpost.com/steven-strauss/the-connection-between-ed_b_1066401.html.

能保证在前10%收入者中获得一席之地。在过去15年间，生产力水平显著提高，但无论大学毕业生还是高中毕业生，他们的单位时间工资补偿都没有任何实质性增加。① 克鲁格曼从另一个角度提出了同样的观点：如果把所有问题归结为教育，那么不平等就成为一种供需关系的结果。这样，解决不平等的方式就成了改善教育体制，没有人会因为日益扩大的不平等而受到指责。因为实现更好的教育，是每一个政客至少在口头上都非常强调的问题。虽然确有必要修正美国的教育体制，尤其是在起跑线上存在的不平等，但有些问题不是教育能够解决的，特别是那种认为让更多的孩子接受高等教育就能够恢复中产阶级社会的说法，更是一种痴心妄想。实现一个在更大范围内共享繁荣的社会，答案不在教育。②

（三）制度政策说

那么，到底什么才是造成收入不平等的原因呢？自由派学者主张制度政策说，这也是美国学界关于收入不平等原因的第三种具有影响力的观点。在自由派学者看来，政策选择、规则和制度的作用非常关键，它们既能塑造全球化和技术变革对收入分配的影响，也能通过产品市场的解除管制，以及社会支付、工资设置机制或工人协商权的变化，对收入分配产生直接影响。耶鲁大学教授雅各布·汉克（Jacob Hacker）和加州大学伯克利分校教授保罗·皮尔森（Paul Pierson）指出，美国经济不平等的根源主要在于"政治"，是政治决策在塑造市场时偏向特权阶层、牺牲公众利益的结果。

他们认为，有三个"政治"层面共同推动了这种政治决策的形成。一是政策安排，这一点最重要。其中政府在政策制定过程中具有决定意义，因为各种影响人们生活的政策决策都是由政府制定的。二是"制度"。通过"否决点"的塑造，制度规则让行为者有机会通过其希望通过的政策，阻止其不希望实施的政策。三是"组织"。组织在促进政策变化中具有关键作用，而当前美国的组织环境极具偏向性。许多代表商业和富人利益的组织异常强大，并且因其拥有的各种资源而受到政治家的关注和青睐；而

---

① Lawrence Mishel, "Education is not the Cure for High Unemployment or for Income Inequality", Jan. 12, 2011, http://www.epi.org/publication/education_is_not_the_cure_for_high_unemployment_or_for_income_inequality/.

② Paul Krugman, "Graduates versus Oligarche", Nov. 1, 2011, http://krugman.blogs.nytimes.com/2011/11/01/graduates-versus-oligarchs/.

工会的持续性衰落，致使代表穷人和中产阶级的那些组织越来越少，也越来越弱小。这三个政治层面，共同促成了导致更大不平等的体制性政治偏向。总之，各种不同形式的组织及其围绕政策安排和选举进行的斗争，构建起美国的政治冲突，而美国的政治制度，则有利于那些代表富人利益的组织及其联盟推行捍卫自身利益的新政策并重塑市场。①

与这种政治结构决定论的视角不同，同为自由派学者的克鲁格曼，更加强调新自由主义政策选择的作用和影响。他认为，20世纪70年代以来，"鼓励或允许"高度不平等的保守主义运动，才是美国不平等增长的真正原因。在他看来，美国"中产阶级"社会的出现绝非偶然，正是第二次世界大战期间政府采取的政策，如战时工资管制带来的收入"大压缩"，以及其后长期奉行的社会制度和规范，促使美国社会实现了从19世纪末20世纪初"镀金年代"的极端不平等向战后相对平等的转变。自20世纪80年代以来，随着主张自由市场的"华盛顿共识"取代了推动底层阶级收入增长超过了上层阶级的《底特律条约》②，一种截然相反的现象出现了：绝大多数工人不再能够分享生产力增长的收益，而"富人们变得心满意足"。社会不平等越来越大，贫富分化也越来越严重。③

四　如何解决当前美国社会的不平等问题

围绕不平等问题解决方案，美国保守派与自由派学者的争论焦点，集中在是否应该对富人增税上。一直以来，保守派针对该问题的观点是建立在里根政府的经济政策，即所谓"涓滴经济学"基础上的，即对富人减税将有利于创造更多的投资，进而实现经济增长，最终使所有人都能受益。然而，日益扩大的不平等以及长期持续的高失业率，证明这一说法难以成立。《财富》《赫芬顿邮报》等刊物的撰稿人桑杰·桑胡（Sanjay Sanghoee）认为，"涓滴"思想背后隐藏的议题是不平等的合理化。它把美国工人的福利与富人的"丰裕"直接挂钩，既能保障企业和富人的利益，同

---

① Paul Pierson and Jacob S. Hacker, *Winner-Take-All-Politics*: *How Washington Made the Rich Richer-and Turned Its Back on the Middle Class*, Simon & Schuster, 2010.
② 1950年，通用汽车与美国汽车工人联合会签署了《底特律条约》，根据该合同，通用将以收益确定型（DB）模式为员工提供企业年金福利，换取工人不罢工，并允诺会随着经济发展调整工资，从而创立了现代的企业养老金制度。大批公司还同时开始提供了医疗保险等福利。
③ Paul Krugman, *The Conscience of a Liberal*, New York: W. W. Norton & Company, 2007.

时也不必担心来自穷人的过激反应。而实际上，美国经济是建立在不平等金字塔范式基础上的"上滴式"经济，它确保了财富的向上流动而非向下垂滴。他以美国相对高收入的投资银行为例，分析了其内部极端悬殊的收入分布，指出在类似的等级制组织中，财富主要在金字塔顶部集中，位于金字塔底且承担了大量基础性工作的人们，只得到极少量财富。虽然与其他行业相比，投资银行从业者总体的收入相对较高，但其内部高低层按比例的差异补偿机制却造成了巨大的收入差距。这种差距以指数关系使财富迅速地积累于少数人手中，从而进一步扩大了财富差距。因此在美国，财富不是垂滴式的而是上滴式的。①

前克林顿政府劳工部长、加利福尼亚大学公共政策教授罗伯特·B. 莱克（Robert B. Reich）提出了对富人增税的三个理由。一是基于以下需要：缩减长期预算赤字，维持主要公共服务，捍卫社会保障和医疗，增加教育和基础设施的投资，以及不对中产阶级增税。二是当前富人的税率处于历史低点。从20世纪40年代至1980年，最高收入者的税率至少是70％，20世纪50年代时曾经达到91％，而现在只有35％，即使将税收扣除和信贷因素考虑在内，也比第二次世界大战后任何时期的收入税率都低得多。三是收入的高度集中，也使得富人完全有能力支付增加的税收。他认为，过去几十年的经历表明，对富人减税并没有带来工作岗位的增加，更多的工作机会是由中产阶级创造的。"涓滴经济学"完全是一派胡言。对富人增税不是保守派所言的"阶级战争"，而是一个人们已经达成的共识。②

在这场论战中，"涓滴论"因为在实践中的"失效"，已经很少为保守派所提及。他们更倾向于从教育、文化视角解析社会分裂的根源，强调下层阶级更大的经济流动与对富人的增税并无关系，其面临的主要问题不是收入差距而是文化差距。查尔斯·默雷（Charles Murray）的新著《分裂：美国白人的现状（1960—2010）》，代表了保守派学者在这一问题上的基本看法。默雷认为，美国产生两极分化的主要原因不是收入，而是受教育的

---

① Sanjay Sanghoee, "America's Trickle 'Up' Economy and the Rationalization of Inequality", July 12, 2012, http://www.huffingtonpost.com/sanjay-sanghoee/americas-trickle-up-economy_b_2258110.html.

② Robert B. Reich, "Why we must raise taxes on the Rich", April 4, 2011, http://robert-reich.org/post/4344201496; and Harry Bradford, "Robert Reich Defends Raising Taxes On The Rich In Under 3 Minutes", June 13, 2012, http://www.huffingtonpost.com/2012/06/13/robert-reich-defends-rais_n_1593427.html.

上层阶级或"认知精英"和下层阶级间的行为差异非常大。他以上层阶级和下层阶级居住的两个典型社区 Belmont 和 Fishtown 为例，对 20 世纪 60 年代以来四种重要社会倾向"婚姻、勤奋、犯罪和虔诚"在两个社区的发展变化进行比较，指出虽然前者在上述方面也存在一些问题，但后者面临的冲击显然大得多。如 Fishtown 有更多的成年人离婚、从未结婚或成为"未婚母亲"。他据此认为，美国下层阶级传统的市民社会纽带已经完全退化了，他们越来越缺乏友善、信任、政治意识和市民参与精神。基于这一认识，他反对自由派学者提出的增加福利支出以及对富人增税等来解决不平等的方案，强调 20 世纪 60 年代的"伟大社会"（Great Society）时代的社会福利计划，正是美国工人阶级社会秩序崩溃的根源。因此，他为改善社会不平等开列的处方，也迥异于自由派，主张摒弃"新政"和"伟大社会"，而代之以一个能够保证基本收入的体制；同时，尤其要坚守美国生活方式的四个传统支柱"家庭、使命、社区和忠诚"。在他看来，这是自华盛顿以来美国社会规划的真正基石。①

除对富人增税外，自由派学者还提出了其他一些具体解决方案。2012年，《新共和》杂志高级编辑蒂莫西·诺亚（Timothy Noah）在《大分裂：美国日益增长的不平等危机及其应对》② 一书中，总结了应对不平等的八项政策方案，主要包括向富人征收重税、削减政府开支、引入更多的技术工人、普及学前教育、对大学收费进行控制、重新监管华尔街、选举民主党总统以及复兴劳工权利等。其中，"强工会"是自由派学者大都赞同的不平等解决之道。克鲁格曼早在 2007 年金融危机爆发前的著作中就已指出，工会的衰落与收入不平等存在密切联系。工会不仅给工人带来高工资，也能够鼓励没有工会的那些企业提供良好的工资和福利，因为后者需要与前者争夺优秀的员工。随着工会自里根政府以来的衰落，中产阶级的工资增长也陷入停滞。因此，解决美国的不平等问题，需要重新复兴工会的影响力。③

具有左翼倾向的美国经济政策研究所（Economic Policy Institute），新近发布了关于工会衰落与不平等程度扩大之间关系的研究结果，给自由派

---

① Charles Murray, *Coming Apart: The State of White America, 1960-2010*, Crown Forum, 2012.
② Timothy Noah, *Great Divergence: America's Growing Inequality Crisis and What We Can Do About It*, Broomsbury Publishing, 2012.
③ See Paul Krugman, *The Conscience of a Liberal*, W. W. Norton & Company, 2007.

的观点提供了有力支持。该研究认为，1973—2011年，工会成员从占劳动人口的26.7%下降到13.1%。工会的衰落尤其对男性中等收入者产生了重要影响，它是1978—2011年约3/4的白领、蓝领男性工资差距扩大的原因，也是超过1/5的高中毕业和大学毕业男性工资差距扩大的原因。工会的衰落削弱了工人在工资、福利和劳动条件上的议价权，限制了无工会公司提高工资和福利以与有工会公司在竞争员工方面的"溢出效应"。同时，"去工会化"也与全球化、解除管制以及更低的最低工资标准等一道共同强化了雇主的权力，削弱了中低收入者获得好工作和经济保障的能力。[①]

五 小结

首先，美国学界围绕不平等问题的论战，是当前美国社会矛盾冲突激化的集中反映。

自第二次世界大战后成为世界最大的经济体，美国资本主义经济连续扩张了近30年。在这期间，美国社会财富急剧增加，出现了空前的经济繁荣。经济的高速发展，改善了大众的生活条件。在1945—1975年，美国的小时工资迅速增加了250%，加之养老、保险和医疗等社会保障制度的完善，普通劳动者的生活水平得到极大的提高。物质生活的丰裕以及社会各阶级、阶层在政治、经济上的不平等和差距的缩小，使整个社会的矛盾和冲突呈现缓和趋势。即使20世纪60年代后民权运动、反越战运动和学生运动极具社会影响力，但也未能对现实资本主义形成具有威胁的挑战。长期的繁荣似乎已经将人们的不满和愤怒销蚀殆尽，资本主义似乎迎来了"繁花似锦""一片光明"的发展前景。

与之呼应，关于"左、右翼论战已经丧失意义"的"共识政治论""阶级斗争的意识形态已经终结"等理论主张，也一度备受推崇。但在20世纪70年代的经济危机后，伴随着凯恩斯经济学的退潮以及新自由主义经济政策的兴起，大政府、福利国家等支撑战后美国经济发展的政策框架被彻底打碎。尤其是21世纪以来，在信息网络泡沫和金融泡沫的破裂导致20世纪90年代美国高速发展的"新经济"终结之后，隐藏在富庶的"中产阶级"社会之下的各种社会矛盾，如失业、贫困、社会失衡等日益

---

① Lawrence Mishel, "Union, Inequality, and Faltering Middle-class Wages", Aug. 29, 2012, http://www.epi.org/publication/ib342-unions-inequality-faltering-middle-class/.

凸显出来。在实践中，一种对现实社会境况不满的沮丧、愤怒情绪，在各劳动阶层中间悄然蔓延。在金融危机爆发且迁延不愈的背景下，这种消极的愤怒最终转向积极的抵抗。始于美国、其后遍及发达资本主义世界的"占领"运动，正是人们这种不满和愤怒情绪的表达与宣泄。

理论是对现实的观照和回应。近几十年来，围绕占统治地位的新自由主义经济政策及其社会后果，美国学界的左、右两翼学者一直争论不休。保守派捍卫新自由主义意识形态的有效性，主张新自由主义缩减了社会不平等的绝对程度，宣称相对不平等的存在促进了向上的社会流动。自由派则大多是凯恩斯主义的支持者，强调新自由主义盛行以来社会的相对不平等急剧增加，认为新自由主义"对不平等视若无睹或者实际上助长了不平等的发展"①。金融危机发生后，劳动阶层生存状况的恶化，激化了社会矛盾，并直接导致这场旷日持久的争论，最终演变为围绕收入不平等而展开的激烈论战。鉴于西方经济很难快速走出危机，作为引发社会矛盾和冲突的焦点，不平等将是未来一段时期内美国学界持续关注和争论的重要问题。

这场论战也是美国两大主流思想理论流派的政治理念之争，其围绕不平等的争论和分歧，体现了二者在意识形态上的差异。作为美国政治上的左翼，自由派的思想理念某种程度上蕴含着集体主义的意味。尽管他们也坚持个人拥有私人财产的权利，但关注更多的却是政治平等和社会平等，把机会均等视为保障自由的基本条件。他们强调，只有为个人提供基本的社会保障，才能保证每个人都有一个机会均等的开端。同时，自由派也相信和重视政府在维护正义和保障机会均等中的积极作用。因而，他们倡导一种积极的政治，主张较大的政府和较强的政府干预，通过征收累进税、增加政府开支和制订有限的政府计划等措施，医治资本主义和市场经济的弊病。

自由的价值观则是保守派的政治标签。他们坚持个人自由高于平等，认为经济和社会平等远不如自由重要，不平等反而是一种积极的、不可或缺的社会价值。保守派因而竭力维护私有财产权和自由企业制度，反对除必要外以任何形式对公司进行规制，支持激励企业发展的税收政策，支持

---

① David Coburn, "Beyond the Income Inequality Hypothesis: Class, Neo-Liberalism, and Health Inequalities", *Social Science & Medicine* 58 (1), 2004.

由市场而非通过政府计划分配产品的要求。与这种认识一脉相承,尽管他们承认现代社会中政府存在的必要性,但依然主张应该建立一个有限的小政府,以减少政府规制,去除那些摧毁个人自由和权利的、对官僚机构的依赖。

从思想理念上看,保守派和自由派的价值观相互冲突和对立,但实际上二者却是一种互动和互补的关系。现实美国政治就一直是在这两种价值之间,维持着一种动态的平衡。在一段时间内,自由派的价值观占上风,如20世纪30年代大萧条中的"罗斯福新政"时期,对平等的诉求成为社会优先考虑的目标;而在另外一段时间,如70年代经济危机后的西方经济滞胀时期,保守派的价值观则成为主流意识形态,"摆脱政府控制的自由"被置于优先地位。

当前,在新自由主义显现疲态、资本主义经济再次面临危机,以及社会公正平等的吁求愈显强烈的时刻,自由派的思想理念有无可能替代新自由主义,重新回归统治地位呢?虽然从危机以来的实践看,还没有出现实质性的政治或意识形态范式转型的迹象,[①] 但为了缓和激化的社会矛盾和冲突,美国政府的相关政策[如2010年的"医改法案"(PPACA)、2013年初通过的解决"财政悬崖"法案中的相关增税措施]已经开始更多地倾向自由派的理念。克鲁格曼认为,民主党的这些政策已经对再分配产生一定影响。他支持无党派研究机构"税收政策中心"的统计结果:医疗改革法案实际上使最高1%收入者的税后收入减少了1.8%,最顶层的0.1%人群的税后收入减少了2.5%;财政悬崖协议更使最高1%收入者的税后收入减少了4.5%,最顶层0.1%人群的税后收入减少了6.2%。因此综合来看,最高1%美国人的实际收入减少了约6%,最精英的那一部分收入下降了约9%。他指出,尽管相比1980年后这部分收入群体获得的巨大收益,这仅仅是部分的清退,但也已经不是一个小数目。[②] 然而,2016年美国总统大选出现戏剧性结局,共和党总统特朗普上台后立即签署了废除"医改法案"的总统令,使这一政策转向戛然而止。

最后,从阶级政治的角度看,保守派和自由派围绕不平等的论战,仍

[①] A. Gamble, *The Spectre at the Feast: Capitalist Crisis and the Politics of Recession*, Bsingstoke: Palgrave, 2009.

[②] Paul Krugman, "Obama and Redistribution", Jan. 20, 2013, http://krugman.blogs.nytimes.com/2013/01/20/obama-and-redistribution/.

然是在资本主义制度框架内进行的争论。争论的最终目的是在体制范围内,寻找一个医治资本主义弊病以及平息社会矛盾和冲突的良方。虽然就基本观点而言,具有左翼色彩的自由派的观点,更多地体现和维护了中下层劳动阶级的利益,相关学者对社会两极分化和贫富悬殊现象,以及自由放任市场经济的破坏性后果的深刻揭露,对于我们认识当代资本主义面临的社会矛盾和冲突具有启发意义。但在根本上,这些分析和批判都没有触及不平等问题的实质。囿于作为西方经济学家的局限,他们不可能深入到资本主义制度本身,寻找问题的根源,只是强调这是美国政府推行新自由主义政策的后果,而没有认识到这是资本主义市场经济制度和资本主义制度内在的阶级对抗性的必然结果。同时,作为凯恩斯主义的捍卫者,他们虽然熟知新自由主义的错误,却不能深刻透视自己所秉持的理论的局限。尽管新自由主义政策加深了资本主义社会的贫富悬殊、两极分化和阶级对立,但简单地回归凯恩斯主义,充其量只能暂时缓解不平等状况,而绝不可能根治不平等;只能够推迟不平等引发的社会矛盾的集中爆发,而绝不可能从根本上解决当代资本主义的社会矛盾。从这个层面看,他们的不平等分析尽管具有进步意义,但其提出的"头痛医头、脚痛医脚"式诊疗方案,绝不可能产生实质性效果,从而极大降低了理论批判的力度。

第三章 西方社会矛盾冲突个案解析

当前西方的社会矛盾冲突带有明显的地域性或国别性特征。本章选取了近年来社会矛盾冲突表现最为激烈的南欧地区,以及作为全球金融风暴策源地的美国作为分析样本,对其社会矛盾冲突的原因、特点等进行深入地个案剖析。同时,还选取了在经济危机中受冲击最严重的"中产阶级",以及越来越成为诱发西方社会矛盾冲突关键内容的移民问题进行深度解读。

第一节 南欧地区社会矛盾激化与发展困境

一般而言,关注发达资本主义国家的社会矛盾和社会运动,不应忽视兴起于20世纪60年代末的新社会运动。新社会运动关注"生态环保""女权""反战和平"等具体问题,反映了西方发达国家从工业社会迈向后工业社会所产生的新社会矛盾,如哈贝马斯所言,这些运动有着"后物质主义"价值取向,与"丰裕社会"中的"生活方式的规则"有关。然而,金融危机爆发以来,南欧大规模爆发的劳动阶层抗议、罢工和示威等活动,主要是由政府为应对经济危机而实行的系列削减劳动阶层福利措施引发的,仍属于关注就业安全、就业条件等问题的传统工人运动,是"物质主义"价值范畴的雇佣劳动与资本之间的对抗性矛盾,其根源仍是资本主义的基本矛盾。

资本主义的基本矛盾在欧洲资本主义各个国家、各个发展时期一直不同程度地存在着,而此次危机中,劳资冲突之所以在诸如希腊、西班牙等南欧边缘地区和国家集中爆发,与欧洲发达资本主义国家尤其是核心国所实施的经济一体化,资本空间转移、技术调整和产品调整,以及金融化等策略不无关系。这些策略保证了垄断性超额利润集中于核心国,实现了对南北欧劳动力市场分隔的不断构建,同时弱化并转移了本国因大规模社会化生产所导致的社会矛盾。因此，南欧劳资矛盾一直与欧洲的政治经济动态机制交织在一起并受其影响，此次危机中的抗争活动虽不能撼动后者根基却也在一定程度上影响了其在南欧作用机制上的变化。

一 金融危机以来南欧劳资矛盾的激化

（一）罢工仍是劳动阶层公开抗争资本的主要形式

20世纪80年代以来，新自由主义取代凯恩斯主义成为欧美资本主义的主流意识形态，玛格丽特·撒切尔的"TINA"（别无选择），更是被奉为削减福利的信条。与此相应，此次危机爆发后，所谓与经济实力不相称的"高福利"，被应对欧债危机的"三驾马车"——欧委会、欧洲央行和国际货币基金组织视为南欧国家的"阿喀琉斯之踵"，紧缩财政开支，削减劳动阶层的福利成为它们向各国政府施压、要求其必须实施的措施之一。

劳工市场改革和紧缩政策成为南欧大规模罢工行动的主要导火索。南欧各国在"三驾马车"的压力下，实施了以"灵活就业""放宽解雇限制"为主要特征的劳动就业市场改革，同时大举推进紧缩政策[①]。虽然南欧各国政府的改革法案中都有在一定条件下的对劳动者的技能培训，鼓励中小企业雇用年轻人等内容，但远不足以平息放宽解雇限制所激起的愤怒情绪。从相关报道的频率以及动辄上百万人的规模来看，罢工依然是南欧劳动阶层表达对政府政策的不满、进行公开抗争的主要方式。随着经济危机的深化和劳动力市场改革及紧缩政策的实施，南欧罢工活动在2010年和2011年达到了高潮。如意大利，在2008年全国总罢工有84起，到2010年和2011年的高峰期达到了100余次，到2013年有官方记录的行业总罢工只有52起。[②] 西班牙的全国性总罢工在停歇了8年之后，也在2010年9月被政府的紧缩政策引燃，其中在2012年3月底爆发的有80万人参加的全国总罢工，声势最为浩大。总体而言，最早爆发主权债务危机的希腊，劳资矛盾最为尖锐，罢工的规模与频率在南欧各

---

① 在欧洲，关于财政紧缩的争论集中在政府预算赤字和公共债务占GDP的百分比。《马斯特里赫特条约》要求欧盟成员国预算赤字不超过GDP的3%，债务水平不超过60%。包括德国在内的大多数国家并没有完全遵守这个标准。

② 意大利罢工统计，见 http：//www.funzionepubblica.gov.it/la-struttura/funzione-pubblica/attivita/informativa-sugli-scioperi-nazionali/scioperi/2013.aspx?no=3。

国中最为引人注目,一度在一周内爆发两次数百万人规模的大罢工。①

"草根"工会在组织抗议活动方面的表现可圈可点。自20世纪七八十年代以来,南欧的工会和中左政党也向新自由主义的意识形态和实践打开了大门,各大工会联盟,如意共领导的意大利劳工总联合会(Confederazione Generale Italiana del Lavoro)关闭了与工厂工人的对话渠道,引发了诸多会员的不满。在此背景下,退出官方工会的会员们组织了"基层"的独立工会,为失业者、退休者和社会中的边缘化群体争取权益。此次南欧罢工潮中,意大利的基层委员会工会(Comitati di Base Sindacale),基层工会联盟(Unione Sindacale di Base)等草根工会组织号召起了绝大多数的行业罢工。虽然总体而言,草根工会号召和组织起的罢工,规模上较小,地域范围和行业领域较单一,但意大利各总工会在号召大规模总罢工时,也离不开这些草根工会的支持。如2011年9月后,意大利政府的紧缩方案公布后,民众的不满情绪迅速发酵,几大总工会号召,草根工会响应,3个月内接连组织两次百万人规模的全国总罢工,抗议政府的不完整、不负责且涉嫌侵害民众工作权等方案。

(二)青年抗议活动蔚为突出

南欧青年的抗议活动,见诸报端的频率与影响亦不逊色于大规模罢工,但如欧洲其他国家一样,纯粹的示威与抗议常常演变成极具暴力性的骚乱行为。南欧青年抗议活动中,规模和影响相对较大的有2008年12月的希腊青年抗议和2011年10月的罗马青年抗议等。希腊青年抗议的最初起因虽是警察执法意外导致一名少年死亡,但是抗议在群情激奋之下演变成了骚乱,并通过网络媒体扩大其影响,与南欧乃至西欧和北欧等地青年群体互动,并获得了后者的响应。② 有的西方学者把2008年希腊青年抗议视为"反新自由主义社会运动的转折点",认为是恶化的青年就业率和富于攻击性的教育体制改革的结果,与金融危机对政治经济的各方面影响密切相关,意味着新自由主义的危机以及欧洲资本主义社会形态的日趋不稳定,这一运动呼唤着根本的政治变革和资本主义主导意

---

① 《希腊爆发史上最大罢工》,新华网2010年2月25日,http://news.xinhuanet.com/photo/2010-02/25/content_13042690.htm。

② 《希腊骚乱耗光全国催泪弹,欧洲各国青年声援引发更多暴力事件》,新华网2008年12月14日,http://news.xinhuanet.com/world/2008-12/14/content_10500888.htm。

识形态的变革。① 然而只是指向了本国体制的表层问题——如政府的腐败，削减福利的社会政策，高失业率等的青年抗议，在南欧左翼力量尤其是马克思主义政党影响力日渐式微，无政府主义、种族主义、民粹主义和法西斯主义思潮甚嚣尘上的情况下，恐难担负起推动根本政治变革和资本主义主导意识形态变革的重任，有时反而成为右翼和极右翼力量捞取政治资本的工具。如希腊金色黎明党和意大利五星运动党，都在某种程度上受益于本国青年在民粹主义影响下的抗议活动。

（三）移民劳工抗争公开化

金融危机和欧债危机爆发后，移民工人在南欧的劳资冲突中表现得比以往要活跃。他们为改善工作环境，争取更多的基本社会权益、文化认同与政治话语权，一反数十年来比较"静默"的状态，发起了具有一定规模和社会影响的罢工、示威活动和占领运动。受法国移民的大规模罢工和示威活动的启发，在激进左翼政党、移民协会以及左翼工会的组织下，意大利移民劳工自2010年起每年3月1日都会走上街头举行一次"没有我们的一天"的全国总罢工，其诉求主要集中于改善工作条件和废除苛刻的移民法案，呼吁意大利社会认可移民的经济贡献，充分承认并尊重移民的基本人权，推动移民融入当地社会。在全球第四大移民输入国意大利爆发的"没有我们的一天"的移民罢工，已经成为惯例，甚至得到了意大利本地工人的响应和支持，所产生的示范效应和社会影响不应被忽视。

二　南欧劳资矛盾激化的原因

在欧洲一体化如此深入的今天，考察南欧的劳资矛盾，不应脱离整个欧盟的政治经济动态机制的发展。资本主义的基本矛盾是所有资本主义国家劳资问题的根源，而此次金融危机中劳资冲突之所以在诸如希腊、西班牙等南欧边缘地区和国家表现得更为尖锐，与欧洲发达资本主义国家尤其是核心国所实施的经济一体化、资本空间转移、技术调整和产品调整等策略不无关系。此外，肇始于20世纪80年代的金融扩张导致的财富再分配从劳动阶层向资本大规模转移，使社会不平等进一步深化。这一日益严重

---

① Panagiotis Sotiris, "Rebels with a Cause: The December 2008 Greek Youth Movement as the Condensation of Deeper Social and Political Contradictions", *International Journal of Urban and Regional Research*, Volume 34. Mar. 1, 2010, pp. 203–209.

的不平等带来了资本主义双重危机,即消费不足的危机(工人购买力下降)和合法性危机(失业率居高不下与民生凋敝)[①],并最终在此次金融危机中引发了南欧主权债务危机与劳资矛盾的激化。

(一)资本主义基本矛盾与南北欧经济发展不平衡

在马克思主义者看来,资本主义的基本矛盾在于劳动者所进行的社会化大生产与资本家对生产资料的私人占有之间的矛盾。只要作为商品的劳动力不是紧缺的,劳动市场的竞争就足以阻止工资收入水平高于最低收入,资本的占有者就可以攫取剩余价值。为了获取更多的剩余价值,资本占有者不断扩大生产,而商品市场的竞争又导致了持续不断的新投资与技术革新,这将使对劳动力的需求减少,剩余价值降低,进而导致利润率下降。资本的过度积累、消费不足(因劳动者收入下降而缺乏购买力)以及利润率下降导致周期性经济危机。那么,欧洲资产阶级克服危机的办法是什么呢?正如马克思所言,"一方面不得不消灭大量生产力,另一方面夺取新的市场,更加彻底地利用旧的市场"[②]。欧洲政治精英和资本家联手通过政治手段所极力推动的经济一体化,堪称"夺取新市场和彻底利用旧市场"的楷模。正是在这一进程中,南欧成为西欧和北欧资本主义发展的"新市场与旧市场",南北欧经济发展不平衡问题进一步凸显。

资本主义在欧洲的发展,一直存在南北欧不平衡的问题。二战后,西班牙、葡萄牙和希腊等国经济中农业占了很大比重,因政治原因现代化起步较晚,而这一进程又与西欧和北欧拥有强势工业产业的资产阶级所着力推动的欧洲经济一体化和统一大市场的建设交织在一起。欧洲联盟的建设始于20世纪50年代初期欧洲煤钢共同体的建立,历经关税同盟、统一大市场和经货联盟三个阶段,如今已被视为最成熟、最成功的区域一体化经济组织。早在关税同盟阶段,欧共体内部就产生了为一体化的拥护者们所津津乐道的"贸易创立"与"贸易转移"效应[③]。总体而言,欧洲统一大市场的最大受益者是德国等工业发达的国家,金融危机爆发前,欧(共

---

① [美]贝弗里·J.西尔弗:《劳工的力量——1870年以来的工人运动与全球化》,张璐译,社会科学文献出版社2012年版,第10页。
② 《马克思恩格斯文集》第2卷,人民出版社2009年版,第37页。
③ 贸易创立,指因关税与贸易限额消除,甲国高成本产品会为乙国流入的低成本产品所取代,从而使新的贸易得以创立;贸易转移,指因建立对外统一关税和取消内部关税,甲国的某些产品因免税优势而取代乙国来自共同体外之进口,即贸易从共同体外转至内部。

体）盟成员国吸纳了德国 50% 至 60% 的贸易盈余，而比利时的贸易盈余则全部来自欧盟内部，抵消其源自欧盟外部的贸易逆差后，还有大量盈余。相形之下，南欧国家在欧盟内部贸易中都是主要的逆差国，从 2003 年到 2008 年西班牙在欧盟内部贸易的逆差额占到了总逆差的 50%；2010 年，意大利在欧盟内部的贸易逆差达到了其对外贸易总逆差的 25% 左右。① 先期实现了工业化的北欧和西欧发达国家，通过欧洲一体化进程创建零关税统一大市场、统一货币等手段，更加彻底地开拓并"利用"了南欧市场，使之成为北欧工业飞速发展的附庸和产品倾销地之一。

在来自北欧零关税进口工业品的激烈竞争下，南欧发展滞后的工业生存空间日益狭小，旅游业等服务业较为发达。② 因此，南欧现代化进程中释放出的大量农业剩余劳动人口，因未能被发展相对滞后的工业和规模有限的服务业所充分吸收转而成为失业者。③ 因失业群体庞大以及劳动人口的实际收入相对较低，南欧市场的购买力远远不足以平衡资本家们无限扩大生产后带来的庞大供给。而与此同时，资本为了逃避税赋，在国家控制不了的经济领域投资。④ 在此情况下，为弥补南欧劳动阶层实际收入的减少所导致的需求不足，私人借贷和公共部门债务繁荣起来，进而为南欧诸国的主权债务危机埋下了隐患。

（二）南北欧劳动力市场的分隔与南欧劳动阶层的贫困化

总体而言，欧洲南北劳动力市场的分隔是一个长期的历史现象：与南北欧资本主义经济发展的长期不平衡、当代工业发展的差距、产业结构差异，以及种族歧视等政治社会文化因素都有着密切的关系。二战后，欧洲统一大市场的形成，实现了西欧和北欧的产品、服务和资本在南欧的自由流通；但北欧资本占有者为不断占有垄断性超额利润和充足的财源以发展福利制度，弱化并转移本地因大规模社会生产所致的社会矛盾

---

① 欧盟成员国的对外贸易，参见 http：//epp. eurostat. ec. europa. eu/cache/ITY_ OFFPUB/KS-GI-11-001/EN/KS-GI-11-001-EN. PDF，其中意大利在 2006 年至 2008 年为欧盟内部贸易顺差国。

② 关于西班牙、葡萄牙和希腊等国经济问题的论述，参见李军《西班牙经济危机的原因及其相关启示》；王军《因与果——希腊主权债务危机的政治经济学思考》；中国现代国际关系研究院欧债危机研究课题组《南欧重债国发展前景》等。

③ 20 世纪 80 年代，葡萄牙和希腊的失业率一度接近 10%，而西班牙的失业率一度高达 20%。具体数据参见国际货币基金组织数据库 International Financial Statistics（IFS）。

④ 希腊的资本主要集中于海上运输，这一领域在国家领土之外，大量财富属于船主本人，带给国家可再分配的财富极少；西班牙资本大量集中在房地产领域搞投机，而不是工业创新。

而实施的技术调整和产品调整等策略,持续地构建了南北欧劳动力市场的分隔,不利于南欧劳动者向北欧自由流动。同时,因南部欧洲工业产业发展相对滞后,利润率危机严重,加之金融扩张导致财富再分配从劳动阶层向资本大规模转移,南欧劳动阶层贫困化问题要比北欧突出得多。

首先,南北欧资本占有者为攫取利润而在不同行业进行的投资不断构建着南北欧劳动力市场的分隔,而在此情况下造成的劳动者工作技能的差距又极不利于南欧劳工打破分隔。北欧国家工业和农业产品有着稳定的市场需求,工业资本占有者为了获取高额垄断利润大力推动技术革新及产品调整[1],而充足的财源也使得劳动阶层的稳定就业,较高的收入和完备的福利保障成为可能,劳资矛盾被大大缓解;相对而言,南欧工业产业基础较弱,技术革新和产品调整较滞后,资本更集中于房地产、旅游等技术含量较低和金融投机等利润率高却不利于财富再分配的领域——这几个行业都在危机中受到了巨大冲击[2],高失业率和劳工的低技能成为南欧劳动力市场的突出特征。

其次,保护主义和种族歧视的观念也在劳动力市场的分隔中起到很大作用。欧洲在一定程度上客观存在着种族歧视的观念,但资本占有者们为转移和弱化本国的劳资矛盾,破坏劳工团结,总是在需要的时候不遗余力地利用并强化这种歧视。在战后资本主义发展的黄金时代,欧洲出现了一股庞大的由南向北的移民潮。[3] 在这一历史时期,南北欧劳动力市场分隔的突出表现之一就是南欧移民劳工与北欧移入国劳动阶层之间的分隔:在社会地位、就业行业、就业条件和收入等方面都有较大差距。

---

[1] 据德国工程师协会(VDI)及IIT发布的"创新能力指标"数据显示,德国在高水平研究领域目前正处于领先地位。在涵盖25个欧洲国家的指标排名中,德国位列第四名,排在芬兰、瑞典和丹麦这三个斯堪的纳维亚半岛国家之后。希腊和保加利亚在榜单中排名最低。参见《德国在创新能力排名中位列前茅》,中国知识产权网,http://www.ipr.gov.cn/guojiipraticle/guojiipr/guobiehj/gbhjnews/201404/1808548_1.html。

[2] 以西班牙为例,该国大量资本不用于投资工业与技术革新,而是大量涌入房地产行业搞投机,1999—2007年,西班牙新建住房的数量占到同时期全欧洲总量的2/3。2006年,西班牙建筑业和房地产业的产值占到国内生产总值的18.5%,是欧盟平均水平的两倍。1997—2007年,西班牙住房增值率为191%,超过了公认存在房地产泡沫的美国(85%)和英国(168%)。转引自李军《西班牙经济危机的原因及其相关启示》,载《当代世界与社会主义》2013年第1期。

[3] 据统计,到1973年,仅西德已经有将近300万名"客籍工人",且大多数来自地中海国家。[美]托尼·朱特:《战后欧洲史》,林骧华等译,新星出版社2010年版,第286页。

虽然南欧廉价劳动力的经济贡献毋庸置疑:源源不断汇入母国的外汇,繁荣了当地的需求,平衡了源自西、北欧国家大量的产品供给;移入国的辛劳付出大大促进了当地经济的发展。但是,当时西欧和北欧社会都存在着不容忽视的种族歧视:瑞士公园一度挂出了"狗与意大利人严禁入内"的牌子,西德1965年颁布的《外国人法》中,包含了1938年纳粹首次公布的"对外国人员警令"。① 在这种政治氛围中,南欧多数移民劳工不仅没有完善的社会保障,同时还被"鼓励"从事纺织、采矿和造船等风险大、稳定性差的工作;当经济繁荣消退,需要解雇多余劳动力时,南欧移民劳工便面临着失业并被遣送回原籍的风险。② 时至今日,这种歧视依然在影响和分隔着南、北欧的劳动力市场,破坏着欧洲劳动阶层的团结。有国外学者指出,金融危机爆发后多数北欧民众对主流媒体所宣扬的南欧人懒散、不负责任、享受了过高福利等有种族偏见的观念深信不疑,甚至赞同在南欧强力推行削弱就业保障的劳动力市场改革和财政紧缩政策。③

基于南欧工业产业的结构失衡和利润率危机,以及金融信贷扩张所致的社会不平等深化,南欧劳动阶层的贫困化程度相较于北欧工人来说,更为严峻。在南欧各国发生主权债务危机后,劳动阶层失业比例激增,社会贫富差距增大,陷入贫困风险的人口比例增高。欧盟《2012年就业与社会发展报告》指出,北欧国家的就业形势相对稳定,失业率维持在5%左右;西班牙和希腊的失业率都超过了26%,两国25岁以下青年人失业率更是高达57%。2000年时欧洲南北之间失业率差只有3.5%,2007年失业率差近乎为0,但到2011年时该数据攀升至7.5%。④ 2013年,希腊和西班牙的失业率甚至已经超过了25%,有1/4的劳动人口处于失业状态,而德国的失业率甚至比危机爆发前还要低2个多的百

---

① [美]托尼·朱特:《战后欧洲史》,林骧华等译,新星出版社2010年版,第296、299页。
② 1975年经济危机时,20万名西班牙人回国找工作,意大利的移入国内者人数首次超过移居外国者人数,很快在希腊和葡萄牙也出现这种情况。[美]托尼·朱特:《战后欧洲史》,林骧华等译,新星出版社2010年版,第415页。
③ [美]詹姆斯·彼得拉斯:《欧洲和美国工人阶级:右派、左派和中间派》,张永译,《国外理论动态》2012年第3期。
④ 闫磊:《南北差距挤压政策空间欧洲失业率年内恐难见顶》,东方网财经中心,http://finance.eastday.com/economic/m1/20130110/u1a7118309.html。

分点。

金融危机爆发后，南欧各国财富出现向 10% 的最富人群更加集中的趋势，其中意大利 10% 的最富家庭掌握了该国近一半的财富，而 50% 的较穷家庭仅掌握了 9.4% 的国家财富。[①] 南欧 18 岁至 65 岁的劳动人口，在金融危机爆发后，贫富差距逐年拉大，西班牙收入最高的 10% 人群是其他 90% 的各阶层民众平均收入的 15.4 倍。

在欧洲应对危机的"三驾马车"的压力下，南欧各国大都在 2011 年开始实行劳动力市场改革和紧缩政策，劳动力市场需求萎缩，失业率大幅上扬，面临贫困风险和社会排斥的人口比例增加。据欧盟统计局数据显示，希腊、西班牙、意大利和葡萄牙等国民众陷入贫困和遭遇社会排斥风险的比例均在欧元区国家前列。2012 年，希腊这一比例比北欧国家瑞典、挪威等国高出了 20 个百分点。

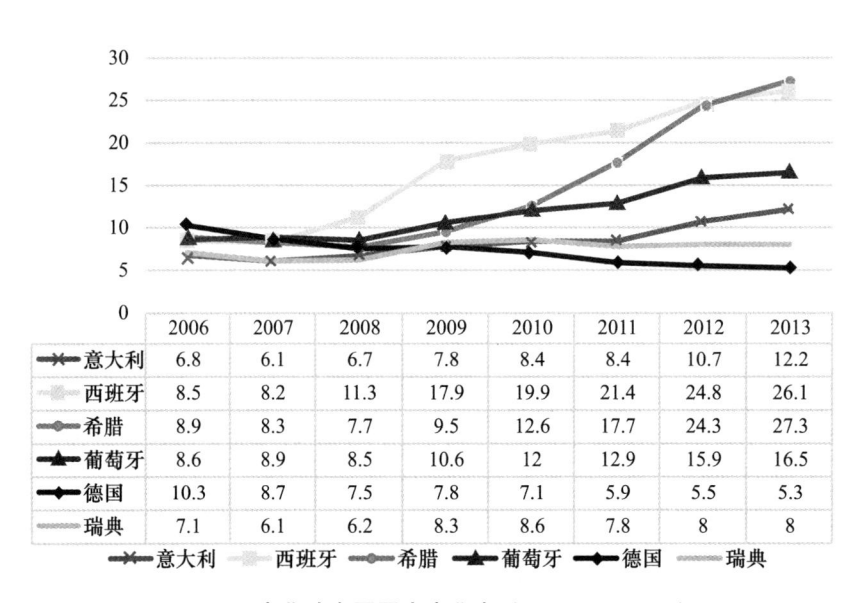

	2006	2007	2008	2009	2010	2011	2012	2013
意大利	6.8	6.1	6.7	7.8	8.4	8.4	10.7	12.2
西班牙	8.5	8.2	11.3	17.9	19.9	21.4	24.8	26.1
希腊	8.9	8.3	7.7	9.5	12.6	17.7	24.3	27.3
葡萄牙	8.6	8.9	8.5	10.6	12	12.9	15.9	16.5
德国	10.3	8.7	7.5	7.8	7.1	5.9	5.5	5.3
瑞典	7.1	6.1	6.2	8.3	8.6	7.8	8	8

图 3.1　南北欧主要国家失业率（2006—2013，%）

资料来源：欧盟统计局，http://epp.eurostat.ec.europa.eu/tgm/table.do? tab = table&language = en&pcode = teilm020&tableSelection = 1&plugin = 1。

[①] 《意 10% 最富有家庭控制近一半的国家财富》，商务部经贸新闻，http://www.mofcom.gov.cn/aarticle/i/jyjl/m/201212/20121208488438.html。

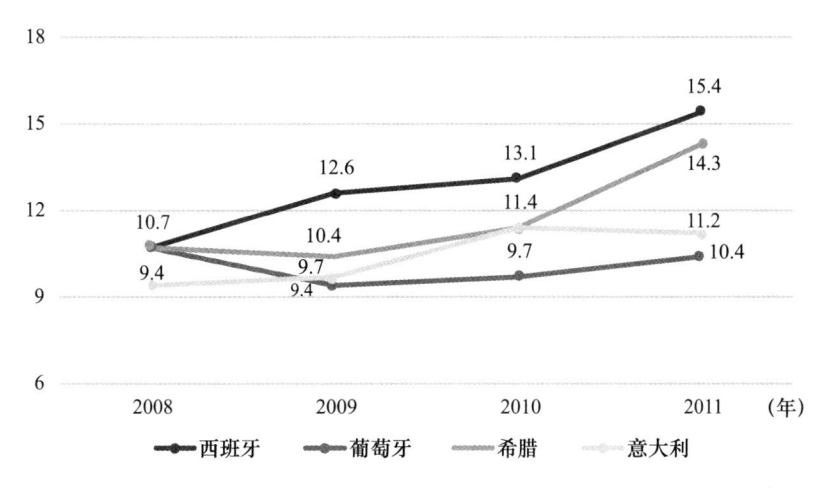

图 3.2　南欧主要国家 10% 最富群体与其他 90% 人群的平均收入比（18—65 岁）

资料来源：*Income Distribution and Poverty：by country-INEQUALITY*，http：//stats. oecd. org/index. aspx? queryid = 46190。

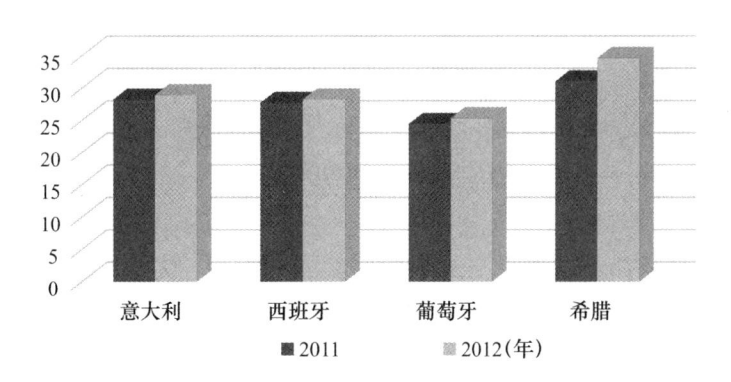

图 3.3　南欧主要国家存在贫困风险的人口比例（%）

资料来源：*Eurostat（online data code：ilc_ peps01）*，http：//epp. eurostat. ec. europa. eu/statistics_explained/index. php/People_ at_ risk_ of_ poverty_ or_ social_ exclusion。

三　南欧劳动阶层大规模公开抗争的影响

这场被视为 1929 年大萧条以来最为严重的经济危机，对南欧的社会与政治形势发生了很大的影响：秉承新自由主义的主要（执）政党的社会基础被削弱，虽然南欧工人并未大规模向右转，但有民粹主义和排外倾向的右翼比为底层民众追求更多公平正义的激进左翼在政治选举中获得了更高的支持率。在紧缩政策横扫欧洲大陆的时刻，南北欧劳工阶层之间的

"嫌隙"并未消解,反而有扩大的趋势。正如葛兰西在《狱中札记》中所言"危机恰好存在于这样一个阶段,即老的正在死亡而新的尚未诞生;在这段空白时期会出现形形色色的病态现象"。①

(一) 严厉的紧缩政策受阻

危机初期,频发的大规模罢工与骚乱并未动摇欧盟金融权贵和南欧政府联合推行劳动力市场改革和紧缩政策的决心。意大利2011年9月和10月的大规模抗议并未阻止参、众两院在11月通过紧缩方案;2011年12月,意前总理蒙蒂在与工会谈判无果、全国爆发总罢工的情况下,依然推出了达200亿欧元的财政紧缩方案和100亿欧元的经济刺激方案;就在2012年3月的西班牙80万人大罢工后,西班牙政府仍旧在7月推出了高达650亿欧元的紧缩方案;2012年11月,为获得欧盟和国际货币基金组织发放的救助贷款,希腊国会在抗议声中通过了其"加强版"的紧缩方案。

然而,国际货币基金组织、欧委会和欧洲央行力推的严厉紧缩方案并没有将南欧经济拖出衰退泥潭,失业率一路高涨,导致南欧民众的反紧缩和疑欧主义情绪不断增长,退出欧元区乃至退出欧盟的呼声日益高涨。在此经济形势未见改善和劳动阶层抗议的压力之下,欧洲政治精英也开始"质疑"紧缩方案,寻求折中之道。2013年当选的意大利前总理莱塔在会晤德国总理默克尔时说:"如果欧盟只意味着负面消息和财政紧缩政策,那么我们将会看到更多反对欧盟的行动。"② 欧盟委员会主席巴罗佐也表示,"一项成功的政策不仅需要合理地制定,而且至少还需要得到最起码的政治和社会支持"③。此番话相当于他基本上承认了紧缩政策在欧洲达到了极限,若不加调整,恐怕将面临更大的合理性危机与合法性危机。2013年5月,意大利一改主流的紧缩政策,推出了旨在减轻居民家庭及工人的负担、规模达30亿欧元的经济刺激计划,同时于6月暂停征收一项针对居民主要住所的房产税,还推出了一项10亿欧元的工资补贴计划。④

---

① [加]阿兰·弗里曼:《没有马克思经济学的西方马克思主义——为什么马克思主义在国际金融危机中没有壮大起来?》,孙寿涛译,载《国外理论动态》2010年第11期。

② 《欧洲实行紧缩,民众不满》,海外网,http://world.haiwainet.cn/GB/n/2013/0609/c351699-18839465.html。

③ 同上。

④ 《稳定法案——莱塔:"30亿欧元用以促增长"》, Legge Stabilità, Letta: "Tre miliardi da utilizzare per crescita", http://www.repubblica.it/politica/2013/11/06/news/letta_bilancio_governo-70385407/。

但是，南欧各国财政紧缩政策在短期内不会结束，只是从2013年开始调整了重振经济的政策重心，放缓了削减赤字的步伐。欧盟方面也同意了推迟各国达到财政目标①的时间，如西班牙可推迟至2016年。

(二) 南欧传统政党格局受到挑战

南欧劳动阶层在经济危机与社会冲突中所积聚的对执政当局的不满，在政治选举中得以充分"宣泄"。从南欧全国性和地方选举结果来看，危机中的主要（执）政党的社会基础急剧衰弱，新的政党联盟或政党崛起，如意大利的五星运动党、希腊的激进左翼联盟等。

于2009年执政希腊的泛希腊社会主义运动，在危机中推出了增税、裁员、减薪和私有化等触及劳动阶层切身利益的紧缩措施，引发了希腊劳动阶层的数次大罢工。在2012年的两次选举中，泛希社运的支持率一落千丈，由上台之初的43.9%降至13%左右，从执政党跌落为议会第三大党。2013年1月，贝卢斯科尼把曾经执政意大利的中右翼政党自由人民党"改造"为政党联盟，并在内部重建了意大利力量党，几个月后其他党内人士带领余部成立了新中右党。自由人民党联盟在当年2月议会选举中，所获支持由2008年的37.38%降至21.56%，在野党民主党的支持率也减少了近8个百分点，最大赢家是反政党政治，有民粹主义倾向的五星运动党，第一次参选便获得了25.55%的支持率。② 西班牙工人社会党较之2008年，在2011年大选中支持率骤减了38%，仅获得110个席位和28.8%的支持率，这是工社党在西班牙向民主过渡以来最糟糕的选举结果。③ 此外，全国性选举和地方选举后，南欧大都出现了联合执政的情况。葡萄牙在2011年议会选举后，无论社民党还是社会党都未达到单独组阁的席位，社民党便与右翼人民党联合组建了政府。希腊和意大利也分别在2012年和2013年的议会选举后，组建了中左与中右翼联合执政的政府。可见，相当一部分民众对前危机时代执政党当局强力推行的紧缩政策以及其他应对经济和社会危机的政策不满，从而一定程度上改变了南欧传统政党的力量对比。当然，这并不意味着不满的民众都会一致转向追求社会公

---

① 即财政赤字降到国民生产总值的3%以下。
② 意大利2013年政治选举结果，参见 http：//it. wikipedia. org/wiki/Elezioni_ politiche_ italiane_ del_ 2013。
③ 2011年西班牙大选，参见 http：//zh. wikipedia. org/w/index. php? title = 2011% E5% B9% B4% E8% A5% BF% E7% 8F% AD% E7% 89% 99% E5% A4% A7% E9% 80% 89&redirect = no。

平正义的左翼，因为西班牙和葡萄牙似乎是在继续着中左和中右之间的跷跷板游戏；意大利政坛则因五星运动的崛起，进一步加强了该国反政党政治、民粹主义的力量；而希腊极右翼金色黎明党获得议席与该国激进左翼联盟一跃成为议会第二大党一样值得人们关注和思考。

（三）欧洲劳动阶层联合抗争现端倪

在欧洲各国政府一致推行紧缩政策后，欧洲的劳动阶层也在工会的号召下进行联合行动，影响比较大的是2012年的"欧洲团结行动日"活动。2012年11月14日，在欧洲工会联盟的号召下，欧洲20多个国家同时举行了声势浩大的"欧洲团结行动日"示威游行以表达对欧洲各国政府为应对主权债务危机、走出经济困境而采取的紧缩政策的不满。虽然比利时、法国、英国和德国和中东欧诸国工人通过游行示威、集会等方式以示抗议，但西班牙、葡萄牙、意大利和希腊等南欧工人构成此次活动的绝对主体力量。当然，这些西欧和北欧工人在多大程度上不认同资本主义造成并深化的各民族工人间的隔阂与敌对，以及赞同欧洲劳工的联合，尚需要更多的事实证据。

四 小结

第一，南欧劳动阶层的抗议、示威和罢工等活动是雇佣劳动与资本之间对抗性矛盾激化的表现。金融危机爆发以来，大规模爆发的南欧劳动阶层抗议、罢工和示威等活动，主要以政府为应对经济危机而实行的系列削减劳动阶层福利措施为导火索，仍属于关注就业安全、就业条件等问题的传统工人运动，是雇佣劳动与资本之间对抗性矛盾激化的表现，其根本原因仍是资本主义的基本矛盾。

第二，劳动阶层的抗争活动虽对当前欧洲资本主义体制冲击不大，但仍对紧缩政策和政党政治格局产生了一定影响。在劳动阶层的大规模抗议和经济形势下行的压力下，不少欧洲政治精英转而开始"质疑"紧缩方案，寻求折中之道。南欧劳动阶层在经济危机与社会冲突中所积聚的对执政当局的不信任，在政治选举中表露无遗。从南欧全国性和地方选举结果来看，危机中的主要（执）政党的社会基础明显萎缩，新的政党联盟或政党崛起，原有政党格局受到了影响。但总体而言，南欧劳动阶层的抗议活动仍属于被资本主义制度化了的抗争，对当前资本主义体制产生的冲击力较小，并不能从根本上改变劳方在与资方博弈中相对弱势的地位。

第三,南北欧劳动阶层之间长期存在着分隔现象,而且这种分隔在金融危机中被再度重构和强化。南北欧劳动力市场的分隔是一个长期存在并被不断深化的历史现象。在二战后开始的欧洲一体化进程中,南北欧经济发展的不平衡加剧,工业发展差距拉大,同时北欧资本占有者们为不断占有垄断性超额利润和充足的财源以发展福利制度,为弱化并转移本地因大规模社会生产导致的社会矛盾而实施的技术调整和产品调整等策略,持续地构建了南北欧劳动力市场的分隔,不利于南欧劳动者向北欧自由流动。

尽管金融危机期间南欧劳动阶层声势浩大的罢工、抗议活动此起彼伏,但是,他们的抗争活动却没有在很大程度上得到北欧"阶级兄弟"们的同情与支持。列宁早在一百年前就深刻地指出,"资产阶级唆使一个民族的工人反对另一个民族的工人,千方百计分裂他们"[①]。事实也证明,南北欧工人之间的团结,在此次金融危机中遭到了更严重的破坏。相对于南欧劳动阶层的急剧贫困化而言,北欧工人相对稳定、富足,被本国政治家和金融资本家灌输了希腊、意大利等国工人懒散、不负责任、假期长等与事实不甚相符的种族主义观念。此外,北欧工人与本国资本占有者们达成了相当程度的"共识",即坚信因南欧国家的"财政不道德"和不负责任导致了今天主权债务危机的局面,同时缺乏对遭受外国债权人和本国精英双重剥削的南欧工人的同情。国外甚至有学者指出,北欧工人在经济危机中出现了向右急转的现象,把本应针对本国债权人和金融投机者的意识形态斗争,转向了对南欧工人和移民的敌对。[②] 虽然在欧洲工会联盟的号召下,西欧和北欧少部分国家工人在2012年11月参与了"欧洲团结行动日"的罢工,声援了南欧的抗议活动,但是就这些工人而言,他们多大程度上不认同资本主义造成并深化的各民族工人间的隔阂与敌对,以及赞同欧洲劳工的联合,尚需更多的事实证据。

总之,金融危机后,欧洲劳工阶层之间的分隔并未随着南欧罢工潮的高涨而出现明显弥合之势,而且欧洲政治精英和资本占有者们实施的产业策略和灌输种族偏见观念的策略还在不断地重构这种分隔。

---

① 《列宁专题文集——论资本主义》,人民出版社2009年版,第87页。
② [美]詹姆斯·彼得拉斯:《欧洲和美国工人阶级:右派、左派和中间派》,张永译,载《国外理论动态》2012年第3期。

第二节 美国社会矛盾的发展与特点

国际金融危机发生后,作为危机肇始国的美国,通过一系列救市举措以及将危机转嫁给其他国家,避免了经济的进一步衰退。然而,其所采取的国内和国外政策并不能阻止资本主义基本矛盾的加深,在美国国内,失业率居高不下,饥饿、贫困和无家可归者日益增多,环境、基础设施和教育、医疗体系受到破坏,这些情况都表明美国的社会矛盾正在日益深化。

一 工人阶级日益贫困化,社会冲突增多

在资产阶级对剩余价值的追求和压榨过程中,工人阶级日益贫困化,工人阶级和资产阶级的矛盾也日益激化,正如马克思、列宁等经典理论家所指出的,"不论是机器的改进,科学在生产上的应用,交通工具的改良,新的殖民地的开辟,向外移民,扩大市场,自由贸易……都不能消除劳动群众的贫困;在现代这种邪恶的基础上,劳动生产力的任何新的发展,都不可避免地要加深社会对比和加强社会对抗"[1]。"资本主义增长所引起的第一个变化是:大量财富集中在少数资本家的手里,而人民群众变成了一无所有的人。"[2] 尽管二战后资本主义国家都在一定程度上提高了工人的工资和福利水平,但从总体上来看,工人阶级的相对收入并未增长,而且在20世纪80年代后,随着新自由主义的推行,相对收入反而呈下降的趋势。金融危机以来,工人阶级更是成为危机的最终承担者,贫困化现象日趋严重。

(一)失业率明显增加,贫困化现象日趋严重

2000年以来,受惠于美国新经济的影响,美国失业率一直保持在较低的水平,在4%—6%徘徊。但金融危机不仅打破了新经济使资本主义国家免于危机的神话,而且使美国陷入严重的经济萧条中。受此影响,失业率一直维持在较高水平。在2009年第三季度,美国的失业率曾高达10.2%。尽管随着美国经济的缓慢复苏,就业市场状况有所改善,贫困状况稍显缓解,但工人阶级的就业和生活状况从总体来看并不乐观,就业率的提高一

---

[1] 《马克思恩格斯全集》第16卷,人民出版社1964年版,第9—10页。
[2] 《列宁专题文集——论无产阶级政党》,人民出版社2009年版,第7页。

方面是由于很多人退出了劳动队伍，如 2013 年 2 月官方失业率降低到 7.7%，但就业人口仍保持在 58.6%，仅仅比 2011 年夏季的低点高了 0.4%①；另一方面是得益于临时工就业的增多。根据美国劳工部的数据，2010 年度，私企共增加 30.7 万临时工，占私有企业新增员工总数 117 万人的 1/4 以上，达到 26.2%。在某些时间段，这一比例更高，如 2010 年 11 月，临时雇员几乎占了私营机构新增的 5 万名雇员的 80%。2013 年 6 月 7 日，临时工数量创下新高，达到 2700 万人。事实上，自危机以来，美国国内 1/5 的就业人数增幅，都得益于临时工这一领域。在这一群体中，外裔美国人占了相当大的比例。据统计，在美国国内，非洲裔美国人占到美国整体劳动力的 11%，但他们当中有超过 20% 的人是临时工，此外，拉美裔临时工占了 20%。

在高失业率和临时就业占据重要地位的作用下，尽管"资本主义社会的财富以难于置信的速度增长着，与此同时工人群众却日益贫困化"②。1996—2008 年，极度贫困者以 5% 的年速度在增长，而在 2008 年后，这一比例已攀升到了 11% 左右。2012 年，总计有 5000 万人的收入低于美国官方的贫困线（每人每天约 16 美元），需要靠"食物券"维生，其中 43% 是儿童。根据美国人口普查局 2013 年 9 月公布的数据，2012 年美国贫困人口超过 4700 万，总体贫困率为 15%，大约 640 万名 65 岁以上的老年人非常贫困。《洛杉矶时报》2013 年 11 月 22 日报道称，2011 年至 2013 年，美国的无家可归者增加了 16%。据美国无家可归者联盟 2013 年 11 月发布的数据，纽约市收容的无家可归者的人数自 2002 年以来已经增加了 71% 以上。纽约市每天晚上多达 60000 人无家可归，其中包括 22000 多名儿童。③

（二）工人阶级的高失业和贫困化引发了大规模的社会冲突

在上述背景下，美国工人阶级的就业和生活状况都受到了极大影响，由此导致社会矛盾日益加剧，规模庞大且具有一定的计划性和秩序性的工人罢工运动在美国国内也频繁爆发。根据美国劳工统计局的记录，2008 年，1000 人以上参加的罢工发生了 15 起，共涉及 7.2 万名工人，2009 年

---

① http://www.bls.gov/news.release/archives/empsit_03082013.pdf.
② 《列宁专题文集——论资本主义》，人民出版社 2009 年版，第 78 页。
③ Gale Holland, "Increase in L. A. County Homeless Population Defies U. S. Trend", http://www.latimes.com/local/lanow/la-me-ln-hud-homeless-20131121,0,1923578.story#ixzz2yjr6VIHG.

为 5 起，涉及 1.3 万名工人，2010 年为 11 起，涉及 4.5 万名工人，2011 年为 19 起，涉及 11.3 万名工人，2012 年 19 起，涉及 14.8 万名工人，2013 年 15 起，涉及 5.5 万名工人。①

金融危机以来美国罢工的主要原因有三个。一是不满现有工资水平。与其他发达国家相比，美国工人的工资水平较低。同时，在危机发生后，许多公司和机构还大幅削减工人工资和福利，从而引发工人罢工运动。2008 年美国车桥公司工人罢工、2010 年精神航空公司的飞行员罢工等都是由此引发的。二是劳资双方无法就合约内容达成一致。许多罢工是因原有的劳资协议到期，劳资双方无法就新协议内容达成一致。如 2008 年 9 月波音公司 27000 名员工罢工、2011 年 8 月美国电信营运商弗莱森电讯 45000 名员工的罢工等就是因合约内容而引发的。三是表达对社会现状的不满。随着金融危机的深化和美国社会运动的发展，工人罢工运动已不再仅仅局限于争取工资、福利等，而是与社会运动相结合，共同表达对社会现状的不满。2011 年 12 月 12 日，美国西部的奥克兰、波特兰、西雅图、长滩、洛杉矶等 11 个港口举行罢工，其内容就是表达对 1% 大利益集团的抗争。

二　统治阶级的社会基础日益薄弱

金融危机发生后，美国政府采取了一系列的措施来刺激经济，力图使美国尽快走出危机的泥潭。然而，在这一过程中，统治阶级的社会基础却日益薄弱。主要表现在几个方面。

（一）小剥削者对垄断资产阶级的不满日益增加

人们一般将美国的阶级划分为三个——资产阶级、工人阶级和小资产阶级。其中，小资产阶级又可划分为非剥削性（自我雇佣）的小资产阶级和剥削性小资产阶级，二者之间存在着巨大差异。通常我们考察社会矛盾时是把剥削性小资产阶级（我们也可称之为小剥削者）作为与工人阶级相对立的阶级来进行考量。然而，20 世纪 70 年代以来，随着资本主义垄断程度的日益提高，有些剥削性小资产阶级尽管拥有较多的财产，但却无法参与国家的金融、工业决策等，也被排除在国家机构之外，更多的剥削性小资产阶级被通过不平等交换、金融投机等方式遭到垄断资产阶级的剥削

---

① http://www.bls.gov/news.release/pdf/wkstp.pdf.

和压榨。这些小剥削者既包括中小企业主，也包括垄断企业中的管理人员和经理等。从数量上来看，2008年，纳税申报单表明美国有3160万家股份公司、合伙企业和独资企业，160万家基金会和其他免税机构，这些企业和基金会等大多数都建立在剥削的基础上。除了这些合法经营的剥削企业，还有更多地下经营的企业。这些企业主中大部分属于小剥削者。同时，在美国制造业中，2008年28.2万家企业雇用了1310万人，其中1/4以上的被雇佣者是管理人员和经理，在阶级划分上也属于小剥削者。

在金融危机发生后，许多小剥削者破产，资本和国家权力（国家机构和决策权）的集中更为明显，"较弱的资本家，'二等'资本家被更强的百万富翁所排挤……二等富翁被头等富翁代替，资本力量增大，大批小私有者破产（如小额存款人随着银行的破产而丧失全部财产）"[1]，这一状况使小剥削者对垄断资产阶级及其政府日益不满。茶党运动正是这种不满的重要表现之一。

（二）将危机转嫁给民众的举措使普罗大众和政府之间的矛盾不断累积

危机后，美国政府采取了一系列救市举措，对垄断资本进行救助。如布什政府在2008年9月就签署了高达7000亿美元的"问题资产解救计划"。2009年1月5日，美国财政部正式签署向通用汽车公司及其子公司通用汽车金融服务公司提供154亿美元的紧急贷款的协议。2009年1月15日，奥巴马又公布了总额达8500亿美元的经济刺激计划。据笔者[2]统计，美国政府在危机后的救助资本为190万亿美元，其中91%被垄断大资本获得。庞大的救市资金从某种程度上而言对国民经济的暂时稳定起到了一定作用，使经济免于陷入全面崩溃，但却通过财政赤字和国债等方式将危机的成本转嫁给了普通民众。2009—2012年，美国连续四年财政赤字超出1万亿美元，分别为1.41万亿美元、1.29万亿美元、1.1万亿美元和1.089万亿美元。在财政保持高赤字的同时，美国国债也在2011年5月16日达到国会所允许的14.29万亿美元的上限。

不仅如此，许多企业在接受政府救助时，一方面大肆裁员，另一方面维持高管人员的巨额薪酬，从而使得反危机政策造成了更大的不公平，"银行家们顺手拿走了大笔奖金，那些饱受危机之苦的人落得失业的结局，

---

[1] 《列宁专题文集——论资本主义》，人民出版社2009年版，第48—49页。
[2] 这里指本节作者，美共经济委员会委员瓦迪·哈拉比。

而正是这些银行家们不计后果的和掠夺性的借款导致了这次危机,这是极不公平的。同样极不公平的是,政府帮助银行脱离了困境,但是却不愿意为那些本身没有过错的不能就业的人延长失业保险,也不为失去家园的几百万人提供一些帮助(哪怕只是象征性的)"①。

在这一背景下,美国工人阶级的状况进一步恶化。到2013年,全体劳工的报酬——包括医疗和养老保险等——在国民收入中的比重降至50年来的最低点,而公司利润在同时期则达到了顶峰。② 普通民众与政府之间的矛盾也逐渐累积。因此,在统治阶级的社会基础日益削弱的背景下,其所进行的反抗和挑战也日益升级,不论是提出"我们代表社会的99%,我们不再忍受那1%的贪婪与腐败"的"占领华尔街"运动,还是反对"大政府"、反对"以扩大政府开支拉动经济"等的茶党运动,都反映了社会各界对垄断金融资产阶级及为其服务的政府的愤怒和抗议。

三 社会体制日益不能满足人类需求,"美国梦"日益破灭

"人人生而平等,造物主赋予他们若干不可剥夺的权利,其中包括生命权、自由权和追求幸福的权利"——美国《独立宣言》中的这句话吸引了世界各地的人来到美国实现自己的梦想。正如美国作家托马斯·沃尔夫(Thomas Wolf)对"美国梦"解释的那样:"任何人,不管他出身如何,也不管他有什么样的社会地位,更不管他有何种得天独厚的机遇……他有权生存,有权工作,有权活出自我,有权依自身先天和后天条件成为自己想成为的人。"然而,随着垄断的日益加深、经济增长日益缓慢甚至陷入停滞、对内对外的暴力等日益增强,当前的社会体制日益不能满足人民的需要,所谓的"美国梦"也日益破灭。

(一) 新自由主义致使阶层日益固化

20世纪80年代前,美国阶层的固化程度相对较低,工人阶级及其他低收入阶层的后代也可以通过自己的努力跻身较高的阶层。尤其是在二战期间美国政府采取的战时工资管制政策以及战后实施的高累进税率、强大的工会等都促使美国社会实现了从19世纪末20世纪初"镀金年代"的不平等向战后相对平等的转变。然而,20世纪80年代后新自由主义成为主

---

① [美]约瑟夫·斯蒂格利茨:《99%人民的觉醒》,载《国外理论动态》2012年第12期。
② Steven Greenhouse, "Our Economic Pickle", *New York Times*, January 13, 2013.

流思潮后，大力倡导"机会均等"，认为"在国家规定个人据以行事的各种条件的情况下，国家必须根据同样适用于所有人的形式规则来规定这样的条件。自由主义者反对任何形式的法律特权，亦即反对政府把任何具体好处只给予某些人而不给予所有人的做法"①。从表面上看，这种机会均等为阶层的流动性创造了更大的机会，穷人可以通过个人奋斗取得成功。但事实却是，"个人成功的通道已经被堵住，美国社会已经被分化为两极……因为穷与富或者经济上的不平等已不仅是公平竞赛的结果，更是被既得利益集团扭曲掌控的结果，个人通过努力可以成功的美国梦，如今已经成为幻想"②。之所以会出现这种现象，是因为新自由主义所强调的放松管制为资本的集中提供了更大的空间，在生产竞争力和收入分配中，起决定作用的是资本规模的大小。皮尤慈善信托基金会的一项研究表明，出生于贫困家庭的子女更难以在日后获得较多财富及较高社会地位，其中70%的人永远无法攀升至中产阶级。与其相对，出身富裕家庭的孩子则会保持其固有的财富和地位。正如克鲁格曼所指出的，"令富家子弟受益的机会和关系，总是与来自中产及工人阶层的孩子无缘"，"作为先进国家，实际上美国的突出特点是出身至关重要，在这个国度里，来自社会底层的人几乎没有机会爬到社会中层，更不用说社会顶层"③。经济学家托马斯·皮凯蒂（Thomas Piketty）和伊曼纽尔·赛斯（Emmanuel Saez）曾利用美国国税局的数据对收入集中在美国社会顶层的程度进行了估算。据其估算，2009年经济复苏之后，95%的收入流向了占总人口1%的最富有的人。事实上，超过60%的收入都流向了在总人口中占比0.1%、年入190万美元以上的人。④

对于这种阶层的固化，我们可以通过加拿大渥太华大学经济学家迈尔斯·克拉克提出的"了不起的盖茨比曲线"（The Great Gatsby Curve）来直观地了解。该曲线表明：高度不平等的国家具有较低的代际流动性——社会越不平等，个人的经济地位就越由其父母的地位决定，子女处于父辈的

---

① ［英］冯·哈耶克：《哈耶克论文集》，首都经济贸易大学出版社2001年版，第84页。
② 鲍盛刚：《美国梦缘何破灭？》，参见 http：//opinion. m4. cn/2013－03/1203730. shtml。
③ ［美］保罗·克鲁格曼：《并不公平的美国竞技场》，参见 http：//article. yeeyan. org/view/100667/245294。
④ ［美］保罗·克鲁格曼：《极端不平等正在毒害美国》，参见 http：//www. guancha. cn/PaulKrugman/2013＿09＿16＿172734. shtml。

经济阶层的可能性就越高。

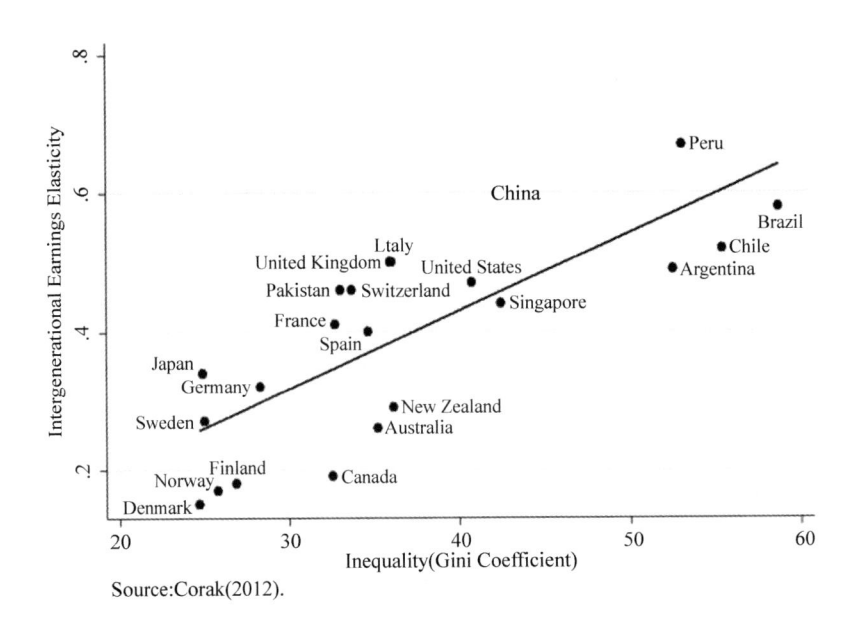

图 3.4　主要国家代际收入弹性

图 3.4 的横轴是以各国基尼系数表示的社会不公平程度，基尼系数越大，表示社会越不公平；纵轴为"代际收入弹性"，即父辈的收入水平对下一代收入水平的影响，亦即父辈收入水平每提高 1 个百分点，下一代收入水平就会增加几个百分点。该数值越大，表示收入的代际流动性越低，子女处于父辈的经济阶层的可能性就越高。由图 3.4 可以看出，美国的代际流动性相比其他发达国家都明显较低，其阶层固化程度更为严重。普通民众希望通过自己的努力获得社会的认可并向更高的阶层迈进的可能性越来越小。

（二）政府投资乏力，基础设施严重老化

基础设施不仅对工业生产活动和社会的发展具有重要作用，也是维系人们正常生活的重要设备。但危机后，美国基础设施老化的恶果日趋明显。2009 年，美国土木工程协会（ASCE）对全美的 15 个基础设施项目，如灌溉、饮用水、铁路、学校等进行了评估，美国基础设施的总体得分为 D，低于包括卢森堡在内的许多国家。ASCE 估计，需要各级政府在未来 5

年内投入2.2万亿美元才能令美国基础设施维持良好的状态。① 该协会主席 D. 韦恩·克罗茨指出,"崩溃的基础设施可以直接影响到国民的个人健康以及国家的经济健康。美国的基础设施危机正在危害我们国家的未来繁荣"。② 根据美国联邦管道与危险物质安全管理局的资料,从1990年到2009年间,美国共发生2840起重大燃气管道事故,包括992起致死或致伤事故,共致323人死亡、1372人受伤,财产损失超过10亿美元。③

基础设施的老化与美国政府投资的减少密切相关。统计显示,20世纪50年代初期美国联邦政府对地方城市基础设施的投资比例约为20%,1977年攀升至40%,到20世纪90年代又下降到25%左右。国际金融危机后,政府资金更为紧张,导致基础设施维修建设资金紧缺,设备老化情况更为明显。在桥梁方面,2009年,美国60万座桥梁中25%"结构上有缺陷"或"功能上已过时"。在纽约州的17361座桥梁中有38%存在上述问题。在电力方面,2011年美国发生停电事故最多的地区有:加利福尼亚州371起,纽约159起,得克萨斯州153起,密歇根州143起。天然气和石油管道更是老旧破裂,2010年12月7日,美国伊利诺伊州一家工厂发生煤气爆炸。一条"服役"41年的石油管道破裂,在密歇根州卡拉马祖河的一条支流中,泄入超过100万加仑的原油。

(三)监控和暴力日增,人民无法获得社会的尊重

美国自2007年起启动"棱镜计划",对国内外长期开展大规模的监控。根据美国民权同盟2012年9月27日公布的文件,联邦执法机构对美国人的电子通信监控正在日益增多。从2009年到2011年,司法部使用"电子笔录器"和"诱捕与追踪装置"监视电话的通信次数从23535次增加到37616次,增长了60%;获准使用"电子笔录器"和"诱捕与追踪装置"检测个人电子邮件和网络数据的次数增长了361%。国家安全局通过"严格和系统"的方式,收集美国民众纯粹家庭内部的信息往来记录,每天截获和存储17亿条电子邮件、电话和其他沟通类型的信息。④

与此同时,人们的不满日增,而政府也更倾向于运用强制和暴力手

---

① 《报告给美国的基础设施打低分》,载《华盛顿邮报》2013年1月19日。
② 《美国"高龄"基础设施成隐患》,载《广州日报》2010年9月19日。
③ 同上。
④ 中华人民共和国国务院新闻办公室:《2012年美国的人权纪录》,新华网,http://news.xinhuanet.com/politics/2013-04/21/c_115472302.htm。

段解决问题，美国犯罪率的高涨和监狱人数的增加清楚地反映了这一点。据美国联邦调查局2013年发布的年度《统一犯罪报告》，2012年，美国共发生暴力犯罪案件1214464起，其中谋杀、误杀和过失杀人案件14827起，强奸案件84376起，抢劫案件354522起，严重暴力伤害案件760739起。又据美国司法统计局2013年10月24日发布的报告，与2011年相比，2012年美国12岁以上公民每千人中遭受暴力侵害的人数从22.6人增加到26.1人。① 美国联邦监狱的人数从1980年到2008年上升了800%，州和地方的监狱及拘留所，同期也上升了360%。在1990—2012年，美国犯人的数量基本上增加了一倍：从120万人增加到230万人。此外，对于民众的抗议活动和工人的罢工运动等，强制和暴力手段也是政府防止其影响和动摇资产阶级统治的重要举措。在"占领华尔街运动"中，纽约警方就于2011年11月15日强制驱逐抗议者，约200名抗议者被警方逮捕。

四　工人组织性明显削弱，为工人运动的发展设置了障碍

上述分析表明，危机后美国的社会矛盾进一步激化，各种社会运动和工人运动时有发生。然而，2008年后，足以影响资产阶级统治的大规模、有组织的工人运动尚未出现，"资强劳弱"的局面仍在持续。之所以如此，与工人阶级组织性的削弱有很大关系，它不仅为工人运动设置了障碍，也加强了资产阶级的统治力量。工人组织性的削弱主要表现在两个方面。

（一）工人阶级日益分散化、碎片化

工人阶级的碎片化和分散化主要表现在两个方面：一是产业结构变动造成的行业分散，二是地理位置的分散化。

从产业结构来看，新科技革命使传统制造业雇用的劳动力越来越少，第三产业吸附了大量的就业，从而难以在企业内部形成大规模的工人组织。以美国制造业为例，1965年至2000年美国制造业产量几乎扩大了3倍，但由于劳动生产率的大幅增长，致使该领域雇用的工人人数几乎没有变化，大致在1600万人到1900万人之间波动。与美国劳动力总量在该时期几乎增长一倍相比，制造业劳动力的比重明显下降。2000年后，制造业

---

① 《2013年美国的人权纪录》，新华社2014年2月28日。

雇佣的劳动力不仅比重下降，人数也急剧下降，从 2000 年的 1720 万人降至 2007 年的 1400 万人，再降至 2013 年 5 月的 1190 万人。不仅如此，由于新开办的制造业工厂尽量控制工人人数，通常限定在 400 人以下，导致劳动者日趋分散。根据美国统计局的资料，2008 年，在 326000 家美国制造业企业中，22400 家雇用的工人少于 20 人；74000 家制造业企业雇员人数在 20 人到 99 人之间。从制造业总体来看，2008 年美国制造业平均雇佣人数仅为 40 人。

从地理位置来看，在新科技革命和全球化的推动下，资本开始转向所谓的"空间修复"（spatial fix）——大卫·哈维提出的概念，指资本通过空间生产来创造适合自己的地理场所，用空间的使用价值加快资本累积，如资本投资建设出适合于原材料和商品运输的城市或区域交通网络——在美国国内甚至在全球范围内选择更有利的投资场所，从而使工人在地理上也日益分散。凭借生产过程在空间的分散和分裂对付工人阶级的联合力量，这已经被证明是资产阶级努力增加自身力量的一个强有力的武器。以美国汽车业为例，底特律曾经是汽车的同义词，在 1965 年其人口达到 160 万人。然而，在 1975 年至 2000 年，许多汽车工厂被关闭，还有一些厂迁至美国南部、墨西哥甚至更远。到 2000 年，底特律的人口降至 95 万人，2010 年，进一步降至 71.38 万人，相当大部分的工厂和住宅都陷入荒废。2013 年 7 月 18 日，底特律申请破产保护，导致工会契约失效，养老金被迫削减，设备大量闲置和废弃，截至 2013 年 12 月，当地共有 15 万座建筑空置、闲置，其中包括学校、车站和工厂厂房等；40% 以上的街灯不亮。

（二）工人入会率大幅下降

二战后，美国工会在组织工人罢工方面发挥了重要作用，在 1947—1980 年，1000 名工人以上参加的罢工次数都在 200—500 起。但 1981 年后，情况发生了明显的变化，每年 1000 人以上的罢工都低于 100 起，即使是在 2008 年金融危机发生后，最多的也仅有 19 起。究其原因，与工人入会率大幅下降有相当大的关系。2008 年美国各类工会会员人数是 1570 万人，占工资雇员人数的 12.1%，2010 年进一步下降至 11.9%。其中，私营企业雇员中工会会员的比例更低，2012 年，只有 6.6% 的雇员是工会会员。从数量上来看，2012 年有 1436.6 万名工会成员，2013 年即使稍有增加，也仅为1452.8万名工会成员。① 至于那些曾经发挥了巨大影响的工会组织，如美国汽车工人联合会，其会员人数也大幅缩水，工会的作用受到极大限制。1979年，约60%的汽车工人加入工会，但到2009年，则降至18.3%，现在已经进一步下降。美国汽车工人联合会是代表汽车工人的最大的工会，其成员从1979年的190万人下降至2010年的40万人，减少了80%；这40万人中，相当大一部分不是汽车工人，而是学校和大学的办公人员及专业人员。

工人入会率之所以下降，首先与前面提到的产业结构的变化有关。吸附大量就业的第三产业多是中小企业，许多都未成立工会组织。此外，美国当局对付工会的"大棒"加"收买"的两手策略也是其重要原因。一方面，在新自由主义政策下，美国政府对工会不断打压，对工会的活动进行了诸多限制，如要求工会在罢工前必须有60天的"冷却期"，赋予美国总统干预全国性紧急罢工的权力。同时，在罢工发生后，司法部门经常会要求领导罢工的工会主席和其他工会高层出庭应对司法起诉，如果他们拒绝结束罢工，还会威胁判处这些工会领袖监禁；政府还会对工会采取罚款、扣除罢工工人工资等措施。因此，工会的组织能力受到了极大影响。另一方面，美国工会领导层多年以来已经被高薪收买，不能代表工人阶级的利益了。美国工会的高层官员因为获得相当于公司高层主管的高额薪水而不愿改变现状。2010年布伦纳在《工人学报》上披露说，美国工会官员年薪已超过10万美元，是2000—2008年的3倍。据最新统计数据，年薪超过15万美元的人数也是过去的3倍……2008年大约有1万名工会官员年薪超过10万美元，总额高达12亿美元。事实上，5名最高层工会官员仅年薪就超过50万美元，而且最顶层的15人年薪都超过40万美元。布伦纳还写道："年薪超过15万美元的官员属于美国5%最富有的阶层。同时，普通工会会员2008年年薪仅为4.8万美元，美国人的平均工资则为4万美元。"② 为维持自身的高收入，工会一般不会采取激烈的斗争形式，通常采取"工联主义"，通过协商等方式达成与雇主的谈判。这正如列宁当年所深刻地揭露的那样，"帝国主义有一种趋势，就是在工人中间也分化出

---

① Bureau of Labor Statistics, "Union affiliation of employed wage and salary workers by selected characteristics", http://www.bls.gov/news.release/union2.t01.htm.

② [美] 萨伦·史密斯：《资本主义危机再次打开工人运动的大门》，载《马克思主义研究》2011年第12期。

一些特权阶层，并且使他们脱离广大的无产阶级群众"①。

工人组织性的降低一方面为工人运动的发展设置了障碍，这从工人罢工的次数和人数上可以明显看出；另一方面，也使美国社会运动的方式发生了明显变化。在20世纪，尤其是80年代前，罢工等有组织的工人运动是社会运动的重要形式，而在21世纪，尤其是金融危机发生后，尽管有组织的工人运动仍时常爆发，但从社会影响来看，由社会各界自发形成的各种抗议、集会和游行等社会运动成为反抗资本主义现行体制的重要组成部分，工会组织也是其中一支重要力量。2011年的"占领华尔街"运动、威斯康星州民众抗议等就是明显的例证。与工人运动相比，这些社会运动的目的是指出现行体制的某些缺陷，迫使资本主义国家进行改良和完善，它具有社会基础广泛化、意识形态多元化、运动手段非暴力化以及组织形式分散化等特点，能够集合更为广泛的民众参与，从而产生更大的影响。"占领华尔街"持续了两个多月，不仅在美国，也在全球引发了共鸣，欧洲、北美、拉丁美洲、亚洲和非洲至少有82个国家的951个城市同步举行示威，共同表达对日益拉大的贫富差距的不满。而2011年2—3月的威斯康星州民众抗议运动吸引了10多万社会各界群众，并得到来自全美国50个州的声援。

总而言之，在2008年金融危机发生后，美国的社会矛盾激化，社会冲突明显增多，民众对政府和垄断金融资产阶级的不满也日益凸显。尽管在现阶段这种冲突和不满还未能动摇资产阶级的统治，但无可否认的是，随着资本主义制度弊端的日益显现，人民的反抗也将日益增强，这必然会为工人运动提供更为有利的契机和更强大的群众基础。

第三节　西方"中产阶级"危机的真相

二战后的"黄金时期"使西方社会出现了所谓的"中产阶级"，它被视为社会的中流砥柱，是资本主义文明在社会结构中的体现，是国家政治稳定的关键。西方社会学理论认为，大量的"中产阶级"构成"橄榄型"社会，即两头小——最富和最穷的人最少，中间大——居于社会中间位置的"中产阶级"规模最大，并认为这样的社会结构最稳定，是人类最理想

---

① 《列宁选集》第2卷，人民出版社1995年版，第667页。

的社会形态。但是,"中产阶级"并没有改变资本主义的基本矛盾,随着资本积累进程的深化,"被挤压的中产阶级"与资本主义一道进入了"大衰退"(The Great Recession)危机。有关"中产阶级危机""拯救中产阶级"的呼声在西方社会尤其是美国不绝于耳。

一 对"中产阶级"概念的剖析

何为"中产阶级"?《美国传统词典》对"中产阶级"的定义是:"介于工人阶级和上层阶级之间的社会经济学阶级,通常包括专业人士、高级技术人才和中低管理人员。"① 英美两国的其他词典的定义也与之大同小异。这一定义在一定程度上代表着西方社会对"中产阶级"的模糊界定。"中产阶级"社会在西方人看来是这样一个社会:"在这个社会中,多数人既不是富人也不是穷人,而是经济状况处于中间程度的人。"② 到目前为止,西方对于"中产阶级"的界定,仍没有统一的标准可以遵循,也还没有哪个国家对什么是"中产阶级"下过确切定义。倒是政客们为争取选民,不得不尝试对"中产阶级"加以界定。如2012年美国总统竞选人罗姆尼和奥巴马分别将年收入在"20万—25万美元或稍少些的人"及25万美元以下的人称之为"中产阶级"。③ 金融机构或研究机构出于工作需要也必须对"中产阶级"的概念加以量化,按照世界银行的标准,"中产阶级"是指年收入在4000美元到1.7万美元之间的人群。④ 亚洲开发银行将"中产阶级"定义为每天消费2—20美元(约人民币13.6—136元)的群体,这个标准远低于西方。⑤ 看来,在界定现代"中产阶级"的问题上,人们依据的不是科学严谨的概念,而是收入水平,不管这样的收入差距如何巨大,或这种收入可能因经济状况而如何的不稳定。正是由于"中产阶

---

① The American Heritage Dictionary, Dec. 18, 2013, http://www.ahdictionary.com/word/search.html?q = middle + class.

② Half Sigma,"The end of the middle class society", May 27, 2010, http://www.halfsigma.com/2010/05/the-end-of-the-middle-class-society.html.

③ Allison McCartney, "What is the American 'Middle Class'?", Sep. 24, 2012, http://www.pbs.org/newshour/extra/2012/09/what-is-the-american-middle-class/.

④ 环球时报驻外记者联合报道:《未来20年全球化使中产阶级浪潮席卷多国》,载《环球时报》2007年12月22日。

⑤ 刘一楠:《亚洲中产阶级有望成为全球第一消费群体》,载《北京日报》2010年8月20日。

级"不是严谨的科学概念,所以对它的定义会成为非常困难的事情,只好由机构、研究者根据自己的理解进行定义,使"中产阶级"的界定成为学术界讨论不休的话题。

马克思主义的创始人对"中产阶级"的界定是明确的。马克思、恩格斯在著作中多次指出,在欧洲从封建社会向资本主义社会过渡的时期,"中等阶级""中间阶级"或"中间等级"(在英文中都是一个词 middle class,中文的翻译取决于译者的理解)指的是介于统治阶级贵族与被统治的小资产阶级和无产阶级之间的、同样被统治的资产阶级。如恩格斯在《英国工人阶级状况》序言中写道:"最后,我还要做两点声明。第一,Mittelklass(中等阶级)这个词我经常用来表示英文中的 middle-class(或通常所说的 middle-classe),它同法文的 bourgeoisie(资产阶级)一样是表示有产阶级,即和所谓的贵族有所区别的有产阶级,这个阶级在法国和英国是直接地、而在德国是假借'社会舆论'间接地掌握着国家政权。……"① 在资产阶级的统治确立后,"中等阶级"或"中间等级"的内涵也随之发生了改变。在《共产党宣言》中,马恩指出,"中间等级,即小工业家、小商人、手工业者、农民,他们同资产阶级作斗争,都是为了维护他们这种中间等级的生存,以免于灭亡"②。

在当代资本主义社会,除了城乡小资产阶级外,独立执业的律师、医生、经理(不包括那些收入超过工人数倍至数百倍的顶级经理)等自雇的或与资本家分享利润的专业人士等新型小资产阶级,也应被视为中间阶级或中等阶级的一分子。他们与工人阶级的区别在于:或拥有少量生产资料自谋生路,或通过自己的一技之长要么自我雇佣,要么通过与资本家合作,得到后者施舍给他们一些剩余价值,使其收入超过普通工人工资水平。这个由不同阶层组成的中间阶级,它们的共同特点是"他们不剥削别人,或对别人只有轻微的剥削"③。正是由于这个特点,使当代中间阶级的地位仍然介于资产阶级与无产阶级之间:既有可能上升为资产阶级,但更多的可能是沦为无产阶级。

与马克思主义不同,西方所谓的"中产阶级"是把达到某一收入标准

---

① 《马克思恩格斯全集》第 2 卷,人民出版社 1957 年版,第 280 页。
② 《马克思恩格斯选集》第 1 卷,人民出版社 1995 年版,第 282—283 页。
③ 《毛泽东选集》第 2 卷,人民出版社 1991 年版,第 642 页。

范围的人群，统统划定为"中产阶级"。这样，除了少数无业游民、最低收入者外，广大的工人阶级、城乡小资产阶级、自由职业者甚至部分中等资产阶级都成为"中产阶级"。社会人群不再被划分为资产阶级、无产阶级等等，而是被划分上、中、下三个阶层。按照生产资料占有关系划分阶级的马克思主义阶级分析法，在此种划分方式盛行的情况下，"中产阶级"实质上被解构、被消解。事实上，在西方，"中产阶级"概念的流行，使阶级概念自身也被边缘化，"去阶级化""去意识形态"成为学术与媒体的时髦取向。

因此，西方所谓的"中产阶级"是以分配的结果，而不是以人们在生产中的地位来划分阶级；它力求抹杀生产资料占有关系是划分阶级的最重要标准，力图抹杀无产阶级与资产阶级和小资产阶级的界限。它只以收入多寡这一看似简单的标准来划分阶级，既回避了工资收入与资本收入的区别，又回避了剥削与被剥削的关系，还将雇佣者、被雇佣者、自雇者混淆为同一个阶级，"中产阶级"在概念的科学性上制造了彻底的混乱，甚至不能自圆其说。鉴于"中产阶级"概念的流行，为方便论述，本文使用"中产阶级"这一概念，并力求说明"中产阶级"不能掩盖和改变资产阶级与无产阶级对立的现实以及资本主义社会两极分化的现实，西方近年来出现的"中产阶级危机"不过是这些现实的真实写照。

二 "中产阶级"的源起

西方"中产阶级"概念的内涵有其演变历史。在美国这样一个没有封建贵族统治的新兴国家，关于美国是一个"中产阶级国家"的观点至少可以追溯到18世纪时期。[①] 美国建国后，通过种种手段使其国土面积不断扩大，这为普通人（不包括黑奴）提供了谋生甚至勤劳致富的手段和可能性，小业主和农场主们成为"中产阶级"的主体（不过在今日看来是"老式中产阶级"），他们的兴盛在19世纪早期达到顶点，"大约4/5的从业人口是自雇型企业家"[②]，即小资产阶级。19世纪末到20世纪初，随着资本主义由自由竞争阶段过渡到垄断阶段，在资本的积累、集聚和集中的过程

---

① Paul Buhle, "The Myth of the Middle-Class Society", *Monthly Review*, 2001, Volume 52, Issue 10.
② [美] C. 莱特·米尔斯：《白领：美国的中产阶级》，南京大学出版社2006年版，第3、63页。

中，大资本不断蚕食中小资本；技术的不断发展淘汰了落后的小生产，使"老式中产阶级"纷纷破产，多数沦为雇佣工人。同时期，随着生产技术的进步，越来越多的雇佣劳动者加入到非体力劳动职业群体中，成为"白领"，1956年，美国的白领工人首次在数量上超过了以体力工作为主的蓝领工人[①]，白领工人由于其工资和生活水平较高，被视为"新中产阶级"，西方当代"中产阶级"概念开始形成。

1929年开始的大萧条，迫使美国政府实施"新政"，在劳动关系方面，通过立法使工人有权选择参加并组织工会，并可通过自己的代表同资方签订集体合同；雇主须按规定的条件雇佣工人。一句话，工人增强了议价的能力。1947年开始的"冷战"和战后高涨的劳工运动，迫使西方国家开始普遍实施福利制度，以克服苏联式福利制度在西方工人中造成的"社会主义向往"。

1949年全美汽车工人联合会（UAW）与通用汽车达成的里程碑式协议——通用汽车保证UAW成员的工资、医疗和退休福利与生产率同步增长，以此来换取工人的合作——被称为《底特律条约》。它对其余工会起到了强烈的示范作用，从而使包含工资与福利的一揽子协议流行开来，未建立工会的企业主为了对抗工会活动带来的威胁，也会向其工人提供与工会成员大体相同的待遇。[②] 这多少保证了工人能够分享到生产率进步的果实，从而使许多蓝领工人的收入水平提高，进而有能力提升消费水平而成为所谓"中产阶级"的一员。所以，西方的、也是当代语境中的"中产阶级"的主体是指那些收入和生活水平在该国社会中处于中间水平的蓝领、白领工人及小资产阶级。（由于社会竞争的缘故小资产阶级的规模在不断缩小，渐渐失去"中产阶级"的主体地位。）

工人总体消费力的提高使大公司意识到，基于生产率的工资增长机制能将工人利益与管理利益结合起来，可确保生产率和利润的不断增长。这使提倡大规模生产、大规模消费的"福特主义"，在西方作为对资本主义发展模式的一种调整而一时风光无限。生产力的发展可使工人生活水平得到改善，这使一些知识分子对资本主义的发展充满了信心。1931年詹姆

---

① ［美］丹尼尔·贝尔：《后工业社会》，科学普及出版社1985年版，第39页。
② ［美］保罗·克鲁格曼：《美国怎么了？——一个自由主义者的良知》，中信出版社2008年版，第105页。

斯·特拉斯洛·亚当斯在《美国史诗》一书中第一次正式提出"美国梦","让我们所有阶层的公民过上更好、更富裕和更幸福的生活的美国梦,这是我们迄今为止为世界的思想和福利做出的最伟大的贡献"①。"美国梦"的核心"是一种相信只要经过努力不懈的奋斗便能在美国获得更好生活的信仰,亦即人们必须通过自己的工作勤奋、勇气、创意和决心迈向富裕,而非依赖于特定的社会阶级和他人的援助"②。随着人们生活水平的不断提高,跻身"中产阶级"成为"美国梦"的重要部分。"中产阶级"占据了社会阶级讨论的中心,"上层阶级"(upper class)、"中产阶级"(middle class)和"下层阶级"(lower class)成为社会阶级划分的主流标准,"无产阶级"或"工人阶级"在阶级讨论中被边缘化。"中产阶级"成为除了"上层阶级"和"下层阶级"外的、包括工人(除失业者或最低收入者外)和马克思主义的中间阶级(即城乡小资产阶级、专业人士和经理阶层等)的大杂烩"阶级",其主体是占人口绝大多数的雇佣工人。

但是,"在此产生了战后无产阶级所固有的课题,发达国家的劳动者一方面作为阶级存在依然被编入不平等的体制之中,另一方面作为市民存在又成为平等权利受到保障的社会构成人员,他们不得不在这样的(阶级与市民、不平等与平等的相互对立)包含着二重性在内的矛盾的社会生活中生存"③。"中产阶级"就是这种矛盾的体现:一方面,多数工人的生活改善了,不再被看成是"无产阶级"而是"中产阶级",但另一方面,"中产阶级"的身份并没有解决劳动产品的生产者,即工人无法改变绝大部分劳动成果被资本家无偿占有的现实。事实上,在"福特主义"下得到最大好处的是资本家,在1961—1966年,公司的税后利润增长了两倍。④工人的收入虽然有所提高,但却被严格限制在不妨碍资本利润增长的限度

---

① 詹得雄:《独家:解析"美国梦"的前世今生》,载《参考消息》2013年4月15日。
② Boritt, Gabor S. *Lincoln and the Economics of the American Dream*, University of Illinois Press. December 1994: Page 1. ISBN 0252064453.
③ [日]高島善哉「現代国家論の原点」『高島善哉著作集』第8卷、東京:こぶし書房、1997年。Takashima Zennya, *Genndai Kokkaron no Genten* (*A Fundamental Perspective of State Theory*), *Takashima Zennya Collected Works*, Vol. 8, Kobushi Publishing, 1997.
④ Ricardo Fuentes-Nieva and Nick Galasso, "Working for the few Political capture and economic inequality", Oxfam GB for Oxfam International under ISBN 978 - 1 - 78077 - 539 - 5 in January 2014, http://www.oxfam.org/sites/www.oxfam.org/files/bp-working-for-few-political-capture-economic-inequality-200114-en.pdf.

内，由此导致有消费能力的需求与社会提供的商品相比是非常有限的。此外，新政后实施的凯恩斯主义本身就利用公共税收为资本家支付本该由他们支付的社会成本，如福利支出、基础设施建设成本等，这无疑加大了国家财政的负担，造成赤字之后国家只能向金融资本家借贷、向社会成员增税，这又直接损害了无产阶级和小资产阶级的利益，使需求愈加不足。这样，需求不足与财政危机的结合导致由《底特律条约》所催生的"大繁荣"在20世纪70年代逐渐消失。

1973年"石油危机"演变成1973—1975年以滞胀为特点的战后最大的世界性经济危机，1979—1982年又再次爆发更严重的世界经济危机。但资产阶级不是到资本主义私有制中去寻找矛盾的根源，而是在凯恩斯主义上找原因。这一方面使工人承受着福利过高的骂名；另一方面使政府管制成为主流舆论的众矢之的。放松市场管制和推行私有化、削弱工会被认为是解决危机的最佳途径。以撒切尔和里根为代表，他们在西方发动了一场反凯恩斯主义"革命"，借经济危机削减福利和工资、打压工会，同时给企业减税，将国有企业私有化等，以达到刺激经济的目的。

20世纪七、八十年代，日益强大的大公司成功地游说华盛顿的政客们打压劳工、反对那些影响工人家庭的公众政策，如增加最低工资的政策等等，当阻碍组织工会的法律不断增加时，平均工资水平停滞了，预示着此后三十年显著的不平等日益增长的趋势。"[①] 1981年8月6日，里根总统毫无妥协余地地直接解雇了参加美国航管人员罢工的1.2万名联邦航空管理人员；撒切尔同样强硬地镇压了英国1984—1985年的煤矿矿工大罢工，并在任内大规模将国有企业私有化，这些说明新自由主义成为西方政治实践的理论核心。无论是作为"白领"的航管人员还是作为"蓝领"的矿工，通过其先辈的努力和在苏联式社会主义福利的"威慑"下曾经获得的有保障的雇佣地位，已经备受侵蚀，根基不稳了。换句话说，曾经保障"中产阶级"壮大的"阶级和解"的制度安排已经名存实亡。

---

① Ricardo Fuentes-Nieva and Nick Galasso, "Working for the few Political capture and economic inequality", Oxfam GB for Oxfam International under ISBN 978 – 1 – 78077 – 539 – 5 in January 2014, http://www.oxfam.org/sites/www.oxfam.org/files/bp-working-for-few-political-capture-economic-inequality-200114-en.pdf.

三 "中产阶级危机"

既然收入是界定"中产阶级"的主要标准，那么，一份工作收入的多寡就决定了其能否成为"中产阶级"。前面已经说过，20世纪上半叶，收入优厚的"白领"工作的大规模涌现是西方"中产阶级"兴起的关键所在。

但问题是，随着生产力的进步，尤其是以计算机和网络为代表的信息技术的大规模应用，一方面，不仅加速了资本的积累，也使资本的有机构成迅速提高，大大减少了活劳动的应用，从而"一方面，较大的可变资本无须招收更多的工人就可以推动更多的劳动；另一方面，同样数量的可变资本用同样数量的劳动力就可以推动更多的劳动；最后，通过排挤较高级的劳动力可以推动更多低级的劳动力"①。这一变化导致从前的中等技能的工作数量明显下滑。

"20世纪70年代至80年代典型的中等技能、中等收入的职业如销售、银行职员、秘书、技师和工厂管理者等的增长比低技能职业快。但从20世纪90年代早期开始，发达国家的劳动力市场出现了改变，中产阶级工作数量下滑，而高技能和低技能工作占总工作数量的份额不断上升，呈现'极化'现象。这是由于信息技术的发展不能代替人的抽象思维和分析能力，高技能的工人通过信息技术提高工作效率，但是并不会被取代。但是，像流水线或办公室工作，能被换算成机器执行的指令，也就是说能被机械化。但在另一极，一些工作虽然不需要什么特殊技能，像折叠毛巾，却难以被机械化。这一趋势的表现就是中等收入职业不断减少，高收入职业和低收入职业尤其是后者的数量不断增长。这在有着不同的工会化程度、不同的劳资谈判水平和不同福利制度的国家都是相似的。"②

在资本全球化时代，为了规避工会斗争、工人福利，寻求廉价劳动力和高利润，20世纪下半叶后，西方制造业纷纷向第三世界国家转移，造成那些能提供工人较高收入的某些"蓝领"工作，如汽车制造业也在西方国

---

① 《马克思恩格斯全集》第23卷，人民出版社1972年版，第697页。
② "Automatic reaction", *The Economist*, Sep.9, 2010, http://www.uwec.edu/geography/Ivogeler/w111/middle-class-crisis2008.htm.

家不断消失。一些技术性工作，如软件开发也纷纷外包给像印度这样的第三世界国家，在这些国家造就了一批批工资远比西方同行低得多的"白领"。此外，外来移民也抢了不少当地人原来从事的岗位（主要在服务业），并拉低了福利和工资待遇。总之，办公室的"白领"工作和高薪"蓝领"工作的消失使西方社会"中产阶级"的主体呈现萎缩态势——其实就是较高收入水平工人群体的萎缩。

从各国的统计数据来看，"中产阶级"的规模普遍缩减，或是"感到"自己是"中产阶级"的人数下降了。

根据美国皮尤研究中心的数据，以同样的成人收入口径（指那些家庭年收入为美国当年平均收入水平的2/3到2倍的成人）计算，1971年有61%的美国人属于"中产阶级"，而到2011年这一数字下降到51%。[1]

英国前副首相约翰·普雷斯科特1997年曾信心满满地表示，"我们都是中产阶级"[2]。但2013年"英国社会态度调查"显示，有60%的人认为自己属于工人阶级。[3]

德国经济研究会发现，德国劳动力的广大中间部分——他们的工资为中等收入的70%—150%——从2000年的占人口的62%萎缩到（2008年）的54%。[4]

2013年一项调查显示，10年前，2/3的加拿大人视自己为"中产阶级"，如今这一人数不到原来一半。[5] "10年前，90%的日本人认为自己属于'中产阶层'。去年（2009年）东京大学进行的一项调查中，接近一半的日本人把自己的经济地位定义为'中产阶层以下'"。[6] 另据学者统计，

---

[1] Rakesh Kochhar and Rich Morin, "The Lost Decade of the Middle Class Fewer, Poorer, Gloomier", Aug. 22, 2012, http://www.pewsocialtrends.org/2012/08/22/the-lost-decade-of-the-middle-class/#fn-14586-2.

[2] BBC News, "Profile: John Prescott", Aug. 27, 2007, http://news.bbc.co.uk/2/hi/uk_news/politics/6636565.stm.

[3] Tom de Castella, "The evolution of the middle class", BBC News Magazine, Jan. 16, 2014, http://www.bbc.com/news/magazine-25744526.

[4] The New York Times, "For Europe's Middle-Class, Stagnant Wages Stunt Lifestyle", May 1, 2008, http://www.nytimes.com/2008/05/01/business/worldbusiness/01middle.html?pagewanted=all.

[5] TAVIA GRANT, "Five myths about Canada's middle class", Nov. 19 2013, http://www.theglobeandmail.com/news/national/time-to-lead/five-myths-about-canadas-middle-class/article15515586/.

[6] 邓喻静等：《全球中产者的愤怒和中产阶级的危机》，载《环球》杂志2010年第10期。

从 20 世纪 80 年代中期到 2007 年，日本"在家庭可支配收入中间值范围内的"中产阶级所占比例已从 51.9% 跌至 45.6%。① 这意味着超过一半的日本人收入在人均收入的位值之下。"根据韩国政府的统计，1995 年中产阶层比重曾高达 73%。但其后开始下降，亚洲金融危机期间更呈锐减之势，仅 1998 年一年就减少超过 1 个百分点，其后每年减少 0.55 个百分点，至今已累计减少约 10 个百分点。受 2008 年发自美国的金融危机影响，这一递减趋势还可能恶化。"②

伴随着"中产阶级"危机的不仅有"量"的缩减，还有"质"的恶化。

一是"中产阶级"收入停滞或下降。由于传统"中产阶级"工作机会的急剧减少，西方"中产阶级"的工资停滞了 30 多年。③ 美国中等收入家庭的收入先经历了约 20 年（1980—2000 年）停滞④，后经历了 10 年（2000—2010 年）下降，其幅度为 5%，总体财富下降 28%。而最富有的 1% 的美国人现在拥有的财富是"中产阶级"家庭平均数的 288 倍！⑤ 加拿大政府 2013 年一份报告指出，1993—2007 年，"中等收入工人的工资就已经停滞不前了"⑥。

二是生活负担加重。涉及"中产阶级"广义收入的退休金、医疗保险等由于新自由主义的改革，其成本在不断上涨但保障功能却在下降，通货膨胀又使"中产阶级"在住房、汽车、子女大学教育等方面的负担不断加重。自 1999 年以来（至 2008 年），欧盟 27 个成员国的物价已经上涨了 22.5%，在 15 个使用欧元的国家中，物价上涨了 18.8%。在德国，20 世

---

① 《正在没落的中产阶级》，载日本《经济学人》周刊，2012 年 1 月 31 日。转引自 http://www.guancha.cn/america/2012_02_09_65495.shtml。
② 邓喻静等：《全球中产者的愤怒和中产阶级的危机》，载《环球》杂志 2010 年第 10 期。
③ Lambert Strether, "Job Polarisation and The Decline of Middle-Class Workers' Wages", Feb. 9, 2014, http://www.nakedcapitalism.com/2014/02/job-polarisation-decline-middle-class-workers-wages.html.
④ TRAVIS WALDRON, "5 Charts That Show America's Middle Class Has Deteriorated", Aug. 30, 2012, http://thinkprogress.org/economy/2012/08/30/776201/5-charts-middle-class/#.
⑤ David Francis, "An Inside Look at the Middle-Class Squeeze", Oct. 16, 2012, http://money.usnews.com/money/personal-finance/articles/2012/10/16/decline-of-the-middle-class-behind-the-numbers.
⑥ Dean Beeby, "Tories dismiss government report that calls middle-class 'Canadian dream' a 'myth'", Canadian Press, Feb. 23, 2014, http://news.nationalpost.com/2014/02/23/tories-dismiss-government-report-that-calls-middle-class-canadian-dream-a-myth/.

纪 90 年代，扣除通货膨胀因素，收入上涨 1%—2%，但是超过 100 万德国人在 2000—2001 年的经济衰退中失去了全职工作，这使（在职职工）每周工作时间延长并且没有报酬。2004—2007 年，通货膨胀上涨速度超过了普通家庭收入上升的速度。①

三是生活水平下降。"中产阶级"的生活方式曾是"中产阶级"的骄傲，如今却再难重现昨日荣光。2008 年时，"横扫全球的通货膨胀与欧洲大陆长期停滞的工资互相交织，使'欧洲梦'遭受威胁。曾享受了欧洲自视甚高的生活质量的家庭省吃俭用，额外消费如看电影和国外度假被取消"②。自 20 世纪 70 年代以来，由于美国的收入不均加剧，富有社区和低收入社区的家庭数量都有增加，同时中等收入家庭比例大为缩减。20 世纪 70 年代时，有 65% 的美国人住在"中产阶级社区"，到 2007 年这一数字下降为 44%。③"大衰退"使"中产阶级"陷入更大的危机中，在西方，因危机爆发而破产的"中产阶级"不计其数，他们不得不接受慈善组织提供的救助，被称为"尴尬的穷人"④。

于是乎，各种关于"中产阶级危机"的讨论在西方渐呈热烈，一般认为造成危机的主要原因是计算机化使"中产阶级"就业机会减少、全球化使制造业外移，等等。提出解决的方案有"促进劳动力流动、缔造公私伙伴关系来加强工人培训、优先为中小企业筹资的举措将有助于重建全球中产阶级，最终实现由消费者推动的经济增长"⑤。各种力挽狂澜的建议和措施是否能改变作为"中产阶级"的无产阶级的命运呢？

---

① The New York Times, "For Europe's Middle-Class, Stagnant Wages Stunt Lifestyle", May 1, 2008, http：//www.nytimes.com/2008/05/01/business/worldbusiness/01middle.html?pagewanted=all.

② Ibid..

③ Michael Snyder, "84 Statistics That Prove That The Decline Of The Middle Class Is Real And That It Is Getting Worse", Aug. 23, 2012, http：//thetruthwins.com/archives/84-statistics-that-prove-that-the-decline-of-the-middle-class-is-real-and-that-it-is-getting-worse.

④ Mario Queiroz, "Portugal's middle-class dwindles under debt", *Aljazeera*, Feb. 1, 2013, http：//www.aljazeera.com/indepth/features/2013/01/20131281147672390.html.

⑤ ［美］布赖恩·克莱因：《警惕全球中产阶级危机》，美国《世界政治评论》杂志网站 2012 年 8 月 7 日，转自观察者网 http：//www.guancha.cn/strategy/2012_08_17_91563.shtml。

四　资本主义积累危机是"中产阶级危机"的根源

（一）"中产阶级"不能避免两极分化

资本积累就是把剩余价值再转化为资本，扩大生产规模，从而进一步无偿地占有更多的剩余价值。资本中创造剩余价值的是可变资本（即工人的劳动力），可变资本与不变资本（即生产资料）的比例决定了资本的有机构成。假设资本的有机构成保持不变，生产规模的扩大就意味着雇用更多的工人，在劳动力供给不变的情况下，工人的工资就会有一定的提高（这种提高是建筑在工人能为资本家创造更多剩余价值的基础上的），这就是"中产阶级"概念在二战后得以兴盛的原因。

在生产过程中，资本家可以通过延长工人的劳动时间来增加绝对剩余价值的生产。但是，工人的体力是有限的，工人运动也强有力地反抗着这种剥削方式。同时，激烈的市场竞争也迫使资本家不断通过改善技术装备和提高劳动生产率来增加剩余价值，"资产阶级除非对生产工具，从而对生产关系，从而对全部社会关系不断地进行革命，否则就不能生存下去"[①]。因而，资本的有机构成会不断趋向提高，意味着推动单位生产资料所需的劳动力减少，这就会形成一个奇怪的现象，即工人生产的商品越多，他得到的报酬与他的劳动成果相比就越少。因为资本有机构成的提高，意味着总资本需要的工人越来越少，在劳动力供给不变的情况下，工人失业率会上升，"过剩人口"就会增加，在职工人的实际工资或福利如果没有强大的工人运动的保护（自20世纪80年代以来，工会运动在西方被不断打压，难以保障工人权益），就会在竞争的压力下趋向降低（虽然名义工资会跟随通货膨胀率有所上涨）。这就是"中产阶级"的收入随着资本积累的进程而普遍停滞或下降的原因。

在美国，"从19世纪90年代初期到20世纪70年代后期，在工业领域出现了两种主要趋势。一方面，制造业工人的实际工资每年增长了约1.8%，另一方面，制造业工人的劳动生产率在不断提高，每年达到约2.3%。……美国剩余价值率已经稳步上升了近90年"[②]。美国专栏作家霍利·斯克拉（Holly Sklar）在2008年指出，美国工人的平均工资去掉通货

[①] 《马克思恩格斯选集》第1卷，人民出版社1995年版，第275页。
[②] [美] 斯蒂芬·雷斯尼克、理查德·沃尔夫：《经济危机：一种马克思主义的解读》，载《国外理论动态》2010年第10期。

膨胀因素后低于20世纪70年代，最低工资低于20世纪50年代。① 加拿大工人的中位实际收入在1980年至2005年间停滞的同时，该国劳动生产率上升了37%。② 这些数据表明，利润与工资间的差距越拉越大，那么，劳动者收入占国民总收入的比例就将不断下降。在19个发达的经合组织国家中，比较1970年与2006年的劳动者在国内生产总值中所占的名义工资份额，会发现多数国家的这一份额是下降的，如美国从1970年的64.1%下降到2006年的61.5%，澳大利亚的数值则分别是51.9%和47.6%，总体而言，19国的这一份额从51.2%下降到了50.2%。③ 因而，在资本有机构成提高的情况下，工人得到的报酬和他创造的新价值相比绝对地降低了，这就意味着资本家拿走了更多的剩余价值。

"如果说工人阶级仍然'穷'，只是随着他们给有产阶级创造的'财富和实力的令人陶醉的增长'而变得'不那么穷'了，那也就是说，工人阶级相对地还是象原来一样穷。如果说穷的极端程度没有缩小，那么，穷的极端程度就增大了，因为富的极端程度已经增大。"④ 即便是在繁荣年代，两极分化也仍然是触目惊心的。在美国经济繁荣的1979—1997年，就税后平均年收入而言，1%最富的人上升了157%，而"中产阶级"家庭仅上升了10%。可见，最富的万分之一的人拿走绝大多数的收入。⑤ 从20世纪70年代后期开始，加拿大增长的总收入都集中在1%的最高收入者手中，他们占国民总收入的份额从70年代后期的5%上升到2000年的10%。1%收入最高的人中最富的0.1%的人占有了大部分增长额，同时期他们所占份额由国民总收入的1%上升到4.3%。⑥

资本积累过程中析出的"过剩人口"与收入受到限制的在岗工人是没

---

① Holly Sklar, "PBS Interview", June 13, 2008, http：//www.pbs.org/moyers/journal/06132008/transcript4.html.

② Andrew Sharpe, Jean-François Arsenault and Peter Harrison, "The relationship between labour productivity and real wage growth in Canada and OECD Countries", No. 2008 - 08, *CSLS Research Reports from Centre for the Study of Living Standards*, p. i, http：//www.csls.ca/reports/csls2008 - 8.pdf.

③ Ibid..

④ 《马克思恩格斯全集》第23卷，人民出版社1972年版，第715页。

⑤ Public Broadcasting Service, "Middle Class Squeeze", Dec. 13, 2002, http：//www.pbs.org/now/politics/middleclass.html.

⑥ Andrew Sharpe, Jean-François Arsenault and Peter Harrison, "The relationship between labour productivity and real wage growth in Canada and OECD Countries", No. 2008 - 08, *CSLS Research Reports from Centre for the Study of Living Standards*, p. 61, http：//www.csls.ca/reports/csls2008 - 8.pdf.

有办法消费由于生产率的提高而生产出来的越来越多的商品的。这样，与"过剩人口"对应，"过剩商品"也越来越多，也就是市场的扩张赶不上生产的扩张，这使资本主义生产遇到了"社会的绝对的消费能力"的限制，转而由经济繁荣转向萧条和危机。在危机中，许多中小资本由于无法将剩余价值再次转换为资本，导致血本无归，不得不破产，许多原来属于"中产阶级"的中小资本家因此下降至雇佣劳动者的行列。

从2007年"大衰退"开始到2011年，"经济衰退和羸弱复苏致使大批工薪阶层人士及其家庭的积蓄蒸发。经通货膨胀率调整后，美国家庭收入中值去年环比下降2.3%至49445美元，比2000年减少7%"[①]。同时，由于反危机的紧缩政策，在卢森堡，"所有的劳动者仅在2011年5月至10月之间月工资就下降了12.5%，但与此同时，10%的家庭拥有国家80%的财富。2011年，英国家庭实际收入正在以近11%的速度下降，这是34年来的最大降幅"[②]。

此外，为了救市，"大量资金被注入经济——其中美联储投入了数万亿美元，欧盟也超过1万亿美元"[③]，多数资金被直接注入"大而不能倒"的大银行、大财团。对于顶尖富豪来说，"大衰退"是机会而不是危机，是一个低成本吞并中小资本的绝佳机会。2011—2012年，美国最富有的前400人的净资产增长了13%，达到1.7万亿美元，与之形成对照的是，当年美国经济的增长速度仅为1.7%[④]，他们的净资产占美国真实国内生产总值13.56万亿美元的1/8。[⑤] 从全球范围来看：慈善组织乐施会（Oxfam）2014年1月公布的一份报告显示，世界上最有钱的85人所拥有的财富，相当于全球底层35亿人的资产总和，也就是半数人类的总财富。[⑥]

---

① 《美贫困人数创52年新高》，载《京华时报》2011年9月15日。
② 宋丽丹：《国外共产党论当前资本主义经济危机及世界形势》，载《当代世界与社会主义》2012年第3期。
③ ［美］彼得·胡迪斯：《超越经济紧缩对资本主义结构性经济危机的反思》，载《中国社会科学报》2012年11月28日。
④ Shannon Jones, "Net worth of richest Americans soars by 13 percent in 2012", Sep. 21, 2012, http://www.wsws.org/articles/2012/sep2012/rich-s21.shtml.
⑤ 据路透社报道《最富的400个美国人：盖茨19年稳居榜首》，2012年9月20日，http://news.mydrivers.com/1/241/241831.htm。
⑥ Voice of America, "Oxfam: Wealth of 85 Richest Equals That of 3.5 Billion Poorest", Jan. 21, http://www.voanews.com/content/oxfam-85-wealthiest-people-own-as-much-as-half-the-worlds-population/1834307.html。

因此，资本积累通过高涨、危机、萧条和复苏的过程，不过是使少数人尤其是金融寡头积累了巨额财富，而使"中产阶级"和"下层阶级"变得更穷。看来，不管资本主义制度下"蛋糕"的尺寸做得有多大，只要分"蛋糕"的方法没有改变，两极分化就只会越来越大。而生活在资本主义社会中的"中产阶级"则无法避免变穷的命运。

（二）金融资本的统治加剧"中产阶级"分化

工业生产的"过剩"使投资生产变得风险大、利润低，这不过是表明，资本积累在工业领域遇到阻碍，为寻求利润，大量资本不断涌入金融业，使金融资本不断壮大。金融业本身并不创造财富，但是它通过虚拟资本投资，如股票、期权却可以从生产领域攫取剩余价值，也可以利用金融衍生品制造财富转移的手段，在金融领域实现工业资本难以想象的超大规模的资本集中，而后者现在已经成为西方金融业的主要创收来源之一。资本全球化下网络技术在金融业的应用，为西方尤其是美国的金融资本在全球范围内通过信贷、投资、金融产品及美元霸权等攫取世界财富创造了优越条件。

但财富越是向西方集中、越是向金融资本集中，世界范围内的有效需求就越是萎缩。为避免利润下降，许多工业资本也通过金融业务谋取利润。金融市场的规模越大，竞争就越激烈，为获取更多财富来源，金融寡头们谁在"创新"金融产品上走在前面，谁就能把握市场先机，赚得盆满钵满。

21世纪最"创新"的金融产品，非美国次级贷款的衍生金融品莫属。它以低利率吸引低收入人群靠借贷进入住房市场，因此急速扩大了市场容量，引起房价上涨，然后把这些住房贷款打包成各类金融商品推销到世界市场上。在市场高涨的情况下，由于金融杠杆的作用，这些商品的价格不断上涨，最后形成巨大泡沫。金融衍生品看起来是突破了"社会的绝对消费能力"的界限，但"一切真正的危机的最根本的原因，总不外乎群众的贫困和他们的有限的消费"[①]，它只不过是以更大的规模把危机的爆发推向了将来，而它一旦爆发将具有海啸般席卷世界的威力，2007年以来持续至今的这场"大衰退"的破坏性就是如此。

由于实际工资停滞甚或下降，导致消费信贷尤其是住房信贷的扩张，使西方百姓背上了沉重的债务包袱。他们在为工业资本的积累付出血汗的

---

① 《马克思恩格斯全集》第25卷，人民出版社1974年版，第548页。

同时，也为金融资本的积累倾家荡产。这就是金融垄断资本统治下西方百姓的生活际遇，"中产阶级"不可能独善其身。

在美国，"中产阶级"是收入负债比最高的群体，2001—2007年，"中产阶级"家庭的债务增长得最快。① 中等收入家庭的信用卡债务早在1989年至2001年就增长了75%，达5031美元②。根据纽约联邦储备银行的报告，美国家庭总负债（包括抵债贷款、学生贷款、信用卡债务、汽车贷款和拖欠贷款）在2013年第四季度仍达11.52万亿美元，比上一季度增长了2410亿美元，"这是自'大衰退'前家庭债务比上年同期增加后再次出现这种增长。这表明在一段时间的去杠杆化后，家庭又开始借债了"③。举债度日的结果导致在美国申请破产的人中超过90%的人属于"中产阶级"。④ 而"大衰退"的来临又使"中产阶级"日子更加难过，"被挤压的中产阶级""中产阶级危机""拯救中产阶级"等话题在西方不绝于耳。

奥巴马2009年1月宣布成立由副总统拜登担任主席的"白宫中产阶级工薪家庭工作组"，拜登表示，"美国的中产阶级正遭受痛苦。万亿美元的住宅净值、退休储蓄和大学教育储蓄化为乌有。每天都有越来越多的美国人正失去工作，……强大的中产阶级等于强大的美国，缺一不可。我们的任务是让中产阶级缓过劲来"⑤。但是，奥巴马的两届任期都结束了，拯救"中产阶级"的任务依然毫无成功的希望。不管是"美国梦"还是"欧洲梦"，都强调通过努力奋斗来实现美好的生活。但是，"中产阶级"努力工作、送孩子上大学，却越来越难实现那种没有负债、越过越好的日子，反倒是少数不劳而获的人的财富越来越庞大。"中产阶级"愤怒了，"占领运动"和"茶党运动"以及西方各国层出不穷的抗议示威游行都被认为是"中产阶级"在宣泄对政府的不满、对现实的厌恶。

---

① Christian E. Weller, "Unburdening America's Middle Class November", 2011, http://www.americanprogress.org/issues/2011/11/pdf/deleveraging.pdf.
② Christine Dugas, "Middle class barely treads water", Sep. 15, 2003, http://usatoday30.usatoday.com/money/perfi/general/2003-09-14-middle-cover_ USA TODAY, x.htm.
③ Federal Reserve Bank of New York, "New York Fed Report Shows Households Adding Debt", Feb. 18, 2014, http://www.newyorkfed.org/newsevents/news/research/2014/rp140218.html.
④ "Why Middle Class Mothers and Fathers Are Going Broke", http://www.today.com/id/3079221/ns/today-money/t/why-middle-class-mothers-fathers-are-going-broke/#.Ux1x0CSS2M8.
⑤ WSJ Staff, "White House Announces Middle Class Task Force", Jan. 30, 2009, http://blogs.wsj.com/washwire/2009/01/30/white-house-announces-middle-class-task-force/.

五　小结

自从马克思主义产生以来，资产阶级就没有停止过在意识形态领域对马克思主义的围剿。尽管马克思说过阶级和阶级斗争不是他的发明，在他以前很久，资产阶级的历史学家就已叙述过阶级斗争的历史发展，资产阶级的经济学家也已对各个阶级作过经济上的分析。但由于惧怕无产阶级阶级意识的觉醒以及阶级斗争对资本主义制度的颠覆，资产阶级现在更加认同去阶级化——营造一个没有阶级更没有阶级斗争的世界，才符合资产阶级的利益。无论是"告别工人阶级"[①]还是取代"资本主义社会"的"后工业社会"[②]，都想表达的是，阶级或阶级斗争属于马克思那个旧时代。"中产阶级"这一概念，不过是想把资本主义社会中无法抹杀其客观存在的无产阶级，用一种令人舒服而又无害的概念将它与小资产阶级，甚至一部分资产阶级混同起来，从而达到消解工人阶级/无产阶级概念的目的，为资产阶级的统治营造一个错误的社会阶级结构镜像，让工人阶级/无产阶级无法从中看到自己的存在，进而实现资产阶级统治万世长存的理想。可惜的是，资本主义积累危机在不断地酝酿、发展和爆发中，它使"中产阶级"们无法保有理想的"中产阶级"生活状态，从而发现了自己存在的虚幻性，发现了自己作为无产者的真正处境。只有通过阶级斗争，才能解除资产阶级从精神方面对无产阶级的束缚和统治，进而彻底摆脱资产阶级从物质方面对无产阶级的剥削和压迫。

第四节　欧洲移民问题剖析
——以意大利为例

2010年，欧洲主权债务危机的重灾区希腊、意大利等国劳动阶层的罢工、游行和示威等活动进入了高发期。值得注意的是，在这些活动中，移民工人表现得比以往要活跃。他们为改善工作环境，争取更多的基本社会权益，为得到文化认同与政治话语权，一反数十年来比较"静默"的状态，发起了具有一定规模和社会影响的罢工、示威活动和占领运动。在意

---

① [美] 丹尼尔·贝尔：《后工业社会》，科学普及出版社1985年版，第114页。
② 同上。

大利，来自其他国家和地区的移民劳工①队伍庞大，他们所处的境况以及开展的抗争活动与其他欧盟国家很相似，具有相当的代表性，完全可以被视为欧洲外来移民工人抗争活动的缩影。

一 意大利基本移民政策与移民劳工的规模

直到20世纪末期，意大利才真正成为移民输入大国，因此，意大利在1998年才制定出第一个比较全面的移民法案——《图尔克-纳波利塔诺（Turco-Napolitano）法案》。进入21世纪，意大利移民数量增长十分迅速。为应对新情况，意大利在2002年又颁发了新的《博西-菲尼（Bossi-Fini）法案》。该法案内容模糊而严苛，更似一个权宜之计。法案规定，在意大利无居留证明的非欧盟移民被视为犯罪；雇用无合法居留证之非欧盟成员国居民的雇主，将被判处3个月到1年的有期徒刑，根据雇用人数，最高可罚一人5000欧元。法案要求申请居留的移民劳工必须有工作合同在身，居留有效期为两年，一旦工作合同终止，移民必须返回原籍。《博西-菲尼法案》颁布后备受诟病。2009年8月，意大利中右政府又通过了一项关于已经就业的非法移民获取合法居留证的法律。但这条法律针对的是意大利劳动力市场需求量很大的、从事家庭看护和保姆（Colf e badanti）类工作的无居留证移民。总体来说，意大利移民政策尚无体系可言，颁布的法案一直也是移民抗争的动因之一。

据意大利第十五次人口普查表明，截至2011年12月31日，意大利登记的外来移民人口已经达到403万，约占总人口的7%；其中劳动力约230万，占意大利本国总劳动人口的10%，GDP贡献率达到12.1%。② 到2013年1月1日，登记的外国人数量达到了438.8万人，占意大利总人口的比重增至7.4%。③ 可见意大利移民劳动人口队伍在不断壮大，而且已经成为推动意大利经济社会发展的重要力量，不容小觑。意大利外籍移民中女性多于男性，受教育程度以中等学历为主，拥有高等学历的约占10%。④ 意

---

① 本节的研究对象主要是指通过合法或非法途径进入意大利并居住了一定时期的外籍劳工。
② Blangiardo Giancarlo, *Illinguaggiodeinumeri* in *Diciassetttesimo rapport sullemigrazioni* 2011, edited by Vicenzo Cesareo, Franco Angeli, Milano, 2011, pp. 7 – 31.
③ http：//www.istat.it/it/archivio/96694.
④ http：//www.interno.gov.it/mininterno/export/sites/default/it/assets/files/26/2013_07_30_report_Istat_extracomunitari.pdf.

大利南北地区经济发展差异和差距都很大,北部第二、三产业很发达,南部则以农业种植经济为主。86%的移民工人集中在就业机会相对较多、收入更高、工业和经济发达的意大利中北部地区。又以米兰、罗马、都灵、布萨等大中城市为主,仅生活在罗马和米兰的雷西亚、贝尔加莫、佛罗伦萨移民人数就占了意大利境内全部移民总数的1/5。① 鉴于移民中拥有高等学历的仅占1/10,所以在意大利从事或有机会从事高技术含量型,如专业性强的工程师、会计师等工作的移民很少,大部分移民的就业领域集中在非技术性或技术含量低,偏向于体力型的行业,如家政、看护、清洁工、建筑工人、餐饮业服务等。②

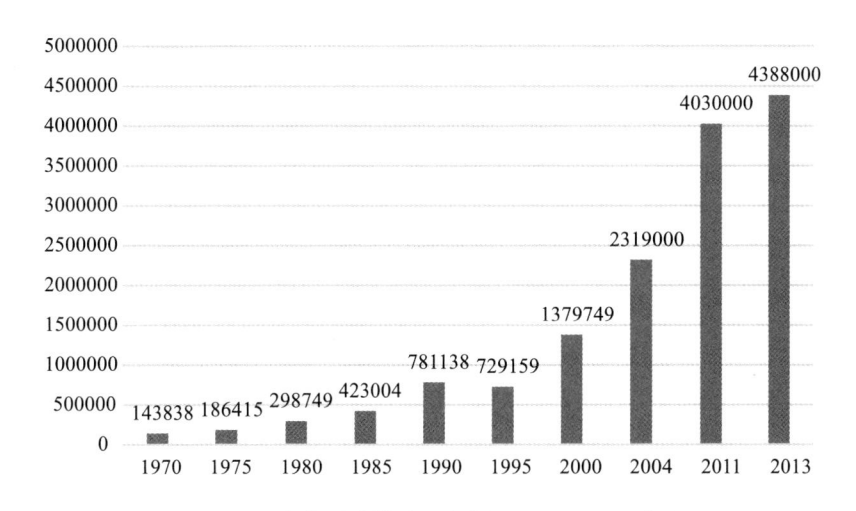

图 3.5　意大利外籍移民数量（1970—2013 年）

资料来源：意大利国家统计局 http://demo.istat.it/。

二　金融危机对意大利移民劳工的冲击

(一) 金融危机中的意大利经济

2008 年,全球金融危机爆发,意大利作为欧元区第三大经济体深受重创。危机爆发后的 2009 年,意大利 GDP 骤减 5.2%,2010 年略微恢复增

---

① http://www.interno.gov.it/mininterno/export/sites/default/it/assets/files/26/2013_07_30_report_Istat_extracomunitari.pdf.
② 参见意大利内政部关于意大利境内移民的报告（2007），http://www.interno.gov.it/mininterno/export/sites/default/it/assets/files/15/0673_Rapporto_immigrazione_BARBAGLI.pdf。

长了 1.7% 后，到 2012 年再次缩减 0.4%。失业率不断创新高，金融危机前意大利在 2007 年的失业率是 6.2%，2011 年达到了 8.4%。在意大利政府实施劳动力市场改革方案后，2012 年的失业率飙升至 10.7%。反映通货膨胀率的重要指标 CPI 在 2007 年时仅为 1.9%，2009 年略有回落后，又在 2012 年大涨至 3.3%。金融危机爆发以来，意大利 GDP 增长率低于欧元区和欧盟的平均值，失业率较之欧盟平均值略低，但 2012 年 CPI 的涨幅高于欧盟平均值，仅次于芬兰居第二位。总体来看，意大利经济形势仍不乐观，恶化趋势短期内仍未得到有效遏制。意大利金融危机爆发前后的 GDP、失业率和 CPI 变化形势如图 3.6 所示。

	2007年	2008年	2009年	2010年	2011年	2012年
GDP增长率	1.50%	-1.30%	-5.20%	1.70%	0.40%	-2.40%
失业率	6.20%	6.80%	7.80%	8.40%	8.40%	10.70%
CPI	1.90%	3.30%	0.80%	1.60%	2.90%	3.30%

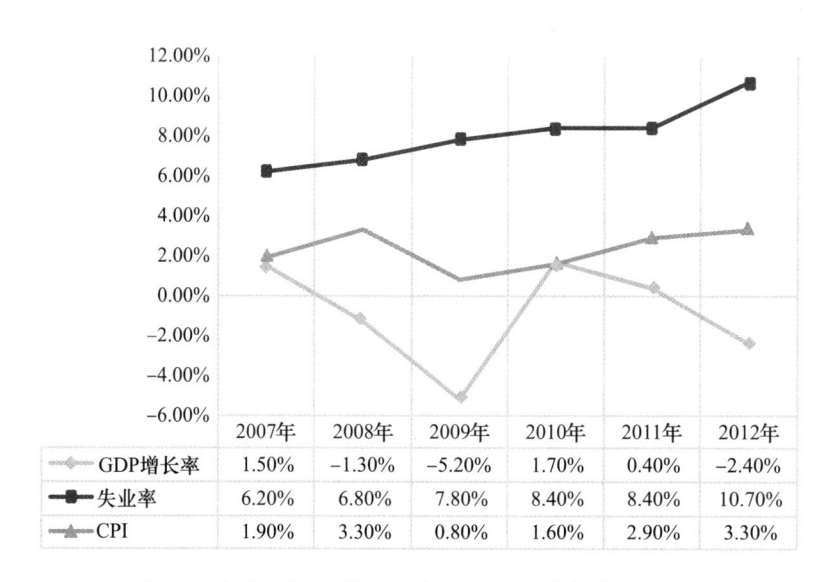

图 3.6　金融危机前后意大利 GDP、CPI 增长率和失业率

资料来源：意大利国家统计局《年度报告》（2007—2012 年），http：//www.istat.it/it/files。

从金融危机爆发的 2008 年到意大利政府实施紧缩等改革措施后的 2012 年，不断攀升的失业率，移民中高比例的学历过剩者（所受教育与从事工作收入不匹配），移民人均收入与意大利本国人均收入差距日益增大，都表明了移民劳工更容易受到金融危机的冲击，他们的生存和发展更为艰难。

（二）金融危机中的移民劳工承受着更大的就业压力和更高的失业率

据意大利国家统计局 2013 年 8 月所公布的统计数字，2012 年移民劳工已经占到意大利劳动力市场总量的10.6%，失业率达到了14.1%。①2012年制造业和建筑业劳动力市场的需求量依然在减少，工业领域的总体劳动力需求量比2011年减少了1.8%，年度劳动单位减少了1.9%；建筑领域的就业量减少了5%，年度劳动单位减少了6.3%；农业方面，就业岗位减少了0.2%，劳动单位减少了4%。②显然，受金融危机影响，很多企业所能提供的工作岗位减少了，即对劳动力的需求萎缩了。而且意大利的企业以中小型为主③，超过95%的盈利企业只有10名以下的雇员，其中50%的企业只有1名雇员④，因此它们对劳动力的吸收能力很有限。危机中，企业经常面临裁员的抉择。企业主对高技术工人的需求以及裁掉高技术工人所需的高成本刺激雇主解雇低技术工人，而外籍劳工则首当其冲的成了失业压力的承受者。在意大利制造业和建筑业发达的北部地区，15岁至64岁的男性中，意大利人和移民劳工的就业率差距不是很大，分别为73.1%和71.9%；然而男性移民劳工的失业率达到13%，是意大利人失业率5.6%的两倍还多。⑤

在意大利南部，情况稍有不同。从2008年到2012年，移民劳工无论男性还是女性的就业率都高于意大利本国劳动阶层，失业率也比意大利本国人要低。其中15岁至64岁的女性移民的就业率比意大利南部的女性高15个百分点⑥，女性移民失业率也比本地女性低得多。移民在南部的就业率之所以比本地人要高，与他们所从事的工作有很大关系。意大利南部工业不是很发达，男性移民主要在农场工作，而女性移民则主要从事意大利本地人不肯俯身屈就的家政清洁、陪护等工作。随着意大利社会老龄化的加速，家政服务业和家庭看护的劳动力市场需求量只会逐年增多。这种类型的工作受金融危机冲击较小。因此，意大利国家

---

① 意大利国家统计局：《年度报告》（2013年），http：www.istat.it/it/files/2013/05/Rapporto_annuale_2013.pdf。
② 意大利国家统计局：《年度报告》（2007—2012年），http：//www.istat.it/it/files。
③ 依据欧盟执委会2003年公布之第2003/361/EC号建议书，暨对中小企业规模之界定如下：少于10名雇员的企业属于微型企业，10—49名为小型企业，50—249名为中型企业，大于250名雇员为大型企业。意大利目前已经是微小型企业的王国了。
④ 意大利国家统计局：《年度报告》（2007—2012年），http：//www.istat.it/it/files。
⑤ 意大利国家统计局：《年度报告》（2013年），http：www.istat.it/it/files/2013/05/Rapporto_annuale_2013.pdf，p.96。
⑥ 同上。

统计局在 2013 年的年度报告中也指出，集中在家政服务业的菲律宾籍、波兰籍和罗马尼亚籍移民劳工的失业率较低，而有一定技能、主要集中在制造业和建筑行业的摩洛哥移民、阿尔巴尼亚移民等受影响则较大。

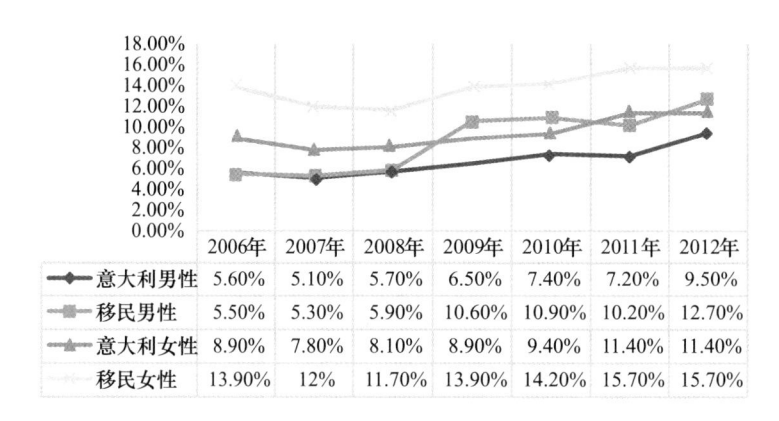

	2006年	2007年	2008年	2009年	2010年	2011年	2012年
意大利男性	5.60%	5.10%	5.70%	6.50%	7.40%	7.20%	9.50%
移民男性	5.50%	5.30%	5.90%	10.60%	10.90%	10.20%	12.70%
意大利女性	8.90%	7.80%	8.10%	8.90%	9.40%	11.40%	11.40%
移民女性	13.90%	12%	11.70%	13.90%	14.20%	15.70%	15.70%

图 3.7　金融危机前后意大利失业率

资料来源：意大利国家统计局《年度报告》（2013 年），www.istat.it/it/files/2013/05/Rapporto_annuale_2013.pdf, p.124。

移民工人的不稳定就业增多，半失业比例也比较大。受金融危机的影响，移民劳工的全职就业队伍在缩减，半失业的比例与绝对数量都在不断攀升。2008 年，处于半失业状态的移民有 7%，到 2011 年增长至 8.6%，2012 年这一比例达到了 10.7%，而处于半失业状态的意大利本国劳动者比例，总体比较稳定，最高为 2012 年的 4.6%。2008 年到 2011 年，移民处于半失业状态的比例相对增幅不是很大，在 2012 年意大利政府启动放宽解雇限制的劳动力市场改革法案之后，移民失业和半失业比例开始大幅上扬，2012 年移民男性的半失业比例比 2008 年多了 3.7 个百分点，比 2011 年多了 2.7 个百分点。女性移民的就业状况比男性移民的更糟糕。在 2008 年危机爆发之初，半失业状态的女性移民已经达到了 7.3%，2011 年这一比例达到了 9.7%，到 2012 年又多了 1.3 个百分点。

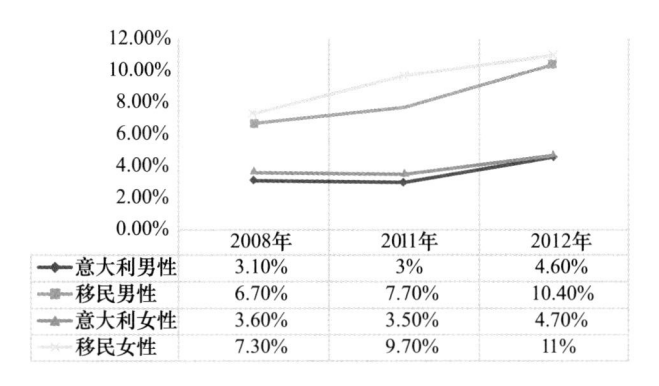

	2008年	2011年	2012年
意大利男性	3.10%	3%	4.60%
移民男性	6.70%	7.70%	10.40%
意大利女性	3.60%	3.50%	4.70%
移民女性	7.30%	9.70%	11%

图 3.8 意大利人与移民的半失业比例

资料来源：意大利国家统计局《年度报告》（2013 年），www.istat.it/it/files/2013/05/Rapporto_annuale_2013.pdf，p.124。

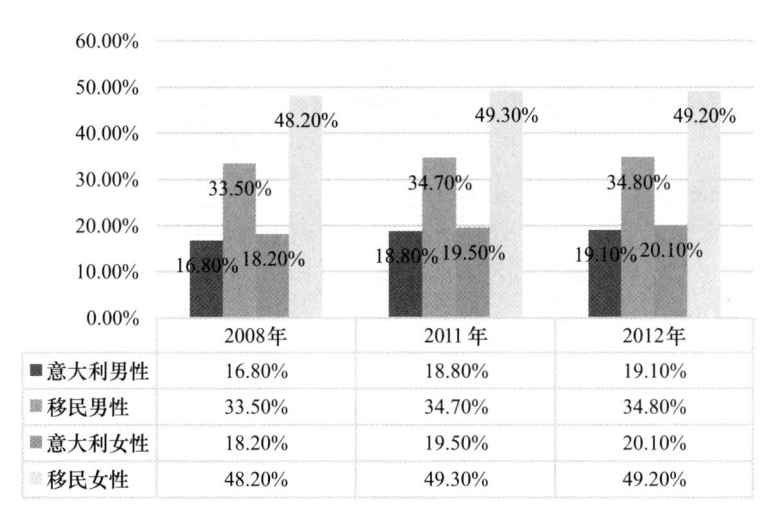

	2008年	2011年	2012年
意大利男性	16.80%	18.80%	19.10%
移民男性	33.50%	34.70%	34.80%
意大利女性	18.20%	19.50%	20.10%
移民女性	48.20%	49.30%	49.20%

图 3.9 意大利人和移民学历过剩者比例

资料来源：意大利国家统计局《年度报告》（2013 年），www.istat.it/it/files/2013/05/Rapporto_annuale_2013.pdf，p.124。

金融危机爆发以来，移民工人学历过剩比例增高，人均收入增幅很小。移民中高学历、低就业，从事与教育水平不匹配工作的比例要远远高于意大利本国人。从 2008 年到 2012 年，男性移民的高学历、低就业比例几乎一直是意大利本国男性的两倍，而女性移民的这一比例则几乎是意国女性的 2.5 倍。这一点说明，在阶层固化的意大利社会，移民要摆脱底层的经济与社会地位，进入更高层的发展，比意大利本国人要困难得多。

（三）移民劳工工作环境恶劣，缺乏保障，报酬低

据统计，2009 年有 65% 的南部农场移民季节工住在简陋的棚屋中，有 10% 居住在帐篷里，只有 20% 住在出租屋内。① 2011 年 7 月，恶劣的生活条件就是意大利南部纳多（Nardò）移民劳工进行罢工的动因之一。罢工运动的代表如此描述他们的生活条件："这就是地狱。就像回到了非洲，五百个有着不同文化背景，来自南撒哈拉和马格里布地区的非洲兄弟，睡在帐篷里……到处都脏乱不已。"② 此外，移民劳工在工作中受到意外伤害的比例更高，且很多人没有医疗保险等保障。欧洲生活和工作条件改善基金会早在 2005 年就发布过一篇关于移民工人在工作中受意外伤害比例更高的报告。该报告的样本就是意大利境内的外籍工人。该报告指出，2000 年意大利非欧盟籍移民工人的工伤率为 5.8%，到 2004 年这一比例增至 12.3%，人数接近 11.6 万人。而 2004 年没有保险保障的移民工人达 176.5 万人。③ 据意大利工伤意外保险研究所（Istituto Nazionale per l'Assicurazionecontro gli infortuni sul lavoro）统计，金融危机爆发以来，意大利外籍移民中有医疗保险保障的人数在 2010 年降到了最低点，仅为 270 万，2011 年增至 300 万，但这也不过是 400 多万的移民大军的 2/3 而已。意大利工伤意外保险研究所 2011 年度的报告显示，意大利 2011 年报备的外籍移民的工伤人数从 2010 年的近 12 万人，回落至 11.5 万人，占意大利境内总工伤量的 15.9%，其中来自欧盟以外的国家和地区的劳工工伤比例为 11.7%。④ 该报告还显示，外籍劳工工伤中有 94.7% 发生在工业和服务业领域，5% 发生在农业领域。行业主要是他们就业比较集中的建筑业（11.5%）、钢铁行业（7.8%）、服务业（7.6%）和家政清洁等。对于本就承受高就业压力、高 CPI、收入低且增幅小的移民来说，在工作中受到

---

① http://www.ires.it/files/upload/Abstract.pdf.
② YvanSagnet, *Tutte le cose belle siottengonolottando*, in Brigate di solidarietàattiva, Devi Sacchetto, Gianluca Nigro, Mimmo Perrotta, *sullapelle viva*, Derive Approdi, Roma, 2012, p.57.
③ "Injuries more frequent among immigrant workers", http://www.eurofound.europa.eu/ewco/2005/10/IT0510NU01.htm.
④ http://www.inail.it/internet/salastampa/SalastampaContent/NumerieStatistiche/archivioRapportiAnnualiNazionale/p/DettaglioRapportiAnnuali/index.html?wlpnewPage_contentDataFile=UCM_TEST149361&_windowLabel=newPage.

的意外伤害若没有保险的保障，对他们的生存困境无疑是雪上加霜。

意大利的一些不法企业主或类似用工中介的工头与移民劳工签订不规范用工合同，或不签订合同。意大利南部纳多农场的非洲籍劳工并没有与农场建立直接的雇佣关系，而是被类似中介的非法工头们管理。农场工人的日均最高工资为24.5欧元，且每天平均工作12小时左右。若扣除工头的所谓"服务费"，即交通和伙食费，他们的实际收入每天也就16欧元①，而意大利的最低工资标准是每小时7.5欧元。这种情况在意大利南方并不罕见。那些保守的农场主们为了维持利润率，不投入成本革新技术，却使用廉价的手工劳动，并铤而走险地利用在意大利属于非法的工头管理制度，通过他们雇用大量来自非洲的难民或尚无居留许可的移民。正如马克思在《资本论》中所引证的那段话，"资本害怕没有利润和利润太少，就像自然界害怕真空一样。一旦有适当的利润，资本家就胆大起来。如果有10%的利润，它就保证到处被使用；有20%的利润，它就活跃起来；有50%利润，它就铤而走险；为了100%的利润，它就敢践踏一切人间法律；有300%的利润，它就敢犯任何罪行，甚至冒绞首的危险。如果动乱和纷争能带来利润，它就会鼓励动乱和纷争。走私和贩卖奴隶就是证明"②。

金融危机以来，移民工人的人均月收入与意大利人差距在不断加大。2008年，男性移民与意大利男性的全职月均收入差距为251欧元，到2012年这一差距达到了297欧元；女性移民的全职月均收入与意大利女性的差距更大，从2008年的294欧元增至2012年的353欧元。与意大利本国劳动阶层的月均收入差距还体现在增幅的差距上。从2008年到2012年，移民男性和女性劳动阶层的月均收入分别上涨了13欧元和6欧元，而同时期的意大利本国男性和女性劳动阶层的收入分别增加了71欧元和66欧元。由此可见，女性移民劳工遭受着移民身份和女性性别的双重歧视，月均收入既比同为移民的男性劳工报酬低，也比意大利本国女性劳动阶层低。

---

① Nicola Montagna, "Labor, Citizenship, and Subjectivity: Migrants' Struggles within the Italian Crisis", *Social Justice*, Vol. 39, No. 1, 2012.

② 《马克思恩格斯文集》第5卷，人民出版社2009年版，第871页。

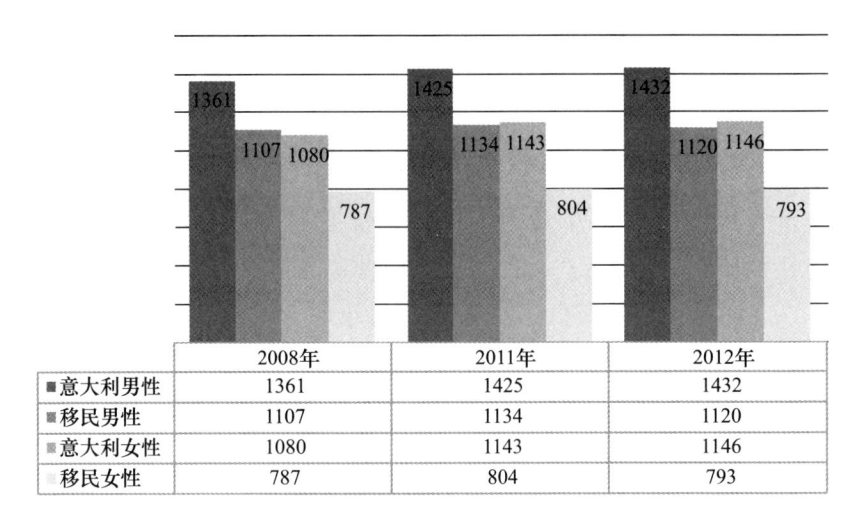

	2008年	2011年	2012年
意大利男性	1361	1425	1432
移民男性	1107	1134	1120
意大利女性	1080	1143	1146
移民女性	787	804	793

图 3.10　意大利人和外籍移民月均收入对比（欧元）

三　意大利移民劳工在金融危机中的抗争活动

移民工人在意大利的抗争以罢工形式为主。在金融危机爆发之前，意大利就爆发过移民工人罢工，如 2002 年 5 月 15 日抗议苛刻的《博西－菲尼法案》罢工，以及 2004 年和 2005 年两场全国性的争取获得合法居留权等基本权益的罢工。虽然这些罢工活动并没有真正为移民争取到多少权益，但是它们对建立起移民的主观抗争意识，构建移民的地方性、全国性的协会起到了积极的作用，为金融危机以来更大规模或者参与率更高的移民罢工活动打下了基础。

金融危机的爆发，让意大利外籍劳工的不稳定就业率和失业率增高，没有规范的工作合约在身，获得居留许可的可能性很小。意大利中右政府在 2009 年 8 月通过的一项关于已经就业的非法移民获取合法居留的法律，似乎给了他们一线希望。但这条法律针对的是从事家庭看护和清洁等家政服务业的移民劳工。他们只要缴纳 500 欧元，并补齐自抵达意大利以来的保险费用即可申请居留证。那些从事服务员、建筑工人、厨师等工作的非法移民为了早日获得合法居留，也开始寻找家政服务的"雇主"。他们要支付愿意为他们申请合法居留的"雇主"500 欧元到 8400 欧元不等的交易费，人均交易费用达到了 3027 欧元。很多"雇主"收到了交易费便溜之大吉，非法移民因怕被驱逐出境，不敢去报警。据意大利内政部公布的数据，当年收到的该项居留申请达到了 295126 份，73% 的申请获得通过，

15%被暂时搁置，11%被拒绝，1%被免除申请权。很难估算出移民在与"雇主"的交易中到底遭受了多大的损失，粗略估计那些被拒绝和免除申请权的移民所支付的费用就已高达1.06亿欧元。① 2010年2月，意大利政府又对上述法律颁布了补充条款，不允许那些被驱逐的移民申请合法居留。这就意味着收到了驱逐令的非法移民的居留申请已经被自动拒绝了。意大利模糊而又严苛的移民政策在金融危机中逐渐发酵成移民罢工与占领运动的主要动因。

（一）全国性的罢工——"没有我们的一天"

2013年3月1日，意大利移民劳工发起的第四次"没有我们的一天"（Un Giornosenza di noi）全国总罢工爆发。"没有我们的一天"大罢工，第一次发起于2010年3月1日，受启发于2006年5月2日美国移民发动的"美国大罢工"的抗议方式——通过拒绝购物、拒绝售卖，不工作也不上课，以显示移民的经济力量——与当年同时也在2010年3月1日爆发的"没有我们的24小时"的法国移民罢工运动遥相呼应。4年来，每到3月1日，从北部都灵到南部西西里岛的巴勒莫市，就有数十万意大利移民工人停止手中工作，走上街头，占领广场。"三月一日"总罢工，已经成为这场全国总罢工的另一个代名词。综观这4次大罢工，可以说每一次的诉求都大同小异。2010年和2011年，"三月一日"罢工的抗议内容比较宏观，主要集中于呼吁意大利社会关注移民工人的工作条件问题，认可移民的经济贡献，抗议对移民的歧视，抗议《博西－菲尼法案》。移民工人控诉了危机对他们的冲击：金融危机令所有劳工，无论年龄与种族都陷入了窘境。但是《博西－菲尼法案》又让移民的处境更加糟糕，因为如果一个移民工人失去了工作合同，就丧失了居留权。如果他们失去了工作又达不到法案所规定的收入下线，就无法延长居留期限。2012年的"三月一日"罢工明确提出废除《博西－菲尼法案》，废除必须有工作合约在身才能申请居留的规定，反对提高更新居留的费用，关闭欧洲和意大利的身份识别和驱逐中心（CIE），给予在意大利出生的二代移民以意大利国籍。相较于2012年，2013年移民在罢工诉求中提出的新内容有：移民有在意大利自由流动、自由选择生活地区的权利；要求议会制定完整的政治避难法律，

---

① Nicola Montagna, "Labor, Citizenship, and subjectivity: Migrants' Struggles within the Italian Crisis", *Social Justice*, Vol. 39, No. 1, 2012.

延长北非紧急预案以让所有逃难者完成申请避难的手续，并推动他们融入意大利社会；制定新的移民法案，充分承认并尊重移民的基本人权，废除把移民行为定义为犯罪的概念，赋予广大移民行政投票权。由此可见，虽然移民劳工在罢工中诉求的主要内容变化不大，但是更加具体，与移民遇到的新情况结合更紧密，针对性更强。

很难去界定"没有我们的一天"的移民全国总罢工在这4年来对移民的境遇改善起到了多大作用，毕竟《博西-菲尼法案》仍未被废除，申请居留证还需要有工作合约在身，工作条件改善不大，制定新的移民法案一度曾被蒙蒂政府和民主党提上日程，但随着2013年意大利大选的尴尬落幕而被再度搁置。不过，每年3月1日的总罢工毕竟是移民工人进行大规模抗争迈出的第一步，也许它最初的象征意义大于实际作用，但它所产生的潜在社会影响和示范效应却不可低估。因为，在2010年3月之后，意大利移民工人自发地组织了更多的罢工和占领运动，"三月一日"大罢工如今几乎已经成为一种惯例。

（二）北部移民劳工的占领运动——为了基本社会权利与尊严而抗争

2010年9月底，意大利北方城市布雷西亚的一群埃及工人占领了政府大楼前的一块草地，从而令人意外地拉开了持续9个月的意大利占领运动的序幕。与其他在工作场所爆发的具有明显的民族或种族特征的移民劳工罢工不同，这次占领运动没有文化、种族、民族与宗教界限，来自印度、巴基斯坦、摩洛哥、突尼斯和塞内加尔等国的工人陆续加入了占领队伍，他们形成了一个独特的政治文化圈，为争取在意大利社会的基本生存权益进行抗争。

面对布雷西亚市中右政府的漠视，移民占领运动的积极分子们想尽办法打破意大利社会的沉默。最终，移民劳工们通过占领市中心附近建筑工地的巨型吊车而获得了意大利主流报纸的关注。媒体的系列报道一定程度上颠覆了那种移民不过是政治或战争的牺牲品，或者他们仰赖意大利社会的慷慨而生存的认识，把问题聚焦于意大利社会中存在的种族主义倾向、移民劳工恶劣的工作和生活条件、居留合法化的法律导致的欺诈行为等上面。在移民劳工不惜冒着被遣返甚至生命危险而进行的抗争活动被报道后，意大利公共舆论倒向了移民这一边，认为工作条件恶劣、遭受过度剥削的移民工人的境遇与本国工人的困境都是金融危机造成的恶果。然而，地方政府压制了所有对占领活动的支援，严格核查移民的身份证件，占领运动的领导者被驱逐出境。这一做法的确让很多移民劳工暂时地远离了占领运动，但运动的主导权却令人意外地转移到了意大利本国劳动阶层手中。2010年11月6日，1万名示威者站在吊车后声援移民工人的抗争活动。两天后，布雷西亚市政府动用警察驱散声援者，一些人被逮捕，部分移民遭到了驱逐。但是声援者的队伍却越发庞大，占领抗议活动扩展到了其他北方城市，如都灵、博洛尼亚等。直到2011年4月，欧洲法院做出了非法移民不能被视为一种攻击性犯罪活动的裁定，以及5月意大利总理府重新认可了即使被驱逐的移民也有重新申请居留的权利后，北部移民工人的占领活动才告一段落。

显然，这场占领运动不如美国"占领华尔街"运动那般声势浩大，但意大利移民工人在有种族歧视倾向的右翼政党北方联盟的大本营——布雷西亚发起的这场占领运动，产生的影响也不可小觑，毕竟"惊动"了欧盟法院，也得到了意大利本国工人的声援。

（三）南部农场季节工的抗争——"对工头说'不'"

2010年1月，在意大利南部城市罗萨尔诺（Rosarno）爆发了一场数百名农场工人针对工头①的暴乱。罗萨尔诺暴乱是由住在一间破厂房的两名农场工人被杀引起的。这场暴乱引发了意大利媒体和工会对农场季节工生活、工作环境的关注。② 此后，意大利劳工联合会（CIGL）的经济与社会研究所（Ires）专门组织学者对南方移民季节工生存状况进行了调研并发布了《移民，剥削与社会冲突》的报告。报告的作者曾忧虑地预言，因意大利南部农场工头与季节工矛盾很尖锐，至少有4个地方恐怕会成为下一个"罗萨尔诺"。③ 然而，报告刚刚发布没多久，2011年7月，意大利南部城市纳多就爆发了为期10天的"对工头说不"（NO ai Caporali）的罢工运动。它被意大利研究移民工人运动的学者赋予了重要的意义。因为这是意大利农场移民工人第一次自发组织的、有一定规模的罢工运动。参加罢工的农场工人都来自撒哈拉沙漠以南的非洲地区，一部分是专门在意大

---

① 意大利语Caporale，意思是工头，工长。在意大利南部农场存在工长管理体系。很多工头本身就是移民工人，他们运送非法移民到意大利，通过个人关系或口头允诺方式雇用移民劳工，并从每个移民劳工身上榨取差额工资。工头管理体系违反了意大利就业法和移民法。

② http：//www.repubblica.it/cronaca/2010/02/26/news/sciopero_degli_immigrati-2439277/.

③ Battaglini E., Carrera F., Di Giacomo M., Ferrucci G., Galossi E., Montanari E., Mora M., Padoan V., "Immigrazione, sfruttamento e conflittosociale. Unamappaturadelleareee a rischio e quattrostudi di casoterritoriali", http：//www.ires.it/files/upload/Abstract.pdf.

利各个农场流动工作的季节工人，一部分是曾在工厂做工因金融危机而失业的工人，还有一部分是固定在该农场做工的工人。当地95%的农场工人，约400人参加了最初两天的罢工活动。他们后来又占领农场周围的道路以阻止工头运送其他移民工人恢复生产。罢工运动得到了意大利其他移民组织和协会的后勤支援，受到了意大利全国性大媒体，如意大利国家电视台、《共和国报》等的跟踪报道。反种族主义的激进分子和工会代表努力推动当地政府干预此事，创造利于移民工人、农场工人和他们各自的代表谈判的条件。在谈判过程中，农场主和工头通过各种途径进行了反攻，很多罢工者甚至遭到了死亡威胁。最终，意大利其他地区的移民劳工被带到了农场，取代了这些罢工者，重新开始生产，但他们的工作时间得到了规范，报酬有了象征性的提高。

尽管这场罢工只持续了不足10余天，但是对农场移民劳工的声援和关注活动却持续了数周，并起到了一些积极作用：移民季节工用工开始走向规范化，报酬小幅增长，季节工的生存状况获得了更多的公众关注。

四　金融危机中移民抗争活动的特点与影响

（一）移民劳工历次的抗争诉求基本一致

无论是每年3月1日的全国大罢工，还是北部城市的占领运动，移民工人的诉求主要集中在居留、居住和健康等基本社会权利上，要求改善恶劣的工作条件和生活条件，要求得到意大利社会的尊重与认可，而不是被视为仰赖意国社会的慷慨而生存的可怜虫。他们与意大利本国工人的罢工诉求的层次相比，差之甚远。后者是为了得到更好的社会保障，而移民劳工们的抗争，只是为了得到基本的生存保障。

（二）意大利左翼组织在移民抗争中发挥重要作用

意大利移民的罢工活动，可谓是左翼搭台、移民唱戏。移民劳工的抗争意识增强，但尚缺乏组织大规模抗争活动的人力和经验。此外，移民就业分散、不稳定，彼此间还有民族、文化、语言等差异，很难像意大利本国工人那样一呼百应地去参加罢工活动。移民协会、左翼小党（如意大利价值党、社会党、共产党人党、重建共等）、地方工会、草根社会运动在组织历年的"三月一日"大罢工中发挥了很大的作用。而全国总罢工又促进了移民协会①、反种族主义等组织的发展。与移民工人联系最为紧密的移民协会，已经成为移民工人寻求帮助的重要组织力量。不管是单一民族移民协会还是多民族移民联合会，都与意大利本地工会、左翼政党和反种族主义组织建立了联系，并在每次罢工中加强了合作关系。移民协会恰恰是通过这些有一定话语权的意大利左翼组织来为移民工人争取社会权利，左翼组织无论出于政治立场还是政治信念，从 2010 年以来都一直在充当移民工人活动的重要组织者和智囊。

当然，每年"三月一日"意大利移民劳工全国总罢工之所以能够组织起来，也归功于罢工参与主体——移民劳工抗争意识的增强。不少北部移民工人也是工会中罢工活动的积极倡导者。北方工业重镇都灵、博洛尼亚和布雷西亚等地的工会之所以参与了第一次移民的全国总罢工，就是因为迫于工会中的移民会员和移民协会、反种族主义组织的压力。② 在意大利南部纳多农场，移民劳工能够自发组织起罢工，是因为罢工主体中有一部分工人原本在意大利北部工厂做工，因金融危机而失去了工作，他们一方面对工资报酬的期待比前者高，不愿意接受工头强加的超低报酬，另一方面，他们也是工会会员，具备抗争意识和一定的罢工经验。"美好的东西，要通过斗争才能获得"——一名来自喀麦隆的移民工人运动积极分子在总结 2011 年 7 月纳多农场罢工经验时如是说。③

（三）组织者试图打破抗争的种族、宗教与民族特征

每年的"三月一日"移民全国总罢工一直在努力打破工人抗争运动的种族、宗教与民族界限。在组织第一次全国总罢工时，组织者们就着力避免在移民工人中间强化种族、民族界限，避免使用"我们移民"和"他们意大利人"等强化差异的词汇，他们在罢工的横幅标语中，更多地使用"我们"，以表达移民与意大利人一样，在建设这个国家，在为社会发展做贡献。他们强调融合，模糊界限和差异。这一努力在 2011 年以来的总罢

---

① 意大利学者对移民协会的准确界定尚存在争议。因为在意大利移民协会主要分为两种，一种属于文化协会，倾向于在意大利社会中保留自己国家的文化传统，并帮助初到者寻找工作、住房等，主导者多为移民妇女；另一种属于政治性协会，主要为移民争取社会权利，且主导者都是意大利人。

② Nicola Montagna, "Labor, Citizenship, and subjectivity: Migrants' Struggles within the Italian Crisis", *Social Justice*, Vol. 39, No. 1, 2012.

③ Yvan Sagnet, *Tutte le cose belle siottengonolottando*, in Brigate di solidarietàattiva, Devi Sacchetto, Gianluca Nigro, Mimmo Perrotta, *sullapelle viva*, Derive Approdi, Roma, 2012, p. 57.

工中初见成效，因为意大利本国工人也开始参加"三月一日"的移民总罢工了。

2010年9月至2011年5月在意大利北部爆发的移民工人占领运动，与全国总罢工有意识地去打破文化、种族、民族与宗教的藩篱不同，这场运动无意间实现了这一点，还得到了意大利本地工人的支援与同情。外籍工人和意大利本国工人一起对资本发起了抗争，并在抗争中形成了一个独特的、有着意大利社会烙印的政治文化圈。这正如马克思在《评弗里德里希·李斯特的著作〈政治经济学的国民体系〉》中所言："工人的民族性不是法国的、不是英国的、不是德国的民族性，而是**劳动、自由的奴隶制、自我售卖**。他的政府不是法国的、不是英国的、不是德国的政府，而是**资本**。"①

（四）金融危机中移民抗争活动的影响

意大利移民工人争取基本权益，抗议严苛的意大利移民法案的活动，在金融危机之前也时有爆发，但在意大利社会的反响不大。究其主要原因，笔者以为，首先，在金融危机爆发之前，移民的抗争活动规模较小，力量微弱，时间上和空间上都很分散；其次，移民劳工自身既没有政治话语权，也少有具备社会影响力的意大利工会、政党、移民协会、反种族主义组织为他们奔走、呼吁媒体去关注移民问题；最后，经济危机使意大利本国工人也陷入了困境，移民工人的斗争因此更容易引起共鸣。

危机爆发以来，移民的抗争活动，或因其方式比较激烈，或因规模大、参与率高，或因持续时间久，让意大利社会听到了移民劳工的诉求，引起了意大利工会、学术界、政府以及欧盟法院的注意。然而，无论是罗萨尔诺农场季节工的暴乱，还是纳多的罢工，虽然都引起了意大利劳工联合会的重视，甚至把它们视为亟须重视的"社会冲突"问题，但左翼工会对政府的影响有限，并没有能够推动政府去采取措施终结意大利南部的工头管理制度，季节工们的生存状况依然如故，健康权仍得不到保障。肇始于布雷西亚市的长达9个月的占领运动，真真切切地向意大利全社会展现了他们为了生存权和尊严进行抗争的勇气，得到了意大利社会的同情与声援。但在意大利这样的资本主义议会制国家，从其政治体制和政治结构来看，移民劳工改变他们自身生存境况的捷径是获得政治话语权。每年"三

---

① 《马克思恩格斯全集》第42卷，人民出版社1979年版，第256页。

月一日"的移民全国总罢工,似乎正在朝着这个方向迈进。移民协会正试图通过大罢工与意大利左翼力量建立合作与联系,进而去影响意大利政府在移民问题上的决策。但左翼政治力量在意大利的影响力确实较弱,与他们的合作前景也充满未知。因此,移民未来争取基本权益的抗争之路必将漫长且曲折。

第四章　西方社会矛盾冲突深层透视

国内外围绕资本主义危机和社会矛盾冲突的解读很多。本章尝试采取一种综合性视角，即从经济、政治、社会、思潮等层面，对西方社会矛盾冲突进行整体性考察。既有对西方政府反危机措施的解读，有对经济金融化及其破坏性后果的阐释，也有对当前资本主义发展中出现的一些社会矛盾新现象，比如民粹主义兴起与欧洲社会矛盾的变化，特朗普上台所体现的美国社会矛盾新发展的深入剖析，试图从多领域、多层面、多角度对西方社会矛盾进行更加深入的分析和思考。

第一节　西方政府反危机措施是社会矛盾加剧的推手

2008年国际金融危机发生后，西方国家采取了一系列的反危机举措，主要包括：对金融机构进行救助，为本国信贷体系提供流动资金担保，以稳定金融市场；实施大规模的经济刺激计划，减少企业和个人税负，扩大公共投资，对实体经济行业进行救助等；降低利率，刺激货币流通。上述举措在一定程度上缓解了危机，避免了经济陷入更严重的衰退，部分经济体出现缓慢的复苏，如德国在2010年实际GDP同比增长率达到了4.2%，美国2010年和2011年分别增长2.9%和1.7%。

尽管资本主义国家的反危机举措取得了一定的经济成效，但由于其出发点是维护垄断资本尤其是金融垄断资本的利益，许多政策削减了民众的福利，拉大了收入差距，从而将危机的后果转嫁到普罗大众身上，导致社会矛盾日益凸显，大规模的工人罢工运动及社会运动频繁发生。

一　救助垄断资本使社会不平等状况进一步恶化

此次危机的根源仍然是资本主义生产过剩的危机，是资本主义基本矛盾的表现，正如马克思所指出的，"一切现实危机的最根本的原因，总不外乎群众的贫困和他们的有限制的消费"①。而在危机发生后，资产阶级政府不仅无法对资本主义这一根本矛盾进行调整，反而通过对垄断资本的大规模救助，将危机的后果转嫁到普通民众身上，进一步加剧了社会矛盾。

（一）救助垄断资本将危机转嫁给普通民众

垄断资本尤其是金融垄断资本过度的贪欲、虚拟经济与实体经济的严重脱节是此次危机的重要成因之一。葡萄牙共产党就指出，反复出现的金融危机，虽然每次强度不同，却成为日益严重的国际传染病，这是世界资本主义制度不断金融化、金融资本支配世界的结果。②

在危机后，许多西方主流学者从理论上对金融资本的过度发展及缺乏监管提出了批评，美国总统奥巴马还签署了《多德－弗兰克华尔街改革和个人消费者保护法案》，对高管薪酬、风险交易、衍生品、消费信贷等设定了新规则，以加强对金融机构的监管。但从资本主义政府的救市举措实践来看，对引发危机的罪魁祸首——垄断金融资本不仅并未进行限制，反而斥巨资加以救助。在美国，布什政府在 2008 年 9 月就签署了高达 7000 亿美元的"问题资产解救计划"，其中 3000 亿美元用于资助美国国际集团（American International Group，AIG）、房利美、房地美和摩根大通，3000 亿美元用于资助花旗银行，其余用于其他大金融机构，并承诺向"健康的"银行直接注资 2500 亿美元，以补充银行资本。在欧洲，各国也纷纷向金融机构注资，如法国、比利时和卢森堡联合向德克夏银行（Dexia Group）注资 64 亿欧元，英国在 2008 年 10 月以 500 亿英镑购买主要金融机构的优先股，为其提供资本金，并为银行间贷款活动提供 2500 亿英镑的担保。欧洲央行和英国等各国中央银行还与美联储联手，向银行体系注入流动性。

除对金融垄断资本进行救助外，西方各国对实体行业中受损比较严重的垄断资本也进行了救助。如 2009 年 1 月 5 日，美国财政部正式签署向通用汽车公司及其子公司通用汽车金融服务公司提供 154 亿美元紧急贷款的协议。在 2009 年 1 月 15 日奥巴马公布的总额达 8500 亿美元的经济刺激计划中，基础建设、钢铁、再生能源、信息技术等都列入了救援名单。

---

① 《马克思恩格斯选集》第 2 卷，人民出版社 1995 年版，第 534 页。
② 刘春元编写：《葡萄牙共产党关于当前资本主义国际性危机及其应对措施的分析》，载《国外理论动态》2009 年第 2 期。

资产阶级政府对垄断资本如此大规模的救助尽管从某种程度上而言对国民经济的暂时稳定起到了一定作用,使经济免于陷入全面崩溃,但却使资本主义国家背上了沉重的财政赤字和债务负担。在美国,2009—2012 年财政赤字分别为 1.41 万亿美元、1.29 万亿美元、1.1 万亿美元和 1.089 万亿美元。在财政保持高赤字的同时,美国国债也于 2011 年 5 月 16 日达到国会所允许的 14.29 万亿美元的上限。在欧洲,欧盟 27 国的国债占国内生产总值的比重在 2007 年为 59%,而在危机发生后,这一数字逐年攀升,2008—2011 年分别为 62.5%、74.8%、80% 和 82.5%。英国增长得更为迅猛,从 2007 年的 44.4% 攀升至 2011 年的 85.7%,增幅达 93%。国债的巨额攀升不仅导致这些国家的长期信用评级下调,也将救助垄断资本带来的重负转嫁到普通民众身上。这是因为,第一,巨额债务利息成为政府支出的重要部分,用于经济刺激计划的资金必然缩减,从而影响经济复苏的进程,人民生活受到巨大影响。"根据美国国会预算办公室预测,美国需要在未来十年支付 5 万亿美元的利息,政府所有收入的 14% 以上将用于支付债务利息。"① 第二,债务利息支出必将挤压社会福利支出,而增加税费也成为许多国家和地方政府削减赤字的重要手段。美国"汽车城"底特律就因公共支出不足而被迫削减警力、减少照明、道路维修等服务,加利福尼亚州州政府则将公立大学的学费调高了 32%。第三,民众自身及与养老金、医疗保险等直接相关的社保信托基金等都持有大量国债,如果政府发生违约,普通民众将成为最大的受害者。而在危机中,许多国家和地方政府都面临破产的境地,美国宾夕法尼亚州首府哈里斯堡就于 2012 年 10 月 13 日向法院申请破产,在欧债危机中,冰岛、爱尔兰等也都曾濒临破产的边缘。对此,印共(马)中央政治局委员西塔拉姆·亚秋里就指出,"资本主义政府在国内通过建立自己的债务来拯救企业巨头,但却把政府陷入债台高筑的旋涡当中……主权债务的负担已经被转嫁到普通民众头上,已经遭受到了危机摧残的人们因此还仍然要遭受政府的破产的现实"②。

(二)社会不平等状况进一步恶化

危机发生前,西方国家的收入差距一直在不断扩大。以美国为例,占

---

① 张茉楠:《美操纵国债市场埋下重大隐患》,载《上海金融报》2012 年 4 月 13 日。
② 韩晶晶、吴国富:《资本主义国家共产党对国际金融危机的新分析和反危机新规划》,载《社会主义研究》2012 年第 3 期。

全美人口1%的最富者的收入占国家财富的比例在1980年到2008年从8%升至18%。① 2008年危机的爆发本应成为统治阶级调整国内日益拉大的收入差距、为普通民众提供更多就业及收入的契机。然而，西方政府不仅采取了与之相反的举措，对垄断资本大规模救助，同时，这些接受救助的垄断资本也并未将救助用于提高全体员工的福利、调整企业的运营机制等，而是继续维持对高管的高额薪酬，并借危机之利大肆裁员。美国银行、花旗集团、克莱斯勒金融服务公司、克莱斯勒、通用汽车等企业的高管在危机期间分别获得了数百万美元的薪酬。根据美国智囊机构政策研究学会（Institute for Policy Studies）在2011年8月31日发布的报告，在美国收入最高的100位首席执行官中，有25位在2010年的薪酬超过他所在公司的纳税额。据财新网测算，这25位CEO的平均薪酬为1668万美元。②

与高管的高额薪酬相并行的是，垄断资本借助金融危机大肆裁员，各国失业率大幅攀升。根据欧盟统计局的资料，2008—2011年，欧盟27国的失业率分别为6.7%、8.9%、9.7%和9.7%，到2012年4月，失业率继续攀升至10.3%③。其中青年、低技能者、移民等群体失业情况最为严重，且长期失业人数所占比例不断上升。在2011年11月，欧盟青年失业人口共计560万，青年平均失业率达到22.3%。作为资本主义领头羊的美国，其失业率在2009年曾高达10.2%。尽管随着美国经济的缓慢复苏，就业市场状况有所改善，但在2012年，失业率仍维持在8%左右。

欧美之所以会出现如此高的失业率，一方面固然是因为金融危机使许多企业为维持生存不得不裁员，然而也有很大一部分原因是垄断资本借此来转嫁危机。许多公司在原有劳资协议到期后大幅裁员和削减工资，2008年9月6日开始的美国波音公司27000名成员罢工、2011年8月7日美国电信营运商弗莱森电讯大约45000名员工的罢工等都是由这一原因引发的。还有许多公司借助破产法撕毁与工人的协议，如通用汽车公司就在2009年6月1日向法院申请破产保护，奥巴马政府决定拨款300亿美元支

---

① 刘丽娜：《美国贫富差距日益扩大》，http://finance.sina.com.cn/stock/t/20111217/001811009551.shtml。
② 财新网：《美国收入前100名CEO 25名薪酬超公司联邦税收》，2011年9月2日。
③ http://epp.eurostat.ec.europa.eu/tgm/table.do?tab=table&language=en&pcode=teilm020&tableSelection=1&plugin=1.

持其全面重组。然而，通用公司在重组计划中，却将在美国原有的6000家销售代理商裁撤2000家，关闭14家设在美国的制造厂，并在美国本土裁员2万人，使工人利益严重受损。

西方政府对大资本的援助与垄断资本的上述举措相结合，进一步恶化了发达国家工人阶级的状况，使社会不平等进一步加剧。据统计，2010年，美国有4620万人生活在贫困线以下，而该年度标普500公司CEO的平均薪酬却高达1076万美元，职工的平均工资则仅为3.31万美元。这种极端的收入差距不仅对资本积累也对资本主义制度的生存构成了巨大挑战，正如德国社会学家乌尔利希·贝克所指出的那样，"这个唯私有者的资本主义只以盈利为目标，它要把就业者、（社会福利）国家、民主制度统统排除。这个资本主义也就取消了自己生存的合法性"①。

二 紧缩公共开支加剧了国内社会经济矛盾

危机后，西方政府一方面加大了对垄断资本的援助，另一方面为减少财政赤字的压力不得不采取紧缩政策，削减公共开支和社会福利，从而进一步加剧了民众与垄断资本及其代理人之间的矛盾。

（一）削减福利制度使社会保障受到侵犯

20世纪七八十年代以来，随着新自由主义取代凯恩斯主义成为西方的主流思潮，作为总资本家代表的资产阶级政府采取了诸多削减福利开支、限制工人权利的政策。英国从20世纪80年代开始就致力于将过去的高福利变成敦促民众努力谋求工作的"主动福利"，把失业救济等减少到"最低社会标准"。法国也提出政府的许多福利政策，如退休政策等不仅已不合时宜，而且造成了社会的不公平以及政府财政负担过重。

在危机发生后，尤其是在欧洲债务危机发生后，欧洲的"高福利"被西方学者和政界看作是引发危机的根源，因此，削减福利制度成为其走出危机的首选，其中首当其冲的就是养老金和退休制度改革。在该思想的指导下，法国最先引燃了福利制度的改革，在2010年9月宣布将最低退休年龄由60岁提高至62岁，领取全额政府退休金的年龄从65岁提高到67岁，公共部门养老保险金的缴纳比例将在10年内从7.85%增加到10.55%。继法国之后，英国、意大利、德国、希腊等也纷纷提出了改革

---

① 张世鹏等：《全球化时代的资本主义》，中央编译出版社1998年版，第129页。

计划。英国计划将公职人员退休年龄延长6年至66岁,并增加需要缴纳的养老金额度,同时降低养老金的最终支付水平。意大利计划将退休年龄从65岁提高至67岁。德国计划在2029年把退休年龄从62岁提高到63岁,领取全额退休金的年龄从65岁上调到67岁。保加利亚从2013年起将退休年龄延长一年。希腊则希望将平均退休年龄从61.4岁逐步提高至63.5岁。

改革退休制度、削减社会福利的举措无疑进一步损害了普通民众的利益,使社会矛盾更加凸显,罢工潮在西方各国频繁出现,如2009年1月底,法国爆发了250万人参加的抗议政府经济政策的全国性罢工;2010年2月4日,希腊爆发了200万工人大罢工,以抗议财政紧缩措施;2011年11月30日,200万英国人开始举行"世纪大罢工",以示对政府的抗议;2011年11月30日,保加利亚两大工会组织发起万人大游行,抗议政府的养老制度改革。

(二) 削减公共开支加剧失业并削弱了工会力量

除削减社会福利外,垄断资本还从所有层面加强了对劳动者的攻势,如削减公共部门的开支并大幅裁员、限制雇员集体谈判权等。实际上,资本主义国家从20世纪80年代开始就对工人的罢工权利、工会的活动范围等进行限制。如英国在撒切尔夫人执政期间,就取消了工会的豁免权,禁止工会举行声援、支持其他企业、行业和地区的罢工,规定劳资斗争只能局限在直接冲突的企业范围内。美国的里根及其之后的历届政府都着力执行反劳工的1947年《塔夫特－哈特利法》和1959年《兰德拉姆－格里芬法》,工会组织提出的《雇员自由选择法案》至今未在参议院获得通过。这些政策都使得工会力量不断被挤压,工人入会率持续下降。

在危机发生后,垄断资本为转移损失,进一步加强了对劳动者的攻势。在英国,保守党和自由民主党组成的联合政府财政大臣奥斯本上任后,决定率先削减大约25%的财政部员工,12家政府资助的公共机构被关闭,118家被合并。英国工会人士预计,未来五年内政府削减开支的幅度若达到40%,可能会有100万公职人员失业。[1] 在美国,威斯康星州、俄亥俄州、印第安纳州、密歇根州、艾奥瓦州都提出了限制政府雇员集体谈判权的相关议案。威斯康星州州长沃克还表示,由于该州面临36亿美

---

[1] 田德文:《金融危机背景下的英国社会改革》,载《当代世界与社会主义》2012年第5期。

元的财政赤字，所以他不得不想办法通过一项削减政府财政支出的议案，不然该州将面临破产。

在上述措施的影响下，资本主义国家失业率进一步增加，工会力量持续被削弱。2008年美国各类工会会员人数是1570万，占工资雇员人数的12.1%，其中，私营企业只有7%的雇员是工会会员。2010年，工会会员占工资雇员总数的比例进一步下降至11.9%。由此导致工人阶级更难以通过组织的力量迫使资产阶级进行让步与妥协。

(三) 税收调整使收入差距进一步扩大

税收政策是政府宏观调控的重要杠杆之一。在此次危机发生后，有数十个国家继续降低了公司或个人的所得税税率。许多国家还对税收的结构进行了调整，如增加烟酒的消费税，降低柴油和乙醇汽油的消费税税率等。这些政策尽管能在一定程度上增加居民的可支配收入，但从总体而言，个人所得税累进税率、资本收益税等均维持在低水平的税收方案却使收入差距进一步扩大。

以美国为例，2010年年底奥巴马政府将小布什时期的全民减税政策延长两年。对于普通民众而言，从此次减税方案中所获得的好处为：个人所得税税率依然维持较低的水平，在未来两年年均收入49777美元的家庭，每年将继续享有2142美元的减税。对于年收入311330美元的家庭，每年可减税9318美元；政府收取的社会安全福利税由6.2%降至4.2%；长期失业者的救济金再延长13个月；等等。无可否认，民众从减税方案中确实有所获益，然而，与垄断资本在减税方案中的获益相比较，就可发现这一减税政策的实质。对富有阶层而言，此次减税方案中所获收益主要为：在个人所得税上，2011年至2012年税率继续维持在2003年至2010年的水平，即最高税率为35%；在遗产税上，新的减税方案将遗产税征税起点定在500万美元，税率为35%。根据预估，按照新的遗产税方案，2010年美国只有3500人可能会缴纳遗产税，而联邦政府的此项税收会减少250亿美元；在资本收益和纯益税上，将继续维持15%的税率，且2011年企业的基本投资将免税100%。在这种减税方案下，根据美国自由派智库的研究，平均每个纳税人每年可少缴税3000美元，1%的富人一年平均可少缴税77000美元，而20%贫困的人一年获益平均只有396美元。在这种政策下，收入差距只能进一步扩大。

三 转嫁危机使社会经济矛盾向外扩展

发达国家不仅在国内实施了一系列使普罗大众承担危机后果的政策，同时，通过对外贸易、汇率的调整等将危机转嫁到其他国家，并强制受援国按发达国家的意志进行改革，从而使社会经济矛盾向外扩展，发达国家与发展中国家的矛盾、发达国家之间的矛盾以及全球资产阶级和工人阶级的矛盾日益加剧。

（一）贸易保护

2008 年国际金融危机发生后，美国和欧盟等都采取了不同程度的贸易保护主义政策。据统计，2008 年一季度到四季度，全球贸易救济措施案件调查发起数量分别为 28 起、30 起、27 起以及 33 起，比 2007 年同期分别增加了 7 起、14 起、3 起以及 10 起，同比增长率分别为 33.33%、87.50%、12.50% 以及 43.48%；随着危机的深化，贸易保护主义抬头迹象更为明显，2009 年一季度至三季度，全球贸易救济措施案件调查发起数量分别为 36 起、35 起和 46 起，与 2008 年同期相比，案件增加数分别为 8 起、5 起和 19 起，同比增长率分别为 28.57%、16.67% 以及 70.37%。① 发达国家的贸易保护主义主要是针对发展中国家，如自 2008 年以来，欧盟对华启动反倾销调查的产品涉及机电、化工、建材、食品等多个领域，使中国对欧盟的出口增速从 2010 年的 31.8% 下降到 2011 年的 14.4%。2012 年 9 月 6 日欧盟对中国光伏电池产品启动的反倾销调查涉案金额更是超过 200 亿美元。但值得注意的是，在针对发展中国家实施贸易保护的同时，发达国家间的贸易争端也日益加剧，只不过是采取了更为隐蔽的方式。以汽车行业为例，在 2008 年的金融危机中，美国三大汽车公司通用、福特和凯迪拉克纷纷陷入危机，而日本汽车企业丰田、本田和日产等却逆势上扬，丰田更是稳稳地站上了世界汽车业的霸主位置。但 2010 年日本丰田汽车因质量问题，在美国的市场占有率大幅下滑。而从根本上看，这次事件实质上是日美经济矛盾不可调和的集中性爆发。许多媒体都指出，美国传统的政治体制和利益至上的社会精神是激化此次事件的幕后黑手，美国利用政治武器再一次挫败了日本。②

---

① 戴翔：《危机冲击、贸易保护与经济全球化》，载《石家庄经济学院学报》2012 年 6 月。
② 《后"丰田门"美日或有连番政治大戏》，中国新闻网 2010 年 3 月 19 日。

（二）利率和汇率的调整

利率的调整在战后一直是资本主义国家应对危机的重要政策工具。随着美国在二战后取得"世界货币"的地位，以及20世纪末以来欧元地位的提高，通过利率和汇率等方式的调整已成为影响国际经济、转嫁国内危机的重要手段。

在危机发生后，作为危机肇始国的美国，首先采取美元升值的手段，吸引国际资本回流，缓解其流动性危机。在渡过最危险的关头后，于2009年3月起持续贬值，以刺激出口，推动经济复苏。与此同时，大幅降低利率，使短期利率水平在2009—2010年达到0.18%的历史最低水平，并于2009年、2010年和2012年推出了三轮量化宽松货币政策，推动资产价格和金融泡沫的再次扩张，致使美元进一步贬值，"据资料介绍，美元每贬值10%，就有相当于美国经济5.3%的财富从世界各地转移到美国"①。对于汇率调整给美国带来的益处，美国主流学者并不讳言。美国哈佛大学教授马丁·费尔德斯坦（Martin Feldstein）就在《华尔街日报》上撰文提出，美元贬值或许是唯一能够加快复苏步伐、防止美国经济活动再度低迷的重要手段。除利率和汇率调整外，美国还通过垄断资本控制的国际信用评级机构引发欧洲债务危机，实际上是通过弱化欧洲经济地位而间接强化美国经济，通过动摇欧元的信誉而强化美元的"世界货币"的地位。

（三）强制受援国进行改革

除利用贸易保护和利率、汇率调整转嫁危机外，发达国家还借助一体化组织和国际货币基金组织、世界银行等强制受援国接受或制定有利于垄断资本的反危机政策，从而引发民族国家间的矛盾。在1997年东南亚金融危机中，国际货币基金组织就借此要求韩国等开放市场、削减政府开支、提高利率等。在此次危机中，欧元区集团主席荣克（Juncker）也表示，希腊要接受欧盟和国际货币基金组织的救助资金，必须进行艰巨的改革工作，譬如出售国有资产、改革税收体系等。不仅如此，在希腊的救助过程中，德国政府还提议由欧盟向希腊派遣一名财政专员，该专员在希腊政府的财政事务上拥有最后决定权，必要时甚至可以推翻希腊议会的决议，这实际上是要求希腊向欧盟让渡财政权。这些做法不仅为发达国家的

---

① 戴涛、赵大朋：《从世界金融危机看列宁帝国主义理论的生命力》，载《社会主义研究》2010年第2期。

过剩资本开辟了道路，也加强了发达国家对这些国家的控制，最终必然使民族国家间的矛盾加剧。

在上述对外政策的作用下，发达国家内部的社会矛盾日益向外扩展。在垄断资产阶级日益发展为全球跨国垄断资产阶级时，各国的工人阶级也逐渐清醒地认识到，他们不仅受本国资产阶级的压迫，而且还在不同层面和程度上受其他国家资产阶级的剥削和压榨。正因如此，与金融危机前相比，在工人运动和社会运动中，国际性的声援与支持明显增加。如在2010年3月的英航机组员工工会罢工中，来自美国、澳大利亚、西班牙、法国、德国和意大利等航空或交通工会就表态将会采取一些"同情性"行动，譬如在不违反安全规定的前提下阻碍英航班机正常运作等；法航机组员工和葡萄牙机师工会都决定同期举行罢工进行声援。美国的"占领华尔街"抗议浪潮更是在2011年10月15日席卷全球，欧洲、北美、拉丁美洲、亚洲和非洲至少有82个国家的951个城市，同步举行示威，共同表达对日益拉大的贫富差距的不满。正如列宁早就指出的那样，尽管"资产阶级唆使一个民族的工人反对另一个民族的工人，千方百计分裂他们"，但"觉悟的工人懂得，消除资本主义所造成的各民族间的隔阂具有必然性和进步性"。①

第二节 经济金融化激化资本主义内在矛盾

20世纪末以来世界金融危机频繁爆发，如墨西哥金融危机、亚洲金融危机、阿根廷债务危机等，对资本主义经济形成了巨大冲击。尤其是2008年始于美国并波及全球的国际金融危机，给资本主义国家经济造成了严重损失，进而引发了资本主义国家的反思。资本主义国家采取了一系列政策措施试图遏制金融资本的过度发展，扭转经济金融化的趋势。然而，这些举措效果有限，经济金融化并未得到根本性遏制。

一 经济金融化诱发资本主义经济动荡

经济金融化自20世纪70年代以来逐渐发展成资本主义的重要特征，并对资本主义经济运行产生了重要影响，成为导致虚拟经济日益脱离实体

---

① 《列宁专题文集——论资本主义》，人民出版社2009年版，第87页。

经济、诱发经济危机的重要因素。

（一）经济金融化逐渐成为资本主义的重要特征

20世纪70年代，资本主义经济陷入滞胀，实体经济的利润率随之大幅下滑。整个70年代，美国经济的利润率只有4.2%，非金融企业部门的税后利润率更是由1966年的9%急剧降至1982年的3%。为解决经济停滞和产能过剩，以及阻止利润率进一步下滑，发达资本主义国家开启了经济金融化的新路径，试图通过积极发展金融部门来吸收大量剩余资本，并借助资产升值的财富效应间接刺激需求。同时，经济全球化的发展和新自由主义成为主流思潮，促使各国放松了对金融机构的管制。20世纪80年代，美国通过了《存款机构放松管制和货币控制法》《加恩·圣杰曼存款机构法》，使银行和其他金融机构可以自由地追逐最大利润。1999年的《金融服务现代化法案》更是实现了从分业经营到混业经营的转变，商业银行开始大规模从事投资银行的活动。在国际上，通过迫使发展中国家放松对资本和金融市场的管制，金融资本得以在全球迅猛扩张。经济金融化也由此成为资本主义经济的重要特征。

（二）经济金融化是诱发危机的重要因素

金融化首先表现为金融资产的规模空前增大。2007年，全球金融体系内的商业银行资产余额、未偿债券余额和股票市值达230万亿美元，是当年世界国内生产总值的4.21倍。其次，金融资本日益虚拟化。2007年，全球外汇市场的日均交易额达到3.2万亿美元，全球衍生品名义价值高达630万亿美元，为同年全球国内生产总值的11.81倍。再次，金融业利润迅速增加，如美国金融业利润占国内总利润的比重由20世纪80年代初的不足20%剧增至2002年的45%。最后，非金融企业的金融化，即非金融企业中金融资产及其创造的利润明显上升。以美国的通用电气为例，2002年通用电气属下的GE金融公司总资产近5000亿美元，该年度收入545亿美元，占通用电气总收入的41%，净利润36亿美元，对通用电气的利润贡献超过了40%。

资本主义经济金融化导致虚拟经济过度膨胀，而实体经济日益萎缩，无法支撑整体经济的健康发展。同时，金融化导致收入差距拉大，有效需求不足必然引发经济危机。

二 金融改革未能遏制经济金融化的发展态势

2008年国际金融危机发生后,经济金融化成为各界批判的焦点。国际货币基金组织首席经济学家西蒙·约翰逊(Simon Johnson)教授就指出,"金融无监管是走向灾难的药方"。美国经济学家保罗·克雷格·罗伯茨(Paul Craig Roberts)更是断言缺乏监管的金融业或将导致西方文明毁灭。针对这一现状,西方政府推出了若干金融改革举措,力图遏制经济金融化的态势,以便为经济的持续发展提供有力的基石。

(一)危机以来资本主义国家的金融改革举措

为遏制金融资本的过度发展,西方国家纷纷把加大对金融资本的监管作为改革重点,以求改善虚拟经济与实体经济脱节的现状。

一是制定金融监管改革法案,从法律上提供支持和依据。美国于2010年7月21日签署了《多德-弗兰克法案》,对高管薪酬、风险交易、衍生品、消费信贷等设定了新规则。欧盟在2008年和2009年分别出台了《德拉鲁西埃报告》和《欧洲金融监管方案》。英国制定了《2010年金融服务法》和《2012金融服务法》,将"金融稳定目标"新增为金融服务局的法定目标之一。日本在《金融商品销售法》《金融商品交易法》中增加了有关消费者保护条款。德国制定了针对虚拟经济的《金融市场稳定法》。

二是设立专门的监管机构,建立新的监管协调机制以防范和监控市场系统性风险。美国设立了金融稳定监督委员会,着手解决金融机构"大到不能倒"的问题,主要负责检查和处理威胁国家金融稳定的系统性风险,监管方式从分业分散监管向统一集中监管转变;授权美联储对规模最大且结构最复杂的美国金融机构进行监管。英国确立了英格兰银行在金融稳定中的核心地位,并在英格兰银行下设金融政策委员会和审慎监管局,分别承担对英国宏观金融体系进行监管和微观审慎管理的责任,以消除或减少系统性风险,增强金融体系抗风险的能力。欧盟设立了宏观审慎的欧洲金融风险委员会,主要用于评估金融风险和预防金融危机。

三是加强对信用评级机构的监管。金融危机发生后,信用评级机构的客观性、及时性和可信性备受质疑。为改变这一现状,美国《多德-弗兰克法案》规定在证券交易委员会中创建一个信用评级办公室,拥有对信用评级机构进行监管和处罚的权利。对国家认可的信用评级组织至少每年要检查一次并公布结果。同时要求这些评级组织向证券交易委员会提交年度报告，对其内部控制的有效性等工作进行总结和评价。

四是对金融企业高管的薪酬进行限制。欧盟从 2012 年起严格限制欧洲银行业高管的奖金数额，并为银行设定新的资本金要求，以遏制过度冒险行为。根据新规定，欧洲银行必须将现金红利的比例限制在红利总额的 30% 以内，数额特别巨大的则限制在 20% 以内。美国《多德－弗兰克法案》规定，所有上市企业都必须执行每三年至少一次的"股东决定薪酬"投票，对高管薪酬及其机制进行表决。同时，根据美国政府的规定，接受政府援助的企业高管现金薪酬不得超过 50 万美元，额外薪酬必须以限制性股票的形式发放，而且要等公司归还政府注资后方可授予。

（二）金融改革效果有限，经济金融化仍然是资本主义经济发展中的重要隐患

危机后的金融改革尽管从多方面加强了监管，但效果并不明显，相反，西方政府对金融垄断资本的救助使其顺利度过危机，金融化仍然是资本主义国家经济的重要特征。

首先，金融资本总量和金融业利润再创新高。根据美国数据追踪和研究企业 SNL 金融公布的数据显示，美国银行业在 2013 年第一季度的净利润为 403.6 亿美元，2014 年第二季度净利润为 402.4 亿美元，分别达到了至少 23 年以来利润纪录的前两位，且金融业的利润远远超过制造业，占到美国企业部门利润的 40% 以上。[1]

其次，金融衍生品交易并未得到有效控制。危机后，尽管场内衍生品交易有所缩减，但是场外衍生品交易仍然保持了良好的发展势头。根据国际清算银行对 G10 和瑞士等 11 个国家的主要银行和交易商进行的调查统计显示，场外衍生品未平仓合约名义价值从 1998 年的 80 万亿美元增长到 2012 年年底的 633 万亿美元，增长了约 8 倍。场外衍生品合约市场总值则从 1998 年的 3.2 万亿美元增长到 2012 年年底的 24.7 万亿美元，增长了 7.7 倍。由于场外市场的规模远大于场内市场的规模，如 2012 年年末场外衍生品未平仓合约名义价值是交易所场内交易的 12 倍左右[2]，因此，监管政策并未使金融衍生品交易总量得到有效控制。

---

[1] 朱安东：《金融资本主义的新发展及其危机》，载《马克思主义研究》2014 年第 12 期。
[2] 《国际金融衍生品创新与借鉴》，http://futures.hexun.com/2014 - 04 - 02/163603481.html。

第三，影子银行业务增长迅猛。20 国集团下属国际金融稳定局（FSB）发布的 2013 年统计报告指出，全球影子银行业务规模从 2002 年的 26 万亿美元，急速扩张到 2007 年的 62 万亿美元。虽然 2008 年之后业务有所下降，但新的金融监管政策导致许多衍生品业务从商业银行流向影子银行，2011 年，业务规模迅速恢复增长到 67 万亿美元，2013 年剧增到 73 万亿多美元。其中，美国影子银行资产在 2011 年高达 23 万亿美元，雄踞各国非银行信用资产之首。[①]

第四，金融资本的垄断有增无减。2012 年，仅摩根大通、高盛与花旗银行 3 家金融机构投资银行业务的净利润就占到了全球投资银行业的 1/3。2013 年，美国最大的 6 家银行拥有美国金融系统 67% 的资产，其资产总量比 2008 年增加了 37%。[②]

三 经济金融化必将在未来加剧资本主义经济动荡

资本主义发展史已经证明经济过度金融化必然引发经济危机，而在资本主义国家"劫贫济富"的政策下，经济金融化现象更为严重，这不仅将进一步加剧虚拟经济和实体经济之间的脱节，也将加剧资本主义积累的危机和全球的阶级对抗，最终资本主义经济动荡以及由此引发的社会危机将不可避免。

（一）实体经济与虚拟经济的脱节仍然严重

经济金融化空前强化了金融资本的力量，加剧了虚拟经济与实体经济之间的脱节，也使资本主义国家经济空心化现象严重。为扭转这一局面，欧美纷纷出台了推动再工业化的系列计划和法案。

然而，与金融资本在危机后迅速恢复并得以发展的情况相反，资本主义国家试图在实体经济领域找到新的经济增长点、带动整个制造业乃至实体经济复苏和发展的目标远未实现。首先，从制造业在 GDP 产值中的比重来看，欧洲多国只是止住了急剧下降的趋势，并未出现明显的回升，即使再工业化取得较好效果的美国也提升有限。据美国商务部统计，2009 年制造业在 GDP 产值中的比重为 11.92%，2010 年后，在美国多项鼓励制造业

---

① 向松祚：《新资本论——全球金融资本主义的兴起、危机和救赎》，中信出版社 2015 年版，第 290 页。

② Stephen Gandel, "By Every Measure, the Big Banks are Bigger", Fortune, Sep. 13, 2013, http://forture.com/2013/09/13/by-every-measure-the-big-banks-are-bigger/.

回流政策的作用下，该比重仅稍有增加，2010年至2013年分别为12.23%、12.38%、12.52%、12.38%，增幅并不明显。其次，再工业化未能有效提高就业率。欧元区2014年的失业率超过了11%，其中，意大利年轻人失业率近40%，西班牙失业率高达47%左右。美国制造业尽管增加了近90万个就业岗位，但却远少于2000—2009年制造业流失的600万个工作岗位。同时，劳动参与率仍处在较低水平。2015年9月，美国劳动参与率仅为62.4%，创38年来的最低值。最后，本轮再工业化重点发展的行业对各国制造业的需求拉动效应有限，更难以带动整个经济的恢复和发展。以美国重点发展的清洁能源行业为例，目前，油气密集型产业在美国制造业中所占比例仅为百分之十几，在美国GDP中所占比重更是只有1.2%，难以形成对整个经济的强而有力的拉动作用。

（二）金融化为引发大规模甚至全球范围的金融危机提供了更多的方式和手段

20世纪末期以来，金融危机时常发生并迅速扩散，与金融资本的灵活性、金融市场的不稳定性和金融工具的不断创新等密切相关。经济的金融化为危机的产生和扩散提供了更多的方式和手段。一是投机性资本为牟取暴利，往往利用其庞大资金对一些国家和地区的金融市场进行冲击，使其陷入金融和经济动荡。在1994年的墨西哥金融危机、1997年的亚洲金融风暴中都可以看到投机资本的影子。二是金融资本会加剧危机的国际传导和扩散。最明显的例证是，在本次危机中，国际评级机构和投机者的逐利投机行为加剧了金融市场的动荡。三是在金融化和全球化的共同作用下，金融市场的羊群效应会造成金融恐慌迅速传播，使一个国家或地区的金融危机蔓延为全球性金融危机。如1997年亚洲金融风暴发端于泰国，并迅速传染到其他东南亚国家，其后又冲击了俄罗斯，并在一定程度上扩散到了拉丁美洲。

（三）金融化加剧了资产阶级和工人阶级的矛盾，更易引发全面的社会危机

金融化在加强资本力量的同时，也丰富了资本追求和压榨剩余价值的手段和方式，各种金融创新工具成为新的剥削手段，致使资产阶级和工人阶级之间的矛盾日益加深。

2008年危机发生后，资本主义国家的工人运动已经掀起了新的高潮，欧美声势浩大的工人运动和社会运动此起彼伏。随着危机的蔓延，资本主

义经济和政治力量的反动属性越来越清晰,因而在工人运动中政治诉求逐渐显现,出现了"终结资本主义制度"等口号。同时,在这一阶段,工人运动也出现了一定程度的国际联合,如2012年11月14日,欧洲工会联盟在欧洲20多个国家举行了声势浩大的名为"欧洲团结行动日"的示威游行,2015年5月1日,意大利、韩国等多个国家同时爆发了以"抗击资本主义"为名义的示威游行。随着资本主义经济金融化的加剧,工人阶级所遭受的剥削和压榨将进一步加强,资产阶级所面临的反抗也将日益增强,资本主义国家在未来也必将面临更大规模的全面的社会危机。

第三节 民粹主义兴起彰显欧洲福利国家与民主政治困境

民粹主义是一个随着时代与社会环境变迁而不断演化的概念,在当代政治中有不同的变种。但无论哪种形态,其核心的且无法回避的问题都是人民与精英的关系问题。民粹主义将社会分裂为两个同质的对抗性群体——即"纯洁的人民"与"腐败的精英",其主张可粗略地概括为反精英、反建制。

金融危机后的欧洲民粹主义风潮,最初发端于主流政治的边缘,并没有引起政界和学界的重视。2012年后,各类民粹主义政党在选举中异军突起,对欧洲主流政党构成了极大的挑战,甚至撼动了部分国家的政局:如希腊激进左翼联盟成为执政党,深化了欧元区的货币危机;有种族主义"基因"的法国国民阵线改头换面后强势回归并迫使主流政党联手对其进行阻击;有排外脱欧倾向的英国独立党成为英国在2014年欧洲议会选举中的第一大党;疑欧且反移民倾向突出的奥地利自由党在2016年总统选举第一轮投票中力压主流政党的表现令人震惊。此外,短期内迅速崛起的西班牙"我们能"党,在2016年的议会选举中成绩斐然,稳居第三大党之位;近几年不断扩大选民基础的意大利五星运动党,又在2016年地方选举中斩获罗马、都灵等重镇市长之职,重挫了当前执政的中左翼民主党在上述地区的传统优势。

一 当代欧洲民粹主义的主要类型

右翼民粹主义,是欧洲最为"显赫"的民粹主义力量,主要分布在西欧和北欧。新自由民粹主义和民族民粹主义是右翼民粹主义的两个亚类型。新自由民粹主义是新自由主义与民粹主义的结合，坚称个人的自由，无论是在经济领域还是私人领域都日渐被建制性力量所威胁。新自由民粹主义者的"人民"是辛勤工作的纳税人和受到政治与官僚"精英"压制的企业家。新自由民粹主义者的目标是改良，甚至颠覆（如果可能的话）大政府和国家的干预，同时保护"普通民众"，反抗所谓"腐败的精英"。民族民粹主义是民族主义与民粹主义的结合。此处民族主义指的是一种狭隘的、排外的民族主义。在欧洲右翼民族主义观念中，国家与民族是一体的，非本民族的元素（人和观念）都是对本民族同质性的威胁。民族民粹主义者，一般并不会持有完全意义上的种族主义观，而是认为各民族虽平等但完全不同，外族无法融入迁入地社会，以至于会成为当地民族的价值观念、生活方式和文化统一性的威胁。具有代表性的政党有法国的国民阵线、奥地利自由党、英国独立党等。

左翼民粹主义意味着民粹主义与新左翼意识形态、激进民主社会主义的结合。左翼民粹主义党一方面谴责"第三条道路"通过妥协与共享权力的战略抛弃了工人阶级；一方面，他们自身也抛弃了传统马克思主义，放弃革命路径，倡导改良。左翼民粹主义话语下的"人民"是被压迫的劳动阶级，精英是国际和国内的金融经济寡头。左翼民粹主义更具包容性，但在西欧其影响力相对不如右翼民粹主义，金融危机后在南欧的号召力呈现爆发式增长。具有代表性的欧洲左翼民粹主义政党有希腊的激进左翼联盟、西班牙的"我们能"党等。

金融危机后议题民粹主义在意大利形成了强大的影响力，它拒绝接受任何强意识形态，无明确的价值观，反建制、反政党、反代议制民主，追求直接民主。议题民粹主义者，随时会根据有利原则在右翼与左翼之间摇摆，并利用民粹主义言论来吸引各阶层选民，所以，很难把他们放在传统的左右翼政治光谱中去衡量。议题民粹主义的"人民"是没有加入任何政党，利益没有被任何政党代表的人。而他们的"敌人"，主要是指现存主流政党和"腐败"的政客。

欧洲的民粹主义力量都声称代表人民的利益，但"人民"的内涵却极为不同。也就是说，在欧洲民粹主义的核心地带，一直在进行话语构造。这种构造背后所反映的，正是欧洲意识形态的碎片化以及政治、经济与社会的危机乱象。

二 欧洲民粹主义兴起凸显福利国家的发展困境

金融危机后,左翼民粹主义在南欧的繁荣与右翼民粹主义在西欧与北欧的强势回归,几乎在同一时间发生,这并非偶然现象。这是 20 世纪最著名的经济史学家之一匈牙利人卡尔·波兰尼(Karl Polanyi)所说的"双向运动"的结果。所谓双向运动,一方面是指市场不断地扩张,另一方面是与之相反的,源自社会的、限制市场扩张的倾向。[①] 如果当今欧洲高度发达的经济一体化是资本主义自由市场的扩张结果,那么与其交织前行的福利国家建设,就是欧洲社会力量对自由市场力量扩张的反向限制。但是,目前欧洲国家的福利,都是基于成员资格的特权而非人人可得的自然权利,其覆盖范围是不可能任意无限扩大的。如今资本主义自由市场在全球的快速与强势扩张,已经深深威胁到了欧洲福利国家的财政基础。这主要体现在两个方面:一是资本外流、经济转型导致的社会保障税收的减少;二是劳动力自由流动、劳动力市场竞争加剧,失业人口增多带来的社会保障支出的压力。因此,民粹主义在福利欧洲表现更为突出的经济根源在于,自由市场给福利国家的财政基础带来了严重的威胁。

但是,民粹主义在欧洲不同国家和地区,表现出了不同的意识形态倾向。坚持狭隘民族主义意识形态的右翼民粹主义力量,更容易在西欧和北欧获得巨大影响力。因为,经济全球化和欧洲经济一体化无论是作为进程还是结果,都对欧洲劳动力市场产生了"去边界化"的影响,加剧了劳动者之间的竞争,不断瓦解和重塑劳动力阶层,给他们带来了生计的不稳定和竞争的压力。于是,身处资本主义经济中心位置且享有成熟福利体系保障的北欧和西欧劳动者,在面临生计风险时,总有一种内在倾向去借助非阶级的排他性界限,如国籍、民族、年龄、种族等,作为他们要求保护避免陷入灾难旋涡的基础;从而将维护福利国家的边界与自身享有的福利特权作为对抗自由市场扩张与欧洲经济深度一体化的主要方式之一,英国退欧公投即为明证。此外,关注福利议题并持强硬疑欧立场的右翼民粹党——奥地利自由党,在 2016 年总统选举中的抢眼表现也令人警醒。毋庸置疑,英国的退欧公投结果以及奥地利自由党的强势兴起,与近几年愈

---

① [英]卡尔·波兰尼:《巨变:当代政治与经济的起源》,黄树民译,社科文献出版社 2013 年版,第 238 页。

演愈烈的欧洲难民危机不无直接关系。但这同时也更为深刻地表明，相当大一部分西欧民众倾向于采取强化民族福利国家边界的方式，来应对威胁到其生计安全及福利特权的人员与资本的全球流动，即自由市场的全球扩张。

而在南欧如希腊、西班牙等国，左翼民粹主义更容易受到追捧。南欧各国无论是主动还是被动地进入了核心国所主导的欧洲经济一体化，都在20世纪80年代以来加快了对福利国家的建设。但是，南欧在欧洲统一大市场中相对于中心国的劣势竞争地位，决定了它们构建福利体系资源的有限性和举债提高社会保障水平的不可持续性。当下在希腊执行的"财政紧缩"与"福利瘦身"更多的是被代表核心国家自由市场的力量（即著名的"三驾马车"——欧盟、国际货币基金组织和欧洲央行）所"胁迫"的。在经济困境未得到任何缓解、失业率攀升、劳动者生计危机迫在眉睫的情况下，此种急进的、源自外部压力下的福利瘦身改革，成为大规模左翼民粹主义运动的导火索。而左翼民粹主义政党希腊激进左翼联盟和西班牙的"我们能"党，在近两年的议会选举中获得的高支持率，表明了相当一部分南欧民众希望借助国家力量对欧盟中心国垄断资本主义力量进行反抗的决心和寻求保护的愿望。

三　欧洲民粹主义兴起体现自由民主政治的危机

欧洲民粹主义，在政治上源于当前代议制民主的缺陷与主流政党的代表性危机。民主，在现实实践中可以有不同的制度设计。一种为直接民主，另一种是间接民主。间接民主意味着，"发号施令的政府可能来自人民的选择，但是人民不制定和执行法律"[①]。欧洲民粹主义并不反对"民主本身"，而是产生于直接民主对间接民主的否定，以及对主流政党的代表性的质疑之中。

代议制民主常常被视为在人口众多、分工细致的现代社会难以实施直接民主时的一种合理选择。代议制民主，本以代表民意和表达民意为己任，但在实际的代议中，因民意需通过若干中介组织和中间阶段才能被表达，所以或被稀释，或被延迟，甚或被扭曲。少数国家在制度设计中包含了公民表决权、公民创制权、复决权、罢免权以弥补代议制的上述缺憾。

---

① ［美］C. 科恩：《论民主》，聂崇信、朱秀贤译，商务印书馆1988年版，第7页。

但在实际操作中，却不易行使。比如罢免权，瑞士在联邦层面尚不可实施，仅个别州议会通过了罢免选举法案，但因条件严苛，而不易实施。如在瑞士意大利语区的提契诺州，需至少所在选区30%的公民联合签名提出要求，才可举行罢免投票。所以，即使民众对代议者产生不满，也很难收回赋予其的权力。因此，欧洲多国总是广泛存在寻求直接民主的民粹主义力量。

代议制在欧盟层面，还存在严重的民主赤字问题。由政治和经济精英所推动的欧洲经济一体化进程中，也是成员国不断向欧盟让渡经济主权的过程。欧盟庞大的经济权能与政治责任的背离，即在经济领域获得的大量权能与成员国民众对其十分有限的监督与约束形成的鲜明对照，是其民主赤字的主要表现。随着欧盟民主赤字的扩大，疑欧情绪也日益高涨，2014年欧洲议会选举中激进主义疑欧政党的席位增多就是明证。

民粹主义的兴起还与欧洲主流政党的代表性危机，以及左翼的衰落有很大关系。一般而言，政党是特定阶级利益的集中代表，是由各阶级的政治中坚分子为夺取和巩固国家政治权力而组成的政治组织，也是代议制民主最为重要的中介组织。但在欧洲，无论是构成欧洲议会社会党党团的各主流中左翼党，还是构成欧洲议会人民党党团的各大中右翼党，为在政治博弈中提升支持率赢得选举，愈来愈倾向于实施和制定讨好中间选民的纲领政策，嬗变为所谓的"全方位党"。而与此同时，随着苏东剧变后西欧共产主义政党的衰落，法共、意共等左翼政党的选民失去了利益代表和"护民官"。于是，持有民生议题的民粹主义政党在欧洲政治主流与边缘之间的空白处兴起。它们反映的往往是主流政党议题之外的普通民众的关切，反对的并不是议会政治，而是主流政党及其强势的政治安排。[①] 如在金融危机爆发后的西班牙，为反对获得了本国主要政党强力支持的紧缩政策，爆发了大规模具有民粹主义性质的占领运动，其中"愤怒者"运动已经发展为左翼民粹主义政党——"我们能"党。主流政党长期把持政坛而滋生的官僚主义和腐败现象，也引起了民众的不满。如意大利的诸多民粹主义运动，就是起因于抗议民主党、力量党、北方联盟等大党的腐败问题，进而扩大到反对所有政党和左与右的意识形态。

代议制民主的缺陷，欧盟的民主赤字，以及主流政党的代表性危机，

---

① Paul Taggart, *Populism*, Berkshire: Open University Press, 2000, p.73.

催生了一种对政治异常反感的情绪,包括排斥政治活动、排斥政治人物、反主流政党——在其中,民粹主义得以发酵,弥漫在整个欧洲上空。

四　小结

不应简单地认为民粹主义是反动的、愚蠢的和肤浅的。它在欧洲的盛行,一方面反映了资本主义自由市场在全球的扩张与民族福利国家社会保护之边界的冲突;另一方面反映了深度参与开放的自由市场的精英与被边缘化的底层民众之间的利益冲突。民粹主义之所以成为一种普通民众难以抵御的"诱惑",恐怕并非因为其实际主张多么令人信服,而在于主流政党在民主绩效上的糟糕表现——其所代表利益的局限性,以及兑现竞选承诺和解决经济与社会危机的能力越来越弱。

当然,资本主义自由市场在全球范围内的扩张,所带来的不同阶层间利益冲突的加剧,以及社会与政治秩序的调整压力,不仅在欧洲存在,在所有被卷入全球化进程的国家和地区也都有不同程度的表现。民粹主义,或将成为经济全球化时代世界各国皆须应对的问题。

第四节　美国总统选举折射的种族矛盾与民主危机

在2016年的美国总统大选中,特朗普作为所谓的"政治素人"能够胜出,实在令人意外。虽然特朗普个性鲜明,但无论是谁,只要当上美国总统,他就必须得让自己的个性服从于美利坚合众国的利益需要——主要服从统治集团在选举中胜利的那一派的利益需要。因此,我们要在考虑美国统治集团整体利益的前提下,考察他所代表的那个团体的利益是什么并将以何种方式实现这种利益。而特朗普的上台也表明他将会采取进一步放纵资本的政策,从而造成社会矛盾冲突的持续恶化。

一　特朗普的胜选代表美国极右翼的兴起

2008年经济危机对美国中小资产阶级和曾经生活优渥的部分工人群体(这些人统称为所谓的"中产阶级")的冲击是十分巨大的,他们或深陷困境或前途莫测,却眼见美国政府投入巨资对"大到不能倒"的垄断资本进行救助,因此他们不仅对民主党的政策大加挞伐,对共和党"有同情心的保守主义"也深恶痛绝。① 他们还对美国的税收、债务、福利、移民、种族、枪支和堕胎等问题忧心忡忡,认为是全球化导致美国传统价值观(自由主义、基督教)的全面衰落,使这些问题积重难返。就是这部分人在2009年年初自发地组织起来,对如何解决美国社会矛盾提出了一系列小资产阶级右翼的方案,这就是美国的茶党运动。茶党运动看到了美国社会的矛盾,认为通过恢复美国的传统价值观、反大政府、反全球化和自由贸易等就能回到中小企业自由竞争的时代,就能挽救他们不断消失的经济和政治机会。但由于他们无法形成统一的政治纲领,也没有共同的领导人,还不是一个正式的政党组织,因此他们一般都"支持极端右翼的共和党人参政执政,茶党运动把重铸美国共和党作为明确的政治战略目标,谋求把美国政治推向极端右翼保守的方向"②。

特朗普虽然曾在民主党和共和党的党员身份之间自如变换,但在2016年美国大选中,他的竞选立场则与茶党的诉求高度一致,譬如,反全球化、反自由贸易、反移民、反堕胎、反禁枪、反奥巴马医保,甚至还表露出些许狂妄的白人至上主义和种族主义,等等。在2016年之前的美国总统竞选中,像特朗普这样的竞选者是绝不可能走出预选的,但他不仅赢得预选胜利还一举打败希拉里这位"众望所归"的对手。有调查显示,近60%的小企业主支持特朗普③,而且投票给特朗普的选民群体相对富裕,他们的年家庭收入的中位数是7.2万美元,超出全国平均家庭收入中位数5.6万美元。与之相较,希拉里和伯尼·桑德斯的支持者的收入都差不多在6.1万美元。④

所以特朗普的成功离不开茶党分子的支持。马克思说过,由于小资产阶级经济的脆弱性,"他们不能代表自己,一定要别人来代表他们。他们的代表一定要同时是他们的主宰,是高高站在他们上面的权威"⑤。其实这

---

① 黄湘:《远未谢幕的美国茶党》,华尔街日报中文网官方微博,2014年10月17日,http://blog.sina.com.cn/s/blog_ 624c2f040102v5ri.htm。
② 刘永涛:《茶党运动与重铸美国极端保守主义》,载《国际政治》2013年第11期。
③ 《特朗普代表谁》,郑资妍译,现代资本主义研究公众号,原文参见 Michael A. McCarthy, "The Revenge of Joe the Plumber", Jacobin, Oct. 26, 2016, https://www.jacobinmag.com/2016/10/trump-small-business-whites-xenophobia-immigration。
④ 《特朗普的支持群体是谁?》,载美国《星岛日报》,中新网2016年8月5日,http://www.hi.chinanews.com/hnnew/2016-08-05/420812.html。
⑤ 《马克思恩格斯选集》第1卷,人民出版社1995年版,第678页。

种情怀，对于中小资产阶级而言都是一样的，因为在大资本的统治下，他们不愿意与工人共同革命，只能选择投靠大资本而不是另起炉灶。他们认为，只有特朗普才能"使美国更强大起来"。

谈到特朗普的成功不得不谈到美国另一场波澜壮阔的社会运动——"占领华尔街"（以下简称占领运动）。占领运动与茶党运动一样，是美国社会对资本主义矛盾的一种回应，虽然二者同样反对劫贫济富，但在社会矛盾的解决方案上却截然不同。茶党运动要求缩减社会公共开支，避免救济"懒人"，认为贫富差距是天然合理的；占领运动则反对削减社会公共服务，认为是"1%"对"99%"的掠夺造成了贫富差距的不断扩大，激进者甚至提出美国需要一场制度上的社会主义革命；茶党运动反对任何有损于"传统价值观"的事物，如禁枪、堕胎、同性恋等，而占领运动在这些问题上却持肯定立场。

这两大社会运动应该说代表了当前美国社会两种左右对立的社会立场，但相比茶党运动，占领运动的社会基础要更为广泛，因为美国占人口多数的不是小资产阶级而是无产阶级。在这两大社会运动面前，奥巴马政权所承诺的"变革"虽然勉强支撑了8年时间，但对美国社会却仍鲜有变革，且已成为明日黄花。因此，在2016年的选举中，这两大社会运动无可避免地要走向竞争的前台。

如果说挟茶党运动之威而来的是特朗普，那么踏着被当局铁腕镇压的占领运动暗流而来的当属桑德斯了。桑德斯以一位代表绝大多数人而来的"革命者"形象出现，他希望在美国建立北欧那样的社会民主主义国家，通过改革华尔街、免费州立大学、全民医疗保险、将每小时最低工资提高到15美元等方式将财富不平等的负面影响降到最低。① 桑德斯的方案直面美国社会危机，让底层民众看到了希望，一时间"桑德斯旋风"在美国兴起，虽然桑德斯拒绝企业或个人的大笔捐赠，但仍有约800万人次以人均27美元的捐款为他助选；约1300万人为他投票；民主党党内选举中，全美50个州，他赢下23个州。② 由于他，希拉里要靠完全不合公平竞争规则的"超级代表"的支持才能锁定党内提名。如果桑德斯能成功代表民主

---

① 辛闻：《掏私房钱捐赠 桑德斯的最大支持力量是无业人员》，中国网2016年6月6日，http://news.china.com.cn/world/2016-06/06/content_38610148.htm。

② 《记者手记：桑德斯人"走"茶不凉》，新华社2016年7月27日，http://news.xinhuanet.com/world/2016-07/27/c_1119290845.htm。

党进入终选，那么特朗普会不会是其对手呢？一份大选前的民调报告预测桑德斯如果以民主党提名人参与竞选，将会以压倒性的优势战胜特朗普。①

美国的统治精英对桑德斯式的"社会主义者"充满恐惧，但对特朗普式的右翼却十分熟悉，因为美国自建国伊始就是通过制造和利用种族或族裔矛盾，分化瓦解被统治阶级，巩固有产者的统治。特朗普准确地煽动了种族主义和民粹主义，成为统治阶级在每四年一次的投石问路中选中的方案。美国社会矛盾如此根深蒂固，即使它还在从世界获得高额的铸币税，但受益的也只是一小撮富豪，无法改善高企的失业率，无法解决层出不穷的种族冲突和游行抗议，美国社会面临动荡的形势。2008年经济危机后爆发的"占领华尔街"运动虽然被强行镇压，但美国社会的危机不仅没有得到解决并且还在继续深化。在这种情况下，哪怕是桑德斯式的改良主义，也会使寡头们像看到了共产主义幽灵般感到不安和恐惧。因此，他们必须阻击桑德斯，并"用特朗普的民粹主义和种族主义来阻击美国左翼社会主义潮流的复兴，是美国垄断财团唯一的选择，尽管其中存在一定的风险。正如当年由英美主导的世界资本集团不得不扶持希特勒来消灭德国共产党并试图消灭苏联一样"②。

形形色色的右翼分子也主动向特朗普靠拢。特朗普虽然不承认与臭名昭著的三K党有私下联系，但是早与茶党互送秋波，预定"茶党女王"、共和党人萨拉·佩林也加入了他的团队。在可以想象的未来，除茶党外，三K党等白人种族主义势力都将会全力支持特朗普政权。

特朗普的胜选之路显示的是大资本利用右翼茶党运动干掉左翼占领运动的轨迹。特朗普的胜选既标志着这一阶段美国左翼势力的落败和右翼势力的兴起，也是西方右翼势力崛起的大事件。萨米尔·阿明甚至认为这体现着资本主义矛盾的"内爆"③，诺姆·乔姆斯基指出，特朗普的上台预示着某种"友好的法西斯主义"的兴起显得更加真切了。④

---

① 马密坤：《美媒谈美国大选：民调显示桑德斯本可以赢得大选》，观察者网2016年11月12日，http://www.guancha.cn/america/2016_11_12_380297.shtml。

② 何雪飞：《新里根还是新希特勒？——假如特朗普成为美国总统》，察网2016年11月11日，http://www.cwzg.cn/html/2016/guanfengchasu_1111/32382.html。

③ Samir Amin, "The Election of Donald Trump", Nov. 30, 2016, http://mrzine.monthlyreview.org/2016/amin301116.html.

④ C. J. Polychroniou,《乔姆斯基：那个巨大的危险，随着特朗普的上台变真切了》，沈河西、罗昕编译，澎湃新闻2016年11月17日，http://www.thepaper.cn/newsDetail_forward_1562665。

总之，特朗普上台是在美国金融寡头、军工联合体和中小资产阶级右翼的共同推动下实现的，预示着美国极右翼势力的兴起。从他上台之后爆发的抗议就可以看出，这并不是美国人民的选择，而是大资本"两害相权取其轻者"的结果。

二　特朗普国内施政方案的特点

虽然特朗普的上台是利用了中小资产阶级（也就是马克思所说的中间阶级）的愤怒和恐惧，但并不代表特朗普将要执行有利于中间阶级的政策。特朗普与前任总统不同的地方在于，他从不掩饰他关于只有富人过得好美国才会好的观点。在经济上，他将继续推行新自由主义，承诺要全面减税，提议废除遗产税，主张将企业所得税率从目前的35%急剧降至15%；大幅度放松管制，废除对金融机构实施严格监管的《多德－弗兰克法案》；实施贸易保护，促使美国制造业回流、资本回流，利用金融手段对其他国家"剪羊毛"；投入巨资进行大规模基础设施建设，但反对由政府投资，强调应完全由私营部门来发挥作用。总体而言，他的经济政策不是要节制而是要进一步放纵资本，尤其是金融资本，实行毫无遮掩的亲资本政策。

政治上，他推崇保守主义，加强集权，削弱议会权力，扩张总统和政府权力；捍卫公民持枪权；驱逐非法移民，加强美墨边境隔离，拒绝接收中东难民。尽管2015年美国警察杀死了1134名黑人青年，但特朗普会以犯罪猖獗为由继续维持和增强警察特权。[①] 特朗普持反劳工立场，虽然美国现在广大低收入工人发起了"争取15美元最低工资"运动，但他仍强烈希望将美国的最低工资维持在每小时7.25美元，这将使相当数量工人的生活水平长期维持在很低的水平。[②]

社会生活上，特朗普要求捍卫美国传统价值观，这种价值观从表面上看，要求重视家庭价值、在堕胎、同性恋等问题上持保守立场，但特朗普这类右翼所讲的传统价值观其实隐含了盎格鲁—撒克逊统治阶级的三大意识形态：种族主义、自由个人主义与反共主义，这在许多特朗普的支持者

---

① 信莲：《特朗普当总统会发生什么？美媒：在边境看长城　全世界讨厌美国》，中国日报网2016年3月19日，http://world.chinadaily.com.cn/2016-03/19/content_23967387.htm。
② 信莲：《特朗普当总统会发生什么？美媒：在边境看长城　全世界讨厌美国》，中国日报网2016年3月19日，http://world.chinadaily.com.cn/2016-03/19/content_23967387.htm。

身上体现得尤为清楚，他们认为美国是白人的美国，反对移民并对少数族裔持歧视态度，对社会主义深恶痛绝。特朗普任命的白宫首席战略师和资深顾问史蒂夫·班农被认为是极右翼代表人物，此人反对多元文化、维护通常与白人至上主义联系在一起的"西部价值"①。英国《金融时报》在2016年3月3日《如何看待特朗普的崛起》的评论中就指出，特朗普要实行的是"富豪民粹主义"：财阀统治与右翼民粹主义的结合。特朗普就是这个联合体的象征。② 因此，特朗普虽然得到了中小资产阶级的支持，但他本身超级富豪的阶级地位决定了他执行的一定会是符合美国垄断资本利益的政策，迎接美国工人阶级的将是更加艰难的时势，而中小资产阶级将大失所望。

有学者指出，特朗普的保守主义特质和美国统治阶级面临的困境又使他将会给美国带来阔别已久的"强人政治"。那么，特朗普领导下的美国究竟会将世界引向何方，在很大程度上取决于以中国为代表的第三世界国家的战略选择。③

三 美国总统选举体现了什么样的民主

国内有些网友认为美国总统是一人一票选出来的，所以就算有美国人不喜欢特朗普，但他的胜利却体现了真正的民主。事实真是如此吗？

从选举形式看，美国总统好像是一人一票直选出来的，但选民一人一票选举的不是总统而是"选举人"，然后由"选举人票"的多少决定谁当总统。那么"选举人"是如何产生的呢？第一步，要由各州政党（主要是两党）在总统选举前确定"选举人"名单，第二步，在选举日，各州选民通过选举确定他所支持的总统候选人最终能获得多少"选举人票"。④ 看上去是一人一票，然而并不是这样。因为"选举人"制度是以"州"为"计票单位"实行"赢家通吃"的制度，所以在选举中只要各州得票数不是第一就没有任何意义。这样小党就很难在选举政治中立足，从而造成并

---

① 王佳璐：《特朗普任命极右派代表为首席战略顾问 各界强烈反对》，观察者网 2016 年 11 月 15 日，http://www.guancha.cn/america/2016_11_15_380630.shtml。
② 何雪飞：《新里根还是新希特勒？——假如特朗普成为美国总统》，察网 2016 年 11 月 11 日，http://www.cwzg.cn/html/2016/guanfengchasu_1111/32382.html。
③ 同上。
④ "What are the qualifications to be an Elector?", *U. S. Electoral College*, Dec. 18, 2016, https://www.archives.gov/federal-register/electoral-college/electors.html。

维持了美国民主党和共和党两党独大的现状。

当然这里最重要的不是选举人票,而是谁能成功地获得候选人资格并从总统预选中突围。根据美国《联邦竞选法》(Federal Election Campaign Act)规定,在申请成为总统候选人之前,申请者必须满足以下条件之一:一、接受竞选捐款总额必须超过5000美元或花在与竞选有关事宜上的费用超过5000美元;二、代理人接受捐款或花费超过5000美元;三、1和2加起来收到的捐款或加起来的花费超过5000美元。①

那么现在有多少美国人能筹集到超过5000美元去竞选呢?美国劳工部的数据表明,美国的大多数家庭没有足够支付三个月生活所需的应急储蓄。②另有调查显示:70%的美国人存款少于1000美元,另外34%的美国人账户上没有存款(即超过1.08亿美国人没有储蓄)③。也就是说,美国绝大部分人没有钱,没有钱就得上班,难有时间和精力去竞选总统。因此即使是没有任何资金上的限制,普通人要想参加总统竞选也是件难以企及的事情。

再来看看美国大选的花费,2008年大选的总花费超过53亿美元,2012年大选花费超过60亿美元,2014年美国最高法院取消美国政治竞选捐款总额的上限,更是给"选举跟着钱走"开了绿灯。不进入上层社会的圈子,在商界、政界没有强大的人脉根本无法筹集到如此之多的金钱,因此,理论上符合总统候选人资格的美国人有上亿个,但真正报名参加总统预选的每年也只有几百人,而通过残酷的"赢家通吃"制度进入最后竞选的一般情况下只有两大党的候选人。而这两大党只是美国统治精英内部的两大派别,因此可以将总统选举视为美国垄断资本家两头下注的游戏,金钱是最起码的筹码。胜利的那一方就可以根据金主贡献大小或以重要职务酬谢或制定相关法案给予回报。目前,特朗普确定17位内阁成员,仅仅这17人的家庭财富总和就超过了美国1/3家庭财富的总和。这次组阁将金钱与资本主义政治的联姻赤裸裸地展现在世人面前。

---

① "Federal Election Commission", *Candidate Registration*, http://www.fec.gov/pages/brochures/candregis.shtml.

② Jeanine Skowronski, "Credit card debt still a big concern", Feb. 23, 2015, http://www.bankrate.com/finance/consumer-index/credit-card-debt-still-a-big-concern.aspx.

③ 《美国人到底有多穷?70%的美国人存款少于1000美元》,凤凰国际2016年10月12日,http://finance.ifeng.com/a/20161012/14930673_0.shtml。

总之，美国总统选举是做好源头设计，先划定总统候选人范围，再利用党内选举规则在预选中剔除不合格人选，最后在世界上最昂贵的总统选举中确保在两党之外没人有能力挑战现存秩序。那么，即使真的实行一人一票的"直选"也是无妨的了。因此，美国总统选举体现了为资本寡头量身设计的民主，绝不是全民民主。

再说说国内对美国民主抱有不切实际幻想的人，多数是对现实失望、愤怒的人，他们也将这些负面情绪演化成了对美国民主的叫好和追捧。但这是极其幼稚的。因为他们不知道，世界好不好，不是依靠救世主或是美国民主这样的"天外飞仙"，而是只能依靠我们自己的智慧去解决问题。

下 篇

资本主义危机与社会主义未来

第五章　国外共产党视野中的国际金融经济危机

国际金融危机发生后，西方发达国家的社会主义运动在经历了长达20年的相对沉寂之后呈现一定程度的复兴态势。其重要表现，就是各国共产党非常活跃，他们纷纷解析危机，阐释党的观点和立场，并组织、参与了各种形式的反资本主义斗争。本章在总体概括国外共产党相关经济危机观点的基础上，着重分析了南欧地区共产党对欧债危机的认识及其反紧缩斗争，以及北欧瑞典的两个共产党对危机等问题的看法和主张。

第一节　国外共产党对经济危机的认识与主张①

2008年后，自1929年"大萧条"以来最严重的经济危机席卷全球。这一危机宣告了"华盛顿共识"的破产，使人们透过破裂的"泡沫"更清楚地认清了资本主义的本质和发展规律。同时，这一危机也让在逆境中奋斗的世界共产党人受到鼓舞，使他们更加坚信自己争取社会主义的选择是正确的。在危机中，以抨击资本主义、宣传社会主义为己任的国外共产党人异常活跃，利用各种方式向人民说明世界经济危机产生的动因、根源和实质，深刻剖析这场资本主义经济危机的后果与发展趋势，并提出了各自应对危机的策略主张。他们强调只有社会主义才是解决资本主义周期性经济危机的唯一途径，呼吁左翼力量团结起来，以此为契机推动世界社会主义运动的发展与复兴。

一　国际金融经济危机发生后的国外共产党

2008年9月后，由美国次贷危机引发的全球性经济危机已经波及几乎

---

① 本节相关内容主要参见各国共产党网站。

世界的每个角落,其对世界经济的破坏性影响也已初步显现出来。面对这一严峻的经济形势,各国共产党积极行动起来,举行各种活动,利用各种场合,从马克思主义的观点出发阐述对当前金融危机的立场、观点和主张。

法国共产党通过舆论讨伐、举行集会、抗议示威等举措,彰显自己在这场危机中的政治立场。2008年9月18日,法共就总统萨科齐对当前经济局势所作的含糊其词的解释表示抗议。同时,共产党派议员要求议会对当前全球经济形势以及法国应采取的措施展开讨论。10月1日,法国左派四大政党首脑集体磋商,敦促在法国参议院和法国国民议会就日趋严重的经济形势展开讨论。10月13日,法国共产党发表宣言,就当前严峻的经济形势提出自己的解决方案以及针对资本主义体制进行深化改革的建议。11月19日,在法共例行会议上,党的总书记玛丽－乔治·比费呼吁党内人士认真分析讨论当前形势,在形成共识的基础上制定法共应对危机的方案,来挽救人民、挽救社会。12月11日至14日,法共在危机形势下召开了党的第三十四次代表大会,会议深入讨论了当前的世界经济形势,阐述了法共应对危机的策略主张,号召全党在这场金融危机甚至是社会、环境、民主的危机面前,应该意识到自己的重要责任,并汇集所有力量,全力应对危机,重建一个新世界。此外,为应对危机,法共还发起组织了多场集会和游行示威。例如,2008年9月27日,法共分别在巴黎和马赛组织了15000名共产党员参加的示威活动,提出了要求政府停止向投机者提供金融支持,要求政府将资金转向支持实体经济,要求政府设法恢复国民的购买力等游行口号,将矛头直指法国政府,直指总统萨科齐。伴随金融危机的深化,法共于11月19—20日发起了8万人参加的"保卫公立学校"的游行活动;11月22日发起了"反对政府操纵和支持邮局私有化"的游行活动;11月25日发起了"争取住房权"的全国性游行示威。

俄罗斯联邦共产党通过媒体、集会等渠道,阐明自己对当前经济危机的看法。2008年10月18日,即在俄政府首次宣布出台救市计划之前,俄共领导人根·久加诺夫在接受电视《新闻》频道的采访时就指出,"这场金融经济危机擦亮了许多人的眼睛","埋葬了资本主义的货币主义模式"。10月19日,久加诺夫在俄共召开的新闻发布会上强调,"现在俄罗斯和世界进入了'新的严峻考验'时期"。11月2日,俄共举行盛大的庆祝列宁共产主义青年团成立90周年活动,久加诺夫在致辞中谈道,资本主义的破产显而易见，它使世界陷入新一轮的危机，这场危机不亚于 80 年前的危机。那次"大萧条"打破了"纯粹的"市场经济的神话，资本主义从那时起不得不向苏联学习；而今，沿着"自由市场"的道路走，同样不能摆脱今天的危机。11 月 7 日，俄共在全国组织了纪念十月革命 91 周年的庆祝活动，统一提出宣传口号，号召共产党人把纪念十月革命与反对资本主义、宣传社会主义结合起来。在莫斯科有几千人参加游行和集会，久加诺夫在集会上说，今天，历史本身再次使我们认识了伟大的俄国革命的正确性，严重的经济危机席卷了世界资本体系，社会主义的选择注定要来敲门……我们对未来充满信心。11 月 10 日，久加诺夫在《真理报》和《苏维埃俄罗斯报》发表关于金融危机的"纲领性"文章，认为政府应对金融危机的方案的根本出发点应是拯救投机家和寡头，呼吁政府应该站在大多数人民一边，努力扶持实体经济，而不要再把老百姓的钱拿去救银行家。11 月 19 日，久加诺夫在接受《真理报》和《苏维埃俄罗斯报》记者采访时进一步强调，当前的危机是资本主义的"老病症"在其全球主义阶段的新发作。11 月 30 日，俄共第十三次代表大会专门通过了关于经济危机的决议，提出"克服经济危机的关键在于改变政治方针"，大会通过的新纲领申明，20 世纪资本主义和社会主义之间的原则争论没有结束，尽管革命运动出现暂时的退却，但"当今时代仍是从资本主义向社会主义过渡的时代"。

希腊共产党利用发表声明、召集罢工等方式，阐明自己关于当前经济危机的观点。2008 年 10 月 2 日，希腊共产党中央委员会就经济危机发表声明，指出危机现象是资本主义不可避免的经济命运，任何管理性政策都不可能解决其固有的腐朽性。10 月 21 日，希腊共产党在雅典等希腊主要城市参与发起罢工游行，抗议希腊政府私有化计划及其针对养老金体系进行的改革，示威者高举"不要给资本家钱"等标语口号，谴责政府 280 亿欧元的金融救市计划。11 月 6 日，希腊共公布了中央委员会为党的十八大（2009 年 2 月 18—22 日召开）起草的纲领，对当前国际经济形势进行了分析。11 月 21—23 日，希腊共产党参加了在巴西圣保罗举行的第十届共产党和工人党国际会议并提交论文，强调美国和欧盟当前的经济发展"再次表明资本主义不可能避免周期性的危机爆发"，也再次证明了"社会主义替代资本主义的必然性"，"1990—1991 年的反革命事件没有改变我们时代的性质，现在仍是社会革命的时代"，"资本主义已经发展成熟，为社会主义革命准备了物质条件"。

其他一些国外共产党也通过召开新闻发布会或在党的网站发表宣言和文章等形式，提出了自己的看法和主张。如2008年10月7日，荷兰新共产党、比利时工人党和卢森堡共产党联合召开记者招待会，解析当前经济形势。英国共产党在9月28日、10月9日接连发表了题为《为什么国有化不是社会主义？》《不计后果的银行贷款》等文章，敦促政府采取"为了人民而非大公司"的政策。10月30日，德国的共产党执行委员会发表了题为《将银行国有化和社会化》的宣言，阐明党关于经济危机的立场、主张。金融危机席卷全球后，葡萄牙共产党多次发表宣言和声明，分析这场资本主义危机的根源、影响及表现，并提出应对策略。11月29日—12月1日召开的葡共十八大特别作了题为《资本主义危机——社会主义是必要和可能的替代选择》的大会报告，对当前的经济形势和斗争任务进行了全面总结分析。身处危机旋涡中心的美国共产党，于10月1日发表了由党主席塞缪尔·韦伯撰写的题为《金融系统与当前危机》的长文，系统阐释了危机的经济动因及其对工人阶级的影响，呼吁建立一种支持工人阶级和全体劳动人民的新的经济治理模式。印度共产党（马克思主义）网站也发表了题为《美国金融危机及其影响》的声明，以及印共（马）党员、经济学家帕特内克（Prabhat Patnaik）的《幻觉的终结》《财政部长坚持新自由主义教条》和印共（马）政治局委员、党的高级领导人西塔拉姆·耶丘里（Sitaram Yechury）的《气球爆炸了！》等文章，解析这场金融地震的原因、实质以及对世界经济尤其是印度经济发展的影响。

11月21—23日，来自全球55个国家的65个共产党在巴西圣保罗召开了世界共产党和工人党第十次国际会议。在世界经济危机愈演愈烈的形势下，这次会议也成为各国共产党围绕危机交流思想、阐发观点的平台。经过热烈讨论，各国共产党基本达成共识，认为结构性与系统性是这场经济危机的本质特征，强调经济危机是资本主义发展的必然现象，近年来新自由主义的经济政策加剧了资本主义经济危机爆发的可能性。当前的经济危机表明了新自由主义政策的彻底失败与溃退，但这并不代表资本主义的自动终结。相反，资产阶级正动用它们在最发达国家的政治权力实施资本主义体系的自救行动。然而这些举措远不能使资本主义变得更加高尚，而只能是通过牺牲工人阶级的利益来解决资本主义体系的内在矛盾。这次危机还使资本主义反革命关于"资本主义已于1989年至1991年取得了不可逆转的最终胜利"的神话破灭。危机的爆发既暴露了资本主义作为一种社会体系的局限性,也揭示了通过革命途径推翻资本主义的必要性。最后,与会党就"资本主义危机"发表了《圣保罗宣言》,指出"当前的危机表明,资本主义体系的内在矛盾正不断恶化","新自由主义的破产决不仅仅是一种资本主义管理政策的失败,而是资本主义自身的失败,同时也是对共产主义理想和模式的肯定"。在资本主义危机面前,只有"社会主义才是替代选择"。

二 对经济危机的动因、根源与实质的分析

对于这场"前所未有""有史以来最严重"的金融危机,资本主义政府大多将其归咎为"金融市场上的投机活动失控""不良竞争"或"借贷过度",并希望通过"规范"资本主义达到解决危机、恢复繁荣的目的。与之不同,国外各共产党既看到了监管缺位、金融政策不当、金融发展失衡等酿成这场危机的直接原因,又反对将当前的经济和金融危机简单归结为金融生态出现了问题。它们认为危机的产生有其深刻的制度根源,强调危机标志着新自由主义的破产,是资本主义固有矛盾发展的必然结果。

法共宣称,世界经济危机源于金融机构过度的贪欲,是政府错误的救市措施和金融机构转嫁危机的举动共同酿就的结果,它使得每个人的现实和未来都被牵连进来。在利益驱动下,资本主义削减工资、购买力、公共服务和社会消费,造成需求和投资下降,经济增长疲软。在利益驱动下,资金过度集中到投资者手里,形成金融泡沫,导致实体经济瘫痪。正是金融泡沫和实体经济瘫痪,瓦解了整个银行和金融系统,引发了金融危机,导致了世界经济步入萧条。在法共看来,这场金融危机归根结底是资本主义制度的危机。它不是从天而降的,不是资本主义的一次"失控",而是资本主义的制度缺陷和唯利是图的本质造成的不可避免的结果。法共机关报《人道报》主编、法共党员皮埃尔·洛朗(Pierre Laurent,现任法共全国主席)在法共三十四大的讲话中明确指出,金融危机之所以发生,部分资本家在股市上玩火、投机活动失控等都只是表象,透过其面纱所映射出的资本主义制度的漏洞,更应引起人们的关注。冲击全球的危机并非仅仅局限于金融或经济领域,它同时也揭示了政治上的危机、资本主义生产方式上的危机。从深层看,金融危机本质上是一场制度危机。在历史上,金融危机曾多次上演,从1929年的金融危机、1970年的美国股灾、21世纪

初的"安然事件""泰科事件"等诸多大公司丑闻,再到这次殃及全球的金融风暴,危机的重复性出现成了资本主义社会的特有现象,而每一次危机的爆发,都可以被认为是给资本主义制度敲响了警钟,证明了"不合理、不道德、有悖历史发展潮流的资本主义的危害性"。危机并非资本主义发展中的曲折,而是其必由之路。正是资本主义的本质决定了资本主义社会必然从一个危机走向另一个危机。

俄共一直关注世界经济的变化,对金融危机早有预见,而且认为金融危机势必导致资本主义的结构性危机。2009年5月,俄共就已指出,"资本主义越来越失去立足之地,越来越明显地把人类引向衰落。西方社会窒息于消费的角逐之中。经济的虚拟金融部门在当今世界超越了经济的生产部门。正因如此,才产生了2008年年初的世界金融危机。据估计,这一危机已经转变为世界经济的结构性危机"。在俄共看来,这场危机的直接祸根是新自由主义的泛滥。久加诺夫强调,"15年来,盖达尔及其同伙一直告诉我们,市场是完全正确的,市场能调节一切。但是今天甚至法国总统萨科齐都承认,所谓市场可以调节一切的观念是荒谬的";"虚拟经济离开实体经济支撑,必然导致危机。金融和借贷业务额超出物质价值的总值,危机就不可避免";"这场金融经济危机埋葬了资本主义的货币主义模式"。近年,俄共领导人多次提到,当前的世界危机使马克思的《资本论》畅销,人们又捧起列宁的书,这并非偶然,因为马克思列宁主义揭示了危机是资本主义不可避免的产物,根源在于资本主义的基本矛盾。在俄共看来,列宁的"帝国主义是资本主义最高阶段"的论断没有过时,"全球主义"是帝国主义发展的新阶段。而当前的金融经济危机,实际上是资本主义基本矛盾在当今"全球主义阶段"的反映。在这一阶段,世界一体化和高技术应用的基本好处都被跨国公司攫取了。跨国公司使西方的精英发财致富、脑满肠肥,却使世界上其余的人陷入贫困和衰落。正是在全球主义这一阶段,生产资本、工业资本彻底被金融资本、投机资本所征服;这一现象的直接后果就是这一次的世界经济危机。从1929—1933年的大萧条到今天的世界经济危机的历史进程表明,资本主义仍受制于其深刻的经济危机。

美国共产党将这场经济危机形容为一场"完美的经济风暴",因为它涉及所有资本市场,影响到人们生活的方方面面。韦伯认为,虽然当前的经济混乱由借贷引发,但在根本上是20世纪70年代中期以来"金融化"

发展的必然结果。当时的美国资本主义面临高通胀、高失业、低增长等诸多棘手问题，政府采取了强力提升美元利率等政策。强势的高息美元政策，重新调整了内外资流向，大量资金流入金融渠道，金融化得以迅速推进。金融化是一把"双刃剑"，尽管它刺激了国内和全球经济的发展，推动了经济增长、延长了资本主义的上升周期，但也造成了美国和世界经济的不稳定，使我们面临堆积如山的债务，酝酿着一场艰难的经济着陆，并最终导致了我们正在经历的深刻经济危机。金融化是新自由主义资本积累和治理模式的产物，它旨在恢复美国资本主义的发展势头及其在国内和国际事务中的主导地位。同时，它也是美国资本主义体制的弱点和矛盾发展的结果，使美国和世界经济陷入新的断层。

印共（马）主张20世纪60年代末以新的"全球化"形式出现的金融资本的复兴推动了经济危机的发生。这种新形式的金融资本通过国际货币基金组织、世界银行等机构在全球范围"兜售"或强硬推行其自由市场意识形态。"全球化"的金融资本迫使民族国家敞开大门接纳不受限制的资本流动，利用一种有效率的自由市场的幻觉来证明其合理性。现在，随着金融危机的出现，新自由主义这种幻觉破灭了。在印共（马）看来，经济危机是资本主义的必然现象，资本主义的固有矛盾决定了它必然伴随周期性危机，无论这种危机是金融因素还是非金融因素造成的。出现危机没有什么奇怪的，但三个额外因素使得这场金融地震更具潜在破坏性。帕特内克对这三个因素进行了总结：一是与投机者的短视相关。投机者对资产价格波动估计不足，风险意识下降，金融冒险行为增加，导致金融体系越来越脆弱，最终在繁荣期结束时，整个金融体系陷入危机之中。二是与大量"衍生"市场的出现相关。贷款行为传统上被认为是借款人和贷款人之间的一种二元行为，但在现代金融部门中，与贷款相关的风险不再只产生于贷款人，贷款人本身也成为一种可出售的产品。这些风险通过各种"衍生"市场被转嫁给其他人，如此循环往复。但这并不意味着风险消失，而是造成了对风险的系统性低估，进而使得金融世界面临巨大风险。三是与政府干预相关。危机一发生，政府就会进行干预，这是一个规律。这种政府行为有助于避免经济衰退，但也让金融家们更加无所顾忌、低估风险，从而使得投机泡沫的破灭更具破坏性。这一被经济学家称为"道德风险"的问题，使得政府陷入两难困境：如果不进行干预，就要承受经济衰退的结局；如果进行干预，未来情况会变得更糟。

其他一些共产党也围绕经济危机产生的原因、根源提出了自己的见解。如德国的共产党指出,这场金融危机具有全球性影响,它使全球经济陷入衰退,并且越来越影响到实体经济部门。危机产生的原因不是银行家的失误,也不是国家对银行监管失利。前者只是利用了这一体系本身的漏洞,造成投机行为的泛滥。投机一直是资本主义经济的构成要素。但在新的垄断资本主义发展阶段,它已经成为一个决定性因素,渗入经济政治生活的方方面面。金融投机成为资本主义积累的主要工具。全球资本都在追求最高利润率。投机行为具有了新的内涵,不仅股票和企业,而且国家货币也成为投机的目标。国际金融市场操纵着国家经济政策,这些金融市场现在陷入深刻的危机之中。美英等国纷纷把银行置于国家控制之下,这表明所谓的资本主义自由市场经济的崩溃。

金融危机席卷全球后,英国共产党多次阐明自己的主张,反对把当前的经济和金融危机主要归结为次贷危机的结果,强调新工党政府和伦敦金融垄断机构也负有不可推卸的责任。指出为了服务于大企业及其市场体系的利益,包括公共部门在内的英国几乎所有的经济部门都被置于金融资本的控制之下。由于工资、福利和养老金的实际价值下降,人们被迫诉诸建立在虚高房价基础上的贷款,以维持和改善其生活水平。银行等金融机构利用贷款和其他交易手段建立起与实体经济产生的实际价值毫无联系的"虚拟资本"。它们利用这种方式不受限制地聚敛暴利。随着货币市场和金融机构逐渐丧失信誉,经济周期重新出现。如果贷款持续不断地注入金融市场,将会引发通货膨胀,导致社会工资下降。而国家将不得不承受巨额不良债务,并将其转换成人们的纳税义务。

与之类似,葡萄牙共产党也认为不应该把这场危机仅仅解释为次贷泡沫的破灭,当前的危机也是世界经济的愈益金融化和大资本投机行为的结果。这场危机表明"非干预主义国家""市场之看不见的手""可调节的市场"等新自由主义教条是错误的。那些将一切都"诉诸市场"以及支持"小政府"的人,今天也是积极主张国家干预的人。资本主义再次展示了它的本性及其固有的深刻矛盾。资本主义体系非但没有解决人类社会面临的问题,反而使不平等、非正义和贫困进一步恶化。

三 国外共产党摆脱危机的策略主张

随着经济危机波及的范围越来越广,各国共产党纷纷就危机的发展后果和趋势进行预测、评估；在批判政府采取的救市措施的基础上，提出了各自应对危机的策略主张。

法国共产党认为金融危机会随着时间的推移对全球产生越来越大的影响。在金融领域业已失去控制的情况下，法国房地产业、中小型企业、制造业都蒙受了相当大的损失。同时，从今年夏季便开始持续上升的失业率，也将伴随危机持续走高。世界经济正在进入衰退期，这将导致更大范围的灾难，影响工资、就业、退休、住房、医疗保险、公共服务等环节。每一个人的日常生活都会受到威胁。面对这种形势，萨科齐总统决定注资百万欧元扶植国家银行体系，这并非一个解决实质性问题的有力措施，实际上，这位总统是在牺牲公共利益去挽救资本家个人的损失。这证明了当今世界的资本主义是"国家垄断资本主义"。在这一体系下，国家完全而且只为垄断资本家服务。为此，法共号召共产主义者以法共为核心团结起来，采取有效措施阻止危机的蔓延。法共应对危机的紧急举措包括：对金融机构进行监督；建立完全透明化的银行体系；拒绝任何新形式的私有化；加快社会服务部门的现代化发展；提高薪酬和退休金；保障银行中小储户的存款；保证失业人员获得救助金；保障受危机影响无法还贷人的住房。同时，法共还提出了一些深化改革的具体方案，如重新把资金投入民生经济领域，并增加就业岗位；将一些私有化银行重新国有化，严惩以投机为目的的信贷行为；监管资本流向，严厉打击不符合规定的避税行为；在欧盟内出台新条约，维护工业和第三产业的发展；等等。

针对俄政府陆续出台的应对金融危机的救市方案，俄共指出，政府的方案应该以大多数人民的利益为出发点，不要拿预算资金、储备基金去救银行家。在俄共看来，摆脱经济危机的根本出路是改变国家现行的自由主义经济方针，加强国家宏观调控，根本改变国家的经济结构。久加诺夫在接受电视采访时说，走"纯粹的"市场经济之路，摆脱不了今天的危机，应该考虑国家的作用，考虑社会政策，考虑相应的杠杆，考虑对资金的严格监管，考虑对各种实际生产部门的支持。俄共提出的摆脱当前危机的途径包括：一是实现垄断组织的国家化，抛弃依赖能源出口的发展模式，把原料资源最大限度地用于发展国家的实体经济部门，把积累的资金不仅仅投入金融，而且还要投入科技、农业、工业、林业等部门，扶持中小企业；二是外贸流转由国家机构监管，进口以为俄罗斯国民经济的服务和最急需的消费品为目标；三是加强政府对金融业的有效监管，中央银行要对国家高度负责，建立储备银行，用银行的储备而不是用国家预算和黄金货币储备来应对复杂局势，政府和财政部对公司对外借贷的担保要负起责任；四是提高国家粮食收购价格，保护种粮农民的利益，改变增产不增收的问题，以保证粮食安全；等等。

荷兰新共产党、比利时工人党和卢森堡共产党在联合召开的记者招待会上，分析了当前经济危机的走势，指出当前的危机是自东南亚危机和新经济危机之后，资本主义引发的第三次大危机。虽然各国政府在用纳税人的钱挽救资本主义体系，但它们同时也为新危机的发生埋下了隐患。三党支持各国政府采取积极举措挽救银行等金融系统。虽然它们认为通过购买银行股份而实现的所谓部分国有化，不是真正的国有化，但在危机来临时必须避免出现大规模的股份抛售行为。它们反对一次又一次地抛弃私有企业，要求重新分配公共财富、收入和财产；它们反对自由主义意识形态，也反对社会民主党简单化地调控金融市场。它们提出了三个共同倡议，即对股东的收益进行界定，超出部分按100%纳税；赋予雇员和工会更多权利；建立一个公众控制下的三国同盟银行。

美国共产党认为，政府采取的那些试图通过不危及大资本家的权力和财富来解决金融危机的举措，是国家垄断金融资本主义，或者形象地说是牛仔/赌场资本主义的举措。当前应立即采取一些恢复金融市场秩序、促进经济发展、改善人们生活的措施，如政府可以采取宣布延期偿付抵押赎回权、债务豁免权或者重新协商抵押期限等必要方式抑制房贷危机，进而缓解整个经济和市场的混乱局面；通过5000亿美元的经济刺激议案，通过取消布什政府的减税政策以及对金融交易和金融机构征收特别税来支付这笔资金；调控金融市场，规定对冲基金等金融工具非法；迅速结束伊拉克战争，在阿富汗启动和平进程；等等。而从长期看，则必须在政府和企业层面建立一种新的经济治理模式。这种新模式主要以"新政"的经验为范本，在构建过程中同时要考虑今天的政治经济发展条件以及工人和所有被压迫人民的要求。它将秉承和平等原则，使能源和金融部门变为公有，使经济和社会去军事化。这不是一种社会主义的模式，但将对资本主义代理人的权力和实践构成挑战。

为应对危机，英共主张采取一个"左翼纲领"来应对危机，其基本原则包括：取消对银行和金融的公共补贴；加强政府干预；在银行业重建一个强大的公共部门；对富人征收财产税，对能源公司、银行和超市的垄断利润征收暴利税；冻结燃气、用电价格，将燃气、电力和石油部门收归公共所有。德国的共产党看到了这场危机不同以往的特点，即生产过剩、金融危机、生态和粮食危机以及帝国主义在阿富汗和伊拉克可以预期的失败等危机因素相互交织、相互作用。因此，德国的共产党明确反对政府出资直接补贴银行等金融机构，而建议将所有主要银行转为公有，将其置于民主控制之下；要求阻止私有化的进一步发展；进行针对金融资本的税收调整；向富人直接征收1.5%的税；所有金融和保险组织必须受到来自工会、民主协会、社会组织等的代表监督；采取直接政治措施禁止投机行为，废除对冲基金。葡共则强调政府必须对银行体系进行干预，降低利率；采取措施促进国家生产；增加工资，恢复工人的购买力；增加针对贫困家庭的社会支出；对国民收入进行重新分配。在欧盟范围内，必须让欧洲中央银行降低利率；搁置《稳定与增长公约》；反对去地域化；强化结构性基金，采取能够刺激经济行为和投资的其他预算措施；等等。此外，葡共还主张修正国际货币和金融体系，反对美元的特权地位，但同时也强调这一目标不能通过牺牲欧盟弱国的利益、人为强化欧元地位来实现。

四 经济危机形势下共产党人的发展机遇

国际金融危机的爆发，对作为一种制度的资本主义形成了巨大冲击，几十年来被标榜为全球标准的美国式自由资本主义已经显露出全面危机。正如美国共产党分析的那样，过去30年推动美国资本主义发展的主要意识形态和实践，已经遇到了很大的矛盾。广义而言，这是美国资本主义在意识形态、政治和经济上的巨大失败。金融化、金融主导的全球化和新自由主义虽然尚未完全衰亡，但其未来却问题重重。从另一角度看，美国金融市场的崩溃，也沉重打击了美帝国主义称霸21世纪的希冀。金融危机与伊拉克的灾难、世界人民对全球新自由主义和结构调整政策的愤怒以及各地区新的强国的出现，标志着美帝国主义的霸权危机进入了一个新的阶段，标志着单极世界已经进入了终结篇。

各国共产党充分意识到资本主义当前面临的巨大危机，强调危机的出现再次证明了资本主义自身存在着不可解决的矛盾和问题，证明了争取社会主义斗争的必要性。俄共这样指出，资本主义不可避免地走向破坏性的危机、社会灾难和军事冲突。只要高利贷者和投机者的权利和利益置于物质和精神价值创造者的权利和利益之上，社会就不会是和谐的。这一切迫使我们必须加强争取社会公正、争取劳动者的权利和自由、争取社会主义的斗争。时代执着地证实了这一斗争的必要性和必然性。久加诺夫在十三大报告中强调，历史的风再次吹向了我们的风帆。他谈道，20年前，苏东社会主义被摧毁，整个世界被告知：一切都将按照自由市场和美国统治世界的模式发展。而现在，这种说教正遭受毁灭性的挫败。所谓的资本主义世界的"灯塔"——美国，不再是吸引人的方向标。自由主义的市场哲学完全破产了。历史的钟摆加速地向左摆了，它的指针直指人民政权和社会主义。社会主义不是意识形态专家的任性要求，而是人类进步的、自然的、必不可免的阶段。投机家的金融市场的崩溃给美国和全世界带来了前所未有的后果，这就是转折时刻。资本主义强加给全世界的那种社会模式将淹没在危机的浪潮中。共产党人对社会主义的理想和人民政权取得胜利的信念、对世界所有左翼力量的团结和战斗协作的信念也随之增强。葡萄牙共产党也认为，当前的经济危机是资本过度积累的危机，是无政府的资本主义发展的一种表现。在危机期间，生产社会化与资本家对生产性财富的剥削之间的矛盾愈益突出。资本主义的矛盾急剧爆发，其问题源于资本主义生产而非货币流通，任何管理性政策都不可能解决这一体系固有的腐朽性。现在，危机使得共产党人为替代发展而进行斗争的必要性更加突显。现实再次证明了马列主义关于社会运动的核心命题，即需要采取革命行动推翻资本主义；现在，社会主义比以往任何时候都代表着对资本主义的必要而可能的选择。

金融危机的爆发，无疑为苏东剧变后处于低潮的世界社会主义和共产主义运动创造了机遇。各国共产党纷纷行动起来，呼吁左派力量团结一致，以此为契机推动社会的改革进步，努力实现自身力量的壮大以及世界社会主义运动和共产主义运动的发展复兴。法共三十四大指出：毫无疑问，资本主义体系的危机为我们开创了一个新的历史时期。法国、欧洲和全世界的阶级斗争翻开了新的一页；我们应该在全世界继续推动政治斗争，比如支持巴勒斯坦人民的斗争，支持希腊工人和青年的人民运动；在危机中可以使社会转型深入开展；应该采取新的发展方式，能够保障社会团结、实现新的进步和维持生态平衡的可持续的发展方式；应该进行真正的民主改革。共产党可以利用此次机会，建立一个属于工人阶级和他们的同盟的国家。英国共产党也呼吁工人和进步运动行动起来，打破金融资本对经济的统治，清除主导各主要政党的新自由主义政治家，宣称为社会主义而进行的斗争仍然是解决资本主义混乱状态的唯一选择。希腊共产党则强调，当前被资产阶级视为威胁其经济政治稳定性的危机，恰恰是广大劳动人民的希望所在；我们应该最大限度地利用这一形势，推进工人阶级及其社会政治联盟在国家和国际层面的团结进程；危机要求工人阶级进行反击，要求加强以反帝国主义为目标的阶级斗争；人民力量应该团结起来攻击资本主义这只"受伤的野兽"，不应给它时间疗伤复原。希共号召工会运动、反帝运动团结起来，为推翻现存权力体系，为实现生产的社会所有制，以及社会生产的中央计划、工人控制和社会控制而斗争。

总体来看，国外共产党对资本主义经济危机的分析批判及其组织开展的实际斗争，是仍处于低潮之中的世界共产主义运动的新亮点，这也是世界范围内共产主义运动"回归传统理念、趋向国际联合"动向的新表现。近些年来，世界各主要共产党通过修改党纲，不同程度地呈现出从苏东剧变以来的"迷茫""调整"向科学社会主义基本原理的"回归"，而且试图通过加强国际层面的合作和相互援助，积极振兴社会主义、共产主义运动。例如，原本只有地中海沿岸、南欧少数共产党参加的"共产党、工人党国际性聚会"，这两年发展成大型的世界性共产党定期大会。继 2007 年来自世界 76 个国家的 83 个共产党和工人党在明斯克和莫斯科举行第 9 次大会隆重纪念十月革命 90 周年之后，来自世界各国的 65 个共产党和工人党又于 2008 年 11 月 21—23 日在巴西圣保罗举行了第 10 次国际大会，而且一周之后，80 多个共产党代表团又借列席俄共十三大的机会交流经验，共商反对资本主义、争取社会主义的国际合作。这些举动无疑有利于共产党争取广大劳动群众的支持和信任，在各国的政治斗争中重新获得立足的基点，并在此基础上谋求新的发展。至于各共产党能否在反资本主义斗争的旗帜下进一步推进左翼与民众的联合，并将这些运动与争取社会主义的斗争有机结合起来，还取决于共产党的自身努力和客观政治经济形势的发展等诸多因素。但可以肯定的是，随着资本主义固有矛盾的深化，随着反资本主义斗争的深入开展，必将给世界社会主义和共产主义运动的发展带来新的希望和机会。

第二节　南欧共产党的反紧缩斗争及对相关问题的思考

2010年年初欧债危机全面爆发后，所谓南欧"金猪四国"（PIGS），即危机重灾区的希腊以及濒临危机边缘的葡萄牙、西班牙、意大利吸引了全世界关注的目光。该地区是当前欧洲共产主义运动相对活跃的一个区域。四国共产党直面危机形势，连续采取了一系列行动抗议政府反危机的紧缩政策，围绕债务问题的成因及其解决措施提出了独具特色的观点和主张，并对危机下各国共产党的主要斗争任务进行了具体规划。

一　债务危机下四国共产党的斗争行动与举措

（一）组织领导反危机的抗议示威和罢工运动

危机爆发下，四国共产党积极组织集会、游行、罢工，来对抗各自政府的"紧缩政策"，表达其维护劳动者权益的立场。其中尤以希共最为活跃，在危机期间多次举行抗议集会，并通过它的阶级工会——"全国劳工斗争阵线"组织发起了一系列罢工行动。早在2009年年末希腊债务问题曝光之初，"全国劳工斗争阵线"就在12月17日成功组织了24小时全国大罢工，反对社民党政府维护大资本利润的反人民计划。2010年后，伴随债务危机的加剧，"全国劳工斗争阵线"几乎每个月都组织抗议和罢工行动，截至2010年7月底在各大城市共成功组织了13次全国性大罢工，抗议政府的紧缩政策及其对社会保障政策的破坏，产生了重要的社会影响。

（二）发表宣言和声明阐述对危机的看法和主张

欧债危机发生后，四国共产党迅速做出反应。2010年3月4日，四国共产党和欧洲左翼党共同发表题为《危机与南欧：欧洲左翼的回应》的联合声明。4月21日，葡萄牙和西班牙共产党召开两党领导人会议，发表联合声明，提出两党应对危机的战略策略。此外，四国共产党还先后发表了《论欧盟关于希腊的决定》《击溃对工人和国家主权的一场新的、危险的进攻》《劳工改革是对人民发动的战争》等各党宣言、声明和文件，阐释党的立场、观点，彰显了共产党的鲜明立场。

（三）针对欧洲一些国家的反共措施展开反击行动

苏东剧变后，欧洲一些国家一直没有停止对共产主义的遏制。近年来，反共措施愈演愈烈。2007年，捷克政府宣布倡导社会所有制的"共产主义青年联盟"为非法。2008年后，立陶宛、爱沙尼亚、拉脱维亚等国相继禁止在公众场合张贴、绘画斧头镰刀红旗等图案标志。国际金融和债务危机下，反共浪潮更是甚嚣尘上。继2009年7月欧安组织通过反共决议，将共产主义与法西斯主义并列，极力歪曲二战和苏东社会主义建设的历史成就之后，一些欧洲国家又进一步采取行动对共产党进行意识形态攻击。如捷克的一些激进议员呼吁查禁作为议会第三大党的波希米亚和摩拉维亚共产党；波兰立法禁止传播"共产主义标志"，违者将处以两年监禁；摩尔多瓦也成立了一个名为"谴责极权主义共产党政权"的委员会，建议禁止使用共产党的标志以及使用共产主义等字眼；匈牙利议会把德国法西斯主义和屠杀犹太人的暴行与所谓"共产主义的罪行"相提并论，并决定对公开提出质疑的人处以1—3年监禁。

在这种情况中，四国共产党纷纷发表声明阐述自己的反对立场，其主要观点有三方面：一是认为这些行径与欧盟长期篡改二战和社会主义建设史联系在一起，其目的是为了掩盖历史，尤其是泯灭青年人的自觉意识，使其相信资本主义是未来社会的唯一选择；二是认为这些行径暴露了资产阶级民主的虚伪性，完全撕去了所谓"自由"的面纱，是赤裸裸的垄断专政；三是认为这些反共行径与经济危机下各种反人民的措施并进，表明各国政府和机构对工人和人民罢工、抗议行动的恐惧和担心。四国共产党明确表达了与各国共产党和人民团结一致的坚定信心，呼吁立即停止这些反共迫害行为。

同时，四国共产党还组织、参加了多种形式的活动和抗议行动，如出席第四次欧洲共产党讨论教育问题会议，以及在莫斯科召开的"还原历史和反思时代"国际会议，探讨还原历史真相对当代社会主义斗争的意义和影响；包括四国共产党在内的世界55国共产党发表联合声明，纪念"反法西斯战争胜利65周年"；葡萄牙共产党致信波兰驻里斯本大使馆表达反对立场；希共在欧洲议会议长布泽克访希期间召开抗议集会；希、葡两党直接参加并致信支持2010年6月8日波兰反共立法生效当天在华沙举行的群众性抗议集会和示威游行。

（四）反对本地区资本主义发展和帝国主义侵略的斗争

在围绕债务危机进行相应斗争的同时，四国共产党还根据本地区资本主义以及国际帝国主义的最新发展情况展开了一系列反击行动，主要包括这样几个方面。

1. 反对北约的斗争。2010年2月19日，希共举行抗议集会，反对在希腊举行的讨论"新战略概念"的北约会议。3月14日，包括四国共产党在内的世界62国共产党发表"为和平而斗争！我们不要北约"的联合声明，指出在资本主义结构性危机不断加深的背景下，以北约为代表的帝国主义权力发动的军事进攻展现出全球性和多面性。其政策目标显而易见，是为了控制自然资源、能源、技术，扩大市场，进行军事和地缘战略控制。北约在国际关系军事化和军备竞赛过程中扮演着主要角色，是当今国际冲突和紧张关系的驱动力。为此，各国共产党呼吁解散北约，支持各国不参加或退出这一侵略性联盟。

2. 反对"欧盟2020战略"的斗争。2010年6月17日欧盟首脑会议正式通过了题为"欧洲2020战略：实现聪慧、可持续性和包容性增长"的欧盟未来10年经济发展战略。早在该战略性文件酝酿产生之时，葡萄牙共产党和"联合欧洲左翼－北欧绿色左翼"就在5月16日共同发起召开了"2020战略"研讨会。会议总体认为，这是欧洲大资本的一个战略性文件，重申和加深了欧盟在各层面的新自由主义政策，通过加强剥削和支持大资本的方式坚持所谓的"危机退出战略"，这一战略将使欧洲目前面临的危机进一步恶化。如同2000年《里斯本战略》未能实现稳定的经济增长、充分就业、更大的经济和社会整合等所宣称的目标，而达到了增加对工人的剥削、保证大资本的利润、把战略性经济部门转手私人资本等"阶级目标"一样，"2020战略"将以破坏社会功能和经济生产体系为代价，造成更多的失业、更低的工资、更多的贫困以及社会和劳动权的减少，从而更加意味着资本的成功。各国共产党因此反对"2020战略"，要求优先发展那些能够推进经济增长和就业的政策。

3. 国际层面上的反帝斗争。通过发表宣言和文章进行的反帝斗争包括：支持伊朗国内民众进行的反帝活动；反对美英大国对阿富汗的军事占领；谴责以色列对驶往巴勒斯坦的国际人道主义援助实施军事打击。此外，有的共产党还采取了一些直接行动，如2010年7月14日希共工会"全国劳工斗争阵线"成员在雅典机场的以色列航空EL-AL柜台前举行2小时静坐示威，抗议以色列对加沙地区的连续轰炸等。

二 四国共产党围绕债务危机的思考和分析

四国共产党对债务危机的原因、性质进行了深入探讨，并在批判各国应对危机措施的基础上提出了自己的"危机退出战略"。

（一）关于债务危机的原因和性质

四国共产党对危机原因和性质的探讨，主要涵盖政策分析和制度批判两个维度，以葡萄牙共产党和希腊共产党的观点为代表。

葡萄牙共产党着重强调欧洲范围内新自由主义建构的破坏性影响，提出危机的出现是推行这一右翼政策的直接结果。葡共总书记德索萨在接受《真理报》采访时就这样指出，葡萄牙的经济和社会危机，虽然是伴随国际经济危机的加剧和欧洲一体化进程的推进而发展起来的，但在根本上是几十年来右翼政党和社民党推行右翼政策的结果。他把这些政策概括为五个方面，即国有部门、关键经济部门以及国家的社会功能和公共服务的激进私有化政策；资本的高度集中具体表现为财富分配的日益不平等和非正义，以及政治权力向经济权力屈从；通过削减实际工资、社会服务以及劳动和社会权利，对工人以及人们的普遍权力进行攻击；国家屈从于欧盟和北约指令的政策也是导致国家无力解决经济危机问题的核心之所在；民主的削弱，掩盖法西斯主义专政历史，剧烈升级的反共行动以及扼杀工会运动。①

希腊共产党对危机的解析更加深入资本主义制度内部，从制度运行规律的深刻层面来认识当前危机。如希共伦敦支部成员伊莎贝拉·玛贾拉（Isabella Margara）撰文认为，希腊和所有资本主义国家面临的是一场生产过剩的危机。隐藏在生产过剩之后的是资本积累过度，而现在主要经济部门的平均利润率是下降的。为了开启新的积累过程，必然导致部分生产力遭到破坏、工厂倒闭、通货膨胀和冗员。这与社民党或自由党对"体系"的管理无关，而是资本主义发展不可避免的结果。她也指出，目前确实存在着国家赤字问题，但必须看到，在这些赤字之后是对大垄断集团的大幅减税，对大型银行的紧急援助，北约令人难以置信的军事支出和以发展资本主义为名施行的各种补贴。在希腊，目前显然存在着美国和欧盟、欧盟

---

① "Interview by Jerónimo de Sousa to 'Pravda'", May 27, 2010, 葡萄牙共产党网站 http://www.pcp.pt。

各国尤其是法、德两国之间的帝国主义竞争。愈益明显的是，希腊和欧洲的统治阶级正在利用赤字问题来推动新的反劳动政策，这些措施实际上在《马斯特里赫特条约》签署后一直就存在，其目标不只是为了退出危机，而是为了在经济危机接下来的发展阶段实现资本的稳定和高利润。①

（二）对政府应对危机政策的批判

面对严峻的债务问题，欧洲各国政府纷纷加大紧缩政策的力度，大幅削减政府开支。这种应对危机的做法遭到四国共产党的强烈反对。它们认为：

首先，债务问题的严重性被过分夸大了，希腊的经济形势并非外界所宣传的那样濒临破产或没有外界干预（政府紧缩政策）就不能生存。国家存在的核心问题不是公共赤字或债务，而是源于去工业化、生产部门衰落、私有化、外资控制以及对国家的出口和生产行为高度歧视的欧洲中央银行的货币和兑换政策造成的外部全球债务。而且，危机不是某个或某些国家的问题，它是整个欧洲的问题，是欧盟的新自由主义建构的问题。

其次，人为地、选择性地渲染公共赤字问题，实际上是试图通过金融投机来对最为脆弱的国家经济进行掠夺，这是以对劳动的进一步剥夺和数百万工人的贫困化为代价实现构筑大资本利润目标的部分内容。欧盟说要提供"援助"和"支持"，但实际上是在加紧对弱国的控制。对主权国家的干预和敲诈，揭示了大国推行的资本主义集中和积累政策的阶级性。同时，各国采取紧缩政策来处理危机，目的是通过剥夺工人利益来满足资本家的利益，来帮助私有银行摆脱困境，这些政策不能赋予资本主义积累机制以新的活力，不能解决金融体系的不稳定以及与市场机会相关的问题。

再次，各国政府应对危机政策的具体实践结果，将造成经济地持续停滞，致使欧盟范围内的失业和贫困增加、社会等级更加牢固。对于普通劳动者来说，将承受更多被剥削、工作不稳定以及福利体系遭到破坏的后果。这些政策正在引起并将导致更为严重的社会危机，如各种形式的罢工、抗议等。在一些国家，甚至引发了连锁性的政治反应，比如在意大利就出现了"宪法危机"，表现为政府试图破坏原有的宪法框架，建议修订宪法第三条以限制工人的罢工权等。意大利重建共认为，这是统治阶级在

---

① Isabella margara, "KKE: Interview with the Greek Communist Party", May 13, 2010, http://en.wikinews.org.

利用危机重新进行社会、制度和政策配置，旨在用极权主义方法控制社会冲突，是一种破坏社会民主的颠覆性政策。

此外，四国共产党也对危机下各国政府具体的反劳动政策进行了批判。如围绕希腊等国提交的稳定计划，它们认为这些计划提高了增值税，降低了工资和福利。同时，由于欧洲中央银行的贷款利率（约1%）与其购买政府债券的价格（在希腊是6%—7%）之间存在差价，欧洲私有银行的利润率大大增加了。这些新自由主义的稳定计划，完全是掠夺工人而服务于银行、投机者和大资本的计划，是掠夺弱国而服务于那些控制欧洲资本主义一体化进程之国家的野心的计划。

再如，西班牙共产党针对工社党政府在2010年6月16日通过并在6月22日获议会批准的《劳工改革法》指出，这一改革法是对劳动者发动战争的宣言，是西班牙历史上对社会权利的最大削弱。西共认为，该法案将终身合同解聘金标准从每工作一年补偿45天减少为33天的唯一目的，是降低解雇成本、摧毁福利国家，实现大企业和大银行的利益，其实施后果将是增加失业率，引发更多罢工抗议。

（三）四国共产党应对债务危机的主张和建议

那么，到底应该如何化解当前的债务危机呢？四国共产党提出应增强实体经济和就业率，在财富再分配方面应实现更多公正，以及实现权力和所有权的民主化原则，指出除此之外，没有任何危机退出战略。在这一原则基础上，四国共产党也提出了一些应对危机的具体措施，主要包括：所有欧洲机构的首要工作要放在解决就业、工资和养老金问题上；对金融投机交易征税，废止欧洲各国间的免税政策；建立欧洲公共的评级机构，国家不再是服务于投机利益的私营评级机构的抵押品；允许欧盟成员国在合理的利率基础上借贷欧洲债券。

四国共产党在妥善解决当前紧急状况的基础上，还提出了对国家经济甚至地区经济发展的长远规划。

葡萄牙共产党强调危机的解决，需要在捍卫国家主权和利益基础上实施彻底摆脱现政府衰退发展轨迹的一种左翼政策。这一政策将以坚决反对投机、信任自己的生产部门、重新评估工资标准和不断变化的公共投资为先决条件，将通过对金融资本、巨额利润和股市投机进行征税的方式来改变不平等和非正义深化的单向发展道路。在欧洲层面，葡共强调这种左翼政策将与主宰经济和货币政策发展方向的欧盟新自由主义和联邦主义路线决裂，将终结"稳定和增长计划"，将与欧盟在"2020战略"中展示的反社会政策决裂。同时捍卫社会进步基础上的真正趋同，支持国内生产和公共投资，强化公共服务和就业权，坚决反对资本的自由流通以及金融和股市投机。

西班牙共产党主张用"反资本主义的社会替代"政策来解决当前经济问题。该政策的基本构成要素是：充分就业；普遍实现法律规定的社会权利；发展公共服务；建立公共银行；工人参与经济计划的制订，并参与企业控制；进行税收改革，用原本掌握在银行和大城市手中的资金来支持危机的社会退出；转变能源政策，支持捍卫一种可持续的环境发展模式；进行司法改革，清除腐败；终结税收天堂，革新政治和企业生活。

希腊共产党为应对危机，重申了一直以来倡导的构建自力更生的"人民经济"的设想，指出为了发展这种人民的经济，必须要找到一种满足"人民的需要"而非"利润的需要"的解决所有制问题的方法。希共把这一方法概括为建立一种"新的人民的制度"，其主要内容包括：基础性的生产如能源、通信、交通等归社会和国家所有，以实现经济独立，在关键经济部门减少与其他资本主义经济和洲际垄断组织的联系；土地社会化，建立小商品生产合作社；教育、健康、福利和社会安全部门是完全公共的免费系统；中央计划调控的经济机制将动员起全社会的劳动力和资源；在不参与欧盟、北约等帝国主义联合组织的前提下，利用一切可能开展建设性的、互利的国际经济合作；等等。

意大利重建共产党在地区层面上主张通过公共控制信贷、收入再分配、建立公共机构调控经济以适应环境和社会需要等方式，构建一个"社会的欧洲"。重建共的最终目标是把欧洲建设成一个整体上的"欧洲福利国家"，其中不同国家间的生产力差异不应导致工资差异，可以通过工作时间来调控。重建共为此建议在民主、平等的公共政策基础上重建新的欧盟宪法，来克服欧洲一体化的自由主义性质，指出欧洲中央银行的任务需要围绕捍卫就业和货币稳定进行重新界定，《马斯特里赫特条约》条款需重新修正，根本改变其当前的运作方式。在意大利国内，重建共建议在削减军费支出的基础上，构建一个融合了产业政策重构、缩减工时和面对所有失业者的社会工资的工作计划。为此，重建共主张在扩大社会和公民权基础上保护共和国宪法；捍卫和扩大公共领域的福利保障；通过税收改革进行收入再分配；捍卫全国性的就业契约和劳工法；发展旨在强化产业重构及其环境保护的产业政策。

三 债务危机下四国共产党的主要任务

面对危机的扩散以及劳动者反对情绪的加剧，四国共产党陆续构建了各党在新阶段的斗争目标和任务。综合来看，它们提出的斗争任务主要包括：

第一，继续深化社会和群众性反抗斗争。四国共产党主张反对现政府的右翼政策，捍卫社会和劳动者的权利，反对非正义以及让工人为资本主义危机付账的政策。这主要通过加强工人斗争，强化建立在阶级基础上的工会运动，以及将工人阶级和农民、教师、学生、青年人、公务员等各部门和阶层人员纳入反抗斗争中来实现。葡共强调将进一步强化斗争行动和政治干预，认为只有通过工人阶级、所有劳动者和非垄断部门的深入斗争，才能阻止政府的反社会措施，确保实现社会正义和发展的未来。希共呼吁在通过包括罢工在内的各种方式继续进行反抗斗争的同时，要围绕政府和主要反对党对"全国劳工斗争阵线"的压制及限制展开针锋相对的斗争，强调斗争的"实质性、完整性、计划性"。

第二，大力加强党的组织建设。葡共的组织建设落实在三个方面：一是赋予工厂中的党组织建设以优先性，扩大党在工人和人民群众中的影响力；二是致力于通过党的重要行动，如中央委员会决定在全国各地区举行500次政治活动以及"前进报节"等来推动危机下党的工作开展；三是鉴于党在制度内运作的积极成果（比如葡共在地方政府中拥有超过3000名议员，控制着28个城市；在全国议会中占据230席中的13席，并拥有2名欧洲议会议员），主张在制度内工作、党的工作和群众工作密切联系的基础上发展党的斗争路线，强调这三方面工作之间的关系是辩证的，同等重要且能相互促进。

面对以西共为主体的联合左翼（IU）分裂趋势的加强，西共早在2009年11月党的第十八次全国代表大会召开时就提出了重建联合左翼的任务，2010年年初重建进程正式开启。在西共执行委员会报告中，重建目标被界定为将联合左翼建设成为一个真正的"社会政治运动"组织，该组织具有如下特点：坚持作为反资本主义的、共和主义的、联盟性质的左翼组织；政治活动方式是参与和集体发展；各种社会主义、共产主义、民族主义、左翼的以及不从属任何党派的人一起工作；参与组织的人自愿接受组织的规则、战略和协议；社会行动不是代表某一政党，而将更加开放。西共强调，只有在更为广泛的社会和政治融合背景下以及通过发展新的组织方式，联合左翼的重建才具有意义。

第三，进一步强化思想战线的斗争。随着危机的深化以及资本主义体系性矛盾和局限的不断显现，一些共产党强调利用此时机加强对社会主义的宣传，倡导社会主义作为资本主义体系及其危机真正替代的可能性。如面对资本对工人和工会运动攻击的日益加剧，葡共主张以社会主义作为一种强大的意识形态回应，同时强调对社会主义的追求，要与以实现葡共纲领中"先进民主"为目标的捍卫和扩大民主的斗争紧密结合起来，提出实现"先进民主"是在葡萄牙构建社会主义的组成部分和必要阶段。希共把反危机的斗争与对社会主义的宣传结合在一起，在各种形式的积极斗争中，再三强调希共的斗争目标，不仅是要解决人民当前面临的问题，而是要使人民相信其未来是社会主义－共产主义。

第四，推动左翼联合斗争或建立斗争的阶级联盟。在新的斗争阶段，各共产党纷纷强调建立阶级联盟或左翼联合的重要性。葡共认为，包括日益增长的移民工人在内的工薪劳动者和工人阶级，与其他受资本主义剥削的社会阶层的联盟，是社会斗争最主要的驱动力。在国内，葡共尤其指出与农民和渔民建立并巩固重要社会联盟的必要性，强调他们是受欧盟的资本主义一体化冲击最大的人群，对国家主权具有重要意义，需要给予更多关注。意大利重建共向国内所有左翼政治力量发出了建立替代左翼的呼吁，建议党内外的中左翼力量团结起来，学习德国左翼党和拉美同志党的左翼联合模式，在尊重各自发展经历的基础上构建一个反新自由主义的、广泛的"左翼联盟"。希共在危机时期也提出了建立自下而上的社会政治联盟的主张。希共强调，它倡议建立的这种社会政治联盟，与各种社会民主主义如"激进左翼联盟"的建议模糊、试图吸引所有人和适应所有人要求的"左翼联合"版本完全不同。希共的联盟将通过采取有计划的行动不断赢得反资本斗争的胜利，联盟的唯一发展导向是服务于人民的利益、实现人民的经济和权利。当然希共也指出，联盟目标是进行联合的反资本斗争，而并不以赞成希共的社会主义、共产主义观为前提。

四 希腊共产党在欧债危机中的主要观点和主张

欧洲主权债务危机爆发后，作为危机风暴眼的希腊迅即成为欧洲激进左翼反资本主义斗争的主战场。希腊共产党一直站在斗争的最前线，引领希腊民众掀起了一波又一波反抗斗争的高潮。在斗争中，希共对资本主义危机和希腊债务问题深入思考，提出了一些新的见解和主张。同时，也对群众性抗议运动中出现的一些错误观点和思想进行批驳，明确表达了危机下共产党人的基本立场和态度。

（一）对资本主义经济危机和债务危机的基本看法

围绕资本主义危机，希共透过现象看本质，提出了与主流舆论截然不同的观点和主张，其基本看法包括：

1. 资产阶级对人民的收入和权利发动史无前例进攻的目的，不是为了解决公共债务问题，而是为了加强欧洲垄断集团在国际资本主义市场上的竞争力。诸多解决希腊债务问题的"备忘录"在所有欧盟成员国中推行，各国都充实了包含反人民承诺的国家改革计划和稳定协议，这直接细化了"欧洲协议"的内容，从而进一步加剧了资本的集中，导致人民面临相对和绝对贫困，甚至成为更加廉价的劳动力。

2. 资本主义政权的宣传模糊了债务问题的真正原因，工人不应该为公共债务埋单。希腊债务问题的原因包括：（1）社民党政府的财政政策服务于希腊垄断集团的利益。其基本特征是：帮助大资本合法减税、普遍逃税；将国家财富用于支持商业集团，即国家通过对外借款来服务于资本的收益需要。（2）军费支出巨大，2009 年达到 GDP 的 4%。（3）希腊经济融入欧盟和欧洲货币联盟，造成生产部门在欧盟国家强大的竞争压力下不断萎缩，对欧盟的贸易赤字持续扩大以及进口的增长，对公共债务的激增也产生了相应影响。（4）借款条件，如利率、期限、偿还等条件，导致希腊的借款利息从 21 世纪初的每年 90 亿欧元增加到 2011 年的 150 亿欧元。（5）资本主义经济危机爆发后，由于经济活动减少造成税收下降，加之政府对银行和其他垄断集团提供一揽子资金支持，促使公共赤字和债务的增加。

3. 在欧盟战略的推波助澜下，希腊资产阶级政权反人民的政治路线增加了国家的债务负担。债务危机爆发以来，希腊的 GDP 直线下降，而公共债务却有增无减，2011 年第三季度末，公共债务占 GDP 的比例从 2009 年的 127.1% 升至近 160%。事实表明，资产阶级政权的更迭，没有也不可能创造一种偏向人民的危机解决方式。甚至资产阶级经济学家也承认，通过备忘录和紧缩措施来缩减债务，会导致公共债务增加和经济衰退的恶性循环。帝国主义中心担心的不是希腊的债务规模，而是难以控制其他国家，如西班牙和意大利等国出现连锁反应，从而危及欧元作为国际储备货币的地位以及整个欧元区的未来。

4. 虽然工人阶级已经倾家荡产，但是欧盟成员国和来自金融部门的大集团仍在协商操控濒临破产的希腊经济。它们围绕如何分配损失以及必要的资本折旧争论不休，但在开展反人民的进攻方面却保持着高度一致。不同国家的计划虽然有所不同，但都建议国债持有者（银行、机构投资人等）接受延迟希腊还款时间，而希腊付出的代价是要偿付高利息，目的是为了避免希腊马上破产给其带来损失。

5. 为了确保获得更廉价的劳动力、加速重构和私有化进程，把公共财产廉价出售给垄断集团，统治阶级对人民的进攻将会继续升级。即使希腊的债务立即获得减免，也只会出现新的税收减免以及国家对大资本的支持，而非采取满足人民需要的措施。之后希腊将会再次面临一个债务增加的过程。国家的收入足够支付民众的薪金和养老金，但对希腊的债主们来说却是不够的。2009 年和 2010 年，希腊的预算总收入分别是 485 亿欧元和 511 亿欧元，而花费在薪金和养老金等社会保障上的补贴只需 423 亿欧元和 379 亿欧元。然而，需要支付的债务利息却高达 123 亿欧元和 132 亿欧元。今天，政府一边强调国家面临破产的危险，一边却在继续给银行提供一揽子支持，继续扩大军费支出，缩减未分配的利润税。希腊公共部门在危机期间给银行提供的保证金已达到 1080 亿欧元。工人阶级不要指望会出现偏向人民的解决办法，所有措施都将在"欧元协定"和"欧盟 2020 战略"的框架下被制定，其目的是在欧盟中获得更加廉价的劳动力，强化国际市场中的竞争垄断。

（二）反资本主义斗争中需要明确的重要问题

希共批评群众性抗议斗争中出现的一些问题，指出共产党在资本主义危机中应该采取的战略策略，明确表达了危机下共产党对待议会斗争的态度。这些问题也是当前发达国家共产党和工人运动、社会运动普遍需要面对、思考和解决的问题。

1. "广场运动"的问题与局限

2011 年 6 月，早在"占领华尔街"运动爆发前的 3 个月，希腊的"愤怒者"就已经占领了位于雅典议会大厦外的宪法广场。数千人响应来自脸谱网的号召占领了宪法广场，自发地在广场上抗议示威。希腊的"广场运动"持续了数个星期,并蔓延至全国许多城市和乡镇。希共对这场群众性的自发运动进行分析,批评了运动中提出的"左翼离开广场""政党离开广场""工会离开广场"等口号,对运动的民主性、斗争目标的错置及其实际意义提出质疑。希共指出,广场运动反对组织化的、具有阶级导向的工会运动,主张工会必须离开广场,但工会运动本身是非同质性的。组织罢工和群众集会的"全国工人斗争阵线"与支持采取疯狂紧缩措施的政府和雇主领导的工会没有任何关系。"政党离开广场"也是一种保守主义的观点。政党是通过政治路线和意识形态来表达特定阶级和阶层利益的组织,不同政党代表着不同阶级和阶层的利益。"政党离开广场"把代表工人阶级利益的希共与资产阶级政党相提并论,从而掩盖了人民真正的敌人,即掌握政权的大垄断集团。

"广场运动"把自己界定为"非政党的联盟",并且提出了民主的口号,这受到资产阶级媒体的追捧,但事实证明这种说法根本是虚伪的。"广场运动"在模糊的反紧缩措施的主题下将民众集结在一起,而将工会、政党和左翼排除在运动之外,这种做法本身就表明了运动的非民主性。阻止工人在运动中表达自己的政治和意识形态观点,不仅与民主相悖,而且遏制了民主的发展。这场运动的斗争目标也有问题:运动虽然反对解决希腊债务问题的"备忘录"和紧缩措施,但并没有提出推翻政府、欧盟和赞成紧缩政策的各种政治力量,因此斗争的显而易见的倾向是丧失组织化特征、阻挠人民的参与。在希共看来,"广场运动"不可能将工人从各种新旧问题中解放出来,因为这场运动不是起源和扎根于工厂及产业中的反资本家阶级的运动,它没有持续发展的牢固基础。希共强调工厂斗争的意义,认为阶级斗争真正的领域是工厂。只有在那里,工人才能日复一日地同大企业主进行不妥协的斗争,并取得最终胜利。在西方左翼对"占领"运动的一片称颂声中,希共的这些分析和思考为我们深入认识这场运动提供了一个崭新的视角。

2. "与希腊人民团结起来"

针对在欧洲一些国家发生的罢工游行中提出的"我们都是希腊人"等口号,希共强调工人阶级不能被这些口号误导。到底需要团结希腊哪种力量?是试图从欧盟和国际货币基金组织手中获取新贷款以强化大资本收益率的希腊资本家,还是承受着资本主义危机后果的希腊工人阶级和普通民众?这些口号没有明确回答。之所以出现这种情况,一方面是因为一些特定的力量，主要是民主社会主义者、欧洲左翼党的机会主义者以及"绿党"在模糊地利用这些口号来粉饰他们对《马斯特里赫特条约》和其他欧洲条约的支持，对反动的、绝不可能实现"民主化的"大资本的欧盟的支持；另一方面，这是有些人在别有用心地将希腊问题用于欧盟内外帝国主义间的竞争。希腊工人阶级当然希望与欧洲和全世界的工人团结起来，但应该是团结起来进行斗争和罢工，支持具有阶级导向的工会运动，而非支持资本主义继续对工人进行剥削和压迫。希共中央委员会发表的声明指出，欧洲工人没有必要"成为希腊人"，而是应该加入到争取工人阶级和劳苦大众的当代权利的斗争中，在各国推翻大资本的独裁统治，实现垄断资本的社会化，退出欧盟和北约。现在需要提出的口号应该是"各国工人，联合起来！"

3. 国家主权还是人民主权

面对欧盟解决希腊危机的第二轮援助方案，在希腊国内的群众性抗议斗争中出现了一种观点，认为如果接受欧盟的援助条件，那么"政府就是在执行外国人的命令""我们已经丧失了国家主权"，等等。希腊共产党反对这种具有欺骗性的观点，认为这种说法掩盖了当前危机真正的根源，即劳动与资本对立的资本主义固有矛盾，因而极易被资产阶级政客所利用。同时，这种观点也没有科学揭示帝国主义框架内以及丧失"国家主权"的帝国主义联盟中的相互依赖关系。各国资产阶级之所以参加这些联盟，不是因为它们背叛了代表其根本利益的国家，而是出于为其阶级利益服务的目的，为了强化其阶级地位，利用这些联盟所拥有的各种镇压机制和工具来对付工人阶级。它们把国家主权让渡给各种国家间机构，也是为了更好地参与同美、日、俄等垄断力量的竞争。这些依赖和相互依赖关系的废除，不是通过"帝国主义联盟"的人道化，如欧盟机构的"民主"运作，而是需要建立工人阶级的人民权利，通过基本生产方式的社会化、经济的中央计划和工人控制来实现。

4. 关于危机的神话及其应对

希共批评了当前各式各样的危机解决方案，指出欧盟以及各成员国在2010年和2012年"备忘录"以及所谓的中期计划中提出的"无痛的"危机退出设想，总的发展方向是不与垄断权力发生冲突和分裂；激进左翼联盟和反资本主义左翼阵线提出退出欧元区和取消债务，将其作为偏向人民的危机解决方案。所有这些主张错误地把巨额公共债务和进入欧元区作为采取各种反动措施的主要原因。而在欧元区之外的国家，如瑞典和英国以及没有出现严峻债务问题的德国，工人权利被摧毁的主要原因则被归咎于资本主义的整个发展道路。当前斗争中的这些机会主义倾向，误导民众推翻国际货币基金组织、欧洲央行和欧盟委员会对希腊的占领，掩盖了希腊统治阶级在攻击人民权利和收入时的重要作用，掩盖了国家和国际大资本相互交织的关系。它们提出的各种危机退出方案，实质上是主张在资本主义体系框架内发展一种替代的管理形式，从而能够暂时地恢复资本主义的收益率。

希共认为，这场危机是资本主义本身的危机，而非简单的债务危机。即使通过采取一定的措施使资本主义的发展得到恢复，也绝不会出现人民的繁荣。不在经济和政权层面进行根本变革，只要垄断资本主义仍然在欧盟各国占据统治地位，就不可能有偏向人民的危机解决方案。工人阶级的危机解决方案不能回到过去，不能回到国家层面上资本主义的经济保护主义，而是要向着争取人民的权利、向着社会主义前进。当前阶段必须发展具有阶级导向的劳工运动。工人阶级必须要展开反对垄断力量的经济统治、反对资本主义国家和帝国主义联盟的斗争，而不应该陷入资本主义权力的僵局和困境之中。各方斗争力量应该协调行动，反对各种资产阶级管理形式，应该要求大资本来偿付社会保障基金，反对摧毁劳动和社会保障权的政治路线。斗争的基本发展方向是推翻资本主义。解决危机的唯一出路是用人民的权力脱离欧盟和取消多边债务。

5. 正确认识议会内斗争

在大资本占据统治地位的当代资本主义条件下，在很大程度上已经被边缘化的共产党应该如何认识自己的任务和使命，尤其是如何正确对待选举以及参与甚至组建联合政府等议会内斗争，是当前国际共产主义运动必须深入思考的重要问题，它关系着未来运动的整个发展方向。是沉溺于议会斗争，满足于选票的增加和进入政府，还是坚持人民运动道路，致力于建立人民的政权？在这个问题上，希腊共产党是绝不妥协的议会路线反对派。2012 年 1 月 5 日，面对记者咄咄逼人的提问，希共总书记帕帕莉卡在希腊 ANT1 电视台的早间节目中明确表达了希腊共产党对待议会斗争的基本立场。帕帕莉卡指出，现阶段的希共不会谋求参与组建政府，参与执政不可能阻止危机的后果，也不可能解决人民的问题。在垄断力量存在的条件下，不可能建立任何进步的政府。那些所谓的激进左翼政府、中右翼或中左翼政府在掌权后不久，就着手安排更多的备忘录和贷款，巩固希腊企业联盟和雇主联盟。在当前条件下，希腊不可能拥有一个偏向人民的政府。在不改变现状的条件下，也不可能找到一个正确的危机解决方案。在债务危机下，希共的任务不是在资本主义体系框架内谋求组建政府，而是在整个希腊组织反资本主义的斗争。希共不排除激进地推翻现存体系的可能性，但它也强调这一斗争不可能在一朝一夕间实现，人民需要通过获得一点一滴的斗争成果不断实现进步。希共不可能确定政治体系变革的确切时间表，一切取决于绝大多数人民的决定。

第三节　瑞典共产党人关于经济危机等问题的看法

瑞典共产党（Sveriges Kommunistiska Parti，SKP）这一名称，从 20 世纪 20 年代以来，曾为瑞典国内多个共产主义政党或政治组织所使用。如今的瑞典左翼党（Vänster Partiet，VP），1921—1967 年的名称也为瑞典共产党（SKP），1967—1990 年更名为瑞典左翼共产党人党（VKP），1990 年后最终放弃共产党称号。1924 年，当时的瑞典共产党发生了分裂，霍格伦（Zeth Höglund）出走，带领一部分支持者成立了一支瑞典共产党，但于 1926 年并入社会民主党。瑞典社会主义党（Kilbohmarna）是 1929 年被共产国际开除而成立的政党，原本是瑞典共产党的主要力量，后于 1948 年解散。

如今瑞典的两支共产党也都来自于左翼共产党人党（VKP）。其中一支名为共产党（Kommunistiska Partiet，KP），其前身为瑞典马克思列宁主义共产主义联盟（革命者）（KFML（r）），成立于 1970 年，1977 年更名为马克思列宁主义共产党（革命者）（KPML（r））。1980 年，该党发生了分裂，一支反邓小平的力量组建了瑞典共产主义工人党（SKA），1982 年，该分支再次分裂，其中的亲阿尔巴尼亚派再次出走，组建了瑞典的共产党（KPS）。这两组分支最终都于 1993 年解散。而瑞典马克思列宁主义共产党（革命者）（KPML（r））于 2005 年 1 月更名为共产党（KP），党报为《无产者周报》（*Proletären*）。该党也是最早参加自 1992 年以来在布鲁塞尔举办的国际共产主义者研讨会的共产党之一。

另外一支共产党为瑞典共产党（SKP）。1970 年，瑞典左翼共产党人党（VKP）亲苏派出走，成立了共产党人工人党（Arbetar Partiet Kommunisterna，APK）。共产党人工人党（APK）于1995年被国家宣布财政破产，也是瑞典历史上第一个遭受这种命运的政党。但是，该党的核心成员很快在海格尔（Hagel）的带领下，组建了后继党，即瑞典共产党（SKP），主要通过党刊《方针》（*Riktpunkt*）来宣传党的思想和主张。自1999年第一届世界共产党和工人党国际会议召开以来，瑞共（SKP）至今每年都派代表参会。2006年和2010年瑞共（SKP）参加瑞典议会大选，分获438张和375张选票，支持率为0.01%[①]。

一 瑞典共产党（SKP）的分析

2008年金融危机爆发以来，瑞典共产党在经济危机的根源、瑞典社会福利、瑞典社会民主党危机、瑞典与北约关系等方面表达了自身的主张和立场。

（一）经济危机的根源

在2008年第十次世界共产党和工人党国际会议上，面对蔓延全球的经济危机，瑞共提出，虽然2008年爆发的危机与疯狂扩张的金融信贷服务紧密相关，但经济危机的根源依然在于对工人阶级的剥削。

第一，2008年的金融危机依然深深植根于资本主义固有的矛盾之一——工人阶级的购买力和商品与服务的价格之间的差距。19世纪中叶以来，生产和大众购买力之间的矛盾从未停止，经济危机也总是因此而不时发生。资本主义体制的掌控者们，通过剥削工人阶级获得了大部分社会盈余。这些盈余，部分被消费，部分用于再生产，还有一部分连同在金融服务部门所产生的虚拟资本用于投机。随着投机潮汹涌而至的还有大众购买力的严重下降。

第二，信贷成为资本家解决经济滞胀问题的工具之一。自从资本主义世界在20世纪70年代陷入滞胀以来，信贷便成为"填补"生产和购买力之间鸿沟的最佳工具。另外，信贷换一种说法就是债务。资本家对积累资本的强烈渴望，需要工人阶级赚取更少的薪水来购买更多的商品。唯一的解决之道便是把工薪阶层一步步拖向债务的深渊。无论是发达资本主义国家还是新殖民地，都浸泡在债务的海洋里。

[①] 关于瑞典现有两支共产党的历史和现状详见 http://www.kommunisterna.org/en/about, http://skp.se/tmp_index.htm。

第三，实体经济萎缩。20世纪80年代，因为实体经济利润缺乏吸引力和产能过剩，资本家们把资本积累的目光转向了金融领域。在20世纪80年代末，经合组织成员国GDP中已经有55%源自金融领域，实体经济的贡献率不足一半。

第四，经济和意识的冲突。就在实体经济受损、债务飙升的同时，"资本大祭司"们依然坚称市场那只自我调整、自我平衡的手会保证经济的繁荣。尽管"资本大祭司"们如是说，但资本主义这些灾难性问题是不可能在资本主义框架内得到解决的。因为我们已经看到了市场的无能，实体经济的崩溃和投机泡沫的破裂。要挽救实体经济，除非资本家把剥削来的剩余价值还给工人阶级。当然，历史经验证明，他们十分不情愿这么做。

（二）经济危机的深化与新法西斯主义抬头

2009年11月，瑞共在第十一届世界共产党和工人党国际会议上指出，法西斯国家的特征之一就是强化并泛化国家垄断资本，通常以联合委员会的形式作出重要决策和重大战略规划，表现在从公共财富中抽取资金，并注入银行、破产公司、保险公司以及其他金融机构而实施所谓的大规模援救。美国投入了23万亿美元救市，瑞典政府也确认了其高达GDP一半额度的资金注入量，且没有时间下限。瑞典政府承诺的救助对象是从20世纪90年代中期就控制了波罗的海的国家（这些国家早就衍生出了大量的投机泡沫）经济的瑞典两大银行。而瑞典政府却没有在养老保险、失业补偿金、疾病津贴或保健设施上作出这么大的承诺。

在资本主义社会，提供金融援助方往往会要求获得被援助公司的所有权。但是，在大多数国家和被援助机构那里，政府大多放弃了公司的所有权。私人财产获救了。政府和金融垄断资本就这样在众目睽睽之下，像两条正在交配的蛇一样缠绕在一起。

瑞共认为，并不像欧洲媒体所鼓吹的那般，金融机构恢复了健康和活力就意味着走出了经济危机。事实上，在这个精神分裂的经济世界中，已经被创造出了两种经济——一种是金融，另一种是货物生产和非金融服务。例如，瑞典的报纸头条一边是"瑞典央行主席保持谨慎乐观态度"，另一边却是瑞典农业联合会解雇400名工人的消息。因此，创造出的"无就业复苏"一词，就是用以解释新就业机会的创造滞后于经济的复苏之现象的。

衍生产品可以说是投机的徽章和虚拟资本的最好例子。它成倍增长，远远超过其他一切行业。衍生产品市场的名义价值为 1500 万亿美元，而整个世界的 GDP 也就 50 万亿美元，是它的 3.3%；全世界房地产的价值也不过 20 万亿美元，也就是它的 1.3%。① 因此，最大的秘密在于，各大银行并不在其资产负债表中报告其衍生产品的价值。如果它们这么做，将会被立即宣布破产。但事实上，西方的银行系统已经破产了。

实体经济依然阴云笼罩。失业率依然居高不下，贫困在全世界范围内蔓延。世界饥民人口首次突破了 10 亿。波罗的海干散货综合运价指数（BDI）也是一个很好的衡量指标。作为一种衡量工具，它对炒作具有免疫力，是对全球范围内工业活动的一个准确反射。和其他类型的经济数据不同，它每天都在更新。2008 年 1—12 月，BDI 指数下降了 94%。2009 年 12 月，也只恢复到 2008 年 1 月的 30% 左右。经济没有复苏，危机也在深化。

瑞共（SKP）认为，废除传统的资产阶级民主是法西斯主义的主要特点之一。《里斯本条约》的通过是走向更为独裁的统治的重要一步。美国国家级的代议制民主也已经分解至面目全非的地步。另一个法西斯主义的主要特征是对劳工组织在物质和法律上的连续攻击。数据显示，1999—2011 年，经合组织国家的工人参加工会比例和工会会员人数都显著下降，只有少数国家例外。②

（三）瑞典社会民主工人党的危机

2010 年，瑞典社会民主工人党③（Sverigessoci Aldemokratiskaarbetare Parti，SAP）和绿党（Miljöpartiet de Gröna）、左翼党（VP）组成的红绿联盟在大选中被瑞典中右联盟击败。瑞共以《社会民主党的危机》为题，撰

---

① "The continuing crisis and the advance of the new Fascism", Statement of the Communist Party of Sweden (SKP) at the International Meeting of Communist and Workers' Parties in New Delhi, Nov. 20 - 22, 2009, http://solidnet.org/sweden-communist-party-of-sweden/232 - 11imcwp-intervention -by-cp-of-sweden.

② 参见 www.oecd.org 关于工会的数据统计。

③ 瑞典社会民主工人党（SAP）成立于 1889 年，1917 年分裂出来的一支成立了当今瑞典左翼党（VP）。瑞典社会民主工人党有修正主义的理论基础，称自身的意识形态为民主社会主义。该党有 10 万名成员。1940—1988 年，该党在瑞典选举中的支持率一直在 40%—55%。近年来开始关注女权主义、平等等问题。

文分析了瑞典社会民主工人党产生危机的原因，以及摆脱危机走向未来之道。①

瑞共认为，在瑞典没有任何一个政党比社会民主工人党更接近公民生活，接近工会运动。社民党内部的危机涉及的不仅仅是该党的成员，而是更多的人。社民党的危机因为2010年议会选举的失败而彻底暴露。但是，该党的危机隐患早在他们宣布放弃社会主义目标时，就已经埋下了。从传统意义上来讲，社民党应该是从本质上认清了资本主义危机的本质和对劳动人民的剥削的。他们对工人做出了让步，成立了资本主义国家从未有过的强大的公共部门，建设了"人民之家"。经济上采用的凯恩斯主义，直到20世纪70年代末期都是有效的。自从右翼掀起思想意识上的猛烈进攻，社民党内部便开始了思想上的倒退，第一个表现是关闭了《每日新闻》，由此，"每日思想辩论"被移交到了资产阶级手中，在思想上没有积极性的人也被雇用入工会组织。

现代社会的民主告诉中产阶级，在一个社会中，生产资料的所有权决定社会地位。在瑞典，工人阶级已经由于公共服务部门的增加，发生了很大变化。如果工人政党有责任感，就应该走近中间阶层唤起他们的意识，告诉他们其生活条件和工人阶级一样也是依赖工会组织的斗争的。

瑞共认为，瑞典社民党想要把自己重新塑造成一个资产阶级自由党，这是不可能实现的。因为，在瑞典这个位子已经被占了。而资本主义生产过剩的危机对工人阶级的严重打击应该使瑞典社民工人党意识到，资本主义的财富境界并不存在。要像抵制放松基本社会职能管制的行为一样，必须对学校、医疗保健和福利的私有化进行坚决斗争。瑞典社民党如果想有未来，就必须加入工会斗争，削弱资本主义对工人的剥削。该党还必须参加议会外的斗争，诸如工时、私有化、环境和国际援助等。总之，瑞典社民党必须认识到，公平正义不仅通过分配而且也通过改变生产资料所有权得到伸张，生产也必须是以社会需要而不是以满足个别人的利润追求为衡量标准。

由此可见，与瑞典共产党（SKP）和马克思主义相比，瑞典社民党和其所秉持的民主社会主义是有两面性的。它们既有改良资本主义进步的

---

① 瑞典共产党："The crisis of the social democracy", http://solidnet.org/sweden-communist-party-of-sweden/1109-cp-of-sweden-the-crisis-of-the-social-democracy.

一面，在执政期间迫使瑞典资本主义在某些方面做出了一些让步，在一定程度上提高了工人的政治经济地位，扩大了他们的民主权利，改善了他们的劳动条件和物质生活待遇；但又有反对社会主义革命性措施的落后一面，瑞典社民党对于工人阶级的历史地位和作用没有明确的认识，在当前维护工人阶级权益和抵制公共部分私有化的斗争中表现得十分保守。因而瑞典共产党才真正代表着强国富民的人民利益和科学社会主义。

（四）关于苏联解体、经济危机与瑞典福利制度

在 2011 年 12 月第十三届世界共产党和工人党国际会议上，瑞共首先指出了苏东剧变对瑞典的影响。在所有福利较好的国家中，瑞典创造了最大的公共部门，所谓的"瑞典福利国家"。1991 年起，瑞典的资本主义就开始破坏工人群众以苏联为榜样，通过斗争在经济、社会、政治和文化各个领域取得的进步。苏联解体 20 年了，瑞典的福利一直遭到破坏，几近殆尽。从 1991 年至今，瑞典丧失了 35 万个工作岗位，其中公共部门的职位占了一半。不过瑞典福利制度发展的阻碍却来自于走得"太远"的社会民主党人，他们的机会主义，他们与当前国家资本和阶级社会的合作。最简单的事实就是瑞典克朗比在 1970—1997 年升值了数百倍，当然相关税费此后也已支付。而当时执政的社民党却仅仅把福利国家的好名声揽到了身上。

瑞典财长博格（BORG）被评为最佳财政部长。瑞共认为，这不过是从欧盟的角度说的。因为博格创建了不安全工作场所，允许瑞典 16—24 岁的年轻人高达 25% 的失业率。还因为瑞典这位出色的财长在 2008 年花了 15 万亿克朗为银行建构了一个急救室。这也就是为什么只有 200 亿—250 亿克朗可以用于救助受危机影响的工人阶级了。如今瑞典的税收大都花在私营卫生保健、教育和福利机构，以及为获得更多利润而重新修订劳动者义务上了。自负盈亏更加具有实质性意义了。自由资本主义的外包和租赁终止了国家的集体工资协议。

（五）瑞典与欧盟

瑞共认为，瑞典加入欧盟以来，瑞典的工会组织逐渐地沉默了，不仅被阻止发出与欧盟不协调的声音，还得传达出欧盟的需求。显然，对大多数瑞典人来说，欧盟并不是民主的，也不是一个和平组织。并非像瑞典在 1994 年入盟之前所听闻的，入盟是为了给工人群众提供更高标准的生活、

加强公平公正。瑞共指出,如今瑞典80%的法律都是由布鲁塞尔决定的。面对当今欧元区的主权债务危机,瑞共庆幸瑞典人民当年对欧元说了"不"。

(六)瑞典与北约

瑞典的中立和不结盟不过是一纸随时可以被忘却的空文。瑞共指出,其实瑞典和北约数十年来,往来甚密。瑞典政府不顾国内对不结盟的支持(瑞典"鹰狮"战斗机参加了北约组织领导的利比亚军事行动,从而使国内"不结盟"的呼声更加高涨),多次企图建立"暗中联合"。早在2002年,瑞典就派兵进驻阿富汗。这500名士兵组成的军队,受北约的指挥。此外,在北约网站首页,点击"伙伴"一栏中的瑞典,便会发现瑞典和北约"和平伙伴"(PfP)关系的实质。"和平伙伴"关系已经成为一种工具,旨在为参与国协调、准备和训练进行未来管理危机行动的军队。

如果要圈定发生在利比亚的那场大规模的、极为邪恶的屠杀背后的原因的话,当然就是"管理危机行动"。北约显然早已有意拉芬兰和瑞典入伙,成为它们制约俄罗斯的"北翼",并作为美国安置在欧洲几个国家的所谓的导弹防御系统的补充。这意味着一个十分危险且不可取的政治发展趋向。

(七)被"泛化"的社会主义和被污蔑的共产主义

根据西方媒体的宣传,社会民主党都属于社会主义。那么希腊的帕潘德里欧政府和西班牙政府也是属于社会主义的。问题在于,它们不仅没有表现出任何与它们所代表的流派相符的特征,还在那些没有阶级意识的年轻人中制造了大混乱。瑞共指出,在这些年轻人眼中,社会主义变成了资本主义,资本主义也变成了社会主义。资本主义的最后阶段包含社会主义。

瑞共指出,瑞典政府的"亲历历史讲坛",被指派从事共产主义反人类罪行的研究,已经在2008年被很多历史学家批评。这些研究既给不了科学启示也没有历史意义,不过是意识形态工具。因此,这种机构的系统中被写入了政治任务,越来越多的人认为应该关闭此类业务。①

---

① 该部分参见瑞典共产党13 IMCWP,"Contribution of CP of Sweden",http://solidnet.org/sweden-communist-party-of-sweden/2335-13- imcwp-contribution-of-cp-of-sweden-en。

二 共产党（KP）的主张

（一）资本主义的经济危机

目前的经济危机，依然是资本主义危机的周期性发作。大批工人失业，生活陷入困境。但是，资本家危机的原因却不是贫困，而是太过富足。大量商品找不到市场，因为生产这些商品的工人根本负担不起它们。资本主义无计划、无政府主义模式的生产，致使各经济部门之间不协调，相互干扰。以结构变化之名，屠戮了整个生产部门，毁坏了资本和一代又一代具备专业技能的劳动力。

资本主义危机无情地打破了改革派"有人情味的资本主义"神话，并证明了现实社会的残忍与不人道。瑞典在衣食住行、福利、教育等方面的投入因为危机而在减少；相反，大部分社会财富却被用于投机，救助银行和金融信贷机构以及在其他国家的投资。

在资本主义中，自由竞争不过是神话。资本主义通过制造更加强大、更加贪婪的垄断组织——它们通过分裂和控制市场攫取更多的额外利润——来瓦解自由竞争。整个资本主义社会都在支持和为大公司剥削工人、追求高利润提供便利。工业高度发达国家的全部能力都被用在极少数人的利益上，尽管这极少数的人已经不为国家的发展负责任了。

（二）共产党斗争目标之一——退出欧盟

对于瑞典的资本占有者来说，这个国家太小了。他们需要进行海外扩张。瑞典大公司的海外活动越来越多，它们因为瑞典的欧盟成员身份而进入了一个全新的竞技场。但这却意味着，瑞典人民的自我决定权在欧盟的利益和市场的独裁面前，被狠狠地阉割了。而这些全民支持的瑞典大公司，在新的竞技场中，背叛了瑞典，全然不顾这个国家工人的权利、发展和福祉。

共产党认为，退出欧盟依然是瑞典工人阶级进行斗争的必要方面。瑞典加入欧盟后，让社会民主和工会组织大受损伤，福利也被削减，大量的失业长期存在，妇女的工作权利遭到限制，利润被置于环境保护之上。此外，瑞典还因此加入了一个正在制定的极具侵略性的军事协议。针对欧盟的斗争是一个阶级问题。欧盟巩固了瑞典资产阶级的地位，使得他们反人民的政治策略有了实施的可能。他们的攻击目标不仅仅是妇女，而是整个工人阶级。针对欧盟的斗争也是一个民主问题。因为瑞典的成员国身份，瑞典人民的自我决定权——而这恰恰有可能成为国外人民联合反对欧盟扩张的基础——被限制了。共产党要在退出欧盟的阶级斗争和民主中，起到中坚力量的作用。

(三) 共产党的国际主义立场

资本主义世界是一致的，同时也是分裂的。根据弱肉强食的原则，大的资本主义国家一直在为争夺世界统治权而斗争。在第二次世界大战后，美国取得了资本主义世界霸权，但是近年来随着欧盟和日本的崛起，它们正试图挑战美国的地位，觊觎世界市场的掌控权。

虽然瑞典是一个很小的国家，但依然是帝国主义，通过资本输出、不平等贸易、租赁剥削和参与资本主义国家各种组织对第三世界国家进行剥削。瑞典共产党反对任何形式的旨在进一步奴役第三世界国家人民或在霸权争夺中加强某一方资本主义国家力量的行为，支持任何为自由而斗争的人民和民族。

瑞典共产党自金融危机爆发以来，的确以实际行动传达了他们的国际主义立场。2009 年 7 月，共产党和拉脱维亚社会主义党 (Socialist Party of Latvia) 发出了共同声明，谴责了一切制造瑞典籍工人和其他波罗的海工人分裂的企图。要求无论工人来自哪个国家，薪水都要严格以瑞典集体工资协议为执行标准。卢森堡欧盟法院拉瓦尔－瓦克斯霍尔姆 (Laval/Vaxholm) 案的判决 (C341/05)，已经威胁了瑞典集体工资协议的执行。共产党和拉脱维亚社会主义党要求在瑞典必须执行集体工资协议，不得降低工资标准。

2009 年 12 月，在波西米亚和摩拉维亚共产党被捷克某股势力诬蔑活动不合法时，瑞典共产党第一时间谴责了该行为，认为是捷克的反共产主义势力想阻止波斯米亚和摩拉维亚共产党对政府产生影响，从而保护了工人利益。共产党不仅坚决支持波斯米亚和摩拉维亚共产党捍卫自身合法政治斗争权利，还检查了在捷克驻瑞典大使馆前的抗议活动。①

---

① 该部分参见共产党："This is the Communist Party", http://www.kommunisterna.org/en/about。

第六章 国外共产党对资本主义与社会主义问题的新思考

如何认识资本主义的制度困境与危机？如何认识社会主义替代的必要性及其未来前景？这是金融危机以来国外共产党思想理论新发展的重要内容。本章在总体上分析国外共产党关于资本主义制度危机与社会主义未来的认识基础上，着重探讨了发达国家共产党对阶级问题的看法及其从公平正义角度对当代资本主义的批判，2016年美国总统选举中为应对在社会主义问题上的认识混乱，美国共产党发起社会主义大讨论的情况等，以帮助我们厘清重要思想理论的新发展、新变化。

第一节 国外共产党论资本主义制度危机与社会主义未来

国际金融经济危机爆发后，国外共产党一直密切关注危机发展，围绕危机的实质、后果、走向进行了深入思考，这在前文已经做了详尽分析。国外共产党不仅结合各国情况为我们展示了经济危机的新特点，更激烈地批判了当前资本主义面临的制度危机，并深刻阐释了在危机产生的挑战与机遇面前，要怎样结合各国实际情况才能走向未来的社会主义。本节主要梳理各国共产党在这方面的相关观点。

一 国际金融经济危机证明了马克思主义经典作家相关论断的正确性

（一）马克思对资本主义危机的分析不仅没有过时而且还恰逢其时

首先，这次危机仍然是资本主义生产过剩的危机。

各国共产党虽然有的认为这次资本主义危机肇始于20世纪60年代末

70年代初,① 有的认为危机始于1987年,② 但都普遍认同这场危机并不是突如其来的,而是资本主义基本矛盾经过几十年的发展深化而来的。同时,这场危机如果不是由于东欧社会主义集团的瓦解、东欧经济体的开放使发达国家可以通过转嫁危机缓解生产过剩的矛盾,早就发生了。而新自由主义的适时出现为的就是使帝国主义能够在外围地区"消除"危机:鼓吹国有企业私有化、贸易自由化、金融自由化、利率市场化、放松政府管制等,在拉美洲直接造成的是两个失去的十年、在亚洲造成的是东南亚金融危机,从而危机不断得到缓解。但是新自由主义根本不可能治愈资本主义的痼疾,这场经济危机的爆发有力地证明了这一点。

新自由主义是推行资本主义全球化的意识形态,但是这场危机并不是由新自由主义的治理造成的,也不是金融大亨的贪婪造成的,虽然它最初爆发于金融系统。危机的根源是资本的过度积累,这种积累通过金融行业被放大了,同时放大了生产过剩与有支付能力的需求之间的差距,从而使危机呈现递进爆发的特点。

其次,资本有机构成的加速提高、利润率下降的趋势不会改变。

过去几十年中,金融资本和投机资本在资本积累的过程中起到主导作用,这样利润率下降的趋势更快了。为了维持积累,对抗利润率不断下降的趋势,资本必须不断扩大生产规模,为此必须不断投入自然资源。出于这样的需要帝国主义发动了"对伊拉克、阿富汗的战争和对拉美国家的侵略,同时,持续的战争状态有助于武器的研发,还迫使其他国家对武器保持需求,维持针对别国的非生产性的战争成本。因此,资本主义没有比发动战争更有效的工具来维持资本积累"③。

当前的危机之下存在着与不受管制地利用金融和信贷相结合的商品和资本的大量过剩。在2007年,金融和债务可以掩盖资本主义国家资本的不正常增值的阶段结束了。因此,当前的危机是两个过程的结果:成熟资本主义国家利润率不断下降的趋势和美国积累体制的危机。④

---

① 持此种观点的有意大利重建共产党、比利时工人党、荷兰新共产党和挪威共产党等。
② 持此种观点的有丹麦共产党。
③ 宋丽丹:《第十一次国际共产党工人党会议综述》,载《马克思主义研究》2010年第1期。
④ 宋丽丹:《第十二次国际共产党工人党会议综述》,载《马克思主义研究》2011年第3期。

(二) 危机再次证明列宁对金融垄断资本主义的判断是准确的

列宁时代的金融垄断资本主义以输出资本和"剪息票"谋利为主,当代金融垄断资本主义利用金融"创新"工具能够更快捷、更方便地掠夺和积累财富,加深了资本主义生产不断扩大的趋势与有支付能力的消费之间的矛盾。

"创新"之一:消费信贷

除了向外转嫁危机,资产阶级也在国内想出各种办法来"消灭"危机。他们向工人推荐消费信贷这种生活方式,通过它制造出向未来借债的购买力,"这种购买力不是基于真正的生产力而是贷款和抵押。通过这种人为方式,西方工人阶级的购买力能保持在一个合理的比例。这种有利于消费品生产商、服务于资产阶级的做法,抑制并推迟了危机的社会和经济后果。凭着借来的购买力,尤其是富裕的西方国家的人们保持着政治的和社会的平静,越来越多的人陷入债务成为正常现象"[1]。金融机构将这些垃圾债务打包出售,称为长期贷款证券化,结果制造了"次贷危机"。

"创新"之二:经济金融化

随着生产率的迅速提高,需要更少工人的行业比以前更多了。利润率不断下降的趋势使实体生产的利润看低。"为使利润最大化,大金融寡头们弄出了没有实际价值的金融产品,把它们卖到不受监管的国际金融市场谋取巨大利润,并赌博性投资于债务工具和金融衍生工具。"[2]

孟加拉国共产党指出,在这场世界范围的大危机爆发的前一年,即2007年,金融体量即所有的信用总量、金融产品和外汇市场的总和为实体经济的65倍,这就是为什么一些专家将这一特征描述为经济金融化了。2004年,企业所有利润的40%来自于金融领域,而20世纪60年代这一数字还低于4%。这对于资本主义而言是非常危险的形势。[3] 挪威共产党给出

---

[1] 荷兰新共产党:13 IMCWP, "Contribution of NCP of the Netherlands", http://www.solidnet.org/netherlands-new-communist-party-of-the-netherlands/2321 - 13-imcwp-contribution-of-ncp-of-the-netherlands-en, Dec. 11, 2011。

[2] 挪威共产党:Svend Haakon Jacobsen, 13 IMCWP, "Contribution of CP of Norway", http://www.solidnet.org/norway-communist-party-of-norway/2332 - 13-imcwp-contribution-of-cp-of-norway-en, Dec. 11, 2011。

[3] 孟加拉国共产党:Ruhin Hossain Prince, 13 IMCWP, "Contribution of CP of Bangladesh", http://www.solidnet.org/bangladesh-communist-party-of-bangladesh/2290-13-imcwp-contribution-of-bangladesh-en, Dec. 11, 2011。

了类似数据：金融资本自20世纪70年代生产过剩的危机肇始之初就已经发展得很强大了。到20世纪80年代末，金融服务占经合组织成员国GNP约55%。到2009年，金融衍生品及债务工具在不受监控的国际金融市场上的总额达1500万亿美元，比全世界所有国家的国民生产总值加起来还大30倍。①

但是，这不过是加深了资本主义的基本矛盾。一方面，随着资本有机构成的提高，造成相对人口过剩，失业增加；另一方面，在对抗性收入分配的基础上，劳动者负债率的提高又使有支付能力的需求再度被压缩。这两者都使生产过剩的危机以放大的形式出现，从而不能支持金融债务的可持续性，金融危机爆发了，经济危机接踵而至。对此英共总书记指出"这次金融危机是与产品生产过剩和资本积累过剩的周期性经济危机结合在一起的"②。

此外，帝国主义的寄生性和腐朽性日益加强。经济危机加速了资本尤其是金融资本的集中，大型金融资本已经凌驾于国家垄断资本主义之上，对国家经济安全造成严重威胁。在英国"大银行的信贷扩张远远超过其资本基数（达到65倍，远高于正常的10倍），因此极大地暴露在坏账的威胁之下（银行贷款总额相当于英国国内生产总值的460%，远远高于德国、法国、日本或美国的比例）"③。

金融危机爆发后，"每个资本主义国家第一反应都是接管主要由本国资本家所欠的银行债务。……于是，银行债务转变成了主权债务"。仅在英国财政部就"提供了2890亿英镑直接用于支持银行（大约占英国国内生产总值的10%），加上超过6000亿英镑的保单和补偿（实际上是免息信贷，它把利率压低到近于零），导致英镑与欧元相比贬值了25%（与美元的贬值率大致相同）。此外，英格兰银行通过'数量松动'方式，经货币市场已向银行注入了至少2000亿英镑，其中很少随后投资于住房建筑或

---

① 挪威共产党：Svend Haakon Jacobsen, 13 IMCWP, "Contribution of CP of Norway", http://www.solidnet.org/norway-communist-party-of-norway/2332-13-imcwp-contribution-of-cp-of-norway-en, Dec. 11, 2011。
② 《构建大众的、民主的、由工人阶级领导的反垄断同盟——英共总书记谈当前国际金融危机》，张顺洪译，载《红旗文稿》2012年第5期。
③ 同上。

工业"①。这表明金融资本在英国经济中占据绝对垄断地位,甚至挤压了工业资本的发展。

危机使利润私人化、损失社会化的资本主义"准则"屡试不爽,"其结果是私人债务转变成公共债务和国有经济的作用进一步降低"②。危机也极大地帮助了垄断资本的集中:"通过垄断国家组织清除一大批大大小小的垄断对手,无偿接管对手的最后财产,可谓获益匪浅。这表明,今天的资本主义和以前一样,处于生产过剩的、非生产性的、投机的危机之中,正如列宁在十月革命前指出的那样,资本主义是腐朽的、垂死的,将要被工人阶级和具有社会主义制度、中央计划和工人管理的人民政权所取代。"③

二 经济危机凸显资本主义制度危机

各国共产党认为,发端于2007年的全球性经济危机先是表现为"次贷危机",随后又相继出现了所谓的"金融危机""信用危机""粮食危机"和现在的"主权债务危机"。但万变不离其宗,危机的实质仍然是体现资本主义基本矛盾的生产过剩的危机,是利润率不断下降和美国式积累机制共同作用下的危机。④ 随着经济危机的深化,资本主义社会的各种矛盾集中爆发,凸显出资本主义制度的危机。

(一)资本主义民主制度的危机

各国共产党对本国政府如何应对危机的情况介绍表明,垄断资本尤其是金融垄断资本通过各种手段把危机的负担转嫁出去。

一是侵害劳工权益。资产阶级竭力取消工人通过上百年斗争取得的社会成就,包括取消集体谈判权、劳动和社会保障权;迫使工人接受恶劣的工作条件,使诸如"'实习一代'和'不稳定一代'这样的名词已经进入

---

① 《构建大众的、民主的、由工人阶级领导的反垄断同盟——英共总书记谈当前国际金融危机》,张顺洪译,载《红旗文稿》2012年第5期。
② 宋丽丹:《第十二次国际共产党工人党会议综述》,载《马克思主义研究》2011年第3期。
③ 挪威共产党:Svend Haakon Jacobsen, 13 IMCWP, *Contribution of CP of Norway*, http://www.solidnet.org/norway-communist-party-of-norway/2332-13-imcwp-contribution-of-cp-of-norway-en, Dec. 11, 2011.
④ 宋丽丹:《第十二次国际共产党工人党会议综述》,载《马克思主义研究》2011年第3期。

欧洲国家的日常语言"①。目前"欧盟成员国失业人数，不包括数以百万计的非全职工和临时工，已经超过了2300万"②。紧缩政策实施后，各国劳动者工资普遍下降，在卢森堡，紧缩政策已使卢森堡所有的劳动者仅在2011年5月至10月之间月工资就下降了12.5%，③2011年，英国家庭实际收入正在以近11%的速度下降，这是34年来的最大降幅。④

二是私人资本损失的社会化和国际化。前者通过经济危机"推动新自由主义进程尤其是基础公共服务（如医疗保健、福利及教育部门——作者注）的私有化。这样做将继续把公共资金转移到一小撮有权势的私人手中"⑤，后者的典型如美国"现在用印刷纸币和贬值由其他国家持有的美元公债和美国国债的办法来解决赤字"⑥，这其实是通过美元霸权把经济危机的损失国际化。

三是废除福利制度。苏联解体后，资产阶级再也不需要对抗苏联在人民群众中的巨大感召力而假装重视工人的福利了。相反他们疯狂地将危机的重担转嫁到劳动群众身上，声称福利社会是在培养懒汉，制造社会不公平，因此"不打算再像从前那样为社会提供不管是失业救济、教育、医疗、住房、公共交通还是养老金。'福利社会'正在解体，人们必须自谋生路"⑦。而曾经的福利社会标本——瑞典在"苏联解体20年间，瑞典福利社会被逐渐废除，不久后它将寿终正寝"⑧。这些都不可避免地使号称自

---

① 德国的共产党：Bettina Jürgensen, 13 IMCWP, "Contribution of German CP", http://www.solidnet.org/germany-german-communist-party/2331-13-imcwp-contribution-of-german-cp-en, Dec. 11, 2011。

② 宋丽丹：《第十二次国际共产党工人党会议综述》，载《马克思主义研究》2011年第3期。

③ 卢森堡共产党：Uli Brockmeyer, 13 IMCWP, "Contribution of CP of Luxembourg", http://www.solidnet.org/luxembourg-communist-party-of-luxembourg/2318-13-imcwp-contribution-of-communist-party-of-luxembourg-kpl-en, Dec. 11, 2011。

④ 《构建大众的、民主的、由工人阶级领导的反垄断同盟——英共总书记谈当前国际金融危机》，张顺洪译，载《红旗文稿》2012年第5期。

⑤ 宋丽丹：《第十二次国际共产党工人党会议综述》，《马克思主义研究》2011年第3期。

⑥ 同上。

⑦ 澳大利亚共产党：Anna Pha, 13 IMCWP, "Contribution of the Communist Party of Australia", http://www.solidnet.org/australia-communist-party-of-australia/2288-13-imcwp-contribution-of-communist-party-of-australia-en, Dec. 11, 2011。

⑧ 瑞典共产党：Kjell Bygden, 13 IMCWP, "Contribution of CP of Sweden", http://www.solidnet.org/sweden-communist-party-of-sweden/2335-13-imcwp-contribution-of-cp-of-sweden-en, Dec. 11, 2011。

由、民主、博爱的资产阶级民主制度陷入危机。

(二) 资本主义意识形态的危机

资产阶级应对危机的措施都是拿劳动人民开刀，而富人却远离重担，这使资本主义信誉扫地，资本主义的"民主、平等、自由"备受质疑。在占领华尔街运动中，人们喊出了"不要再以民主的名义犯罪""还权于人民""纳粹银行华尔街""穷者越穷、富者越富"等口号①，资本主义意识形态陷入前所未有的危机。

(三) 国际关系的危机

荷兰新共产党指出，西欧剩余的社会服务减缓了危机的蔓延，这与美国相比尤为明显。尽管如此，资本家的政策制定者仍然把进一步摧毁这些社会服务作为解决危机的唯一处方。事实是领头的资本主义集团既缺少力量也没有意愿为给人类造成严重威胁的加速执行的破产政策找到对策，资产阶级及其思想家在组织发达资本主义社会方面也越来越无能，不能解决人们所面临的问题。相反，资本只会增加问题：破坏社会稳定、激化国家之间的矛盾和世界力量的失衡。② 因此，资本主义解决危机的方式不外乎两种：一种是向内转嫁，即采取紧缩措施，如"希腊政府与欧盟、欧洲中央银行和国际货币基金组织签署的一项1100亿欧元的贷款备忘录，除了规定削减工资和退休金外，还包括取消行业集体谈判、撤销劳动和社会保障权利、私有化以及在医疗保健、福利及教育部门的反动改革，从而将进一步恶化劳动者的境遇"③。另一种是向外转嫁，这种转嫁又分为两种：通过战争达到控制石油等资源并获取重建合同等手段来获取利益，如利比亚战争；通过在"中心国家和严重负债的边缘国家之间建构一种结构性的债务关系，使财富大规模地从边缘转移到中心"④，如拉美等外债大国每年必须偿付大笔贷款利息本金；也可以是美国这样的债务国家利用美元霸权超

---

① 谭扬芳：《"占领华尔街"点燃美国民众的愤怒》，中国社会科学院世界社会主义研究中心内部资料《世界社会主义研究》2011年第12期。
② 荷兰新共产党：13 IMCWP, "Contribution of NCP of the Netherlands", http://www.solidnet.org/netherlands-new-communist-party-of-the-netherlands/2321-13-imcwp-contribution-of-ncp-of-the-netherlands-en, Dec. 11, 2011。
③ 宋丽丹：《第十二次国际共产党工人党会议综述》，载《马克思主义研究》2011年第3期。
④ 爱尔兰共产党：Eugene McCartan, 13 IMCWP, "Contribution of CP of Ireland", http://www.solidnet.org/ireland-communist-party-of-ireland/2312-13-imcwp-contribution-of-cp-of-irelanden, Dec. 11, 2011。

发货币，稀释中国握有的巨额债权实现财富转移。

澳大利亚共产党也认为，"发达国家还欲将复兴的成本转嫁到'发展中'国家，这主要通过世界贸易组织的多哈回合谈判和气候变化谈判实现"①。前者的实质是推动贸易自由化、取消出口补贴，利用发达国家的产业优势取得贸易优势，后者的实质是利用碳排放交易制造新的利润来源，并压制第三世界工业的发展，这必将加深南北矛盾、加剧南北差距，从而使世界局势更为动荡。

多数共产党认为，以美国为首的帝国主义集团随后通过科索沃战争、海湾战争、伊拉克战争、阿富汗战争直到如今的利比亚战争不断扩大对战略地区和能源产地的控制，在它们的势力越来越强大的同时也制造了越来越强烈的反抗和斗争，无形中积累了地缘政治变革的因素，"资本主义危机在国际层面上强烈冲击了各力量之间关系。一方面加速了美国的相对衰落，一方面加速了其他国家特别是中国的上升"②。国际形势走入新一轮动荡，因此，"这场危机不仅是经济的和金融的危机而且是民主的、国际关系的和意识形态的危机……接下来的几年，资本主义生产方式固有的难以解决环境危机将加重这个危机"③。

三 国际金融垄断资本地位进一步巩固

从危机的救助对象来看，虽然工业资本同金融资本一样同受危机打击，但不论是在美国、英国还是在希腊、葡萄牙，人们看到的都是：政府用压缩社会支出的办法来救助银行和其他金融机构，但是却基本上不投入工业。

从危机的后果来看，"金融寡头们的大银行和金融机构被国家垄断资本主义所挽救，是工人的赋税为它们还清了债务。这样一来，控制了国家垄断组织的金融寡头们得以继续他们冒险的投资，获得巨大利润，并摆脱了一大批或大或小的金融竞争者和投资客。危机也极大地帮助了占统治地

---

① 澳大利亚共产党：Anna Pha, 13 IMCWP, "Contribution of the Communist Party of Australia", http://www.solidnet.org/australia-communist-party-of-australia/2288-13-imcwp-contribution-of-communist-party-of-australia-en, Dec. 11, 2011。

② 巴西共产党：13 IMCWP, "Contribution of CP of Brazil (PCdoB)", http://www.solidnet.org/brazil-communist-party-of-brazil/2333-13-imcwp-contribution-of-cp-of-brazil-pcdob-en-sp, Dec. 11, 2011。

③ 比利时工人党：Herwig Lerouge, 13 IMCWP, "Contribution of the Workers' Party of Belgium", http://www.solidnet.org/belgium-workers-party-of-belgium/2292-13-imcwp-contribution-of-the-workers-party-of-belgium-en, Dec. 11, 2011。

位垄断资本:通过垄断国家组织清除一大批大大小小的垄断对手,无偿接管对手最后的财产,可谓获益匪浅"①。

从控制力来看,"几十年的新自由主义已经削弱了民族国家的主权,耗尽了政府资财,夺走了它们调控经济的关键的基本手段。新自由主义催长了在所有资本主义企业集团中最具寄生性的金融机构和银行,并加强了它们的统治。目前的经济和金融危机包含一系列因素:货币战争、帝国主义的内部竞争、垄断资本统治的增强,尤其是银行与金融机构建立起了更为直接和公开的、凌驾于政府之上的统治"②。

从量上来看,"国际金融资本自20世纪70年代生产过剩的危机肇始之初就已经发展得很强大了。到20世纪80年代末,金融服务占经合组织成员国GNP约55%。到(危机之后的)2009年,金融衍生及债务工具在不受监控的国际金融市场上的总额达1500万亿美元,比全世界所有国家的国民生产总值加起来还大30倍"③。也就是说在危机发生一年多后,国际金融资本不仅没有萎缩反倒增强、做大了。这表明,金融资本无论是在国际还是国内的垄断地位经过危机都得到了进一步加强。

危机中,国际垄断资本主义进一步侵蚀国家主权。爱尔兰共产党指出,欧洲垄断资本主义正在利用危机收紧它的控制。如果欧盟国家的政府预算必须首先通过布鲁塞尔的审查,那么它将成功地进一步侵蚀民族和成员国对经济和社会政策独立决策的能力,这将使政府降低为在各处寻求批准的游说者。④ 瑞典共产党指出,今天80%的瑞典法律出自于布鲁塞尔的决定。⑤ 卢森堡共产党认为,德国和法国的统治者要按他们的想法来塑造

---

① 挪威共产党:Svend Haakon Jacobsen, "Contribution of CP of Norway", http://www.solidnet.org/norway-communist-party-of-norway/2332-13-imcwp-contribution-of-cp-of-norway-en, Dec. 11, 2011。

② 澳大利亚共产党:Anna Pha, "Contribution of the Communist Party of Australia", http://www.solidnet.org/australia-communist-party-of-australia/2288-13-imcwp-contribution-of-communist-party-of-australia-en, Dec. 11, 2011。

③ 挪威共产党:Svend Haakon Jacobsen, "Contribution of CP of Norway", http://www.solidnet.org/norway-communist-party-of-norway/2332-13-imcwp-contribution-of-cp-of-norway-en, Dec. 11, 2011。

④ 爱尔兰共产党:Eugene McCartan, 13 IMCWP, "Contribution of CP of Ireland", http://www.solidnet.org/ireland-communist-party-of-ireland/2312-13-imcwp-contribution-of-cp-of-irelanden, Dec. 11, 2011。

⑤ 瑞典共产党:Kjell Bygden, 13 IMCWP, "Contribution of CP of Sweden", http://www.solidnet.org/sweden-communist-party-of-sweden/2335-13-imcwp-contribution-of-cp-of-sweden-en, Dec. 11, 2011。

欧盟。德国军国主义在二战失败 66 年后现在又打算统治别的国家，以实现德国资本的利润最大化，德国政府正在把它统治社会和经济的模式强加给其他国家。① 比利时工人党认为，德国利用危机要把德国（在挤压直接和间接工资上成就的世界出口冠军）模式强加给欧盟国家。接下来的几年，资本主义生产方式固有的难以解决的环境危机将加重这个危机。② 看起来德、法两国在瓜分欧洲大陆的势力范围，而德国的金融垄断资本由于实力更强，在与法国的竞争中占据上风。

四 世界有可能进入新的危机与革命的时代

各国共产党认为，人类现在正经历着有史以来最艰难、最复杂多变的时刻。这是一次全球性的经济危机，同时伴随着能源和粮食危机以及严重的环境危机。③ 而为了摆脱经济及政治的整体性危机，帝国主义除了向劳动人民转嫁危机还加紧制造国际紧张形势，目的只有一个，不择手段地企图"消灭"危机，对世界和平构成了严重威胁。④ 丹麦共产党认为，资本主义内部矛盾的积累爆发了严重的世界经济危机，世界正走向新的危机和革命的时代。⑤ 挪威共产党认为，以色列政府决定授予总理内塔尼亚胡甚至以核导弹攻击伊朗的权利。这将很容易升级为全球范围的大冲突——第三次世界大战。⑥

---

① 卢森堡共产党：Uli Brockmeyer, 13 IMCWP, "Contribution of CP of Luxembourg", http://www.solidnet.org/luxembourg-communist-party-of-luxembourg/2318-13-imcwp-contribution-of-communist-party-of-luxembourg-kpl-en, Dec. 11, 2011。
② 比利时工人党：Herwig Lerouge, 13 IMCWP, "Contribution of the Workers' Party of Belgium", http://www.solidnet.org/belgium-workers-party-of-belgium/2292-13-imcwp-contribution-of-the-workers-party-of-belgium-en, Dec. 11, 2011。
③ 王建礼：《第十次世界共产党和工人党国际会议论当前金融和经济危机》，载《国外理论动态》2009 年第 2 期。
④ 宋丽丹：《第十二次国际共产党工人党会议综述》，载《马克思主义研究》2011 年第 3 期。
⑤ 丹麦共产党：Henrik Stamer Hedin, 13 IMCWP, "Contribution of CP of Denmark", http://www.solidnet.org/denmark-communist-party-of-denmark/2302-13-imcwp-contribution-of-cp-of-denmark-en, Dec. 11, 2011。
⑥ 挪威共产党：Svend Haakon Jacobsen, 13 IMCWP, "Contribution of CP of Norway", http://www.solidnet.org/norway-communist-party-of-norway/2332-13-imcwp-contribution-of-cp-of-norway-en, Dec. 11, 2011。

（一）资产阶级反动倾向凸显

各国共产党的处境在危机后变得更加困难。在资本主义国家，不仅反民主和专制的倾向日益明显，而且对共产主义的攻击也明显升级。

挪威共产党指出，挪威自1950年以来就有反共产主义的法律：共产党人可以不经审判就被逮捕甚至枪毙。"我们知道在德国很长时间以来不断发生杀害土耳其工人的案件，2011年7月22日，挪威政府大楼被炸及社会民主青年团的年轻人被大屠杀，新纳粹的集体屠杀一天之内就杀害了77个人。在这两个案例中，中央情报部门都没有及时地追踪暴力的纳粹网络，只是伊斯兰分子和共产党人被追踪。在人民运动变得强大并较好组织的时候，新纳粹分子和他们的网络可以被垄断资本所利用来恐吓并分裂人民，威胁激进的工人活动家和共产党人。"① 德国共产党指出，1956年对德国共产党的禁令直到今天仍旧没有解除。②

资产阶级政府的法西斯主义倾向不断增加。挪威共产党指出，美军从伊拉克撤出两个旅，以控制和制止美国资本主义危机造成的公众骚乱。在挪威，北约一直在训练成员国部队和芬兰、瑞典的人员，军队被训练是来制止和控制和平的而不是武装的示威。2011年10月，据可靠消息，希腊政府曾秘密向美国索要300辆退役坦克。不用猜就知道这意味着什么，我们的公民将可能根据美国所推崇的所谓"反恐法"得到什么待遇。③

荷兰共产党指出，为了转移对资本主义危机根源的认识，媒体大肆在工人阶级不同阶层之间搬弄是非，使工人阶级的不同群体互相攻击，还"把移民说成是资本主义福利国家崩溃的罪魁祸首。一个认为移民滥用社会服务的广为散布的观点已经构成对工人阶级攻击的一部分。年轻人和老年人在可持续的退休金制度的辩论上也互以对方为敌。但这些攻击却伴随

---

① 挪威共产党：Svend Haakon Jacobsen, 13 IMCWP, "Contribution of CP of Norway", http://www.solidnet.org/norway-communist-party-of-norway/2332-13-imcwp-contribution-of-cp-of-norway-en, Dec. 11, 2011。

② 德国的共产党：Bettina Jürgensen, 13 IMCWP, "Contribution of German CP", http://www.solidnet.org/germany-german-communist-party/2331-13-imcwp-contribution-of-german-cp-en, Dec. 11, 2011。

③ 挪威共产党：Svend Haakon Jacobsen, 13 IMCWP, "Contribution of CP of Norway", http://www.solidnet.org/norway-communist-party-of-norway/2332-13-imcwp-contribution-of-cp-of-norway-en, Dec. 11, 2011。

着对私人财产及企业家的颂扬"[1]。

(二) 战争风险日益增加

精心打造干涉战略。布什执行的是先发制人的战争单边主义,奥巴马-克林顿的路线是力图使欧盟、联合国和北约更多地参与到北大西洋的多边主义之中。这不是放弃直接的军事干预(阿富汗、利比亚),而是以极大的灵活性利用经济、政治和情报工具使敌对国家及政权从内部溃败而重获控制力的企图(如东欧的"颜色革命",或叙利亚、伊朗、苏丹、白俄罗斯、委内瑞拉、利比亚……同时对古巴持续施压);甚至加强对那些于他们的统治最重要的国家的内部平衡的控制,出于这个原因,也会促进"可控的"现代化进程(如埃及的例子)。[2]

军费开支猛涨。卢森堡共产党指出,政府通过了在2011年1月1日生效的一揽子庞大的紧缩政策。他们从紧缩政策中节省出来的国家预算的唯一例外,是军费开支。即使是在卢森堡,现在的军事预算比冷战最严重的时期还要高出许多倍。[3] 作为帝国主义主要工具的北约,在里斯本北约峰会后要求欧洲国家越来越多地参与美国在世界上的各种战争事态,更重要的是,它们将被要求增加军费开支。[4]

紧锣密鼓的战争准备。美国2008年10月成立了用于指挥全球作战的第六个战区司令部——非洲司令部[5],并在美国的后院拉丁美洲"重启第四舰队,加强哥伦比亚的美军基地,发动洪都拉斯政变和厄瓜多尔未遂政变,并让古巴处于不断加强的压力之下"[6]。

波西米亚和摩拉维亚共产党指出,在21世纪之初就玩弄小型有限核战争和冲突的概念,近乎完全的疯狂。今天我们必须有勇气在决议中指出,威胁世界和平的是美国领导下的北约,而应对这种威胁的是俄罗斯、

---

[1] 宋丽丹:《第十二次国际共产党工人党会议综述》,载《马克思主义研究》2011年第3期。

[2] 意大利共产党人党: 13 IMCWP, "Contribution of Party of the Italian Communists (PdCI)", http://www.solidnet.org/italy-italian-communists-party-/2314-13-imcwp-contribution-of-party-of-the-italian-communists-pdci-en , Dec. 11, 2011。

[3] 宋丽丹:《第十二次国际共产党工人党会议综述》,载《马克思主义研究》2011年第3期。

[4] 同上。

[5] 英文名称 AFRICOM。

[6] 宋丽丹:《第十二次国际共产党工人党会议综述》,载《马克思主义研究》2011年第3期。

中国、亚洲有核国家和其他非洲和拉美的自由国家。①

"大中东计划"的实施。黎巴嫩共产党指出，土耳其现在已经成为帝国主义"大中东计划"的先锋，该计划是为了夺取阿拉伯世界及中东的石油和天然气资源（包括巴勒斯坦、黎巴嫩和塞浦路斯之间的三角海域），阿拉伯世界的海域、航道和地缘政治地位。② 利用"阿拉伯之春"拔除利比亚卡扎菲政权是大中东计划顺利执行的一个标志。"对于美国和以色列来说，破坏叙利亚阿萨德政府的稳定是消除西亚所有敢公然反抗帝国主义策略的政府的战略总规划的一部分"③。

美国包围或遏制中国的计划正在进行中。

比利时工人党指出，美国前总统奥巴马反复强调，对北美领导地位真正的、长期的威胁不是伊拉克，不是阿富汗和巴基斯坦、不是基地组织，甚至不是伊朗，而是中国。这不仅是因为亚洲巨人自身实力的不断壮大，而且是由于中国客观上越来越成为亚洲、非洲和拉丁美洲许多国家眼中，不断增长的经济独立的一个杠杆。不论在某些问题上对中国有什么样的批评，从全球范围内来看，中国与亚洲、非洲和拉丁美洲的经济关系使几十个国家在西方帝国主义的控制下发展得更独立是毫无疑问，而这对后者来说是一种不可避免的削弱。④

澳大利亚共产党指出，奥巴马声称"我们在亚太地区的持久利益要求我们在该地区的持久存在"，亚太地区将是美国的"最优先"。奥巴马向中国传递了这样一个赤裸裸的信息：中国必须改变它的经济政策、政治制度，接受美国"价值"和美国在亚太地区的领导地位，否则……同时美澳领导人宣布，美国海军陆战队将首次驻扎在澳大利亚。澳大利亚防务力量在美国要求下将与美国军队整合。这并不新鲜，但是美国将注意力转向中

---

① 波西米亚和摩拉维亚共产党：Vojtech Filip, 13 IMCWP, "Contribution of CP of Bohemia and Moravia", http://www.solidnet.org/czech-rep-communist-party-of-bohemia-and-moravia/2300-13-imcwp-contribution-of-cp-of-bohemia-and-moravia-en, Dec. 11, 2011。

② 黎巴嫩共产党：Dr Marie Nassif Debs, 13 IMCWP, "Contribution of Lebanese CP", http://www.solidnet.org/lebanon-lebanese-communist-party/2316-13-imcwp-contribution-of-lebanese-communist-party-en-ar, Dec. 11, 2011。

③ 孟加拉国共产党：Ruhin Hossain Prince, 13 IMCWP, "Contribution of CP of Bangladesh", http://www.solidnet.org/bangladesh-communist-party-of-bangladesh/2290-13-imcwp-contribution-of-bangladesh-en, Dec. 11, 2011。

④ 宋丽丹：《第十二次国际共产党工人党会议综述》，载《马克思主义研究》2011 年第 3 期。

东时它们就被暂停了。现在亚太地区和新加上的印度洋,再度成为美国目标。与缅甸恢复关系是美国对中国战略合围的一部分。美国在阿富汗和巴勒斯坦的战争,争取到印度和缅甸的支持,在乌兹别克斯坦、土库曼斯坦、吉尔吉斯斯坦建立顺服的政权控制了中国的西侧翼。在中国东侧翼,美国近来升级了朝鲜半岛的紧张局势,以图在中国边界的朝鲜建立军事基地。它在韩国、日本、关岛和迪戈加西亚岛都有军事基地。美国被迫从菲律宾的军事基地撤出,但美国军舰不时访问菲律宾,与菲仍为紧密盟友。美国正在亚太地区筹备新战争,有可能是核战争。①

五 社会主义才是未来

不消灭资本主义就无法消灭危机,也无法消除现代战争的根源。社会主义不仅仅只是一个选择,而是人类面对资本在无止境的利润追逐中对社会与自然所造成的伤害时所必须走向的未来,只有社会主义才能挽救人类社会,实现人、社会与自然的协调发展。

(一) 意识形态领域的斗争恰逢其时

苏联解体后,资产阶级不仅从意识形态上妖魔化社会主义,同时大力宣扬资本主义才是民主、自由和平等的,各种逢迎资产阶级利益的谎言和欺骗一时间甚嚣尘上。与之相比,社会主义意识形态显得非常弱小和被动。

但这场危机就像一场突如其来的狂风骤雨把资产阶级的意识形态伪装打得七零八落。要彻底破除这种意识形态伪装,共产党首先要帮助群众认清资产阶级在危机问题上的欺骗。"最常见的欺骗是:我们处于债务危机的末期;这场危机是由于管理不善、浪费金钱在社会服务而不是在生产或其他投资上造成的;生产模式和缺少竞争力也是原因;所有人,就是说所有的阶级和社会阶层消费的比他们挣的多;欧洲机构的糟糕建构负有责任……"②

资产阶级进行社会控制的意识形态工具包括"种族主义、男权主义、

---

① 澳大利亚共产党:Anna Pha, "Contribution of the Communist Party of Australia", http://www.solidnet.org/australia-communist-party-of-australia/2288-13-imcwp-contribution-of-communist-party-of-australia-en, Dec. 11, 2011。

② 希腊共产党:A. PAPARIGA, 13 IMCWP, "Contribution of CP of Greece", http://www.solidnet.org/greece-communist-party-of-greece-/2308-13-imcwp-contribution-of-cp-of-greeceen-ru-spar, Dec. 11, 2011。

狭隘民族主义、宗教极端主义,它们模糊和转移阶级意识,反共产主义和系统地散布关于社会主义历史与现状的谎言和歪曲,以恐吓工人远离社会主义选择"①。

在资产阶级最为拿手的意识形态控制问题上,"资产阶级不想失去对群众的统治。他们通过对媒体的绝对控制,试图让人们相信谎言,这种欺骗性的宣传迷惑了大批的群众。这可以从媒体对欧盟和其他金融机构在希腊和意大利的所为做了什么报道和怎么报道上看出来。把事实上是把法西斯主义的措施描述为将欧元从它迫在眉睫的劫数中拯救出来。资产阶级媒体试图让一部分群众自愿地从煎锅跳进火海。西班牙最近的选举就是这样的一个例子,尽管联合左翼取得了进步,很多选民为了避免紧缩措施而受到蒙蔽去投寡头集团的票,而它只会推行更加严厉的措施"②。

但是资产阶级意识形态的虚伪与局限是隐藏不了的,"资产阶级民主在资本处于危机时便会被截头去尾以满足资本需要,这一点越来越公开和露骨。这是资产阶级民主重要的意识形态缺陷。……资本主义缺少民主及其尽力限制和缩小人民的选择是它的'阿喀琉斯之踵'"③。

经过危机的教育和共产党、其他左翼力量的宣传,现阶段工人的阶级意识有一定的觉醒,但距离革命的无产阶级意识仍有相当的距离,这与各国共产党在资产阶级打压下不能全面领导工人运动有关系,也与各国共产党在苏联剧变后一直没能从意识形态的被动局面中走出来有重大关系,现在各国共产党面临的主要问题仍然是对混乱的意识形态进行拨乱反正。

共产党要"通过阶级斗争进一步发展阶级意识"④。阶级斗争的第一步就是"要纠正苏联解体后许多共产党不敢鲜明地表明其无产阶级立场的倾

---

① 加拿大共产党: Miguel Figueroa, 13 IMCWP, "Contribution of CP of Canada", http://www.solidnet.org/canada-communist-party-of-canada/2419-13-imcwp-contribution-of-cp-of-canada-en, Dec. 11, 2011。

② 马耳他共产党: Victor Degiovanni, 13 IMCWP, "Contribution of CP of Malta", http://www.solidnet.org/malta-communist-party-of-malta/2319-13-imcwp-contribution-of-cp-of-malta-en, Dec. 11, 2011。

③ 爱尔兰共产党: Herwig Lerouge, 13 IMCWP, "Contribution of the Workers' Party of Belgium", http://www.solidnet.org/ireland-communist-party-of-ireland/2312-13-imcwp-contribution-of-cp-of-ireland-en, Dec. 11, 2011。

④ 比利时工人党: Herwig Lerouge, 13 IMCWP, "Contribution of the Workers' Party of Belgium", http://www.solidnet.org/belgium-workers-party-of-belgium/2292-13-imcwp-contribution-of-the-workers-party-of-belgium-en, Dec. 11, 2011。

向……现在是不能采取中庸立场的时代了，因为这种中庸不代表工人阶级政党的独立性，而是要与代表主流的意识形态——不过是统治阶级的立场而已——公开决裂"①。

共产党也要"对社会和阶级意识形成的问题进行严谨研究，最重要的是，如何抵消资产阶级意识形态对我们阶级的影响，并对社会主义是资本主义的唯一替代、是对资本主义的不可避免的、值得的替代做出灵活的和令人信服的解释。简单地重复'社会主义的优越性'是不够的"②。在一些具体问题上，比如在欧洲，就要破除"现代爱国主义"的迷障。"希腊和欧元区的工人们必须抛弃这样一种理论即把保护国家免于破产作为民族的目标，为此付出牺牲是值得的，这样一个目标实际上被命名为现代爱国主义。工人对此没有责任并不该承担公共债务"③。

丹麦共产党指出，历史的车轮再一次向左转，这一转向再一次在欧洲发生。资本主义内部矛盾的积累爆发了严重的世界经济危机，"我们曾对此作过预测，但没有人相信。现在越来越多的人能看到共产党人的分析是正确的，世界正走向新的危机和革命的时代"④。

（二）如何走向社会主义

现状不容乐观。

虽然危机对争取社会主义的斗争总体而言是一种机遇，但国外共产党对形势大多保持了清醒的判断，认为"反抗资本主义的客观条件正在成熟，但争取社会主义替代的主观条件和愿望还很薄弱"⑤。

一是阶级意识的低下。人们虽然对资本主义有了一定的清醒认识，但

---

① 西班牙人民共产党，http：//www.solidnet.org/spain-communist-party-of-peoples-of-spain/2329-13-imcwp-contribution-of-cp-of-the-peoples-of-spain-en，Dec.11，2011.

② 加拿大共产党：Miguel Figueroa, 13 IMCWP, "Contribution of CP of Canada", http://www.solidnet.org/canada-communist-party-of-canada/2419-13-imcwp-contribution-of-cp-of-canada-en，Dec.11，2011。

③ 比利时工人党：Herwig Lerouge, 13 IMCWP, "Contribution of the Workers' Party of Belgium", http://www.solidnet.org/belgium-workers-party-of-belgium/2292-13-imcwp-contribution-of-the-workers-party-of-belgium-en，Dec.11，2011。

④ 丹麦共产党：Henrik Stamer Hedin, 13 IMCWP, "Contribution of CP of Denmark", http://www.solidnet.org/denmark-communist-party-of-denmark/2302-13-imcwp-contribution-of-cp-of-denmark-en，Dec.11，2011。

⑤ 南非共产党：13 IMCWP, "Contribution of South African CP", http://www.solidnet.org/south-africa-south-african-communist-party-/2327-13-imcwp-contribution-of-south-african-cp-en，Dec.11，2011。

是多年来"所谓的'社会伙伴关系'政策达到了统治阶级想要的结果……卢森堡共产党对现状的分析表明，卢森堡工人阶级的阶级意识是自二战末期以来最低的时期"①。"过去三十多年澳大利亚有一场共同筹划的意识形态战役，它的目标就是消磨阶级意识、推崇个人主义和把工会变为干扰工人与老板间关系的第三方。"这些去阶级化的做法达到了淡化甚至抹杀阶级意识的效果，但是对于共产党来说却是最大的挑战。所幸"帝国主义国家劳动和资本的矛盾变得越来越尖锐。所谓的'社会伙伴关系'时代已告结束"②。共产党应该利用这一机会向群众宣布社会改良道路的破产，只有社会主义才能给予工人经济、政治的真正民主和自由。

二是党与工人阶级的关系非常薄弱。"在多数国家不存在工人阶级的革命政党，在有这些政党的国家它们与工人阶级的联系又很薄弱。"③ 这种薄弱还体现在大多数工会在理论上接受社会民主主义，在组织上与社会民主党或政府关系密切，使得共产党要么没有权力组建工会，要么影响甚微（这是苏联解体的直接后果），无法领导工会运动。"欧洲的大多数工会——除了那些共产党人领导的工会如希腊的或葡萄牙的工会——都与政府合作，主要是由于社会民主党在数个政府参政或是幻想能接管管理职能。"④

同谁结盟？

谁是我们的敌人？谁是我们的朋友？各国共产党对这个问题的看法近似。希腊共产党曾多次指出欧洲左翼党、德国左翼党和瑞典左翼党等"左翼党"都是社会民主主义的和机会主义的党派，是伪左翼，要与之作不妥协的斗争。⑤ 马耳他共产党在这个问题上也持同样观点："只有在共产党人或左翼进步党派之间——不包括坚持资产阶级的民主取决于自由市场的信

---

① 卢森堡共产党：Uli Brockmeyer, 13 IMCWP, "Contribution of CP of Luxembourg", http://www.solidnet.org/luxembourg-communist-party-of-luxembourg/2318-13-imcwp-contribution-of-communist-party-of-luxembourg-kpl-en, Dec. 11, 2011。

② 同上。

③ 土耳其劳动党：13 IMCWP, "Contribution of EMEP, Turkey", http://www.solidnet.org/turkey-the-party-of-labouremep/2424-13-imcwp-contribution-of-emep-turkey-en, Dec. 11, 2011。

④ 卢森堡共产党：Uli Brockmeyer, 13 IMCWP, "Contribution of CP of Luxembourg", http://www.solidnet.org/luxembourg-communist-party-of-luxembourg/2318-13-imcwp-contribution-of-communist-party-of-luxembourg-kpl-en, Dec. 11, 2011。

⑤ 宋丽丹：《第十二次国际共产党工人党会议综述》，载《马克思主义研究》2011年第3期。

条的伪左翼才能达到团结。自由市场民主是新自由主义的概念，它俘虏了劳动群众，恶化了他们的工作条件并使他们失业。"①

希共指出，人民的出路不在于同本国资产阶级结盟，不是在帝国主义矛盾加深时放弃一个帝国主义中心同另一个帝国主义中心结盟。既不是支持新的资产阶级政党反对旧的资产阶级政党，也不是支持联盟政府反对一党政府。而是要同城市和农村的小资产阶级的贫穷阶层建立社会政治联盟。阿尔及利亚民主与社会主义党认为党的阶级来源不能局限于工人阶级，而是要"在工人中、小农中、被资本主义剥削边缘化的年轻人中重建党"②。

出路何在？

占领运动不是出路。占领运动的进步性毫无疑问，约旦共产党甚至认为"'欧洲起义'和'社会公平'这两个运动与世界范围的'占领华尔街'运动有什么联系？答案毫无疑问的是：走向社会主义"③。但占领运动并不会自动走向社会主义，它的局限性在于"这种运动没有共同目标，没有社会主义作为选项，什么也不会改变，将很快失败"④。还在于"没有工人阶级的领导，没有共产党和工人党的领导，这些运动是跛足的，在策略方向和能达到的目标方面非常有限"⑤。巴西的共产党指出要防止占领运动变为一种麻痹工人的途径，"不能再沉湎于通过公共机构的途径如议会游戏和占领政府场所实现向社会主义转变的幻想了"⑥。

"出路在于以工作场所和工会为核心的有组织的斗争"，这种斗争是阶

---

① 马耳他共产党：Victor Degiovanni, 13 IMCWP, "Contribution of CP of Malta", http：//www.solidnet.org/malta-communist-party-of-malta/2319-13-imcwp-contribution-of-cp-of-malta-en, Dec. 11, 2011。

② 阿尔及利亚民主与社会主义党：13 IMCWP, "Contribution of Algerian Party for Democracy and Socialism", http：//www.solidnet.org/algeria-algerian-party-for-democracy-and-socialismpads/2287-13-imcwp-contribution-of-algerian-party-for-democracy-and-socialism-en-fr, Dec. 11, 2011。

③ 约旦共产党：Layla Naffa, 13 IMCWP, "Contribution of Jordanian CP", http：//www.solidnet.org/jordan-jordanian-communist-party/2315-13-imcwp-contribution-of-jordanian-cp-en, Dec. 11, 2011。

④ 丹麦共产党：Betty Frydensbjerg Carlsson, 13 IMCWP, "Contribution of CP in Denmark", http：//www.solidnet.org/denmark-cp-in-denmark/2301-13-imcwp-contribution-of-cp-in-denmark-en, Dec. 11, 2011。

⑤ 澳大利亚共产党：Anna Pha, "Contribution of the Communist Party of Australia", http：//www.solidnet.org/australia-communist-party-of-australia/2288-13-imcwp-contribution-of-communist-party-of-australia-en, Dec. 11, 2011。

⑥ 巴西共产党：13 IMCWP, "Contribution of Brazilian CP（PCB）", http：//www.solidnet.org/brazil-brazilian-communist-party/2294-13-imcwp-contribution-of-brazilian-cppcb-en-sp-pt, Dec. 11, 2011。

级斗争,要"在社会-阶级的基础上集中力量,广泛地在危机、危机的性质及其解决的问题上启发人民,组织和扩大从上到下和从下至上的各种形式的阶级斗争,以吸引工人阶级及人民群众"①。为达到此目的,比利时工人党认为必须加强党的战斗力,一是要抓好党建,二是要补充党的力量,"在党内开展工人阶级在争取社会主义的斗争中的战略角色的教育;从重要工厂中招募工会组织者和工人;创造新一代的共产主义工人阶级组织者"②。

高扬战斗的旗帜。"不掌握变革的物质力量,我们就不能变革任何事物……把加强党与工人阶级的联系放于所有工作的中心"③。这个工作的重点在于"夺回工会权"④ 必须"奋起击败工会中的右翼工贼和社会民主主义运动,同时在社会主义旗帜下建设献身于能团结和动员工人阶级的斗争的革命政党"⑤。巴西的共产党把武装斗争提到现实日程上来,"依各地情况采取不同形式的群众斗争是并将永远是无产阶级的唯一武器。我们不能机会主义地对人民造反和武装反抗的权力视而不见。在很多情况下,这是面对和克服资本的暴力的唯一方式。人民只能指靠他们自己的暴力"⑥。

展望国际共产主义运动。

树立明确的斗争目标。"以明确的反帝、反垄断归根结底反资本主义的目标重组工人及人民运动。"⑦ 创建新的国际共运中心再次被提及,"为

---

① 希腊共产党:A. PAPARIGA, 13 IMCWP, "Contribution of CP of Greece", http://www.solidnet.org/greece-communist-party-of-greece-/2308-13-imcwp-contribution-of-cp-of-greeceen-ru-sp-ar, Dec. 11, 2011。

② 比利时工人党:Herwig Lerouge, 13 IMCWP, "Contribution of the Workers' Party of Belgium", http://www.solidnet.org/belgium-workers-party-of-belgium/2292-13-imcwp-contribution-of-the-workers-party-of-belgium-en, Dec. 11, 2011。

③ 同上。

④ 澳大利亚共产党:Anna Pha, 13 IMCWP, "Contribution of the Communist Party of Australia", http://www.solidnet.org/australia-communist-party-of-australia/2288-13-imcwp-contribution-of-communist-party-of-australia-en, Dec. 11, 2011。

⑤ 英国新共产党:Andy Brooks, 13 IMCWP, "Contribution of New CP of Britain", http://www.solidnet.org/britain-new-communist-party-of-britain/2295-13-imcwp-contribution-of-new-cp-of-britain-en, Dec. 11, 2011。

⑥ 巴西共产党:13 IMCWP, "Contribution of Brazilian CP (PCB)", http://www.solidnet.org/brazil-brazilian-communist-party/2294-13-imcwp-contribution-of-brazilian-cppcb-en-sp-pt, Dec. 11, 2011。

⑦ 希腊共产党:A. PAPARIGA, 13 IMCWP, "Contribution of CP of Greece", http://www.solidnet.org/greece-communist-party-of-greece-/2308-13-imcwp-contribution-of-cp-of-greeceen-ru-sp-ar, Dec. 11, 2011。

了提高共产主义者和工人在世界上的领导作用，有必要和亟须组建一个政治协调中心，它不是一个新的国际而是承担组织国际或地区联合行动的角色、在民族斗争中提供思想争鸣和分享情报的平台"①。

建立广泛的统一战线。"创建一个有明确反帝性质的以及包括支持民族自决斗争、民族和平；保护生态环境和自然资源；支持社会、政治和工人权利；反对帝国主义战争和社会法西斯化的进步人士和政治力量的、广泛的国际阵线。"②

参加各种群众运动和斗争。"反对帝国主义战争的斗争需要协调国际共产主义运动中的群众运动。"③尤其是要重视和参加青年运动，"不同国家的青年运动互相影响，互相团结，相互引领……已经引起了遍及全球的工人阶级、群众和青年运动"④。不仅在发达国家要以民主和国家主权的口号争取群众，"民主，劳动人民的民主，是我们生存和发展的沃土。它就是对资本的民主控制、对生产资料的民主管理。我们视民主和国家主权为斗争的优先项"⑤。在第三世界国家，同样需要以民主国家的口号吸引人民参加斗争，"现阶段是通过对主要生产资料和交换手段的国有化，限制地主，控制对外贸易，发展工业和农业，支持反殖民、反帝运动建立一个表达工人阶级和劳苦大众利益的进步的民主国家"⑥。

根据国家和地区的情况采取不同的策略。"对于拉美及加勒比地区的许多共产党来说，参与盛行于这些国家的各种反帝、民主、进步的广泛政

---

① 巴西共产党：13 IMCWP, "Contribution of Brazilian CP (PCB)", http：//www.solidnet.org/brazil-brazilian-communist-party/2294-13-imcwp-contribution-of-brazilian-cppcb-en-sp-pt, Dec. 11, 2011。

② 同上。

③ 西班牙人民共产党：13 IMCWP, "Contribution of CP of the Peoples of Spain", http：//www.solidnet.org/spain-communist-party-of-peoples-of-spain/2329-13-imcwp-contribution-of-cp-of-the-peoples-of-spain-en, Dec. 11, 2011。

④ 土耳其劳动党：13 IMCWP, "Contribution of EMEP, Turkey", http：//www.solidnet.org/turkey-the-party-of-labouremep/2424-13-imcwp-contribution-of-emep-turkey-en, Dec. 11, 2011。

⑤ 爱尔兰共产党：Herwig Lerouge, 13 IMCWP, "Contribution of the Workers' Party of Belgium," http：//www.solidnet.org/ireland-communist-party-of-ireland/2312-13-imcwp-contribution-of-cp-of-ireland-en, Dec. 11, 2011。

⑥ 阿尔及利亚民主与社会主义党：13 IMCWP, "Contribution of Algerian Party for Democracy and Socialism", http：//www.solidnet.org/algeria-algerian-party-for-democracy-and-socialismpads/2287-13-imcwp-contribution-of-algerian-party-for-democracy-and-socialism-en-fr, Dec. 11, 2011。

治阵线，使这些共产党能推动革命力量的积累。"① 在南美，共产党的力量相比其他左翼力量不算强大，因此要先通过广泛参与、建立联系进而宣传自己、扩大影响实现共产党的壮大。在欧洲，共产党之间建立交流实体的需要十分迫切，"必须在欧洲大陆上建立所有共产主义力量和其他左翼、反资本主义和反帝力量之间的协调中心。我们的目标是建立一个实体，它能团结所有这些力量并能承办类似于圣保罗论坛规模的泛欧论坛"②。事实上，在比利时、荷兰、卢森堡和德国四国共产党人间已经建立起了这样一个协调中心：组织联席会议、讨论政治形势，采取共同行动，但目前合作形式还比较初级，主要成果还是以新闻发布会、共同声明等形式为主。

国际金融垄断资本对世界的统治正在加强，在这个过程中，各国人民正遭受着最严重的剥夺，人民的反抗正在积累。欧、美两大国际金融垄断资本之间的斗争将不可避免，如何利用将来的这场斗争，既是各国共产党的严酷考验也是难得的机遇。在全世界资本斗争的时候，全世界的工人及被压迫民族必须联合起来，才能赢得十月革命之后的又一个国际共产主义运动的高潮！

第二节　发达国家共产党基于公平正义思想的资本主义批判

追求和推动实现公平正义，是共产党自始至终的价值追求，是"共产党"这一名称的题中应有之义。在实践中，发达国家共产党也正是在反对资本主义社会的不平等运动中孕育、产生和发展起来的。自20世纪初诞生以来近一个世纪的发展进程中，在公平正义问题上，发达国家共产党的一些基本认识并未发生显著变化，比如强调资本主义是社会不平等、不公正的根源，社会主义和共产主义是实现社会公平正义的制度选择，等等。但是，随着时代和社会环境的变化，共产党对公平正义的具体内涵及其实现形式的认识在不断发生着变化。本节是对发达国家共产党公平正义思想

---

① 巴西共产党：13 IMCWP，"Contribution of CP of Brazil（PCdoB）"，http：//www.solidnet.org/brazil-communist-party-of-brazil/2333-13-imcwp-contribution-of-cp-of-brazil-pcdob-en-sp，Dec. 11，2011。
② 意大利共产党人党：13 IMCWP，"Contribution of Party of the Italian Communists（PdCI）"，http：//www.solidnet.org/italy-italian-communists-party-/2314-13-imcwp-contribution-of-party-of-the-italian-communists-pdci-en，Dec. 11，2011。

的探讨，尤其关注在当前西方政治和经济语境下，它们对资本主义非公平、非正义性的批判。

一　西方共产党新党纲党章中的公平正义诉求

民主、自由和公正是人类社会的文明成果，也是西方共产党追求的基本价值和目标。苏东剧变后，西方共产党在新党纲、党章中大多规定了实现公正、平等的基本目标。比如，德国的共产党就明确宣布其目标就是实现"社会安全和公正、民主和自由、和平和社会主义"。

2001年美国共产党党章，也明确指出美共的斗争目标就是要实现就业及经济安全、不断改善的体面生活、和平、平等、公正等。这种争取公平正义的斗争在美国拥有悠久传统。美国的开国革命坚持的就是平等、公正、民主、生命、自由和为所有人争取幸福的理想。为实现上述理想，今天的共产党人也正继续进行着斗争。美国的革命民主传统表明，当不公正、不平等和剥削等种种压迫变得无法忍受时，就要对社会进行根本的变革。2005年美共重新修订的新党纲的题目是《通往美国社会主义之路——团结起来争取和平、民主、就业和平等》，并开宗明义地指出，"我们的国家、人民和环境正受到富得流油的资本家贪婪的摧残。我们的世界则面临着种种威胁：资本主义全球化的肆虐、资本家肆无忌惮地将工资一降再降、有毒废物的泛滥、还有人试图破坏工会和工人们通过斗争赢得的保障"，"现在，我们需要根本的解决方式、真正的民主和团结。作为占多数的工人，我们需要从少数富人、他们的公司和他们的政治搭档手中夺回权力。我们需要和平、正义和平等"[①]。

2006年法共新党章规定：人类的自由、平等、和谐是党的革命目的，也是全体党员为之献身的共产主义事业的宗旨。它明确宣布，我们每日每时在各地所进行斗争的意义，正是为了使每个人都能过上更公正、更安定、更自由、更美好的生活，并实现一个更自由的社会，并号召所有法国公民本着解放自我、团结一致、做社会的主人和建立平等社会的原则，聚集在法共的旗帜下，反对充满掠夺、冲突、战争以及盲目竞争的世界，反

---

① http://www.cpusa.org, *Program of Communist Party USA, The Road to Socialism USA: Unity for Peace, Democracy, Jobs and Equality*, May 19, 2006, 参见刘洪才编《当代世界共产党党纲党章选编》，当代世界出版社2009年版。

对一个弱肉强食、不公正和不平等的社会。

西班牙共产党党章反复重申，党的目标就是建设一个自由、互助和公正的社会；所有人一律平等并享有尊严，性别和种族歧视不复存在；这个社会是实现了民主和社会公正、自然受到了保护、和平的理想社会；党替代资本主义活动的中心任务是实现政治、经济、社会和文化的完全民主。党的变革计划是在社会上实现男女平等，使女性能参与社会各个领域的政治、经济、社会和文化生活。

二　当代资本主义非正义的表征——剥削与压迫加剧

近几十年来，西方资本主义在经济上的新变化突出表现在两个方面：一是伴随着垄断资本主义的全球扩张，出现了跨国垄断资产阶级大发展的趋势。尤其是20世纪末以来，随着全球化的迅猛发展，国际垄断资产阶级逐渐构筑起它的全球霸权。作为垄断资本拥有者的跨国资本家们，试图在新自由主义原则的基础上把世界变成单一的全球资本主义；二是资本积累的金融化，金融在资本主义积累过程中的作用越来越大，金融部门愈益成为资本主义经济活动的中心。与这两种经济发展趋势相适应，当代资本主义的剥削方式和手段也呈现一些新的变化。西方共产党对这些变化进行了深入剖析。

法国共产党具体阐释了当代西方金融资本剥削的内容及其实现方式。法共指出，金融资产阶级是个寄生的阶级，其寄生性在于通过金融投机来获取利益。因此，在当代资本主义社会，阶级矛盾突出地体现在金融资产阶级的统治所导致的矛盾上。矛盾的一方是金融垄断资产阶级，另一方是广大的劳动者。在资本主义经济中，决定企业命运的不是企业主，所谓的"经理革命"已经被金融寡头的操纵和控制所淹没，经理尽管工资很高，但已经不能决定企业的命运，他们从事的只是雇佣劳动。法共尤其指出，继国家垄断资本主义之后，资本主义进入一个新的阶段，即金融垄断资本主义阶段。在这个阶段，经典意义上的资本主义生产方式及其基本矛盾仍然存在，但资本的增殖形式却发生了变化。在工业资本主义时期，货币资本是资本价值的主要形式，在金融垄断资本主义条件下，资本的价值形式演变成货币资本和金融资本二元结构。金融资本这种最抽象的商品和"虚拟性"资本，对资本使用价值的生产实行全面控制，从而实现资本利润的最大化。金融垄断资本是资本对人类社会生产的最高统治，但另一方面也使资本主义固有的基本矛盾更加尖锐。①

美国共产党分析了当代跨国垄断资本主义大发展的趋势及其对工人剥削的加剧。美国共产党认为,跨国公司的影响现在已经超过了任何一个国家的势力范围。在经济全球化和科技革命的作用下,跨国公司控制了各个经济环节:从融资、研发、原料供应、生产、批发直至零售。国际化使垄断组织拥有更多的选择机会,包括对资源的榨取和选择最廉价的生产国等。在这种条件下,对工人阶级的相对和绝对剥削已经达到前所未有的水平,且其程度还在迅速加深。现在,任何一家跨国公司剥削的都不仅是来自多个国家的本公司及其母国的工人阶级,而且还包括全世界的工人阶级。为实现利润最大化,资本在世界范围内正加速流动,其目的是为了寻找生产地,获得原材料和其他资源,开展研发,进行大规模分销,操纵货币和价格或者从事投机。生产工具的进步与跨国垄断组织主导下的经济和社会生活的全球化需要具有更高水平的环境保护、教育、医疗、文化、住房和家庭服务,从而使劳动力在数量和质量上能够满足当前的需要。但与此相矛盾的是,大型跨国公司为维持自身发展,要寻求更高资本利润,只有通过加大剥削和对全世界越来越多的工人进行剥削来实现。跨国公司的统治本质上决定了阶级斗争的加剧和对工人阶级生存条件的更严重侵犯。②

葡萄牙共产党和希腊共产党强调国际化是当代资本主义发展的新特征,并对当代跨国垄断资本和金融资本剥削的特点进行了分析。葡共认为,随着新自由主义的发展以及资本、商品、服务的自由流动,当代资本主义展现出两个重要的发展特点:一方面,跨国公司超越国家之上,正在削减、吸纳更多的国家行为以及更多的传统和现代部门。世界各国愈益成为相互依赖的经济体,成为外国资本和更发达国家的"附属国";另一方面,跨国资本的全球扩张,使世界各国处于一种相互"竞争"的状态。为了争夺外国资本的支持,各国在缩小国家干预、"限制"工资以及减少社会权利等方面展开了激烈"竞争"。这种"竞争"助长了外国资本"讹诈"行为的增加,葡共称之为"在竞争名义下的意识形态进攻和人民权利

---

① 林德山:《在探索中前进》,载《国外理论动态》2001年第12期。
② http://www.cpusa.org, *Program of Communist Party USA, The Road to Socialism USA: Unity for Peace, Democracy, Jobs and Equality*, May 19, 2006, 参见刘洪才编《当代世界共产党党纲党章选编》,当代世界出版社2009年版。

第六章　国外共产党对资本主义与社会主义问题的新思考　/　247

的削弱"①。葡共十七大和十八大继续坚持十六大关于资本主义基本特征的论断，进一步指出资本和财富的集中化与中心化在以史无前例的速度推进，资本的金融化也在继续发展。同时，伴随资本的自由流动和信贷的去地方化，资本主义的非理性和无政府状态加剧，从而成为造成货币体系不稳定、投机泡沫和股票市场崩溃的主要因素。②希共分析了近两年国际资本主义经济发展的两种倾向，即世界市场中各种力量相互关系的变化继续深化以及全球资本主义发展的减速，这种减速最初表现为金融资本流通的危机。这是一种资本过分积累的危机，且在不断演进之中，并最终使资本主义陷入深刻危机。③

德国的共产党认为，当今时代，随着经济过程的进一步国际化和科学技术革命的深化，人类在发挥创造力和劳动生产率方面实际上具有不可估量的能力。饥饿和贫穷本可以在世界范围内消除，人类获得可以保障生活并有尊严工作的基本权利本来也有可能实现。但是，在资本主义的生产关系下，生产力的发展和全球化仅服务于资本。科技进步被用于为生产资料的所有者，即资本家牟取更大的利润。工作岗位在合理化改革中被削减，大规模失业的情况在加剧。工人阶级靠斗争得来的社会福利待遇被打碎。因而阶级对立变得更加尖锐，阶级斗争变得更为严酷。21世纪，在社会财富中得利的人越来越少。发达的帝国主义国家和所谓的第三世界国家间的差距以及贫富差距逐年扩大。战争和环境破坏，世界大部分地区的贫困和受压迫，工业国的失业与社会福利的削减是资本主义社会的现实。在发展中国家，大众越发滑向不知所措与绝望。帝国主义列强运用凶残的暴力确保其统治地位并维持发展中国家对其的依赖，维持对发展中国家肆无忌惮的剥削。

芬兰、挪威、瑞典、英国、丹麦等国的共产党针对当代资本主义的剥削加剧也提出了许多新认识。它们普遍认为，当代资本主义的经济发展，导致了资本、生产的高度集中以及垄断的出现，联系紧密的大财团和银行

---

① "16th Congress of the PCP, Speech by Carlos Carvalhas", Dec. 8, 2000, 葡共网站英文网页 http://www.pcp.pt/english。

② "THESES (Draft Political resolution)", Nov. 26, 2004 and "Theses-Draft Political Resolution", October 13, 2008, 葡共网站英文网页 http://www.pcp.pt/english。

③ "Theses of the CC for the 18th Congress", Feb. 18-22, 2009, 参见希腊共网站国际网页 http://inter.kke.gr/。

日益成为市场的主宰。随着科学技术的进步、国际联系的加强以及持续发展的需求，生产的社会性进一步增强，从而造成了与片面追逐利润的私有制之间矛盾不断增大。资本主义试图通过更多、更快、更廉价的生产来增加利润，其后果必然是资本对生产的投入大于对劳动力的需求，因而不可避免地出现了严重的失业现象。生产创造的绝大部分利润被大资本侵占，资本的集中和多数人民购买力的下降将导致资本过剩的危机，而非正常流通的货币膨胀和虚构的资本市场将造成国民经济危机。由资本主义市场经济的负面效应带来的失业、贫困、地区发展失衡和犯罪率上升等，必将使曾经缩小的社会差距重新拉大，从而为极右势力、民族主义和种族主义的滋长提供新的土壤。芬共以国内资本主义的发展为例指出，虽然当代芬兰较之从前拥有更多的社会财富，但失业仍在继续、贫穷仍在增加。以股份为中心的经济已经取代了原先的福利国家。在这种经济中，最重要的事情不是生产，也不是人民的需求，而是股票价格的变化及其预期价值。大投资者的兴趣只是尽可能快地获得更大利润，而这是以强化对工人的剥削、解雇工人、短期合同的普遍化、削减社会保障以及公共服务的恶化为代价的。芬共认为，所有这一切构成了新自由主义政策的本质及其最终结果。

三 社会主义是实现公平正义的制度选择

(一) 社会主义取代资本主义的历史必然性

西方国家共产党在对当代资本主义剥削的新发展和新特点进行分析后，普遍认为当代资本主义并没有改变其剥削本质，它绝不可能根本解决其面临的基本矛盾，反而会使这些矛盾越来越深。它们坚信资本主义的本质没有变，要解决当代社会的不公正、不正义，只有用社会主义来代替资本主义。

法共认为，资本主义全球霸权的分化、政治的混乱、制度的退化孕育了新的思想文化的发展，从普遍层面看，人们对资本主义已经产生了陌生感，而共产主义的希望越来越具有现实性。要用劳动是否异化、人性是否得以实现、人是否全面发展作为标准来衡量当代资本主义社会。法共的任务就是要用马克思主义关于人的全面发展理论，来逐步改变资本主义的统治。①

---

① 李周：《法共"新共产主义"理论：解释观念的方法是实践》，载《社会科学报》2007 年 1 月 25 日。

葡萄牙共产党指出，虽然资本主义有时展现出某种出人意料的适应和恢复能力，但其历史局限性是显而易见的，它仍面临着不可解决的矛盾。在苏东社会主义失败后，资本主义"终结历史"的神话并没有持续多久。新自由主义的处方以及诸多证明资本主义全球化的命题很快声名扫地。资本主义本身非但不能满足劳动人民的利益，反而成为人类生存的一大威胁。社会主义的需要和可能性植根于当代资本主义的体系性矛盾之中。①

德国的共产党也认为，资本主义不能为日益深化的社会矛盾提供一个解决方案。绝大多数人的利益今后仍将面临极大挑战。不仅经济、社会和其他差距仍然巨大，而且人们的生活基础也受到威胁。未来的替代只能是社会主义。当然，只有彻底打破当前资本主义的非公平、非正义，社会主义才能最终实现。也只有当社会主义作为世界体制实现了对全人类普遍适用的、终结破坏自然环境的、纠正资本主义带来的不均衡和不公正的生产方式和消费方式时，社会主义才会作为更高级的文明取代资本主义。因此，在世界范围内建设社会主义必然将在一个长期的历史过程中进行。②

（二）社会主义下公平正义的主要特征

各国共产党对社会主义下公平正义的具体内涵和特征进行了阐释。比如，葡萄牙共产党就把社会主义和共产主义视为一个没有人剥削人、人压迫人的社会，一个消除了社会不平等、不公正现象的社会，一个生产力得到发展，科技取得进步，经济、社会、政治、文化民主得以深化的社会。在这个社会中，公民的自由和平等权利得到保证，生活和文化水平得到提高，生态环境保持平衡并得到人类的尊重。

德国的共产党认为，社会主义将保障劳动的权利，实现长久的社会安定，让妇女可以得到真正的解放和平等。社会主义保障工会和其他劳动者及组织共同安排社会生活的权利及切实可能性。它保障人人在教育和接触人文文化方面机会均等。社会主义推动教育和进修，促进文学、戏剧、美术和音乐，体育和其他创造性活动。它由此为人创造了接受全面教育、在政治上成熟和自由发展的先决条件，创造了在和平、自由、公正、团结、在所有人都能享受的社会安定和富裕中自己决定并自己安排生活的先决条件。

---

① "Theses-Draft Political Resolution", Oct. 13, 2008, http://www.pcp.pt/english.
② "DKP in Bewegung, DKP-Partei des Sozialismus", Feb. 23-24, 2008, www.solidnet.org.

在塞浦路斯劳动人民进步党看来，实现繁荣和社会所有成员自由而全面的发展，是社会主义社会政策的基本原则。尤其是在保障社会正义领域，社会主义体制的人性化以及社会主义和资本主义间的本质差异非常明显。社会主义的社会公正具有如下基本特征：第一，所有社会成员间一律平等；第二，所有公民参与社会、物质和文化生产，并按照每个人的劳动贡献公平分配；第三，赋予所有公民积极参与社会和经济生活的机会；第四，保障个人拥有获得高水平社会承诺的权利和自由。社会主义的社会公正包括各省份合理发展，实现各城市和乡村的公正关系。目前，塞浦路斯的发展仍不平衡。新社会的目标和责任，是发展一种全面性的地区政策，从而为在城镇和乡村实现一种多层面的社会、政治和文化生活创造必要条件。其中，对所有公民的社会承诺在社会主义的社会公正体系中占据显著位置。建立在人民过去成功基础上的劳进党，将一直致力于改善和扩大社会承诺，从而能够与整个社会和经济发展相适应。在社会主义条件下，工人和人民的整体收益不仅将继续保持和得到保护，而且将进一步得到改善。在社会主义社会，妇女、儿童和养老金获得者以及任何有身体和精神残疾的人，都将通过受保障的社会权利获得特殊关注。①

意大利重建共产党则从人的全面发展的角度更为深刻地认识和把握社会主义公平正义的含义，指出建立一个将个人自由发展作为全体自由发展前提的社会，并不仅仅是建立"更公正"或"更公平"的社会，即只关注资源和权利的更公平再分配的社会，而是从把资本自我升值作为发展与活力原动力的桎梏中解放出来的社会，是由有组织的主体而不是由市场和资本主义企业规则来理性决定自己命运的社会。它能够处理好集体机制与群众自治、中央权力与地方分权的辩证关系。一个作为不可或缺的单个主体的人，他的自由通过马克思主张的社会全体的不断进步得以实现：因为人不是永远处于与相似个体竞争中的孤立个体，也不仅仅是微观结构（社会、工厂、政党和家庭）中的一分子，而是拥有多样需求与认知，在与他人的合作、冲突和交流中成长的个体。

美国共产党新世纪以来提出"权利法案社会主义"概念，在传统社会主义的理解上，进一步强化了社会主义的平等、民主等内涵。提出"权利法案社会主义"，旨在把人民和自然置于利润之上，其目标是建立这样一

---

① http：//www.akel.org.cy/en/? p=1495#.VL6DySz9OUs.

个国家,在这个国家中,所有人都能参与国家管理;移民与本土出生的人都享有同样的人权;妇女享有充分的权利和实际上有保证的平等;儿童可接受完全免费的高质量教育;所有人不分宗教、种族和民族,均享有同样有充分保证的平等权和民权;工人阶级依靠其力量根据全体人民的利益解决社会面临的问题;经济的可持续发展优先于利润追逐,公司将无权再污染环境。总之,"权利法案社会主义"对内将致力于维护和扩大《权利法案》所规定的各项民主权利,实行和平的对外政策。

四 国外共产党的环境和生态正义新理念

生态问题虽然古已有之,但很大意义上却是一种工业社会现象。自工业革命以来的200多年间,由于人类对生态演进的大规模干预,生态环境问题日益突出。尤其是当代西方掀起新一轮技术革命的狂澜以来,急速发展的生产力对于自然资源的滥用更加严重,对于生态环境的破坏更大,从而造成了更为严重的生态后果。面对日益严峻的环境污染和生态失衡,生态意识和环境保护愈益成为当代社会的价值共识。在这一背景下,西方共产党大都将生态问题纳入其观察和分析社会公平正义的视野。在对生态整体问题的探讨中,西方共产党关注更多的是资本主义(帝国主义)生态掠夺、生态殖民化等生态不公正、非正义现象,并大都将其与社会主义的建立联系起来,强调环境保护是未来社会主义建设的一个重要组成部分。

美国共产党意识到当前环境污染的严重性以及全球环境受到的前所未有的威胁,指出众多环境问题正朝着一个生死攸关的转折点迅速逼近。突破这个转折点,自然界自我繁衍和解决问题的能力将被永远改变,人们将为违反自然力和自然法则付出沉重的代价。但是要解决空气污染、水污染、臭氧层破坏、全球变暖和其他环境危机,靠单个国家来解决是注定要失败的。解决环境问题需要世界各国携手合作、共享科学知识和研究资源。在美共看来,虽然资本主义制度不是造成环境问题的唯一因素,但却加剧并使这些危机升级。正是在这一意义上,美共强调建立一个把人类需要放在个人利益之上的制度的重要性,从而使全世界劳动人民能一起为攸关我们生死存亡的威胁做出决定,并从资产阶级手中夺过他们为威胁人类长期生存做出的短期决定的权力。

英国共产党党纲中有专门一节来探讨"为环境和生态安全而斗争"问题。英共首先提出了世界人口的持续增长对环境的压力,指出全球资源是有限的，这个星球显然不能容纳无限制增长的人口。因此限制人口增长的措施应受到欢迎，而且人口政策必须被视为可持续发展计划中的一个要素。但与此同时，英共也认为，人口增长不足以全面解释环境的恶化。一个多世纪以来，全球变暖和"温室效应"带来的气候不稳定、粮食减产和洪涝灾害等生态问题，很大程度上是帝国主义追求利润和权力的狂热破坏了地球资源和环境的结果。在发达国家，资本主义对利润的追求造成了对地球资源无计划地利用。比如，在英国或美国，一个居民对资源的平均消费是印度或中国居民的25倍。为此，英共主张建立一个全面的生产体系，使废弃物或被清除，或被降低到最低限度。而如果不能用于特殊产品的生产，那么就必须放弃它或由一种替代品取代。在任何时候，人类活动对环境产生的影响都将受到认真监督，并进行研究，以应对由此而生的问题。当然英共也认识到，私人资本对利润的追逐是更好保护环境的固有障碍，建立一个没有废弃物的封闭生产体系同现存的、由垄断主宰的、无计划的资本主义经济不相适应。因此，环保措施必须成为任何旨在实现社会主义纲领的重要组成部分。但即使在未来的社会主义制度下，环境保护也要求不断保持警惕、公共意识、民主参与、开放和责任。

意大利重建共产党承认近几个世纪的科技发展使世界上的某一部分地区取得了巨大的进步，但同时也强调这种发展导致了越来越多的矛盾，其中生物体系的不平衡问题越来越突出。尤其是生产至上和消费主义理念造成了对自然资源的利用和整体环境破坏的疯狂增长，改变了环境结构，使无数的物种灭绝，培育大量物质导致正常的自然循环无法"新陈代谢"。重建共认为，资本主义全球化应对当前的环境危机负重要责任，它不仅造成了环境的退化，也造成了经济社会模式与保证环境再生需要之间关系的真正破裂，造成了资源的无序利用和环境的破坏。资本主义全球生产的需要导致生产转移大量增多，并通过对环境循环的干涉，形成了经济发展和环境破坏的恶性循环。为此，重建共指出，为了避免生物系统衰竭，使落后国家达到适当的生活水平，就需要大幅减少发达工业化国家对自然资源的夺取。同时，为使环境危机得到有效解决，还应对资本主义经济及其全球化的基本逻辑进行彻底讨论。在认识到发展不能再尊重自然生态，必须建立一种以平衡为基础社会的情况下，当务之急是提出一个不同的经济和社会计划，以便对现行的生产模式进行讨论。在这一背景下，出现了保护生物差异及权利、保护不同物种的重大课题，这是构筑一个可实现的、不同世界的不可分割的组成部分。

生态正义也是欧洲左翼党关注的重要问题,该党在众多文件中都曾论及这一议题。在欧洲左翼党看来,生态危机是当代社会除了经济、金融和社会危机之外的另一种危机。生态危机今天已经产生了巨大影响,未来一段时间甚至可能产生灾难性后果。它引用2007年联合国报告指出,目前世界的碳排放量已达至过去65万年中的最高,约是可被生态系统吸收数量的两倍。2008年,有超过300场自然灾难,数以百计的死亡,超过20亿人受到影响。世界卫生组织估计,每年15万人死于气候变化,其中85%是儿童。世界气象组织(IPCC)报告称,气温每增加2摄氏度,就会对生物多样性产生灾难性影响。从这一状况出发,欧洲左翼党强调,生态系统的恢复和保护应该比生产和投机决策更具优先性。欧洲左翼党认为,全球气候问题必须在全球范围内解决。它批评欧盟设定的"2020目标"并不足以解决问题,而且这些目标是建立在市场原则(碳交易市场)基础上的。此外,欧洲左翼党也提出一个显而易见的事实,即《京都议定书》设定的目标整体上被搁置了,它指责许多国家置《京都议定书》的内容于不顾。欧洲左翼党认为,尽管过去许多年间赋予可持续发展以优先性,但对因气候变化而提出的问题的解决方案甚至实施计划却非常糟糕。对许多政府和国际组织来说,环境问题是位于社会之外的,只是技术问题而非政治问题。相反,在欧洲左翼党看来,环境问题的决策过程不仅是技术问题也是政治选择问题。一个可持续发展的社会,只有通过强化民主程序,通过世界各国、各地区政府角色的重新界定,通过为社会公正而斗争才能实现。①

那么应该如何捍卫生态正义?一些共产党提出了现阶段保护生态环境、维护生态平衡的一些具体措施,比如葡萄牙共产党在"21世纪的先进民主纲领"中,提出应该规划和分析各项部门政策和土地管理政策,规划和分析这些政策对自然资源和环境以及对土地占用和使用的影响;预防火灾,治理国内大量出现的沙漠化,保护脆弱敏感的生态区和保护区;合理、全面地管理生态体系自然资源,实行严格的监控;与国内外力量相协调,共同治理环境恶化现象,尤其是水流和沿海地区的污染问题;制定城

---

① http: //www.european-left.org/positions/working-groups/energy-and-climate-policies/stop-climate-change-climate-and-social-justice#sthash.m2hIWXsS.dpuf.

市化政策，保证城市民众拥有平衡、健康的城市环境；鼓励环境以及相关领域的科研活动，推广科研成果；通过教育推广生态保护理念；等等。

在欧洲左翼党看来，环境问题的解决不能不首先考虑资源占有的不同社会形式。环境问题对每个人的影响是不一样的。事实上，穷人、工人、农民、女性、土著，换言之，社会中最脆弱的人群所受影响最大。因此，环境问题主要是分配/再分配问题。解决作为社会问题的环境问题，意味着需要将社会正义和再分配正义作为一个有机的组成部分。环境和健康不平等主要是资源分配不平等与权力关系不平等的结果。因此，欧洲左翼党提出的环境保护措施倾向于捍卫下层阶级和发展中国家人民的利益。比如，到2020年，发达国家二氧化碳排放量相较1990年减少40%；反对碳排放交易以及诸如"清洁发展机制"等虚假解决方案；给发展中国家提供充分的经济和技术支持，所有这些支持都应该在联合国的管理之下；每一个公民都拥有获得清洁能源的权利。欧洲左翼党也强调要对国土资源和新能源模式的界定进行公共干预，并支持建立一个强有力的公共能源部门。此外，欧洲左翼党认为，缩减军事支出也有利于为减缓气候变暖提供资金支持。比如，到2020年，需要每年提供1000亿欧元帮助发展中国家应对气候变暖问题，而到2008年年末时，仅美国一国在伊拉克战争中的直接支出就超过了5000亿欧元。①

塞浦路斯劳动人民进步党提出了解决生态问题对社会主义的重要性，以及社会主义条件下解决生态问题的一些具体措施和手段。它指出，对任何经济基础和相应的上层建筑来说，在人与其周围的世界之间建立一种正确关系是绝对必要的。如果没有一种适合生存的物质环境，人和人类社会不可能生存和发展。因此解决生态问题应成为社会主义概念的重要内容。在社会主义制度下，解决生态问题主要应通过改革和完善特殊立法、必要的监管以及制定一个保护和治理环境的综合性纲领来实现。同时，应该不断提高人们的环保意识，改善工作条件并为捍卫和平而斗争。我们的发展方向是在生态平衡的前提下实现有计划地发展，不断改善家庭和工作环境，保护自然、野生动植物、水和地球，不断减少噪音污染。总之，目标

---

① http://www.european-left.org/positions/working-groups/energy-and-climate-policies/stop-climate-change-climate-and-social-justice#sthash.m2hIWXsS.dpuf.

是通过环境政策创造一个人类宜居的生活环境。①

五 为捍卫现实社会中的公平正义而斗争

(一) 教育和文化公平

从一定意义上说,教育公平也是社会公平的重要体现。在当代资本主义条件下,教育公平不断受到侵蚀和破坏,与之相应的文化领域则成为统治阶级进行意识形态控制和操纵的桥头堡。西方共产党对教育和文化在资本主义下的异化进行批判,并提出了推动及实现教育和文化公平、民主的一些具体观点和主张。

葡萄牙共产党认为,"四月革命"建立民主政权之后,由各个不同政党组成的一系列政府采取了恢复垄断资本主义的政策、策略,加紧了对劳动者的剥削。在文化、意识形态和精神领域,表现为重新推行愚民政策,从而使法西斯体制的真正性质及其罪行得到掩盖,民主革命的意义、实践和目的被贬低,实行反共、反民主的国家政策,将执政党和国家混为一谈,削弱劳动者在国家生活中的作用,而将决定权归于资产阶级,在社会生活中个人主义和自私自利现象日益严重。因而,葡共倡导实现教育和文化的民主化,强调文化民主的基础是人民群众真正参与创建文化,享受文化成果,自由进行文化产品的生产,并在生产中得到支持。葡共强调的文化民主主要包括全民普遍享有文化财产、参与文化活动;建立进步的社会公德,鼓励自由、平等、宽容、民主和自由的人文主义价值观;承认并重视文化领域及文化机构内劳动者的社会职能,不断改善他们的工作条件,提高他们的职业素养,并对青年艺术家给予积极的支持;支持民间文化形式的自由发展等。为此,葡共在教育方面主张提高人民的文化认识和需求水平;全面消除文盲,实施有利于科技发展、充分发挥其文化和社会职能的政策;推广艺术教育,积极开展社会文化生活;以体育教育提高人民身体素质;促进社会生活个性化、民主化发展等。在葡共看来,文化民主是与政治、经济和社会民主密不可分的,后三者是实现文化民主的物质条件。而文化民主是政治民主的一个要素,其潜力只有在人民文化生活水平提高后才能够发挥出来;文化民主是经济民主和现代化发展的要素,因为它体现出主要生产力的素质;文化民主是社会民主的要素,因为它是劳动

---

① http://www.akel.org.cy/en/? p=1495#.VL6DySz9OUs.

者以及与民主利益最为攸关的其他阶层和社会群体不断参与社会生活的体现；文化民主是国家主权的要素，因为它参与了国家特征的形成，在开放而活跃的过程中与世界文化相沟通。因此，行使文化权利并为它的推广和深化进行斗争是全面意义上民主的组成要素。

意大利重建共产党认为，当前意大利面临深刻的社会危机，其主要表现之一就是对教育和文化制度的破坏在加剧。当前在文化领域，正发生着明显的结构性变化，资本主义侵入并企图占领所有文化生产领域。在文化产业方面，不断屈从于私有化和市场机制的思想，戏剧、艺术、娱乐等被商品化的进程不断加快。文化机构向青少年灌输不合理的知识和思想内容，越来越不符合教育、文化的社会需求。同时，不断撤销公立学校，政府鼓励建立私立学校、贵族学校、教会学校，以及支持企业办学的主张，正在日益加剧教育的不公正和不平等。为此，重建共反复重申公立、免费、国立学校的必要性，并主张使之成为伴随每个公民一生的教育体制的基础。同时，与该目标紧密相关，重建共呼吁必须使信息、文化娱乐产业实现文化多元化，从私人垄断中解放出来，从公共领域中的分摊职位和党派、官僚上的随波逐流中解放出来。在这一过程中，重建共尤其强调了知识分子的分裂以及要发挥新的反抗力量的重要作用。它指出，在信息社会中，传统知识分子正在消亡。作为一种趋势的单一思想造就了一批维护它的知识分子。他们的官员安插在舆论、电视、科学、技术、演出、体育等文化领域的关键部门。这些人披着所谓客观中立的外衣，行直接输送"单一思想"意识形态之实，反复传播这样一条核心信息：一个唯一可能的世界就是当前的这个世界。但同时，信息社会也正在造就着它的反抗者，群众的不满情绪和理智的批评再次显示出推翻单一思想的内在政治倾向。而参与反对"单一思想"的劳动者和知识分子的人数在增加。现在群众的批评方式也不同于过去，是一种新的内在的批评，通过自身角色、职业和文化行为表现出来。这些人积极参加到各种社会反抗行动中，在建立新的公平公正的多元文化过程中发挥着社会力量的积极作用。

西班牙共产党具体分析了文化的特性及其在资本主义社会的实现，从而提出了为实现文化民主而斗争的方式方法等问题。它认为，"没有无历史的文化"，文化都是特定社会历史过程的结果；也"没有无文化的社会"，文化生产和社会结构间的紧张关系，是生产关系与企业的创造性潜力错配的结果。所有文化现实都是辩证的，它与经济、政治和社会形式相互依赖。文化受到统治阶级意识形态的巨大影响。在资本主义框架下，统治阶级的世界观（个人主义、不平等和竞争）成为整个社会的世界观。所有统治性文化都是统治阶级政治诉求的实现，但文化产品的形成和传播是由阶级斗争与争夺领导权的冲突决定的。从这一实际出发，西共认为有必要采取积极行动干预文化领域，并提出替代文化霸权的政治工具。在西共看来，文化也是由生产方式决定的。所有文化现实都与政治框架所决定的经济逻辑关系密切。因此在资本主义制度下，不能脱离经济和社会群体的利益来分析政治文化。文化也是政治，所有文化运动都是政治运动。而知识分子在其中发挥着主要作用。共产党必须把文化的再政治化，即推动知识分子和文化工作者把正确的政治立场放在政治的优先地位。同时，所有文化也是在社会环境中通过具体教育获得的。必须确保公民通过广泛性的公立教育获得基本文化知识的权利，只有这样才能使得工人阶级和普通民众获得理解并反抗垄断文化资源的统治阶级。

（二）性别平等

性别平等是人类追求公平、正义与平等的永恒主题，是社会文明进步的衡量尺度，也是人类实现可持续发展的一个重要目标。西方共产党是性别平等和妇女权益的坚决捍卫者。早在20世纪初叶，西方共产党就为实现平等投票权等妇女权利付出了巨大努力。近年来，面对新时代条件下女性发展中出现的新矛盾、新问题，西方共产党提出了一些新的认识和思考。

德国的共产党非常关注女性不平等问题，在分析德国的女性就业状况时指出，压制妇女是资本主义剥削的重要组成部分，虽然妇女的就业率在持续提高，但工人阶级中的多数女性没有可以确保自己生存的收入。大多数女性的就业特性，是从事不同形式的非全日制工作，在低工资和最低工资部门就业的比例特别高；女性的工资通常低于男性；在失业率上升的时候，妇女通常是最大的被"波及者"。所有这些都导致各年龄组的妇女特别严重地遭受贫困和受到贫困的威胁。此外，职业和家庭的协调仍是女性的私人问题，工作日益灵活化和延长工作时间使她们难以平等地参与工作程序。同时，这种传统的角色分配被一再复制，而将复制工作转移到接近家务劳动的低工资领域的趋势也使妇女首先受到伤害。因此，德国的共产党主张扩大妇女的社会和民主权利，呼吁妇女维护自己的利益，并谋求与所有捍卫妇女权益的团体进行伙伴关系式合作，提出反对压制妇女的斗争只有在与工人和工会运动紧密合作的情况下才能取得成效,认为这种斗争目前符合整个阶级的利益。在德国的共产党看来,在以剥削为基础的社会框架内根本不可能实现妇女解放。妇女解放的前提是实行另一种社会——社会主义社会。

英国共产党承认,女性在当代西方的发展取得了巨大进步,越来越多的妇女加入劳动力大军,为劳工运动做出了重大和具有进步意义的贡献。但在工作领域,各种事实上的性别不平等仍然大量存在着。实际上,妇女的真正平等,只有在社会主义制度下才能真正实现,但却必须从现在开始就要进行斗争。其中工会有责任开展斗争以实现男女同工同酬,要求设立育儿设施,反对性骚扰并呼吁采取其他措施保证妇女平等。在英国,各种妇女解放运动,比如全国妇女大会、劳工运动中的妇女机构以及为单一问题组建的地方和全国性妇女运动,它们关注劳工中的性别歧视、工资平等、生育权利和针对妇女的暴力等问题,强调性别主义,分析研究妇女在家庭中的作用、育儿责任及其经济上的依赖性是如何限制了她们的教育机会以及在社会和政治生活中的平等参与,等等。与此同时,英共也看到了当前妇女运动中存在的问题,指出了部分妇女运动存在着将妇女解放与阶级背景对立起来的倾向,并在理论和实践上过于强调男性压迫的个人性、主观性特征和个人经历的影响。此外,一部分男性虽然在理论上支持妇女的解放,但在实践中却不对其组织、政治和个人环境做出必要改变。在英共看来,这些做法只能削弱妇女解放运动的群众基础。而要应对这些,必须在妇女平等问题上建立清晰的马克思主义观点,付出更多努力将有组织的工人阶级争取过来,在妇女解放斗争中发挥更有效的决定性作用。英共强调,在一切阶级社会,对妇女的歧视和压迫是劳动人民受到剥削的一个重要特征,在资本主义制度下尤其突出。因此,争取妇女平等的斗争不仅是妇女自身的任务,也不能被看作次要问题,而必须视为阶级斗争的中心任务。

(三) 移民权利平等

移民问题是当代西方社会的一个重要社会问题,也是引发西方社会公平正义大讨论的根源问题之一。近年来,随着移民问题的日趋严峻,如何正确认识和解决移民问题,更是成为社会关注的焦点问题,并形成了不同观点的争论。西方共产党是移民平等权的坚决支持者,它们从不同角度提出了反种族和排外主义以及捍卫移民平等权的政治主张。

意大利重建共产党从追溯种族和排外主义的根源来探讨欧洲移民问题的形成。它认为,种族主义和排外主义出现于全球性战争中。敌人的"种族化"、对"内部敌人"的怀疑或追捕以及战争和种族主义之间的关系,形成了20世纪战争冲突的主要特征。但是在全球文明冲突的情况下,还有更多的特征与主权国家之间的战争无关。在发达国家内部,恐怖主义—战争—恐怖主义威胁的循环,逐渐形成了一个普及持久的特别状态,这种循环的结果必然是出现新型的"麦卡锡主义",民主自由的减少或取消,安全神话和部署的夸大化。其直接受害者就是移民和难民,他们被视为"异己分子",被视为敌人的奸细和不安全的因素。尤其在欧盟国家,这种气氛更是进一步恶化了移民和难民的物质条件,推动了对其基本权利的剥夺,这种剥夺从庇护权、拥有合法的身份和居留权开始。因此,保护移民和难民,保护他们的安全、权利及工作,应当是反对全球性持久文明战争战略中不可回避的内容。

在重建共看来,支持移民争取完全平等的权利斗争运动并非简单的人道主义问题,也不是简单的声援问题,相反,这是劳动者们为反对生活、社会及政治的衰退而应进行自卫的一个重要问题。实际上,新自由主义政策造成了生活和劳动条件的全面不稳定,战略上导致了穷人之间的战争,使种族冲突代替阶级冲突。但另一方面,没有权利或权利极为有限的移民客观上在劳动市场的某些领域更具有竞争力。为此,所有劳动者、当地人和移民之间的阶级重新组合成为共产党政治计划的一个基本点。

美国共产党认为移民问题的出现源于资本主义全球化。全球化深刻地影响了亚、非、拉等经济落后国家,使得数百万工人和农民只能选择通过移民来寻找新的工作。但是,面对巨大的移民潮,美、法、意、德等发达国家却以严格的限制性政策回应,并对移民工人进行迫害。在美国,这导致了针对移民合法和非法律手段的恶意攻击,比如制定一些全国性或各州和地方性法律、在各种媒体上进行反移民宣传,甚至对移民工人进行肉体攻击。[①] 美国是移民大国,移民问题以及由此演化的种族问题尤其突出。美共指出,美国的立国基础就是种族主义。从驱逐和灭绝北美土著人到奴役非洲黑人,从巧取豪夺墨西哥的大片领土到对亚太移民实行种族隔绝,再到目前对阿拉伯人和南亚人的仇恨,种族主义俨然成为美国统治阶级压

---

① http://www.cpusa.org/communist-party-resolves-immigrant-rights-is-a-struggle-for-democracy/.

榨受压迫民族，维护政权和攫取超额利润的有用工具。当前，在美国社会，种族主义仍以各种形式发挥着中心作用，包括极右势力的掌权、超额利润的产生、种族主义的发展以及种族歧视的正当化、制度化。美共认为，用工中的不平等，包括种族歧视、种族差别的工资和薪水政策、不同行业中的种族等级制度等都严重损害了工人阶级的利益，因为这将使所有工作者都面临工资下降的压力。因此，反对种族主义以及为争取移民权而斗争将是美国工人阶级团结斗争的一个关键要素。①

针对近年来愈演愈烈的欧洲移民危机，希腊共产党指出，移民和难民问题出现的根源是贫困、反动政权以及帝国主义战争。尤其是在地中海地区的移民和难民问题上，希腊和意大利政府由于支持北约和欧盟对从利比亚到伊拉克、从叙利亚到乌克兰的帝国主义干预政策，从而负有不可推卸的巨大责任。成千上万的难民是帝国主义政策的牺牲品。帝国主义者罔顾人命来争夺石油以及石油管道、市场和该地区的控制权。只要这些原因仍然存在，遭受饥饿和迫害的移民、难民潮就不会消失。面对欧洲一些政府的反移民措施，希腊共产党呼吁工会和群众组织联合起来，不参与帝国主义正在或即将进行的干预行动；号召工人不要被帝国主义在移民问题上的虚假借口所欺骗和误导；反对将希腊变成因禁人之"灵魂仓库"的《都柏林公约》和《申根协定》；移民合法化并有权领取生活券。②

总之，公平正义是发达国家共产党近百年来始终坚持与追求的价值目标。相比早期更多关注政治自由和平等权的实现，当前发达国家共产党对公平正义的认识更加宽泛，特别是因由生态、女权等"后物质主义"问题的兴起，发达国家共产党展现了对新兴社会问题的极大关注，捍卫公平正义的范畴和外延进一步扩展。总结其公平正义思想，对于我们认识和把握国外共产党反资本主义斗争的新发展、新变化具有积极意义。

第三节　西方共产党解析当前资本主义阶级问题

阶级问题是经济学、社会学、政治学和历史学等学科共同关注的重要

---

① http://cpusa.org/just-immigration-reform-will-take-a-struggle/.
② http://inter.kke.gr/en/articles/Demonstration-of-PAME-at-the-offices-of-the-EU-in-Athens-against-the-EUs-immigration-policies/.

问题，它随着时代变迁而变化，在不同的历史时期，有着不同的表现形式。自 2008 年国际金融危机爆发以来，欧美发达资本主义国家劳资矛盾激化，"占领"运动如火如荼，大规模的罢工、游行示威活动频发，青年骚乱在空间和时间上的影响引起了全球的关注。恰如美国学者波波罗格鲁（Berch Berberroglu）在论及全球化时代的阶级问题时所说，"在我们的时代，在全球化时代，也就是全球资本主义时代，阶级和阶级冲突变得更加鲜明了，而不是淡弱。它在世界的每一个地方都流行起来，因而成为全球资本主义体系的显而易见的特征。今天，随着阶级分化的扩大，阶级越来越发生极化并持续地冲突，阶级斗争越来越成为整个世界范围内全球资本主义之社会风景的不可或缺的部分"①。

阶级分析，也是当今发达国家工人党、共产党认识当代资本主义社会阶级结构、定位自身与工人阶级关系以及制定相关策略的理论工具。本节从马克思主义经典作家关于阶级的基本思想出发，结合金融危机爆发以来发达国家共产党、工人党对阶级问题的再认识，对当前发达资本主义国家共产党、工人党在阶级问题上的认识与主张进行评析。

一 什么是阶级——马克思主义经典遗产中的阶级概念

什么是阶级？对这个问题的不同回答和不同见解，体现了人们对社会结构、社会关系、阶级与分层等方面的不同价值观与方法论。"阶级"之于西方社会学家而言，是个多面相的概念。如英国社会学家克朗普顿就把"阶级"概念分为三种不同的意义：作为声望、地位、文化或"生活方式"的阶级；作为结构化的社会经济不平等的"阶级"（与经济和权力资源的占有相关）；作为实际的或潜在的社会和政治行动者的"阶级"。② 阶级问题虽然在马克思的著作中占据着核心的地位，但我们很难找到他对阶级概念的精确定义。所幸的是，我们可以从马克思对阶级问题的大量论述中，捕捉到他对这一概念的界定。马克思以生产关系特别是对生产资料的占有为标准划分阶级，阶级首先是一个经济范畴，或者更进一步说是政治

---

① Berch Berberoglu, *Class and Conflict in the Age of Globalization*, Lanham, MD: Lexington Books, 2009, p. 129, 转引自姜辉《论当代资本主义的阶级问题》，载《中国社会科学》2011 年第 4 期。

② ［英］罗丝玛丽·克朗普顿：《阶级与分层》，陈光金译，复旦大学出版社 2011 年版，第 26 页。

经济学范畴的概念；其次，马克思还将作为一种社会力量、能改造社会的阶级分为"自在阶级"和"自为阶级"，强调了"阶级意识"的重要意义。此外，"阶级"还是一种足以改变世界的社会力量，"至今一切社会的历史都是阶级斗争的历史"，每一次阶级"斗争的结局都是整个社会受到革命改造或者斗争的各阶级同归于尽"。①

（一）阶级是一个属于政治经济学范畴的概念

马克思在1852年3月5日致约瑟夫·魏德迈的信中曾说道，"**阶级的存在仅仅同生产发展的一定历史阶段相联系**"②，意即阶级是一种特定的历史现象，不会一直存在下去，仅仅与社会生产发展的阶段相联系。在各个历史时代，"几乎到处都可以看到社会完全划分为各个不同的等级，看到社会地位分成多种多样的层次"③。但是资产阶级时代"使阶级对立简单化了。整个社会日益分裂为两大敌对的阵营，分裂为两大相互直接对立的阶级：资产阶级和无产阶级"④。恩格斯在1888年《共产党宣言》英文版中特地对资产阶级和无产阶级进行了界定："资产阶级是指占有社会生产资料并使用雇佣劳动的现代资本家阶级。无产阶级是指没有自己的生产资料，因而不得不靠出卖劳动力来维持生活的现代雇佣工人阶级。"⑤ 当然，马克思对阶级关系的解释并不仅仅依赖于生产资料的所有权，他对这一问题的洞见之关键在于劳动价值理论，在于发现了剩余价值。马克思在《资本论》中论证，劳动在资本主义社会已经成为一种商品，一种独一无二、可以创造新的价值的商品。资本家购买并占有的劳动仅花费了工作日的一部分所创造的价值，这相当于它的价格（即工资）；工作日的其余部分创造出的价值，即剩余价值被资本家所无偿占有。对生产资料的关系，是判断阶级的标准；而生产过程中的剥削，则揭示了资本同劳动之间的对立关系。正如马克思在《政治经济学批判》导言中所说，"如果我不知道这些阶级所依据的因素，如雇佣劳动、资本等等，阶级又是一句空话。"⑥

在马克思和恩格斯论述的基础上，列宁在1919年6月28日所作的

---

① 《马克思恩格斯文集》第2卷，人民出版社2009年版，第31页。
② 《马克思恩格斯文集》第10卷，人民出版社2009年版，第106页。
③ 《马克思恩格斯文集》第2卷，人民出版社2009年版，第31页。
④ 同上书，第32页。
⑤ 同上书，第31页。
⑥ 《马克思恩格斯文集》第8卷，人民出版社2009年版，第24页。

《伟大的创举》中，对阶级做出了明确的定义："所谓阶级，就是这样一些大的集团，这些集团在历史上一定的社会生产体系中所处的地位不同，同生产资料的关系（这种关系大部分是在法律上明文规定了的）不同，在社会劳动组织中所起的作用不同，因而取得归自己支配的那份社会财富的方式和多寡也不同。所谓阶级，就是这样一些集团，由于它们在一定社会经济结构中所处的地位不同，其中一个集团能够占有另一个集团的劳动。"[①] 正如列宁所进一步指出的那样，"区别各阶级的基本标志，是它们在社会生产中所处的地位，也就是它们对生产资料的关系"[②]。因此，阶级准确地说属于政治经济学范畴，它关注的是生产关系，是对生产资料的关系，以及由此决定的人们在生产中的权力关系和分配关系。阶级概念，如同其他政治经济学概念——商品、资本等一样，是一种抽象的规定，不同于社会学中的职业人群分类，也不同于按照收入水平、声望或"生活方式"所进行的社会分层。

（二）"阶级意识"乃阶级的题中应有之义

马克思主义的阶级内涵中，同一阶级内部的"政治联系"有着十分重要的意义。马克思在《路易·波拿巴的雾月十八日》中，对法国大革命后的小农阶级做了鞭辟入里的分析："法国国民的广大群众，便是由一些同名数简单相加形成的，就像一袋马铃薯是由袋中的一个个马铃薯汇集而成的那样。数百万家庭的经济生活条件使他们的生活方式、利益和教育程度与其他阶级的生活方式、利益和教育程度各不相同并互相敌对，就这一点而言，他们是一个阶级。而各个小农彼此间只存在地域的联系，他们利益的同一性并不使他们彼此间形成共同关系，形成全国性的联系，形成政治组织，就这一点而言，他们又不是一个阶级。"[③] 马克思这一段话，简单概括起来就是说，从经济生活条件极为相似的角度而言，法国小农都是一个阶级；而从主观的阶级意识和政治联系的角度而言，因为他们没有形成政治组织，所以又不是一个阶级。

可见，阶级意识也是同一阶级加强政治联系、形成政治组织的关键要素，同时也是"自在阶级"向"自为阶级"转变的关键要素。马克思在《哲学的

---

① 《列宁选集》第4卷，人民出版社1995年版，第11页。
② 《列宁全集》第7卷，人民出版社1986年版，第30页。
③ 《马克思恩格斯文集》第2卷，人民出版社2009年版，第566—567页。

贫困》中指出："经济条件首先把大批的居民变成劳动者。资本的统治为这批人创造了同等的地位和共同的利害关系……但还不是自为的阶级"，在与资产阶级的斗争中，意识到自己的共同处境和利益后，"这批人联合起来，形成一个自为的阶级。他们所维护的利益变成阶级的利益"。① 马克思对"自在阶级"和"自为阶级"所做的区分，实质上界定了阶级的"客观条件"与阶级所拥有的"主观意识"之间的区分。可见，在马克思主义的阶级理论中，阶级意识是阶级作为一种能够改造社会并形成政治组织力量的题中应有之义。

二 阶级死亡了吗？——当前发达国家共产党工人党对阶级问题的认识

在马克思关于阶级的论述发表百余年后，当代资本主义社会阶级关系究竟发生了什么变化，让人们在西方发达资本主义国家迈入后工业社会后频频对阶级与阶级分析发出了诸如"阶级还有意义吗？"，"社会阶级正在死亡吗？"，"阶级政治终结了吗？" 等质疑和询问呢？作为以马克思主义或"马克思的理论"为指导的西方国家工人党、共产党，不可避免地要在理论与实践中面对这些质疑，面对自身的阶级基础——工人阶级的结构变化问题，面对阶级意识持续性退化问题，还要面对党与工人阶级的关系问题。金融危机爆发后，欧美发达国家劳资对抗性矛盾突出，罢工运动蔚为壮观，各国工人党和共产党在这一系列问题上的再认识值得我们关注。

（一）当前资本主义社会的阶级结构与工人阶级的变化

在西方有一种广为流传的观点，即信息技术和通信技术的发展从根本上改变了生产的方式，绝大部分发达国家进入了后工业社会。欧洲和美国分别有66%和79%的劳动人口在第三产业就业。② 不少西方社会学家都因此质疑马克思在19世纪制造业占主导、资产阶级和无产阶级对立关系鲜明的时代所创立的阶级理论，并认为那些理论与今日以服务业为基础的经济难以适应。③ 对于这一产业人口构成的变化，安东尼奥·耐格里（Antonio Negri）说："我讨厌谁说——阶级已经死亡了，但阶级斗争还在继

---

① 《马克思恩格斯文集》第1卷，人民出版社2009年版，第654页。
② ILO, World Employment Report 2007, la CommissioneEuropea, Impiego in Europa 2004.
③ R. Pahl, "Is the Emperor Naked?" in D. J. Lee, B. S. Turner, eds., *Conflict about Class*, New York: Longman Publishing, 1996, p. 89. 转引自姜辉《论当代资本主义的阶级问题》，载《中国社会科学》2011年第4期。

第六章　国外共产党对资本主义与社会主义问题的新思考

续。不是这样的。如果工人阶级死亡了——这一点是真的——那么整个与此相连的力量关系系统就会陷入危机。"① 比利时工人党学者默顿斯对此做了回应，并指出当今资本主义社会由三大阶级组成——拥有大企业、不动产、机器和技术等生产资料并占有产品的有产阶级，由小企业主和独立的小生产者构成的中间阶级和工人阶级；而后工业社会是一种再工业化的进程，不是去工业化，更不是意味着工人阶级的消亡或队伍的缩减。他所概括出的工人阶级是一个"没有生产资料，只拥有能够出售的劳动能力"的群体，他们的生产性工作创造了社会的财富，是资本主义体系跃动的心脏。他们要经常性地面对劳资矛盾。其他各工薪阶层也是工人阶级的成员，且随着经济危机的深化，工作灵活性和不稳定性增加，也越来越多地要面对资本主义体系的内在的矛盾。② 日共学者认为，所谓"工人阶级是指出卖劳动力获取工资生活的群体，包括体力劳动，也包括脑力劳动"③，而且这种不占有生产资料的雇佣劳动者占整个劳动力的70%。这些工人党、共产党学者对资本主义社会阶级结构做出剖析并对工人阶级作出界定的同时，也从生产关系的角度回应了工人阶级是否已经"死亡"的问题。

然而，今天的工人阶级与传统工人阶级在就业领域与劳动性质上有了很大不同——即马克思主义学者们所说的"劳动异质化"。随着信息技术的进步、第三产业的兴起，传统制造业工人的数量在发达国家不断萎缩，在医疗、通信、信息等第三产业就业的雇佣劳动者队伍比重大大增加。耐格里和哈特因而断言，当今资本主义已经从"工业主导迈入了服务业主导的，后现代化经济或者说信息经济的时代"④，虽然"（工业）产业工人阶级曾一度发挥着引领者的角色……无论是在经济分析领域还是政治运动

---

① Antonio Negri, *Il ritorno: quasi un'autobiografia: conversazione con Anne Dufourmantelle*. Amsterdam, Van Gennep, 2003 [2002], p. 43.

② 《国际共产主义评论》第三期刊载了比利时工人党彼得·默顿斯（Peter Mertens）的批驳当前关于工人阶级已死亡观点的文章——《工人阶级已然终结了吗？》。文中对当前资本主义社会的劳资对立关系，工人阶级的存在与阶级队伍变化的认识，在发达国家共产党工人党中具有相当广泛的代表性。意大利马克思二十一政治文化协会于2013年2月全文翻译转载，在意大利马克思主义者中引起了相当的共鸣。参见 Peter Mertens, *La fine della classe operaia?*, http://www.marx21.it/storia-teoria-e-scienza/marxismo/21751-la-fine-della-classe-operaia.html#sthash.NWVCNgjq.dpuf.

③ 转引自靳辉明《〈共产党宣言〉关于历史发展规律和阶级斗争的基本思想》，载俞可平、李慎明、王伟光主编《阶级和革命的基本观点研究》，中央编译出版社2008年版，第76页。

④ Michael Hardt, Antonio Negri, *Empire, The New World Order*, Amsterdam, Van Gennep Publishing, 2002, p. 68.

中。如今，这一阶级尚未绝对地从舞台上消失，没有终止存在，但其在资本主义经济中优势地位和无产阶级构成中的霸权地位都已经被罢黜了"①。默斯顿对这一观点的回应是，第二产业工人阶级在工人阶级中的优势地位并不在于数量上，而在于他们在生产过程中的所处的关键位置，他们在不同行业创造剩余价值，掌控着经济中的关键连接点。此外，默斯顿对第二产业工人队伍"萎缩"的观点也提出了质疑。他认为第三产业中从事与生产紧密相关的海、陆、空运输、仓储工作的工薪阶层，应算做第二产业的工人。信息产业、高技术产业也与生产性的、创造财富的工业紧密相连，这些领域的工薪阶层也应归为第二产业工人。②

（二）工人阶级意识的衰弱与内部分隔

尽管20世纪80年代以来新自由主义开始占据主导，金融扩张导致财富再分配、从劳动阶层向资本大规模转移，发达国家劳动阶层贫困化问题开始凸显，但工人阶级的抗争意识和阶级意识却未因此而增强，反而有继续衰退之势。

关于工人阶级的阶级意识问题，荷兰共产党分析了资本主义大众媒体的作用以及工联主义对本国工人斗争意志的影响。每日暴露于资产阶级大众媒体的信息轰炸下，许多荷兰工人坚持认为新自由主义仍是当前资本主义社会问题的有效解决之道。虽然社会民主党底层党员已经对新自由主义产生了质疑，出走人数在增加，但是绝大部分人仍坚持没有可替代当前社会民主党和自由党政府的力量。荷兰有组织的工人力量十分衰弱，工会的斗争意愿十分薄弱，同时还怀有不切实际的希望与期待。尽管当前的经济社会形式需要一个更加庞大的、团结的工人阶级，但在历时多年的阶级合作和社会伙伴关系之后，当前荷兰工会的基础已然是社会民主化的基础，如今建立以阶级为基础的工会需要相当长的时间。虽然在一些部门发起了更多的为争取更好工作条件的斗争，但是总体而言，荷兰工人阶级尚不具备为走向社会主义而进行阶级联合的意识。③ 新自由主义的意识形态也在

---

① Michael Hardt, Antonio Negri, *Empire*, *The New World Order*, Amsterdam, Van Gennep Publishing, 2002, p. 283.

② Peter Mertens, *La fine dellaclasse operaia ?*, http：//www.marx21.it/storia-teoria-e-scienza/marxismo/21751-la-fine-della-classe-operaia.html#sthash.NWVCNgjq.dpuf.

③ 荷兰共产党：15 IMCWP, Contribution of NCP of the Netherlands, http：//www.solidnet.org/netherlands-new-communist-party-of-the-netherlands/15-imcwp-contribution-of-ncp-of-the-netherlands-pt。

分化工人阶级和削弱其阶级意识上起到了很大的作用。澳大利亚共产党认为，包括澳大利亚在内的许多国家的工会早已放弃了阶级斗争，把自身视为提供服务而非捍卫工人利益的组织。新自由主义影响下的青年工人，奉行个人主义，逃避成为组织的成员，逃避集体主义。种族主义、排外主义、反穆斯林主义都成为分裂工人阶级的利器，掩盖了普罗大众陷入艰难的真实原因。①

工人阶级之间的分隔，不仅存在于发达国家和发展中国家之间，还存在于发达的中心国家与外围国家之间，以及同一国家的工人阶级之间。这种分隔既有经济差距与产业差异因素，也有客观存在却被不断夸大、不断利用的民族、种族和文化等方面的因素。南欧国家主权债务危机爆发后，劳动阶层针对紧缩公共开支和劳动力市场改革的大规模抗议活动很少得到北部核心欧洲国家劳工的大规模响应与支持，即为南北欧工人阶级之间存在巨大分隔之明证。欧洲中北部更为发达国家的工人党和共产党也认识到了本国工人阶级中对南部欧洲工人的"歧视"，以及本国资本占有者和执政党对强化这种歧视所起到的不可忽视的作用。德国的共产党在第十五届国际工人党共产党会议的发言中指出，德国资本在此次危机中几乎未受损害，因此，他们又成功地维持住了大部分工人阶级的工薪阶层与资本系合作伙伴的幻觉，并在一些诸如"勤奋的德国人"不同于"懒散的西班牙人"，"懒惰的意大利人和希腊人"等种族主义观念的基础上强化了这种幻觉。德国2013年的联邦议会选举，就体现出了德国整个国家包括工人阶级在内的劳动阶层广泛存在的地方主义逻辑。德国工人们在选举中的座右铭是——"我的公司就是我的堡垒"，并在实际行动中十分认同并支持"他们的企业""他们的老板""他们的上司"。所以，德国的共产党认为，在民族主义、地方主义影响下的德国工人阶级，显然是社会民主派和保守派的有力联盟②，而不是南欧劳工运动的同情者与支持者。

无独有偶，并非只有联邦德国的工人阶级存在这种民族主义和地方主义倾向。俄联邦共产党认为，本国工人阶级的团结也面临着民族主义的干扰。俄罗斯是一个多民族国家，不同民族的工人对本民族的感情远远大于

---

① 澳大利亚共产党：15 IMCWP, Contribution of CP of Australia, http://www.solidnet.org/australia-communist-party-of-australia/15-imcwp-contribution-of-cp-of-australia-en。
② 德国的共产党：15 IMCWP, Contribution of German CP, http://www.solidnet.org/germany-german-communist-party/15-imcwp-contribution-of-german-cp-en-det。

工人阶级间的情谊，民族间的团结被劳资矛盾撕裂的同时，民族主义也正从政治上和道义上分解无产阶级。① 瑞典共产党则指出了工人党、共产党自身在工人阶级意识淡薄和分隔问题上存在的责任。他们认为，近些年来共产党中存在的机会主义思潮给社会民主党和保守派分化工人阶级以极好的工具和机会，与在新自由主义意识形态下蓬勃起来的个人主义一起联手开创了新的全球殖民主义时代。②

（三）工人党、共产党与工人阶级的关系

正如澳共所分析的那样，每个国家都有不同的工人运动史、不同的政治经济社会情况，共产党、工人党在本国内的影响力与号召力也不尽相同，与工人阶级的关系自然也不可一概而论。此外，基于各国共产党对马克思主义在其意识形态指导理论中的不同，也决定了其如何看待党与工人阶级的关系问题。

1. 工人党、共产党对自身与工人阶级关系的定位

工人党、共产党对自身与工人阶级关系的定位，关系到阶级认同的问题。总体而言，发达国家工人党、共产党正逐渐从工人阶级的先锋队向全体劳动者的群众性政党转变，但其工人阶级的内核仍然未变。日共自称是"日本工人阶级的先锋政党"，"工人阶级的党，同时是日本国民的党"③。欧洲的正统共产党如希共，仍把自身定位为工人阶级的先锋队组织，在政治意识形态上和现实政治生活中担纲工人阶级领导者的角色，促进希腊工人在阶级意识和政治上的成熟，以能在建设社会主义 - 共产主义中发挥出作为领导阶级的力量。④ 葡共在党章中明确指出党是建立在"马克思主义 - 列宁主义"和"对现实的科学分析工具"之上的"工人阶级先锋队"，是"工人阶级和所有劳动者的政党"。⑤

---

① 俄联邦共产党：15 IMCWP, Contribution of CP of the Russian Federation, http：//www.solidnet.org/russia-communist-party-of-the-russian-federation/15-imcwp-contribution-of-cp-of-the-russian-federation-en。

② 瑞典共产党：15 IMCWP, Contribution of CP of Sweden, http：//www.solidnet.org/sweden-communist-party-of-sweden/15-imcwp-contribution-of-cp-of-sweden-en。

③ 朱艳圣：《日本共产党对社会主义理论的新探索》，载《当代世界与社会主义》2006 年第 6 期。

④ 希共十九大通过的纲领，参见 Programme of the KKE, http：//inter.kke.gr/en/articles/Political-Resolution-of-the-19th-Congress-of-the-KKE/。

⑤ Natura e identità del PartitoComunistaPortoghese, See more at：http：//www.marx21.it/comunisti-oggi/in-europa/23837-natura-e-identita-del-partito-comunista-portoghese.html#sthash.KZmh63HK.dpuf.

有着欧洲共产主义传统的意大利的两支共产党，对党的定位要更为灵活。意大利重建共自称是工人阶级的自由组织，是所有通过把资本主义社会改造成共产主义社会而解放人类的所有劳动者，青年和知识分子的自由组织。① 意大利共产党人党对党自身的定位是"意大利社会中为社会主义和共产主义而斗争的最先进成员的先锋队"（非"工人阶级的先锋队"），认识到了"劳资矛盾的中心性"，"党要为团结和组织工人阶级而进行活动"。② 虽然这两支共产党仍以工人阶级为其首要社会基础（并非唯一的基础），而不再以"工人阶级的先锋队"自居，但它们坚信党在政治生活中被边缘化时，广大工人们就失去了真正的利益代表，从而沦为经济危机的最大受害者。③

2. 劳动阶层和工人阶级对工人党、共产党的认同

从意识形态角度来看，社会民主主义、新自由主义和个人主义等思潮一直影响着劳动阶层对共产党、工人党的认同，尤其金融危机爆发后再度"蓬勃"的右翼民粹主义、种族主义、无政府主义和法西斯主义，更是成为当前发达国家工人阶级向右转的主要意识形态推动力。

在现实政治生活中，党员构成、议会选举的结果以及组织工人运动的能力，都可以在某种程度上反映工人党共产党在工人阶级中所获的认同度。总体而言，较为发达的资本主义国家中俄共、葡共、希共和日共在工人阶级中获得的认同度最高；意大利共产党在2008年之后走向衰落；其他工人党、共产党整体处于比较边缘化地位。

国外不少工人党、共产党面临老龄化问题。以葡共为例，据其十八大统计，其党员主要来自于工人和雇员，约占党员总数的72%（工人占42%）。其中40岁以下党员仅占15.9%，41—64岁党员占49.3%，64岁以上老年党员占34.9%。④ 葡共通过结盟而获得的支持率一直维持在7%—9%，是当前发达国家中拥有较高支持率的共产党之一。此外，葡共在本国最大的工会组织——葡萄牙工人联合会（CGTP）中有很大的影响力，金融危机以来葡共

---

① 参见重建共2013年九大通过的新党章，http://web.rifondazione.it/home/index.php/73-partito-contenuti/21640-statuto-approvato-ix-congresso。

② 参见意大利共产党人党2011年六大通过的新党章，http://www.comunisti-italiani.it/wp-content/uploads/statuto2011.pdf.

③ Il fronteunitario di sinistranelleTesi del Pdci, Marx XXI, 2013, No.2, p.29.

④ 转引自于海青《激进政治视阈下葡萄牙共产党与左翼集团的比较评析》，载《社会主义研究》2014年第1期。

发起的重要罢工都得到了葡萄牙广大劳动阶层的响应。希腊共产党一直在议会中拥有席位，并领导着本国第三大工会"全国劳工斗争阵线"，亦在金融危机后参与和组织了各种罢工活动。不过，其他发达国家的工人党、共产党对工会的影响力和号召力要弱得多。如意大利的两支共产党也曾通过与中左政党联盟而获得了高支持率，但入阁后的意大利两支共产党得到了选民极为负面的评价：只有在选举的时候才"关心选民的疾苦"，"说出的道理都是对的，但是越来越分裂，没有任何影响力"。[①] 这两支共产党在被贴上了选举党的标签后，也陷入了边缘化境地。其他美国和北欧国家，如挪威、荷兰、瑞典等国共产党，虽言辞激进但所获的实际认同很少。

三 小结

（一）当前资本主义的阶级结构总体上没有大的改变

虽然比利时工人党学者提出了有产阶级、中间阶级和工人阶级三大阶级构成说，但其分析表明当前资本主义社会的主要阶级构成总体没有大的变化，资产阶级和出卖劳动力的雇佣劳动者依然是对立的两大阶级主体。从发达国家工人党、共产党所持有的阶级理论来看，他们继承了马克思主义关于阶级的经典理论，同时也认识到了当今雇佣劳动的普遍化，在资本与雇佣劳动的两极对立中来把握当今资本主义的阶级结构和工人阶级的构成，不以职业、收入、性别和种族为标准，而是根据特定经济关系中的客观地位及其所决定的权力关系中的位置来界定阶级。可见，工人党、共产党理论话语中的工人阶级也是一种政治经济学范畴的概念，是一种能够改变资本主义社会并推动其迈向社会主义的力量。

（二）发达国家工人阶级存在阶级意识淡薄与内部分隔问题

工人党、共产党一致认识到了当前工人阶级普遍存在的阶级意识淡薄和内部分隔问题。它们从大众媒体影响和工联主义、个人主义、新自由主义等意识形态因素出发分析了工人阶级阶级意识衰弱的原因：工联主义削弱了工人们的斗争意志，个人主义思想使他们逃避与集体主义有关的组织与活动。此外，工人阶级还存在严重的内部分隔问题。这种分隔除了产业与经济结构上的差异因素外，还有一直被资产阶级利用和夸大的民族主义、种族主义、排外主义、地方主义等思潮的作用。当然，工人党、共产

---

① Ilfronteunitario di sinistranelleTesi del Pdci, p. 29.

党自身也负有不可推卸的责任，其理论与实践中存在的机会主义与资本主义的主流意识形态——新自由主义一起助推了工人阶级之间的分隔。

（三）实现议会内外斗争的良好结合是工人党共产党走出困境之关键

工人党、共产党正在逐渐从"工人阶级的先锋队"党向工人阶级和广大劳动者的群众性政党转变，但自我定位依然是广大劳动者最坚定的、最忠实的利益维护者和政治代表。然而，在新自由主义的强势主导下，尤其苏东剧变后，发达资本主义国家疑共反共的思潮不断滋长，工人党、共产党在意识形态上的生存空间受到严重挤压，对工人阶级的号召力和思想动员能力大大受限。工人党、共产党中存在的机会主义思潮，也为新自由主义和社会民主党保守派削弱其影响力提供了极好的工具。同时，个别工人党、共产党进入议会或内阁后因种种因素而导致的政治表现与其对自身定位的不相称，引起了支持者的不满，使自身在政治博弈中被边缘化。但当前处于"自在状态"的工人阶级在与资本的对抗中，需要有力的政治代表，需要有力的工会与政党组织；工人党、共产党的复兴也需要工人阶级意识的觉醒，需要他们从"自在"走向"自为"。在共产党影响力极弱的美国，被视为"99%"对"1%"的反抗的"占领华尔街"运动，一度如火如荼，但因缺乏左翼的有效组织，最终成为一场嘉年华；而南欧劳动阶层阶级意识较强，在具备相当组织力和影响力的工会与左翼政党的动员下，开展的罢工运动对横扫欧陆的紧缩政策和该地区政党格局都产生了不容小觑的冲击。因此，从某种意义上说，工人阶级的阶级意识和斗争意识与工人党、共产党的组织影响力互为因果。对大多数工人党、共产党而言，如何能够唤起工人阶级的阶级意识，实现议会内外斗争的良好结合并在其中恰如其分地体现对自身的定位，是走出当前生存困境之关键。

第四节　美国共产党发起"社会主义"大讨论

2015年年末总统初选以来，美国社会出现了一个令人瞩目的现象：自麦卡锡主义之后60多年间一直被污名化的"社会主义"概念，因由民主党竞选人伯尼·桑德斯在党内选举中倡导的"民主社会主义"论和"政治革命"论而引发热议。但对于社会主义究竟意味着什么？美国主流思想界大都做出了或带有政治偏向，或认识褊狭的解读。为此，美国共产党发起社会主义大讨论，组织一些激进左翼学者、社会活动家提出针锋相对的主张。他们撰文表达见解，批判错误观点，结合时代发展、美国社会实际以及世界社会主义运动的新实践，阐释关于社会主义的新观点、新认识，对于澄清和深化在社会主义问题上的认识具有积极意义。

一 美国主流思想界的社会主义逻辑

在新一届总统选举中，由于民主党人伯尼·桑德斯的参选，美国社会刮起了一股"社会主义"旋风。作为一个长期的"民主社会主义者"，桑德斯在竞选中大打社会主义牌，大谈特谈源于罗斯福新政的"美国社会主义"传统，高调宣扬其"民主社会主义"主张，宣称要发动一场"政治革命"，以实现全民医疗计划、为工人提供法律保护（最低工资提高至15美元）、免费公立大学教育、充分就业、金融改革、投票权保护、公平的累进税制等。在2008年金融危机后社会矛盾冲突激烈的美国社会，这些主张在民众中形成共鸣。近一年多来，在美国一直被边缘化的"社会主义"一词高频率地出现在社交网络和平台，回归各层次学术研讨的核心话题，甚至成为一些主流媒体政治讨论的重要话语。

但在相关讨论中，主流的观点和论调大都建立在反社会主义价值观基础之上。一方面，一些极端保守派借机大肆诋毁社会主义的历史与实践，污蔑社会主义是极权主义或政府管制。另一方面，更多的观点不是从与资本主义相区别的本质属性出发，而是将社会主义的一些具体特征无限放大为唯一特征，或者将社会主义限定在其发展过程中出现问题的某一历史阶段，从而彻底或部分否定了实现社会主义替代的必要性和可行性。其中具有代表性的主要有以下四种论调：

一是将社会主义等同于国有化。这种观点认为社会主义就是企业国有化，是生产方式（工厂）、资本和农业用地（农场）都为国家所有的一种经济体系。此主张承认社会主义在对私有企业进行约束、限制财富积累以及实现相对高的收入平等方面具有优势，但也强调这种社会主义存在两个突出问题，一是因为缺少私有企业而导致经济增长低下，造成民众生活水平较低。二是一些高级官员能够脱离法律约束，利用职权进行财富积累，因而造成实际上的不平等。[①]

---

① Timothy Egan, "Guess Who Else is a Socialist?", Oct. 17, 2015, http://www.nytimes.com/2015/10/16/opinion/guess-who-else-is-a-socialist.html.

二是将社会主义等同于福利国家。这种观点将社会主义拘囿于全民医疗、稳固的社会保障网络、慷慨的退休救济等社会规划。这也是当前美国社会占主导地位的一种观点。舆观调查网（Yougov）的统计显示，41%的美国人认为社会主义就是高累进税的大型福利国家，而在那些反对社会主义的人群中，把社会主义等同于欧洲式福利国家的比例更高达54%。① 这一观点的潜台词在于，美国并不需要社会主义，只要扩张福利国家，资本主义就能解决面临的问题，从而发展得更好，人们也会生活得更加富裕和舒适。②

三是将社会主义等同于中央计划。这种观点攻击社会主义是一种颠倒的体系，不是政府服务于人民，而是人民服务于政府。认为在社会主义下，政府垄断所有权力，以国家取代家庭和社区，造成经济的扭曲，抑制创造性、竞争性和冒险精神，促进了暴政。这一观点的实质是在捍卫自由市场体制的有效性，主张自由市场强调刺激政策的重要性，是美国社会富有创造力和追寻美国梦的源泉，而以集体主义为理论基础的社会主义，忽视市场、私有权等刺激机制的作用，具有不可持续性，因此当前美国面临的问题和挑战在自由市场体系下就能得到解决。③

四是将社会主义等同于苏联社会主义。这种观点从20世纪社会主义的历史实践出发，强调社会主义在一些国家尤其是苏联的失败，抹黑苏东社会主义国家是"现代极权主义共产主义"，其经历或者是一种集权式独裁，或者造成了经济崩溃和社会的极端不平等。认为当前美国支持社会主义的主要是30岁以下、不了解20世纪基本历史的年轻人，社会主义的希望只是一种虚假的幻想，鼓动青年人"拒绝丑陋、暴力的社会主义历史"。④ 此外，这种主张也通过攻击中国、古巴等社会主义国家的所谓人权问题来佐证其观点。

---

① "Socialism seen as the welfare state, not one party state", https：//today. yougov. com/news/2016/05/04/socialism/.

② See Gar Alperovitz,"Socialism with an American face",Oct. 22, 2015, http：//america. aljazeera. com/opinions/2015/10/socialism-with-an-american-face, Mark J. Perry, "Why Socialism Failed", Feb. , 2016, https：//www. cfact. org/2016/02/08/why-socialism-failed/.

③ Thomas J. Donohue, "Socialism is a Dangerous Path", Mar. 7, 2016, https：//www. uschamber. com/above-the-fold/socialism-dangerous-path-america.

④ Marion Smith, "How did America forget what 'Socialist' Means", Mar. 22, 2016, http：//www. politico. com/magazine/story/2016/03/obama-cuba-trip-socialism-213757.

二 美国左翼思想界的观点和主张

面对这股歪曲和否定社会主义的风潮，2016年1月6日，美国共产党"人民世界"网站刊发网编苏珊·韦伯（Susan Webb）的文章《所有人都在讨论"社会主义"，但到底何为社会主义？》，就社会主义的真正含义、本质承诺、对美国社会的意义及其实现途径等问题提出见解，引发广泛关注。在迄今半年多的时间里，"人民世界"连续刊载系列文章，左派学者、政治活动家和共产党积极分子各抒己见，掀起了一场关于"社会主义"的大讨论。讨论中既批驳了错误观点和主张，也提出了不少新的认识和见解。

（一）批评对社会主义的污蔑或理解片面化，捍卫作为人类美好理想的社会主义

对于桑德斯的主张，美共网站讨论者大多认为具有积极意义，指出其体现了一个公平、公正社会的基本要求，对于改善工人阶级状况，提高其更全面地参与经济和政治生活的能力是具有重要作用的。而桑德斯所引发的社会主义热至少表明，美国民众厌倦了当前的政治和经济现实，愿意去思考"民主社会主义"思想的可行性。讨论者指责保守派对社会主义的污蔑充满了偏见、恐惧和憎恨，只片面强调苏联和东欧社会主义的失败，但只字不提中国和古巴等共产党领导下的社会主义国家的存在和发展。他们指出，苏东国家的挫折不能证明社会主义的无效性，只是表明社会经济变革必须与人的易错性以及既有体制的权力相抗争。社会主义不是人云亦云，而具有其实际含义。① 那么，应该如何理解社会主义？如何理解社会主义的发展历程？

"人民世界"通信员、工会运动活动家里克·纳金（Rick Nagin）在一本题为《资本主义、社会主义与民主指南》的小册子中，强调社会主义就是工人阶级的权利。他指出，社会主义的实质就是工人阶级及其联盟取代资本家阶级和私有企业主成为具有决定性的社会力量。在这一联盟成为新的统治阶级之后，将对整个经济进行重新组织。这种重组包括金融、能源、武器装备等重要产业部门的社会所有制。同时也意味着发展以人为先

---

① Seymour Joseph, "Setting the record straight about Socialism", Mar. 29, 2016, http://www.peoplesworld.org/article/setting-the-record-straight-about-socialism/.

第六章　国外共产党对资本主义与社会主义问题的新思考 / 275

的政策，以及实现全体人民的充分民主权并为其提供经济保障。在里克看来，社会主义仍然是一个阶级社会，但工人阶级和工会的价值观，比如团结、平等、民主、和平将占主导地位。共产党通常是社会主义的缔造和捍卫者，但共产党与其他进步力量联盟也有可能担当这一角色。①

美国"民主与社会主义通讯委员会"主席帕特·福瑞（Pat Fry）引用该组织2009年通过的《目标与原则文件》指出，20世纪在一些全新领域构建社会主义的努力，是在外部资本主义政权的高压下推进的。因此，社会主义的民主精神受到了一定破坏，人们参与构建社会主义的根本要求在很大程度上没有实现，经济进步受到教条主义的歪曲。21世纪社会主义没有一个具体的蓝图，但它不能产生于情感、意识形态或愿望满足。社会主义之所以兴起，是因为工人阶级逐渐承认它是一种历史必然。社会主义是一个民主的政治体系，工人阶级及其联盟的利益和组织获得并掌握政权，在社会中拥有主导地位。社会主义仍然是一个阶级社会，处于向未来无阶级社会的漫长过渡阶段。它将采用混合经济，在一段时间内公共和私人资本主义所有制并存。社会主义仍然需要企业存在，工人合作社和私人企业服务于社会共同利益。资本市场和劳动力市场受到极大限制，甚至将在一段时间后被废除。在必要条件下，股票市场仍然存在并进行公共贸易和海外投资，但将受到严格限制。需要征收股票交易税，派生的投机行为将受到限制。与其他国家的公平贸易协议需要建立在双边互利的基础之上。社会主义通过计划以应对不平衡发展和巨大不平等的挑战。社会主义也将保证工厂民主和工会权利，保证投票选举代议政府的权利。社会主义是一个与自然环境和谐发展的社会。它将保障基本生活工资、真正的充分就业以及对无工作能力者的保障，实现宗教信仰自由以及男女、各族裔、同性恋等各领域的充分平等。社会主义条件下武装力量的作用，将从捍卫资本利益转向人民利益，同时建立社区控制下的地方警察、以复原性法律为原则基础的监狱体系、非暴力冲突解决和社区维护机制。②

有些讨论者认为，社会主义是实现公共利益的一种思想。作家、社会活动家唐·华盛顿（Don Washington）从解析"社会"词根的词源意义入

---

① Rick Nagin, "What does socialism mean? It means working class power", Apr. 20, 2016, http://peoplesworld.org/what-does-socialism-mean-it-means-working-class-power/.

② Pat Fry, "What is socialism? Let's get specific ", Feb. 24, 2016, http://peoplesworld.org/what-is-socialism-let-s-get-specific/.

手阐释社会主义的内涵。① 他指出，所谓"Sociare"是指在社会规则下作为平等的人之间的一个纽带。而在人与人之间存在一种共同的公共利益。因此，社会主义就是所有人共享的一种共同命运。社会主义思想的关键是人人平等，并参与、维护这一共同的公共利益。缺少这种共同利益，社会就会迅速堕落。这种共同的公共利益的核心，包括能够避免种族主义、军国主义、物质主义的市民社会、刑事司法以及社会服务制度。社会主义致力于创造和维持一个能够使人们寻求其心愿而不必被贪婪、投机取巧、不辨是非所绑架的社会。现实美国社会建立在被压迫人民的血汗基础之上。人民致力于重新界定"Sociare"的斗争和运动构建了这个国家的历史。社会主义就是人们对那些恣意践踏赋予"社会"以生命的民众想象的力量的反抗，以创造一个能够对共同的公共利益作出回应的体系。

苏珊·韦伯也主张，社会主义意味着进行社会重建，以使所有不同肤色、语言以及忠诚于国家的劳动者而非超级富豪，成为国家的决策者、计划者和政策制定者。社会主义的发展动力不是当前资本主义体系下对个人利润的野蛮寻求，而是追求共同利益，即平等、自由以及扩展人类知识、文化和潜力等。韦伯承认苏联和其他一些国家曾经走过弯路，认为建立在社会"共同利益"基础上的社会主义概念在这些国家的一定时期被扭曲，但强调社会主义绝不意味着独裁、政治压迫、官僚主义、过度集中和命令主义。苏维埃社会的特征是在特殊条件和人物的作用下产生的，但这并不是社会主义。韦伯认为要避免社会主义理解的模式化，社会主义绝不意味着少数人"掌握政权"，也不是一些激进的口号。社会主义意味着各行各业充满活力、富有创造力、被动员起来的绝大多数人们聚集在一起，致力于实现社会变革。②

美国共产党新任主席约翰·巴切特尔（John Bachtell）通过梳理社会主义的历史进程，驳斥加诸在社会主义之上的不实之词。在他看来，社会主义是人类亘古理想的一种现代表达。社会主义的历史性实现必将经历潮起潮落、前进与失败。社会主义发展史既取得了伟大成就，也出现过差错、误判、挫折甚至与社会主义道德和人文主义精神的背离。世界社会主

---

① Don Washington, "Socialism: Fight for something or you'll lose everything", Apr. 27, 2016, http://www.peoplesworld.org/article/socialism-fight-for-something-or-you-ll-lose-everything/.

② Susan Webb, "Everyone's talking about socialism, but what is it", Jan. 4, 2016, http://peoplesworld.org/everyone-s-talking-about-socialism-but-what-is-it/.

义共经历了三波发展浪潮。第一波是空想社会主义，在19世纪美国社会数百人的小团体内盛行，它建立在对阶级社会和宗教迫害的非人性化影响的宗教和道德信念基础之上。第二波是始于十月革命的20世纪社会主义发展时期。其特征是中央计划经济和生产方式的高度国有制。这一时期实现了迅速工业化、消灭了文盲以及全面医疗和教育的广泛推广，但也出现了一些民主缺陷以及意识形态教条化。这些缺陷尽管不是唯一原因，但在一定意义上导致了社会主义的失败。第三波浪潮兴起于20世纪社会主义解体后的时期。这一时期的社会特征表现为晚期资本主义危机的不断深化、财富极端不平等、自动化的发展导致工人被取代以及生态危机。现存社会主义国家吸取苏东剧变的教训，抛弃了传统模式而采取混合经济；在中南美洲，左翼联盟放弃武装斗争，通过选举上台执政，并尝试进行经济、社会和民主改革；在欧洲，群众性的社会主义和左翼反紧缩运动，如希腊激进左翼联盟、西班牙"我们能"党已经或正在争夺选举胜利，而社会主义者和左翼现在已经成为英国工党的多数派。当前社会主义在世界各地正在蓬勃发展。①

（二）直面当代资本主义的新问题，赋予社会主义新的认识维度和时代含义

美共网站的讨论参与者强调社会主义传统界定上的制度性特征，同时也更多地从当代资本主义尤其是美国当前面临的一些关键性社会矛盾和问题出发，强调社会主义在反对种族与性别歧视、保护环境、捍卫人权、民主等方面表现出的多元特征。

美共全国委员会成员昌西·罗宾逊（Chauncey K. Robinson）从关注种族、性别等道德层面议题来解析社会主义。在她看来，社会主义的蓬勃发展，很大程度上取决于其实践可行性，取决于其解决资本主义社会弊病的能力。社会主义不是在资本主义维持不下去之时的一种幻想，而是向着比资本主义更富发展成效的体制迈出了一大步。从21世纪社会主义的发展看，社会主义并不仅仅局限于所有制。资本主义的问题也不只是剥削工人、缺乏公平工资，而是表现为你死我活的竞争、种族歧视、性别歧视。

---

① John Bachtell, "Envisioning a modern, democratic, peaceful, and green socialism", Jun. 15, 2016, http://www.peoplesworld.org/article/envisioning-a-modern-democratic-peaceful-and-green-socialism/.

这意味着即使在经济和政治体制上变为社会主义，许多人也仍将怀有资本主义固有的这种恶劣心态。社会主义也具有道德层面的含义。社会主义必须深刻认识到种族和性别歧视并不会随着政权性质的改变而消失。社会主义体制需要致力于恢复几十年来非裔美国人在资本主义下被剥夺的公民权，致力于反对资本主义下旨在使性别歧视、暴力、压迫女性正常化的"强奸文化"。换言之，社会主义体系需要采取一种整体性方法解决资本主义下人类面临的问题。①

民权与移民权问题活动家埃米尔·舍佩尔斯（Emile Schepers）强调社会主义与生态的关系。认为未来社会主义必将面临迫切的环境危机，以及资源可持续发展等相关问题。环境问题在资本主义条件下不能得到解决，但社会主义也不会自发地解决这个问题。环境问题对未来社会主义将是一个巨大挑战，因为如果没有现代的工业生产体系，社会主义不可能实现，而现代工业生产体系却是建立在能源消耗基础上的，必然产生对环境造成污染的大量废弃物。同时，社会主义下住房、学校、医院、灌溉系统、交通体系的巨大改善，也需要耗费大量物质资源，从而对环境产生影响。社会主义创造更绿色的行为方式的核心任务，是从创造商品价值的生产转向创造使用价值的生产，不是产生消费主义，而是承诺所有人过上更有尊严的生活。未来社会主义必须寻求科技等方式，生产人类所需的更具有持续性、富有效率和清洁的产品。②

在巴切特尔看来，当前时代理解社会主义，应该不同于过去左翼所依赖的那些既定"公式"。从时代发展出发，他提出了一个美国式"现代的、以人为中心的、民主的、和平与绿色的社会主义"新概念。而其中一个重要方面，就是强调生态危机决定了资本主义向社会主义过渡的必然性。他认为，气候和生态危机是全人类的危机，也是不能有效应对气候变化并提出可持续发展模式的资本主义的危机。向可持续经济转变意味着对"自由市场"实施更大程度的国家调控，而这将最终使得所有自然资源和能源生产转归民主政府管理下的公共所有制，并对全部社会支出进行激进地再分

---

① Chauncey K. Robinson, "Socialism: Only practical hope, not narrow fantasies, need apply", May 11, 2016, http://www.peoplesworld.org/article/socialism-only-practical-hope-not-narrow-fantasies-need-apply/.

② Emile Schepers, "Socialism or barbarism in the 21st century?", Jul. 6, 2016, http://peoplesworld.org/socialism-or-barbarism-in-the-21st-century/.

配以重建国家基础设施。这也意味着需要保障那些在这一过渡中被替代的人的基本收入和新工作的再培训,意味着分配一些必要的资源应对全球变暖带来的不可避免的变化。而所有这些只有通过财富的再分配才能实现。这必然要求展开一场针对资产阶级的自觉而有决定意义的斗争。他呼吁,为拯救地球,民众不能坐等全球向社会主义的过渡,必须现在就开始在经济和社会领域进行深刻而激进的变革。①

除了关注生态意识对社会主义的重要意义,"民主与社会主义通信委员会"的全国联席主席卡尔·戴维森(Carl Davidson)主张21世纪社会主义还必须具有另外两个关键维度:一是保持计划与市场的平衡。社会主义与市场共存并不矛盾,关键是在社会主义下计划是否能够考虑市场因素,并对其进行调控,利用其活力促进生产力的合理增长。二是承诺人权,即权利或主权在于人民本身,是21世纪社会主义必须遵循的"限制"或"约束"。②

此外,也有一些讨论者以民主为基础构建了未来美国社会主义的发展特征和模式。苏珊·韦伯认为,社会主义植根于广泛而富有深度的民主。社会主义不是由全能的中央政府接管和控制社会生活的方方面面,也不是企业的国有化,而是意味着公众将承担并接管几个关键的"始作俑者"。比如,在美国,接管作为美国政治和经济命脉的石油、煤炭等大能源企业,以"华尔街"为代表的大银行和金融企业,并使其回归基本的社会功能,如为普通人的储蓄提供保障、为社会公益事业提供资金支持等。此外,社会主义也意味着工人和社区所有的合作社、民主所有并由地方或国家运转的企业、私人运转的企业、个人拥有的小企业混合发展。在社会主义条件下,经济和所有其他生活领域的公开表达及参与的范围将不断扩展,比如加强和扩大工人代表和决策权、推广新英格兰城镇会议模式、实施比例代表制等措施以保证被代表观点的广泛性。③

---

① John Bachtell,"Envisioning a modern, democratic, peaceful, and green socialism", Jun. 15, 2016, http://www.peoplesworld.org/article/envisioning-a-modern-democratic-peaceful-and-green-socialism/.
② Carl Davidson,"21st century socialism: what makes it different?", Apr. 6, 2016, http://peoplesworld.org/21st-century-socialism-what-makes-it-different/.
③ Susan Webb,"Everyone's talking about socialism, but what is it", Jan. 4, 2016, http://peoplesworld.org/everyone-s-talking-about-socialism-but-what-is-it/.

(三) 依据时代发展，重新审视社会主义的实现方式、途径和主体

那么，当代世界尤其是美国应该如何替代资本主义，走上社会主义道路呢？

巴切特尔主张社会主义实现方式的多样性。他认为当前时代是一个过渡的时代，强调在这一时代进行革命重组以建立一个以人为中心的、民主、和平、与自然和谐相处的社会的必要性，但也指出总罢工或经济内爆不是发动社会革命的唯一方式。在他看来，社会主义革命不是由松散片段构成的事件，也并非不可避免，而是复杂斗争过程的产物，是真正的人自觉或创造性地塑造其生存条件，以使其生活更加宜居、安全、舒适和具有意义而实现的一种过渡。其实现将跨越多个激进的体系性经济、政治、社会、文化变革过程。没有人能够准确预测其具体过程以及新社会的最终状态。这一过程在每个国家都将因环境、挑战、历史和传统而有所差异。

巴切特尔承认多样化、多种族工人阶级的核心地位，但也强调绝大多数美国人民是实现社会主义变革的决定性力量。他认为，美国人民可以从丰富的斗争历史中采撷经验，在当前和长远的激进经济、政治和社会变革中实现包括社会主义意识在内的意识觉醒。其日常斗争将成为塑造政治、文化和生活各方面的统治性力量。革命过程通过包括思想文化领域内的非暴力行动等群众性抗议形式释放民众的创造性能量，而这些行动形式将与选举领域的投票和动员辩证联系起来，从而推动劳工领导的联盟与普通劳动者进入各层面的执政机构。这些联盟及其政治觉醒程度将决定其是否能够进行改革来抑制资本家权力，甚至推动美国走上社会主义道路，最终消灭阶级，建立自治政府。[①]

大学教授、曾经担任美共《政治事务》编辑的乔尔·文德兰德（Joel Wendland）倡导利用创新来实现社会主义的进步性变革。乔尔的论证切入点，是马克思尤其是保罗·曼森（Paul Manson）在新著《后资本主义：未来社会指南》中发展的资本主义周期理论。该理论认为，资本主义将经历投资与创新、高利润率的增长与繁荣、利润率下降与危机以及停滞的发展周期。依据这一理论，2008 年开启的经济衰退，标志着资本主义经历危机

[①] John Bachtell, "Envisioning a modern, democratic, peaceful, and green socialism", Jun. 15, 2016, http://www.peoplesworld.org/article/envisioning-a-modern-democratic-peaceful-and-green-socialism/.

阶段之后，必将出现大规模的国家干预。而在这一过程中，桑德斯提出的一些政府主导的大规模"民主社会主义"的改革举措是有意义的。这类似于马克思所说的量变过程。但如何从量变实现质变？乔尔强调教育、文化、生产的创新性变革在质变过程中的重要作用。在乔尔看来，新信息技术已经改变了新自由主义时代的基本工作模式。生产的越来越自动化以及通信技术的发展，形成了一些旨在增加生产、减少劳动力价值以提高边际利润的商业战略。它们在思想理论上与"创客文化""设计思维"等概念联系在一起。这种知识经济要求工人更具灵活性和适应性，同时也越来越依靠信息和知识作为生产要素。但资本主义经济学却要求用知识产权来保护资本家的专利权。在知识饱和的现代社会，这极大地制约了创新、文化和生活水平的提高。为此，乔尔提出了"开放源码社会主义"的概念，通过小范围和大规模的开放源码知识生产，改变人们对经济计划、合作生产等社会主义概念的认识。这种创新性变革与"民主社会主义"改革结合起来，有可能产生从量到质的转型。桑德斯"民主社会主义"改革中所缺失的部分在于，那些用来促进个人或集体创造性的制度或非制度性架构，不是被用来创造边际利润，而是为了实现动态性的社会大变革。①

帕特·福瑞认为，美国通向社会主义道路的起点，是捍卫和推进民主缺憾。这需要在美国的国内和全球政策方面寻求新的方向，比如民主控制联邦储备系统，以向工人而非银行家提供刺激基金；银行和金融机构采取公共所有制，以使资源掌握在人民自己手中；能源国有化，从而淘汰化石原料，转向清洁能源经济；在住房、教育、医疗等领域采取坚决行动推进几个世纪以来的种族不平等、民权、投票权、民主选举改革、女性生育权、儿童养护、环境正义等进步民主议程。②

（四）社会主义的实现是一个过程，具有长期性

讨论者大都主张社会主义并非一朝一夕可以实现的，而是要经过很长一段历史时期。社会主义是由各种事件、微小进步和巨大进步构成的一个过程。

工会运动活动家、主持人比尔·弗莱彻（Bill Fletcher）指出，社会主

---

① Joel Wendland, "Open source socialism: Harnessing innovation for progressive change", Jun. 29, 2016, http://peoplesworld.org/open-source-socialism-harnessing-innovation-for-progressive-change/.

② Pat Fry, "What is socialism? Let's get specific", Feb. 24, 2016, http://peoplesworld.org/what-is-socialism-let-s-get-specific/.

义不是什么具体的东西,而是一个过程。社会主义是一个社会转型过程,目标是建立一个自由、平等的社会,那时获得财富不再是人类生活的驱动力。社会主义也是一个历史过程,被压迫者尤其是生产者即工人阶级,是这一过程的领导者。社会主义作为一个过程,至少有两层含义:一方面,社会主义不等于具体的纲领要点。在政治左翼为争取扩大民主而斗争的每一阶段,要根据被压迫人民对社会财富以及对自我掌控其生活权利愈益增长的需求来调整其纲领内容。另一方面,承认社会主义并非直线式发展。我们不能仅仅抓住某一特定历史时刻来褒贬该社会的实质。实际斗争尤其是阶级斗争,将决定这一过程前进或倒退的轨迹。社会转型过程包括社会的民主化以及变革者的转型两个方面。新的、革命的社会是从旧社会的因子中产生的。那些直接参与社会转型过程的人,是旧社会的产物,受到来源于旧体制中各种社会力量的影响。因此,无论是作为个人还是组织的社会变革者,在很大程度上都受到种族主义、大男子主义、异性恋主义、沙文主义、阶级歧视的影响。这意味着社会主义必须经历一个持续斗争时期,不仅与旧体制的残余作斗争,也要不断与革命社会中出现的与社会主义方向相悖的实践作斗争。因而,承认社会主义是一个过程,实际上有助于我们避免陷入哲学理想主义,避免在遭遇挑战时只能诉诸坐以待毙的革命浪漫主义。他赞同桑德斯开启了民智,使人们意识到建立一个替代社会的可能性,但也强调社会主义绝不是仅仅通过一次总统选举就能引入的。"政治革命"不只是反腐败和反金钱选举,而是要在被压迫者中形成一种集体意识,即现存资本主义的替代选择是必要且可行的。这场革命源于承认资本主义与这个世界以及整个人类的对立,源于承认财富的两极分化不仅植根于特定社会对工人的剥削,也植根于秉承自现代帝国主义的跨国资本主义的发展。因此,社会主义并非一个乌托邦,而是去探寻一条新的发展道路。它不是任何承诺,而是承认一种可能性。[1]

舍佩尔斯认为,未来社会主义的性质不能与其发展过程分离开来。社会主义理想并非如同新的计算机 APP 一样被预先概念化或"发明",其后再被"安装"。它是人们必须为之奋斗的一个过程。在这一过程中,不可避免地会出现失败、退却和错误。而社会主义的实现必须具备几个重要条

---

[1] Bill Fletcher, "Socialism is a process, a recognition of possibility", Mar. 2, 2016, http://peoplesworld.org/socialism-is-a-process-a-recognition-of-possibility/.

件。其一是工人阶级及其盟友的团结行动。这意味着实现社会主义斗争的核心，是反对种族主义、国家沙文主义、性别歧视、同性恋歧视等将工人阶级和其他群众分割开来的带有负面含义的"主义"。二是通过斗争战胜那些最大的垄断组织的权力。三是斗争必须在国际层面展开。1%的权力建立在对全球而非仅是美国经济的操控基础之上。这种控制越来越严密，通过各种有利于垄断资本的协约、规则和协议，结成了一个穷国难以脱离的蜘蛛网。因此，实现社会主义的斗争必须致力于反对国际层面的帝国主义。四是与其他非工人阶级部分的战略和策略结盟。工人阶级是社会主义进程而非整个人类的核心，必须还要考虑其他阶级和部分的政治需求。不仅在通往社会主义的过程中，甚至在社会主义实现之后，都必须寻求结盟策略。①

三　小结

第一，2008年金融危机爆发后，作为一种制度和意识形态的资本主义受到巨大冲击，陷入发展困境。许多西方左翼学者均指出，当前资本主义正在遭遇过去几十年间资本主义从未经历过的危机。不平等的蔓延、劳资间的冲突、史无前例的货币刺激政策下经济发展的停滞、新自由主义政策的失灵、自由民主政治的代表性危机、福利国家的发展困境，使得资本主义已经陷入了一种"机体性危机"（organic crisis）或政治制度危机。② 而各种反精英主义社会思潮，无论是"桑德斯现象""特朗普现象"，还是在大洋彼岸遥相呼应的英国工党左派科尔宾的兴起、希腊激进左翼联盟的上台执政、法国国民阵线等右翼民粹主义政党的强势发展，实质上都是资本主义发展困境在现实政治中的一种反映。

第二，苏东剧变后，世界社会主义运动处于低潮。但作为对公平、公正社会的一种美好向往，社会主义价值理念在西方社会民众中一直拥有较高的认同度。尤其是随着资本主义危机的发生，社会矛盾冲突激化，普通民众反建制吁求激增，社会主义更是成为各种带有左翼倾向的政党、人士利用民众的愤怒情绪，获得更大范围社会支持而高举的旗帜。需要看到的

---

① Emile Schepers, "Socialism or barbarism in the 21st century?", Jul. 6, 2016, http://peoplesworld.org/socialism-or-barbarism-in-the-21st-century/.
② Inigo Errejon and Chantal Mouffe, "Podemos: in the name of people", Lawrence and Wishart Limited, 2016, p. 101.

是，这些形形色色的"社会主义"，与马克思主义的社会主义区别很大。其主张大都围绕民主、平等、正义做文章，不讲阶级关系和矛盾，更不提生产关系变革和制度替代。比如，自称为"民主社会主义者"的桑德斯，攻击"亿万富翁们"的贪婪，指控收入不平等是"我们时代最大的道德问题"，声称要复兴"伟大的美国中产阶级"，却从未提出要废除私有制、推翻资本主义。这些社会主义带有浓厚的改良社会主义色彩。但即便是这种社会主义，一经出现也立即引起保守派的恐慌，纷纷发起诘难。在这种情况下，共产党人进行社会主义大讨论，回应对社会主义的歪曲和否定，从马克思主义基本理论出发剖析社会主义的本质和时代含义，对于澄清在社会主义问题上的误解，深化对社会主义的认识和理解具有重要意义。

第三，金融危机以来，从"愤怒者"运动、"占领"运动、"黑夜站立"运动，到此起彼伏的罢工斗争，西方世界的工人运动、带有社会主义倾向的群众性反抗运动掀起了一个个小高潮。除了在思想战线进行意识形态斗争、争夺话语引导权外，西方共产党人更迫切的任务是参加或支持这些反资本主义斗争，将其引导到社会主义运动的轨道上来。在这一过程中，制定正确的战略策略尤其具有重要意义。在桑德斯党内选举失败后，美共转向呼吁民众支持希拉里，并在特朗普上台后，将反对特朗普的斗争作为党在当前的主要任务。这一斗争指向在党内外引发了一些质疑。其中，美国著名批判理论家南希·弗雷泽的观点在左翼学者中尤其具有代表性。她指出，"左翼不应该在这场（资本家的）争斗中选边站。不应该被动地接受两党体系的表达方式，而应利用民众对当前政治秩序的厌恶情绪，努力对其作出重新界定。概而言之，不是支持市场化＋社会保护，而应该关注塑造一个解放＋社会保护的新联盟，以反对失去控制的市场化。这并不是反对特朗普、支持希拉里就能实现的。这种做法只能强化现状，使（左翼的）长期性目标无限制推迟……因此，当前最重要的任务是将解放力量和社会保护力量联合起来，建立一个新的美国左翼"[1]。显然，在新的历史条件下如何推进反资本主义斗争，无产阶级政党还需要进行更加深入的理论反思和讨论。

---

[1] Nancy Fraser and Andrew Arato, "Critical Support: Nancy Fraser and Andrew Arato discuss the 2016 US Presidential Election", Nov. 8, 2016, http://www.versobooks.com/blogs/2931-critical-support-nancy-fraser-and-andrew-arato-discuss-the-2016-us-presidential-election.

第七章 国外社会主义运动的新动向

国际金融危机以来，国外社会主义运动既面临发展机遇，也不断遭遇新的挑战。本章是对危机下国外共产党发展现状的深度评析，包括对世界共产党整体发展状况及其面临问题的分析，对国外共产党相关国际共运重要问题的理论观点的评介，以及美国、意大利、法国等共产党最新发展动态的介绍与评价等。

第一节 世界共产党的发展现状与走向

25年前的苏东剧变给国际共产主义运动造成巨大损失，导致苏联东欧10个社会主义国家改变颜色，共产党丧失政权，整个国际共产主义运动陷入低潮。然而，1/4世纪以来，世代共产党人为之奋斗的社会主义，无论作为一种思想体系，一种社会运动，还是一种社会制度，并没有像西方预言家所预测的那样走向"终结"；以马克思主义为思想指导，以社会主义取代资本主义为目标，以消灭剥削、争取人类解放，进而实现共产主义伟大理想的共产党人并没有销声匿迹，而是始终坚守信仰和阵地，不改旗易帜，在低潮中坚持、在反思中调整、在逆境中奋进。如今，共产党遍及世界五大洲，正在以各自的方式，根据新的历史条件和国情，谋求新的发展和世界社会主义的振兴。

苏东剧变以来世界各国共产党的调整、发展及面临的问题，直接或间接地反映了冷战后世界社会主义运动的发展特征，为我们准确把握当今世界格局中的世界社会主义的发展趋势提供了佐证；这些共产党探索的经验和教训，对我们坚持和完善中国特色社会主义，加强党的自身建设，也具有重要启迪意义。本节拟就苏东剧变以来世界共产党的演变、目前的发展态势及面临的挑战作一扫描。

一　苏东剧变以来世界共产党的整体规模及发展态势

苏东剧变使国际共产主义运动遭受重创，各国共产党受到不同程度的削弱。剧变前世界上曾有180个共产党组织，人数超过9100万，共产党执政的社会主义国家有15个，占世界领土的1/4，世界人口的1/3。另有40多个第三世界国家宣称要实行社会主义。① 剧变初期，苏东地区的10个共产党丧失执政地位。世界范围的共产党组织减至120多个，共产党员人数锐减至6000万（其中中国共产党党员5400万）②。

但保持共产党称谓或坚持马克思主义的共产党和工人党仍然存在。据有关部门统计，截至2014年年底，在90多个国家和地区共有170多个共产党。其中130个为合法政党，40个或非法或不常活动。共产党执政的国家有5个：中国、越南、古巴、朝鲜、老挝；共产党参与执政、在地方执政、有议席的国家约25个。

全球的共产党员约有1.01亿以上，其中共产党执政国家的党员有9700多万，共产党非执政的国家有共产党员400多万。

总体而言，社会主义国家执政共产党在变革开放中焕发出新的生机与活力，其力量得到加强，中国特色社会主义成为21世纪世界社会主义发展的最大亮点。发展中国家共产党在困难中积极探索适合本民族特色的发展道路，取得新的进展，其中印度共产党（马克思主义）是当今世界上发展中国家中最大的非执政共产党；南非共产党是非洲大陆最大的共产党。苏东地区国家共产党丧失政权后在逆境中重生，20多年来经历重建、崛起、衰落和重整的磨难，正在谋求新的发展，其中俄罗斯联邦共产党是苏联地区最大的共产党；捷克和摩拉维亚共产党是东欧地区最大的共产党。发达国家共产党在危机中坚守、求变，在外部挤压和内部分裂的压力之下力量式微，但仍不失为西方世界中抨击资本主义、捍卫劳动者利益的一支重要的政治力量，其中日本共产党是发达国家中最大的共产党，而法国共产党、葡萄牙共产党、西班牙共产党、希腊共产党等是西欧地区较有影响的共产党。

20多年来，各国各地区共产党依托的国情不同，依托所处的境况不

---

① 曹长胜：《世界社会主义纵论——曹长胜文集》，当代世界出版社2006年版，第2、4页。
② 同上书，第32页。

同，因而其组织演变、理论探索、实践方式及面临的问题各异。

二 当前世界共产党：理论、实践及面临的挑战

（一）社会主义国家执政的共产党——在革新中求发展

在当今世界现有的5个社会主义国家中，共产党领导着近15亿人口，占世界人口的20%以上，共产党员总数达9700多万，占全球共产党人的绝大部分。其中，中共党员8800多万，越共党员450万，朝鲜劳动党党员400万，古共党员60万，老挝人革党党员26.8万。

苏东剧变后，在世界格局发生重大变化的背景下，这些党坚持社会主义道路不动摇，先后实行经济社会改革，开创了社会主义发展的新局面。中国共产党高举中国特色社会主义旗帜，使中国经济得到快速发展，从1978年尚有7.7亿赤贫人口[①]的经济落后国家，跃升到2015年人均GDP达8000美元[②]的世界第二大经济体。中国特色社会主义的理论与实践，为人类对更好的社会制度的探索提供了中国方案，成为21世纪世界社会主义发展的最大亮点。越南共产党实行社会主义定向的市场经济体制革新，使越南的人均GDP从1986年的不到100美元，增长至2015年的2200美元；[③] 1991年至2008年间，年均GDP增长率超过了7.7%。[④] 老挝人民革命党推行"有原则的全面革新路线"，在坚持党的领导和社会主义方向的前提下，实行对外开放，人均GDP从1986年的114美元，增长至2015年的2026美元，经济增长率超过8%。[⑤] 朝鲜劳动党自2002年起开始实行经济调整，改善经济管理体制，2013年提出对外贸易多元化和多样化，使朝鲜经济在近几年保持恢复性增长。古巴共产党在帝国主义鼻尖下发展社会主义，始终无比警醒地洞察着世情时局，唯恐稍有不慎就尽失乾坤。因此，古共自2011年六大起才开始谨慎地推进改革，在保持社会主义建设

---

① 央视网：《中国为全球减贫做出巨大贡献》，http：//mt.sohu.com/20160902/n467294483.shtml。
② 钱颖一：《未来十年，经济有六大趋势》，载《北京日报》2016年9月12日。
③ 中国商务部：《2015年越南人均GDP达2200美元》，http：//finance.sina.com.cn/roll/2016 - 01 - 20/doc-ifxnuvxh5029096.shtml。
④ 冯颜利主编：《世界社会主义重大历史与现实问题研究——亚太、北美及拉美社会主义研究》，中国社会科学出版社2013年版，第18页。
⑤ 老挝资讯网：《2015—2016财年老挝人均GDP达2026美元》，http：//www.aiweibang.com/u/60885? date =101&page =2。

成果的前提下，对"社会主义经济社会模式"进行"更新"。5年来，古巴发生很大变化，2015年，在全球和拉美地区经济疲软衰退的形势下，经济增长4%；① 经济特区纷纷建立，开始引入包括中国在内的外资；恢复与美国的关系，开启了结束美国对古巴半个世纪的封锁的破冰之旅。

5个国家社会主义革新和建设成就的取得，首先得益于各国执政共产党的理论创新。各国共产党在新的历史时期，把马克思主义普遍原理与本国实际相结合，形成马克思主义本土化的理论形态，并不断加以发展，以指导社会主义建设的实践。例如中国共产党以马克思列宁主义、毛泽东思想、邓小平理论、"三个代表"重要思想、科学发展观和习近平的治国理政思想为指导思想；越共以马克思列宁主义和胡志明思想，古共以马克思列宁主义、何塞·马蒂学说和菲德尔·卡斯特罗思想，老挝党以马克思列宁主义、凯山思想，朝鲜劳动党以"金日成－金正日主义"等为指导思想。其次，各党在改革开放中始终以坚持共产党的领导和完善社会主义制度为前提，对实行市场体制和对外开放带来的挑战保持警惕并积极应对。

目前，各执政共产党面临的挑战是：对内如何克服腐败，从严治党，预防和平演变，推进社会主义事业稳步发展；对外如何应对复杂多变的世界政治经济形势，在坚持社会主义道路的基础上实现自身利益的最大化。

（二）发展中国家共产党——在困难中探索

发展中国家共产党分布在亚、非、拉三大洲，有联合执政、非执政和地下活动几类。这些党为争取民族独立和社会主义革命胜利进行了长期不懈的斗争，在本国政坛上占据着举足轻重的地位。苏东剧变使发展中国家共产党受到很大冲击，但力量基本保存下来，有的还得到增强。

亚洲地区。亚洲发展中国家的共产党主要分布在东南亚，较有影响的参政党在印度和尼泊尔。此外，毛派共产党领导的毛主义运动在尼泊尔、不丹、印度、孟加拉国、阿富汗、斯里兰卡、巴基斯坦、菲律宾等国也很活跃，其中菲律宾共产党历经九十年风雨仍然十分坚挺，与菲政府打打谈谈，至今在菲律宾80多个省中的70多个都有其活动的身影。这些党是非法政党，但影响不可小觑。

印度共产党成立于1920年。在近百年的历史中分化出3支最有影响力

---

① 中国商务部：《2015年古巴经济增长率达4%》，http://www.mofcom.gov.cn/article/i/jyjl/l/201512/20151201217740.shtml。

的力量：印共（马）、印度共产党和印共（毛）。前两支共产党走议会道路，后一支走武装斗争道路。

印共（马）有104万多名党员。印共（马）领导着来自工人、农民、学生、青年和妇女等不同组织的6000万名成员，在印度政坛上是仅次于长期执政的国大党和最大反对党印度人民党的第三大党。印共（马）同印共、全印前进同盟、革命社会党、印共（马列）、印社会主义团结中心组成左翼阵线，在西孟加拉邦、喀拉拉邦和特里普拉邦长期执政。尤其是在西孟加拉邦，印共（马）领导的左翼阵线在1977年至2011年连续执政34年，自1965年在喀拉拉邦也间断地执政。但左翼阵线自2009年第15届议会选举开始走下坡路，政党排名从第三位降至第八位，在2011年的地方选举中受挫，现在只在特里普拉邦执政。印共（马）在2014年印度第16届议会选举中获得9个议席，比上届减少7席。① 印共（马）在地方执政权的丢失和在全国支持率的下降，除了外部因素，与党内内讧、腐败和选举策略不当不无关系。大选失败后，印共（马）不断总结教训，目前正处于调整、抉择的时期。

印度共产党拥有党员65.47万，是印度第四大党，群众组织成员600多万，目前在人民院仅占1席，比上届减少3席。②

印共（毛）成立于2004年9月21日，基于对印度社会的性质和矛盾的判断，确定武装夺取政权的道路。在印共（毛）看来，印度形式上建立了议会民主制，但实质上仍是半殖民地半封建社会，代表官僚买办资产阶级和大地主阶级利益的政党占据统治地位，农民土地问题、民族解放问题、民主革命问题和经济发展问题并没有彻底解决。该党以马克思列宁主义、毛泽东思想为指导思想，主张通过武装斗争，完成新民主主义革命，建立人民民主共和国。截至2009年，印共（毛）武装力量分布在印度境内28个邦的22个邦，其中包括数以万计的正规武装力量和大量民兵。印共（毛）的迅猛发展态势成为印度政府的最大威胁。2009年，在美国和以色列等国情报部门的协助下，印度政府采用美国的"低烈度战争"战略出动大规模的军队对印共（毛）展开剿杀，导致印共（毛）损失惨重。印

---

① 柴尚金：《各国共产党现状及问题》，2016年4月在中国社科院马克思主义研究院国际共运部所作的讲座。

② 同上。

共（毛）崛起于21世纪初，是对新自由主义在印度蔓延导致的贫富差距拉大、社会阶级矛盾加剧的回应。目前印共（毛）会消亡还是会走出战略相持并取得胜利，还有待观察。①

尼泊尔共产党成立于1949年，经历了长期复杂的内部矛盾冲突，先后分裂出10多个派别，目前力量较大的是尼泊尔共产党（联合马列）；简称尼共（联）或尼共（联合马列）；尼泊尔联合共产党（毛主义），简称尼联共（毛主义），原名尼泊尔共产党（毛主义）。尼共（联）始终走议会道路，尼联共（毛）从武装斗争转为议会斗争。尼共（联）从1994年起上台执政或与大会党等联合执政，2015年党主席奥利当选新一届政府总理，与尼联共（毛）组成执政联盟，尼共（联）的副主席当选为尼泊尔的新总统。尼共（联）现在议会中有183席，是第二大党，有正式党员25万，拥有群众组织会员155万人。

尼联共（毛）在1996年至2016年的20年时间里经历了两个时期："十年人民战争"和"十年议会道路"。1996—2006年，当时的尼共（毛）在普拉昌达的领导下进行了震惊世界的"十年人民战争"，并成功占领尼泊尔80%的领土，在政治和军事上取得了压倒性优势后，于2006年策应七党联盟发动人民运动，最终促成国王交权，尼泊尔成为民主共和国。从此尼共（毛）转入议会斗争时期。2008年4月尼共（毛）在制宪会议选举中成为第一大议会党团；同年8月，尼共（毛）主席普拉昌达当选总理，并成立了以尼共（毛）为首的联合政府。2009年1月，尼共（毛）与另一尼共派别——"团结中心"合并，改名为尼联共（毛）。2009年5月，普拉昌达因与总统发生冲突而辞去总理职务。尼联共（毛）随之放弃武装、交还战争中占领的土地，党内发生分裂。2012年2月，以副主席基兰为代表的强硬派与普拉昌达分道扬镳，另立新党，恢复过去尼共（毛）名称，试图重走武装斗争的道路。而尼联共（毛）在2013年的第二次制宪会议选举中，仅得到总数601席中的80席，比上届减少149席，从第一大党降为第三大党。② 2015年10月尼联共（毛）的领导人昂萨丽·嘎尔迪（女）当选尼泊尔议会议长。

---

① 王静：《21世纪南亚毛主义运动：现实图景、理论焦点及未来挑战》，载《南亚研究》2015年第4期。

② 王静：《尼联共（毛）的分裂、大选失利及未来政治走向》，载《南亚研究季刊》2013年第4期。

目前尼联共（毛）内部矛盾重重，面临道路转折引起的思想混乱和路线分歧，如何安排400多万原来的武装人员就业也是令其头疼的一大难题。尼联共（毛）由武装斗争转为议会道路的得失也引起东南亚乃至世界共产党人的争论。

非洲地区。在20世纪五六十年代非洲赢得民族解放和国家独立的浪潮中，马克思列宁主义一度广为传播，一批以科学社会主义为指导的政党成立，社会主义成为非洲一些国家的制度选择，埃及、加纳、几内亚、马里、塞内加尔、坦桑尼亚、赞比亚等都宣称是社会主义国家。苏东剧变后，一些党开始转向民主社会主义。目前，在非洲保持共产党名称、坚持社会主义方向的为数不多，包括南非共产党、留尼汪共产党、摩洛哥进步与社会主义党、苏丹共产党、埃及共产党、突尼斯共产党等，其中南非共产党最具影响力。

南非共1921年成立，1950年被南非当局宣布为非法，被迫转入地下长达40年，直到1990年南非开放党禁，才得以获得合法地位，开始与非洲人国民大会（非国大）、南非工会大会结成政治同盟。在1994年新南非首次举行的不分种族的大选中，南非共在非洲国民大会的旗帜下参加竞选，50多名南非共党员当选为新南非国民议会议员，其中4人被任命为政府部长。在2014年大选后产生的新一届政府中，南非共近10名高级干部被任命为政府正、副部长。现在南非共处于历史上最好的时期。

目前，南非共具有双重身份，在非国大党员中约占20%，在国民议会400个席位中占80席。2012年十三大以来，南非共在工人、穷人、进步学生和基层的影响力持续上升，党员数量迅速增长，近几年新增党员7万多，现有党员25万，为建党94年来之最（10年前还只有3万多），是南非仅次于非国大的第二大党。①

南非共始终把马列主义作为党的指导思想，并结合南非的国情创立了自己的理论。南非共曾提出"两阶段革命论"，即先进行民族民主革命，然后再进行社会主义革命。但随着新南非的建立，南非共认为资本主义不可能解决南非社会特有的黑白差异、贫富悬殊等结构性问题，必须为南非社会注入社会主义元素，才能完成深化民族民主革命的任务，为此，南非

---

① 柴尚金：《各国共产党现状及问题》，2016年4月在中国社科院马克思主义研究院国际共运部所作的讲座。

共 1996 年提出"未来属于社会主义,建设自今日始"的主张,推进以加强工人阶级在各领域的领导权,扩大社会所有制形式,对能源、医疗、教育、住房等社会基本需求"去商品化"等为内涵的社会主义建设。南非共认为,社会主义具有民主、平等和主要经济成分社会化三大基本特征。推进社会主义建设的方式是进行"革命性改良"。在实践中,作为执政联盟的一部分,南非共一方面通过执政联盟内部影响政府决策,另一方面通过工会等群众团体从外部对政府施加影响,以促进经济社会方针有利于工人阶级和贫困人民的利益。

南非共正在资本主义条件下探索一条没人走过的社会主义建设道路。南非共面临的最大挑战在于,作为参政党不能完全按照自己的规划展开系统的社会主义实践,在推进自己的既定目标时,时时受到来自左右翼势力的干扰。①

拉美地区。冷战结束前夕,除古巴外,拉美国家共有各类共产主义政党和组织 40 多个,几乎遍布拉美各个国家,共产党员达 50 余万。苏东剧变后,拉美国家的共产党组织或宣布解散,或被其他中左翼政党吞并。今天拉美地区存在着 20 多个共产党组织。② 其中,巴西共产党力量较强,委内瑞拉、智利、秘鲁、厄瓜多尔等国共产党比较活跃。

巴西共产党成立于 1922 年,是拉美地区除古巴外最大的共产党,现有党员 32 万(2014 年为 50 万),是参政党之一。巴西共以建设巴西特色的社会主义为目标,以反对新自由主义,实现新的国家发展计划为现阶段的任务。斗争形式主要是议会斗争,同时开展广泛的议会外斗争。巴西共在工会组织、青年、学生、妇女等联合组织中起主导作用,领导着 600 多个工会。在 2010 年 10 月的议会选举中,巴西共在众议院获得 15 席,参议院获得 2 席。③

目前拉美左翼面临挑战,巴西政坛出现变局,这一切都会对包括巴西共产党在内的整个拉美地区共产党产生影响,其发展势必会受到考验。

---

① 南飞:《南非共产党社会主义理论与实践》,载李慎明主编《世界社会主义跟踪研究报告(2015—2016)——且听低谷新潮声》(之十二),社会科学出版社 2016 年版,第 449—456 页。

② 柴尚金:《各国共产党现状及问题》,2016 年 4 月在中国社科院马克思主义研究院国际共运部所作的讲座。

③ 王建礼、成亚林:《巴西共产党的现状、理论政策及面临问题》,载《当代世界社会主义问题》2014 年第 3 期。

(三) 发达国家共产党——在危机中坚守求变

发达国家共产党是当今世界共产党的重要组成部分。这些党分布于西欧、北美、亚洲和澳洲，主要集中在西欧。法国共产党、意大利共产党等老牌共产党，二战后在各国政治舞台上十分活跃，以最强大左翼政党的身份引领着西欧左翼运动的发展方向。

在苏东剧变前夕，西欧地区共存在 30 多个共产党组织，260 多万名党员。其中规模较大的有：意大利共产党，党员人数曾高达 150 万，在国内议会选举中的得票率达 26.6%，在议会拥有 177 个议席；法共有 60 万党员，得票率为 11.3%，在议会有 27 个议席；西共有 70 多万党员，得票率为 9.1%，在议会有 18 个议席；葡共有 20 万党员，得票率为 12.1%，在议会有 31 个议席；希共有约 10 万党员，有 10% 的选票，在议会有 20 多个议席。①

苏东剧变之初，有些党自行解散或改变名称。比如，当时占该地区共产党总人数一半和 2/3 选票的意大利共产党，就更名为左翼民主党，蜕变为民主社会主义党。此外，即使是法共、希共、葡共等坚持下来的共产党力量也大为下降，共产党整体力量损失过半。当时共产党总数减少到 21 个，党员总数减少到不足 100 万。②

苏东剧变 20 年多来，西欧地区的共产党经历了不断的分化与重组，目前在西欧各国，共产主义性质的政党大多不止一个，多数国家都有两三个。因此，单就数目而言，共产党组织比苏东剧变之初反而增加了，又恢复到剧变前的 30 个左右。但就党员人数来看，该地区共产党的规模急剧萎缩。其中规模较大的有法国共产党，拥有党员 13 万多；葡萄牙共产党，拥有党员 6 万；意重建共，拥有党员约 1 万；西班牙共产党，拥有党员 2 万多；希腊共产党，拥有党员 3 万多；意共产党人党（意大利共产党）③，拥有党员约 1 万。原民主德国统一社会党的继承者德国民主社会主义党，拥有党员约 7 万，德国的共产党拥有党员 4200 人。英国最大的共产党——英共（晨星报派），拥有党员不足 1000 人。估计目前西欧共产党人总计不足 40 万。④

---

① 肖枫主编：《社会主义向何处去》，当代世界出版社 1999 年版，第 519 页。
② 同上书，第 520 页。
③ 意大利共产主义运动的重建，参见本章第四节。
④ 刘淑春等：《欧洲社会主义研究》，中国社会科学出版社 2013 年版，第 245 页。

20 多年来，西欧共产党经过对 20 世纪社会主义经验教训的反思，重新确定党的理论基础和行动战略。法共提出了"新共产主义"理论，倡导通过对资本主义进行"结构性变革"来"超越资本主义"。意重建共同样提出了通过消除资本主义社会的问题来变革资本主义的思想。葡萄牙共产党提出了以实现"先进民主"为目标，建设葡萄牙特色社会主义的理论。希腊共产党提出了通过建立反帝反垄断民主阵线，来实现"人民经济"和"人民治理"的理论。这些共产党的共同特点是坚信马克思主义，相信只有消灭剥削和压迫，人类才能真正获得解放。它们揭露和批判当代资本主义社会的弊端，尤其是欧盟及各国政府的新自由主义政策，捍卫广大劳动者的利益。它们坚持抵制新纳粹主义、反共主义思潮，主张共产主义力量要在斗争中加强合作，它们是苏东剧变后欧洲乃至世界共产党、工人党交流平台的创立者和组织者。但是，现阶段这些党在斗争途径和行动策略上存在差异。

全球金融危机为欧洲共产主义力量提供了重整旗鼓的机会，鼓舞了它们的斗志。各国共产党普遍认为，"争取社会主义的新时期开始了"，重新把开展阶级斗争、争取向社会主义过渡的任务提上日程。如英国共产党在其《英国走向社会主义的道路》纲领中把"构建一个大众的、民主的、由工人阶级领导的反垄断同盟"作为现阶段的政治战略，把"反对英国政府关于大幅削减公共开支的紧缩方案和广泛私有化的做法"作为当前任务。各国共产党积极投身于罢工运动之中，直接建立阶级工会或间接地以工会会员身份参与工会的斗争，增强自身的影响力。如希腊共产党建立了由其领导的"全国劳工斗争阵线"，这是一个由 230 个工会、18 个分支和外围组织加盟的激进工会联盟，具有明确的反对资本、反对帝国主义及其战争、代表工人阶级利益的阶级立场。葡萄牙共产党与该国最大的工会组织葡萄牙工人联合会（CGTP）保持密切联系，共产党的中央委员担任工会领导人。危机以来葡萄牙举行的大型抗议活动，都是由该工人联合会组织的。法共对有着 70 万会员的法国主要工会也有较大的影响力。

金融经济危机使共产党有了发声的机会，使其自身力量有所恢复。地中海岛国塞浦路斯劳动人民进步党就是一个例子。该党自 1926 年成立以来，一直是塞国内政治生活中的一支重要力量。苏东剧变后，塞劳进党不仅守住其共产党的宗旨，而且迅速崛起为塞浦路斯第一大党，并在 2008 年 2 月举行的总统大选中获胜，赢得执政权。该党总书记赫里斯托菲亚斯因而成为欧盟诞生后首位共产党人国家元首，同时塞浦路斯也成为欧洲地区继摩尔多瓦之后第二个由共产党执掌政权的国家。然而，受债务危机拖累，塞劳进党在2011年的议会选举和2013年的总统选举中败北，丧失执政地位。在2016年5月22日的新一届议会选举中，作为左翼反对党的塞劳进党得到25.67%的选票，仍位居议会第二大党的地位。①

目前，欧洲层面有两个共产党联盟。随着欧洲一体化的发展，欧洲议会的权力不断扩大，各国共产党为了对欧洲一体化进程的各项重大决策产生影响，必须在欧洲层面联合起来，共同发声。于是，2004年5月欧洲左翼党应运而生，并组成左翼竞选联盟参加欧洲议会选举。目前，来自21个欧洲国家的26个共产党或左翼党加入其中，7个激进左翼政党作为观察员参与其活动。欧洲左翼党是以转型的共产党为核心的联盟，其意识形态是多元的，有共产主义、社会主义、生态主义、女权主义、生态社会主义、共和主义和反资本主义等。正是由于欧洲左翼党的这种多元性，以希腊共产党为首的一些正统共产党拒绝加入其中，它们始终坚持自主参选。

2013年10月，在希腊共产党的号召下，欧洲29支正统派共产党成立了"欧洲共产党工人党倡议"组织，该组织自称"坚持科学社会主义原理"②，反对欧盟，主张退出欧盟和北约。这个组织每年都举行会晤。

目前西欧共产党面临诸多挑战。从外部看，共产党仍处于政治和舆论的打压之下，自身力量式微，在政治舞台上不仅无法与"主流左翼"——社会民主党和右翼政党相抗衡，还受到来自激进左翼、极右翼和议题化政党的挤压，政治活动空间日渐局促。从内部来看，苏东剧变后共产党尚未找到明确的发展方向，在重大的思想理论和行动策略上未能达成共识，存在"革新派"与"传统派"之争。其争论的焦点在于：如何认识社会主义的本质（一种价值取向，还是一种社会制度？），如何走向未来（在资本主义框架内实现变革，还是用革命手段推翻现存制度？），如何看待欧洲一体化（欧洲垄断资本控制欧洲国家和剥削人民的工具，因而应脱离欧盟，还是欧盟是维护欧洲安全和防范外部力量冲击的屏障，因而可以留在欧盟对其内部加以改造？），如何看待社会民主党（可以合作？还是坚决与之划清

---

① 《塞浦路斯执政党赢得议会选举》，新华网，http://news.xinhuanet.com/2016 - 05/23/c_1118910864.htm。

② 李凯旋：《当代欧洲社会主义运动内部分歧评析——以西欧激进左翼力量为例》，载《世界社会主义研究动态》2016年（内刊）。

界限?),甚至在共产党依靠谁、代表谁的利益(工人阶级还是多元主体?先锋队党还是群众性政党?)和党内生活准则(民主集中制还是民主制?),等等。"革新派"往往因理论空泛、目标模糊、策略多变而引起党内思想的混乱和争议不断,造成党的身份认同危机,丢失一些传统选民。而"传统派"在固守"正统"理论主张和发展战略时,虽然保持了党内的相对统一,但因思维的僵化和斗争策略的不灵活,致使党日渐孤立,难以在政治舞台上施展拳脚。因此,当前西欧共产党面临的紧迫问题仍是解决新的历史条件下如何将马克思主义本土化,确立清晰的理论和战略目标,以实现实践上的突围。

发达国家共产党还包括在最大的资本主义国家生存的美国共产党。美共成立于1919年,20世纪50年代曾拥有10万党员。后来,尤其是苏联解体后,党员人数锐减,现有党员3000人,在今天美国的政治舞台上和舆论中几乎看不到美共的身影。但美共始终没有放弃斗争,尤其是在工人和大学生中间。金融危机爆发后,美共意识到"社会主义与大众对话的机会已经成熟",积极从政治舞台的边缘走上前台。美共以俱乐部活动、马克思主义学校、网站、社交活动等方式向民众说明危机与资本主义机制之间的关系,以唤醒民众的阶级意识。美共领导人以罢工组织者的身份参与地区和全国的罢工运动、"占领华尔街"运动,党的某些领导人为此遭到逮捕。为吸收更多人入党,美共简化了接纳新党员的方式,申请者可在网上提交申请。美共通过举办马克思主义学校、青年课堂、工人课堂,对年轻人进行理论培训。美共的青年组织很活跃,在3000名党员当中,有1500人是在2008年金融危机爆发以后的两年里加入美共的,其中35岁以下的占35%。[①] 2014年6月,美共举行了三十大。经过党内的激烈争论,大会修改了党章,将原来的"马克思列宁主义"的提法,改为"我们根据美国的历史、文化和传统,运用由马克思、恩格斯、列宁以及其他理论家创立发展的科学理论"。这反映了美共近20多年来对马克思主义本土化或美国化的理论思考和表达。

日本共产党目前是发达国家中最大的共产党。从20世纪60年代后半段到70年代曾是该党发展的"第一次跃进",90年代为"第二次跃进"。

---

① 刘淑春:《全球金融危机背景下的美国工会运动和美国共产党》,载《马克思主义研究》2011年第9期。

21世纪以来，日共在理论和行动战略上作了很大调整。日共"以科学社会主义为理论基础"，自称"既是工人阶级的政党，同时又是日本国民的政党"，以"实现没有人剥削人、没有压迫、没有战争，人与人之间关系真正平等的自由的共同社会"为目标，通过建立民主联合政府，在"资本主义框架内进行民主改革"，实现向社会主义的过渡。

近年，日共在废除《日美安全保障条约》、撤销解禁集体自卫权的共识下，同各个在野党进行联合，一改过去光荣孤立的做法，同意参加联合政权。2015年9月以来，日共与其他在野党协商，共同推举2016年7月的参议院选举候选人。日共经过理论和策略调整及形象的改变，选民支持率得到提升。在2014年12月日本第47届众议院选举中，日共议席从2012年的8席增至21席，在众、参两院一跃成为仅次于民主党的第二大在野党。共产党在地方选举中也连连取得佳绩，如在宫城县议会选举中，共产党的席位从4席增至8席，成为该县第一大在野党。日共还注重党的队伍年轻化，2014年，日共议员的平均年龄在日本上议院和东京都议会议员中是最小的。

日共将当前视为党的发展的"第三次跃进"时机，正努力扩展这一势头。日共深入基层群众，扩大党的社会基础，通过开设"生活咨询窗口"为老百姓排忧解难，"使越来越多的人开始有了'有困难找共产党'的认识"。日共历来以不从国库领取政党补助金著称，而之所以能做到财政自立，靠的是机关报《赤旗》和书籍的销售收入。2013年度这笔收入占共产党全部收入的87%。日共10年前党员达到40万，2013年参院选举失利后，日共对组织进行了整顿，现有党员30多万，党支部2.4万个。[①]

(四) 苏东地区共产党——在逆境中重生

东欧共产党。东欧剧变后，东欧国家的共产党大都转变为社会民主主义政党。20多年来，这些党有时在朝成为执政党或参政党，有时又在野沦为反对党，成为以左、右翼两大势力较量为中心而轮流坐庄的一翼。但仍有一些坚持不改变共产党宗旨的共产党人重建了共产党，尽管规模较小，但仍是该地区一支有希望的政治力量。目前在东欧各国都有共产党在活动。这些党中较有影响的是捷克-摩拉维亚共产党，约有7万党员，在

---

① 柴尚金：《各国共产党现状及问题》，2016年4月在中国社科院马克思主义研究院国际共运部所作的讲座。

2013年10月的议会选举中得到33个席位，是议会第三大党，党的主席沃伊捷赫·菲利普现担任捷克众议院副议长，该党在捷13个州中的9个州执政或参政，在欧洲议会有3个议员。还有斯洛伐克共产党，有2万多党员。其他党普遍规模不大，几千人不等，在政治舞台上的影响力有限。

这些党以马克思列宁主义作为指导思想，代表脑力和体力雇佣劳动者的利益，以复兴社会主义为奋斗目标。它们主张客观评价东欧社会主义的历史成就与问题，反对攻击反法西斯抵抗运动。它们反对私有化，主张建立公有制为主导、多种经济成分并存的经济体制，通过计划与市场的结合，促进科技、基础设施和信息的现代化及人民生活水平和质量的提高。金融危机爆发后，它们反对政府注资银行，要求将主要银行转为公有并置于民主控制之下，要求政府保护公民权益，阻止工资降低和失业增长。它们不赞成或有条件地赞成加入欧盟，坚决反对加入北约。它们反对社会民主党的现行政策，认为社会民主党已同国内外垄断资本同流合污，出卖了社会主义成果，违背了民族利益。它们支持中国等社会主义国家的改革，希望这些国家吸取苏东的教训，取得改革的成功。

东欧共产党现在处境艰难。从外部环境来讲，20年多来，整个东欧反共浪潮猖獗，共产党被妖魔化。共产主义力量既受到右翼的攻击谩骂，又受到主流左翼——社会民主党的排挤打压，在社会中被孤立。在这样的条件下，共产党宣传社会主义思想和采取抗议行动困难重重，甚至冒有被监禁的危险。从内部来看，共产党面临许多问题。一是党员老龄化严重，年轻人不愿或不敢参加共产党，致使队伍严重萎缩，缺乏战斗力。二是各国共产党内部缺乏团结，派别之争严重，不能形成统一的力量。三是各共产党资金匮乏，影响自身的活动，限制其进入政坛。鉴于此，东欧共产党在短期内扭转内外困境的可能性不大。

苏共的后继者——苏联地区共产党。1986年，苏共召开二十七大时拥有党员1900万。苏联解体之初，共产党遭禁。经过法庭斗争，各共产党相继得以合法重建。到了1995年，苏联范围内有26个共产党和组织恢复重建，成员有130多万。20世纪90年代中后期，在国家改制、经济转型导致社会动荡、经济衰退的背景下，各共产党普遍出现了复兴之势，俄罗斯联邦共产党、乌克兰共产党等一跃成为议会第一大党，在政治舞台上发挥着举足轻重的作用。然而21世纪以来，随着各国政局趋于稳定，经济下滑得到遏制，中左、中右势力逐渐在政坛上站稳脚跟，左翼遭到排挤。

在这一背景下，各共产党都程度不同地遭遇外部打压和内部分化，开始走下坡路。除摩尔多瓦共产党人党逆势而上曾上台执政两届、俄共自2008年金融危机以来境况有所提振外，这一地区共产党在各国政治力量的格局中大都处于弱势，无法与中、右力量相抗衡。各党的阵地仍在，但组织分散，规模锐减。目前，在这一地区至少有35个以上的共产党组织，总人数约有70多万。[①]

从政治影响力来看，在这30多个共产党组织中，有一多半为合法政党，另一少半为非法政党。在合法政党中，有的曾重返政权、执政两届，如摩尔多瓦共和国的共产党人党；有的始终占据议会第二大党地位，在国内具有一定的影响力，如俄罗斯联邦共产党；有的曾经是议会第一大党，但近年处境每况愈下，或被排除在议会之外，如吉尔吉斯的共产党人党，或处在被当局禁止活动的境地，如乌克兰共产党；有的党尽管议会席位不多，但其主张对国家政策有很大影响，如白俄罗斯共产党；还有一些党虽有合法政党身份，但在议会内势单力薄，有的党甚至还没有跨进议会的门槛，这些党在政治舞台上难有作为，但得到某些社会阶层的支持，对某些社会组织有一定影响力。

不具备合法政党身份的共产党原因各异，或因政治原因和组织人数不足而未能注册为合法政党；或自身不认可现行制度而根本就不申请注册为合法政党；还有因遭受当局打压而被迫转入地下的，它们的声音很微弱，很难传达到社会大众之中。比如在波罗的海沿岸三国，法律明文规定禁止宣传共产主义思想，虽有5个共产主义性质的政党，但仅有拉脱维亚社会主义党通过公开活动进入议会，其他党，如爱沙尼亚共产党、拉脱维亚共产党人联盟、立陶宛共产党等都处于地下的秘密状态。

在苏联地区，有一个以恢复和重建苏联共产党和联盟国家为宗旨、协调各国共产党的活动的跨国联合组织——"共产党联盟－苏共"。该组织于1993年3月成立，当时的领导人为奥列格·谢苗诺维奇·舍宁。这一组织后来一分为二。目前，由安·久加诺夫领导的联盟事实上承继了这一组织的主体结构，起着后苏联空间共产党的领导角色。

苏联地区的共产党始终没有放弃对社会主义和共产主义的信念。各共

[①] 刘淑春等著：《独联体国家共产党的理论与实践》，中国社会科学出版社2016年版，第3页。

产党人看到，科技进步和信息革命带来了生产力的大发展和生产社会化程度的提高，但在全球经济体制处于资本主义统治的情况下，从中受益的是占有绝大部分生产资料的所有者，进步的代价是雇佣劳动者的大量失业和经济危机的周期性发生。这是资本剥削剩余价值、追逐利润最大化的本性使然，是资本主义体制本身不可克服的缺陷。因此，共产党人坚持认为，生产社会化与生产资料私人占有这一资本主义制度的主要矛盾不消除，人类面临的种种危机就不可能根本解决；当今时代仍是从资本主义向社会主义过渡的时代，社会主义是资本主义的唯一替代；新的技术进步为全球社会主义的振兴奠定了物质基础，历史进程本身将把社会主义的复兴重新推上日程；共产党人活动的意义就在于加快历史前进的脚步，最终建立一种所有人都能分享幸福的社会。

苏联地区各国共产党人都坚持认为，十月革命是挽救俄国的历史选择，20世纪世界社会主义的实践在人类文明史上留下了不可磨灭的篇章，昭示了人类历史发展中不同于资本主义的新的文明道路。苏联社会主义制度解放了社会生产力，推动了各加盟共和国的经济、社会、科学和文化的飞速跃进。苏联社会主义的挫败只是社会主义早期模式的失败，并不意味着社会主义的"终结"；承继以往社会主义成就、符合时代要求、经过调整创新的"21世纪社会主义"必然产生。各国共产党人根据本国的历史传统和民族特色，阐述对社会主义的本质及其特征的理解，提出建设"更新的、21世纪的社会主义"的理论构架。其中包括生产资料社会所有制、在经济中实行科学预测与计划、社会公正、人民政权、发达文化、国家安全等要素，主张吸收人类文明的优秀成果，不回避民主、平等、自由、公正、人道主义等范畴，认为这些都是社会主义的题中应有之义。

这些共产党确定了各自国家走向社会主义的战略步骤，基本上确定了"三步走"，即先确立劳动人民的民主政权，然后确立社会主义政治经济制度，最后巩固社会主义并为向共产主义迈进创造条件。金融危机以来，宣传社会主义，重新回到工人阶级中间，提高当代工人阶级的阶级自我意识——是各共产党为自己确定的紧迫任务。

关于实现社会主义的途径，大多数共产党主张采取和平方式，即通过议会选举争取执政机会，但并不排除在必要条件下采取暴力革命的手段；也有少数共产党仍坚持认为，实现社会主义必须首先通过革命手段夺取政权，参加议会选举仅能作为动员群众、扩大影响的辅助手段。目前各国共产党积极参加各级权力机构的竞选，巩固党在国家政治生活中的地位，为确立人民政权积累经验和储备力量，在议会内为劳动者立法，抵制不利于劳动者和民族利益的法案，利用议会讲坛宣传共产党的主张。在议会外展开各种斗争，例如，通过"人民公决"（问卷调查）宣传共产党的国家发展方案；联合工会、青年、妇女、老战士及爱国主义组织开展抗议运动；反击历史虚无主义，捍卫苏联和苏共的历史功绩（认为"苏联时代是祖国历史不可分割的组成部分"，"诋毁苏联及其缔造者列宁无异于否定祖国历史"，"爱国主义与反苏主义是不相容的，纵容反苏主义有损于俄罗斯国家利益"）；抵制西方文化渗透，弘扬俄罗斯和苏联的文化、传统；建立现代传媒体系，加强宣传和反宣传攻势；抵制欧盟和北约东扩，支持一切进步力量，反对军事干涉和战争。在斗争实践中，共产党积极与社会各界进步力量合作，建立广泛的爱国联盟和劳动阶级阵线，积极参与世界共产党、工人党的国际合作和共同行动。

这些共产党仍坚持其"无产阶级政党"的性质，公开申明是代表广大"雇佣劳动者"利益的党。它们根据国家经济和社会结构发生的新变化，把党的社会基础扩大到一切从事体力和脑力劳动的受雇佣阶层。在党的自身建设方面，多数共产党仍坚持民主集中制原则；努力实现党的现代化，改变传统工作方式，利用现代传媒手段建立组织结构和网络；积极吸收青年人入党，克服党的队伍的老龄化（例如，俄共大力推举年富力强的党员进入党的领导层，十五大选出的中央委员有180名，平均年龄为50岁，与四年多前相比年轻了近10岁；候补中央委员116人，平均年龄仅为39岁，其中最年轻的候补中央委员奥布霍夫斯基才19岁[①]）；多渠道筹集经费来源，以维持和改善生存条件。

应当看到，这些年来，这些共产党经历了身份的转换，从执政党变成在野党。它们在斗争实践中学会了做反对派，利用现存制度为自己扩大生存空间，通过议会内外的活动，宣传自己的替代方案，引领社会思潮"向左转"，使国家重新走上社会主义道路，奠定了社会基础和思想基础。

苏联地区共产党的发展面临来自主、客观两方面的阻力。从主观方面

[①] Руслан Тхагушев. Михаил Сурков; Г. А. Зюганов:《Главная особенность XV Съезда-это устремленность в будущее》, Лидер КПРФ провел пресс-конференцию в ИА《Интерфакс》, 2013 – 02 – 26. http: //kprf. ru/party-live/cknews/115927. html.

看，问题主要表现在：

第一，内部分歧对自身发展的羁绊。源于苏共后期的思想路线分歧为苏联解体后各共产党内部的分化、分裂埋下祸根。各共产党都声称要重返社会主义之路，重建联盟国家，并认识到为此必须有强大而统一的共产党来领导。但这些年来，无论在单个国家，还是在整个地区，共产党内部都分歧严重，不断分裂，形成了两大派：主张走议会道路的体制内共产党和主张实行社会主义革命的体制外共产党。共产党的分歧不仅削弱了队伍，使共产党的声誉蒙受损害，而且涣散了队伍，使对手抓住了分化、瓦解共产党的可乘之机。

共产党难以形成合力的主要原因有二。一是理念不同。在当今社会条件下，如何做才是坚持和发展马克思主义、科学社会主义，不同的共产党有不同的态度。议会外共产党自称是"正统马克思主义"，批评那些把精力集中在议会内工作的共产党奉行的是机会主义。二是利益之争，这不仅表现为各党在党的领导职位、议会席位等分配上时常出现内讧，还表现在议会外党因得不到议会内党的扶持而出现的怨恨，议会内党经常被谴责为"共产主义运动的叛徒"。

第二，议会道路的两难困境。这些年来，各共产党在议会道路上取得一些成就。但问题在于，在苏联地区各国，其政治体制都带有强总统、弱议会的特点，即总统享有否决议会决议直至解散议会的权力，议会多数政党无权组阁。这样，在现有政治制度框架下，只要共产党坚持反现存制度的立场不变，即使占有议会绝对多数席位，也无权组建政府，进而完全实现自己的纲领，达到重获政权的目的。事实上，作为国家杜马第二大党团的俄共，其议员几乎无缘进入政府内阁，难以实现自己的纲领。因此，共产党试图通过议会斗争夺取政权的途径能否成功，还要靠实践来检验，有待历史作出回答。

从客观环境看，问题主要表现在：

第一，国内政治生态环境不利。经过20多年的制度更迭和媒体洗脑，在社会舆论中，共产主义意识形态被妖魔化，共产党被视为苏共一切错误的责任人。尽管各共产党都承认苏联的解体首先在于党自身的危机，并强调要向前进，走向新的社会主义。但由于它们肯定苏联社会主义的基本制度及苏联时期在国家现代化建设中的历史功绩和地位，抨击现行方针，并主张最终取代现行制度，这令现在的执政阶级不能容忍，以各种方式对其分化瓦解和打压。高压下的政治生态环境使共产党处于孤立境地。因此，对这一地区的共产党人而言，国家现存政治制度和舆论环境对其不利，它们面临的首要困境是上层对共产主义力量的钳制。

第二，地区地缘政治环境复杂。冷战后，以美国和北约为首的西方并没有因为苏联的解体而对苏联地区放手，而是加紧了对这一地区的渗透和扩张。它们为了与这一地区的大国——俄罗斯进行地缘政治博弈，使用各种手段拉拢、控制这一地区的其他国家，通过颜色革命扶持亲西方势力，挑起民族矛盾，离间各国与俄罗斯的关系。在这一过程中，扯断这一地区国家的共同纽带——苏联制度下共同生活的70年历史，是西方及其追随者的手段之一。而主张尊重苏联历史，重建社会主义联盟国家的共产党就成了西方及其追随者的眼中钉、肉中刺，欲置之死地而后快。于是，反俄与反苏、反共交织在一起。近年来，苏联地区的一些国家，如波罗的海三国、格鲁吉亚、乌克兰等相继通过禁止使用共产主义标识的法律，反苏、反共和反俄右翼极端主义势力十分嚣张。在格鲁吉亚，亲西方的总统萨卡什维利刚一走上政治舞台，就要求禁止格鲁吉亚统一共产党的活动。他执政期间残酷镇压共产党，关押共产党领导人。在他的高压政策之下，共产党的人数由2000年的82000人锐减到2013年的3000人。在摩尔多瓦，共产党重获政权后执政两届，在经济恢复和社会发展等领域均取得国家独立以来的最好成绩，在已经赢得第三届议会选举、准备继续执政的当口，美国和西方先通过颜色革命、后用软硬兼施的手段搞乱总统选举，最后使共产党丧失执政地位。在乌克兰，亲西方势力在2014年春夏之交的动乱中临时主政后，以反分离主义为借口，先是查封、后又放火焚烧乌共中央总部大楼，把共产党议员赶出议会讲坛，追杀共产党领导人，解散共产党议会党团，并以共产党支持分离主义为罪名禁止其活动。据悉，在2014—2015年的一年里，乌克兰已有48名共产党员和共青团员惨遭杀害，152人失踪，300多人被捕入狱，1000多人遭刑事调查。[①] 美欧扶持亲西方势力，搞乱这些国家的用意无非是一石二鸟，即一方面削弱俄罗斯在苏联地区的影响，扩大和巩固自己在该地区的势力范围，另一方面清除共产主义意识形态，扼杀共产主义力量，避免其东山再起。因此，冷战虽然结束20多年了，但共产党始终没有摆脱来自国际资产阶级的围剿，当

---

① http://tieba.baidu.com/p/3697193805.

前独联体共产党人身处民族矛盾和地区冲突的前沿,稍有不慎,就会遭遇灭顶之灾。

目前,苏联地区国家共产党要摆脱困境面临如下挑战:

第一,如何实现理论创新,在坚持马克思列宁主义基本原则的前提下,形成符合当今时代的理论主张,统一思想、凝聚队伍,以新的形象争取民众支持。

第二,如何扩展政治空间,在现有法律框架内,进行灵活有效的政治斗争,以巩固和扩大自己的阵地和影响。尤其是那些体制外共产党,如何改变工作方式,突破封锁,从政治舞台的边缘走上前台。

第三,如何处理内部分歧,建立、健全党内生活机制,形成民主和谐的氛围,避免组织分裂。

第四,如何避免陷入议会陷阱,体制内共产党应避免利益诱惑,不忘党的奋斗目标,真正代表劳动人民的利益,而不是成为特权官僚的一部分。

第五,如何应对新的地缘政治局势。近年,西方在后苏联地区频频发动颜色革命,进行有针对性的反苏、反共宣传,乌共、摩共、吉共、格共等所遭受的危机很大程度上是受西方插手的颜色革命风暴所累,执政当局无论是为了讨好西方还是维持统治,都不给共产党翻盘的机会。共产党必须及时调整策略,积极应对。

从独联体地区共产党的发展前景看,至少在短期内,实现突围、根本改变处境的可能性很小。共产党的作用仍是代表普通劳动者的利益,通过议会内外斗争迫使当局改善民生和民主,通过宣传自己的主张,赢得人民的信任,坚守阵地,扩大影响,壮大队伍,做好准备,等待时机。

(五)世界共产党的国际交流平台

目前世界上没有共产党的国际组织,没有统一的指挥中心。但有两个定期活动的共产党聚会平台。一个是"国际共产党人研讨会"(International Communist Seminar),参加者自称"坚持马克思列宁主义和无产阶级国际主义,抵制修正主义"。该研讨会自1992年起,每年5月在比利时首都布鲁塞尔举行理论研讨活动,先后有来自世界各国的150多个共产党、工人党及其左翼组织的代表参加。比利时工人党承担会议常务工作。

另一个是"共产党和工人党国际会晤"(International Meeting of Communist and Workers' Parties),由希腊共产党发起,从1998年起每年举行一

次，迄今已举行十八届，最初在希腊首都雅典，而后在白俄罗斯、俄罗斯、巴西、印度、厄瓜多尔、葡萄牙、黎巴嫩、土耳其、越南等国举行，通常有来自世界各地的六七十个共产党、工人党的代表参加。有10多个党承担这个国际聚会的协调组织工作。这是各国共产党和工人党交流思想、理论和工作经验，加强团结和合作的重要平台，是共产党人表达其反对资本主义、推动社会进步、维护和平和建设社会主义立场的讲台。

三 小结

（一）苏东社会主义的夭折并不意味着社会主义的终结

苏东剧变后世界共产主义力量受到严重削弱，但共产党的阵地还在，旗帜还在。这说明，苏东社会主义的夭折并不意味着社会主义的"终结"。20多年来，世界共产党人在低潮中坚持信仰，积极奋进，不再恪守一种模式，而是在各自国家，根据本国国情，以自己的方式，进行争取和建设社会主义的探索。这期间有成功，有挫折，但都展现了共产党人为实现社会主义和共产主义的远大理想而脚踏实地、生生不息、苦苦求索的坚强意志和为劳动人民谋利益的献身精神。冷战结束以来短短的1/4世纪的世界历史进程表明，马克思关于人类社会发展规律的判断并没有过时。资本主义可以暂时在世界的大部分地区占据统治地位，但资本主义不能根本解决、反而加剧了人类面临的贫富差距扩大，生态环境恶化，自然资源枯竭，经济危机周期性爆发，战争及引发的难民危机等种种问题，越来越多的人重新坚信，只有社会主义才是人类的未来。恩格斯说过，"没有哪一次巨大的历史灾难不是以历史的进步为补偿的"[①]。20世纪末世界社会主义的挫折，促使了21世纪社会主义国家的变革，社会主义的复兴是历史的必然。但社会主义的复兴不会自动到来，需要各国共产党人带领人民前赴后继地去争取。中国共产党是当今世界最大的共产党，中国特色社会主义事业寄托着世界共产党人的希望，它的成功对各国共产党具有鼓舞和示范作用。因此，我们有责任坚持中国特色社会主义道路不动摇，实现"两个一百年"的目标，以社会主义制度的优越性和社会主义建设的新成就，为世界社会主义的复兴添砖加瓦。

---

① 《马克思恩格斯全集》第39卷，人民出版社1974年版，第149页。

（二）理论创新仍是共产党人面临的重大课题

苏东剧变后各共产党都在重新进行理论反思和战略调整，并提出新的纲领和策略。其间，相当一些共产党，尤其是非执政共产党对如何在新的历史阶段坚持和发展马克思主义、科学社会主义，通过什么途径走向社会主义等重大理论和实践问题上存有分歧，往往导致力量分散、组织分裂，这不仅表现在单个国家，也表现在地区层面、国际层面。尽管各国共产党都主张联合，但在对待社会主义革命和建设的普遍性与特殊性等问题上达不成共识。这说明国际共产主义力量在苏东剧变后仍未走出坚持传统与创新发展的困惑。而正是这些困惑导致了共产党不足以应对形势突变来扭转被动局面。实践证明，推进马克思主义的时代化、本土化、大众化仍是今天共产党人面临的头等重要任务。我们党坚持解放思想、实事求是，在总结国际国内社会主义经验教训的基础上，把马克思主义基本原理与中国实际相结合，提出建设中国特色社会主义，形成了中国特色社会主义道路、理论体系、制度，使中国特色社会主义的伟大实践取得巨大成绩。今天，我们有理由坚持中国的道路自信、理论自信和制度自信，并不断加以完善，以实现中华民族的伟大复兴。理论是实践的先导，理论自信为道路自信提供支撑，制度自信是理论自信的保障。

（三）作为执政的共产党必须居安思危

苏东地区共产党人在1/4世纪中的重建、崛起、衰退的曲折经历告诉我们，共产党夺取政权不易，保住政权更难，政权失而复得则是难上加难。他们的惨痛教训告诫我们，作为执政的共产党必须警钟长鸣，居安思危，在"主义""道路""理想"等大是大非问题上不能含糊，要坚持对国家、军队的统一领导，不能让西方的各种歪理邪说搞乱党心、军心、民心而丢失政权。党的十八大以来，中央加大反腐力度，坚决从严治党，这是确保共产党的执政地位和社会主义江山永不变色的最及时和最必要的决策。每个共产党员都有责任从我做起，做合格党员，为人民利益服务。

（四）社会主义国家乃至整个世界的共产主义力量仍面临严峻挑战

从20多年世界共产党的发展历程来看，世界共产主义力量在经历了苏东剧变之初的阵痛之后，都稳住了阵脚，甚至出现局部复苏之势。但从整个世界力量对比来看，资强社弱的格局没有根本逆转。金融经济危机的爆发本来为共产党提供了重整旗鼓的机会，但由于前述种种主客观原因，导致共产党理论与组织准备不足，尽管取得"局部战役胜利"，但没有形成强大攻势，取得整体突围。因此，社会主义国家乃至整个世界的共产主义力量仍面临严峻的挑战。

目前，西方世界的经济危机余波未平，并不断向资本主义外围扩散，导致这些外围国家的经济低迷，社会矛盾加剧，战乱频仍。以美国为首的西方大国为摆脱危机开始了新一轮的攻势，一方面加紧对本国劳动人民的劳动权、社会保障权的侵害，另一方面加紧了对资本主义外围的盘剥和争夺，以军事、贸易、货币和舆论等各种手段对日益强大的社会主义中国及其他新兴国家进行遏制，以转嫁危机，巩固其对世界的统治。这导致世界进入新的经济、政治和军事的动荡时期。在这种复杂的国际环境下，我们一方面要干好自己的事情，有理有利有节地应对各种挑战，以确保中国特色社会主义事业的稳固发展；另一方面应该团结国际上一切可以团结的力量，赢得道义支持，打破帝国主义对社会主义国家的围堵，捍卫社会主义建设的成果，反对战争，维护世界和平，促进人类进步。

第二节 "共产主义运动的今天与明天"
—— 国外共产党论世界局势、国际共运战略等问题

2012年12月15—16日，由俄罗斯联邦共产党主办的题为"共产主义运动：今天与明天"的国际论坛在莫斯科举行。来自中国、越南、古巴、印度、巴西、希腊、葡萄牙、黎巴嫩、乌克兰和捷克的共产党代表出席会议。论坛由俄共中央书记、国家杜马国际事务委员会副主席列昂尼德·伊万诺维奇·卡拉什尼科夫主持，俄共中央主席根纳季·安德烈耶维奇·久加诺夫致辞。久加诺夫强调，这次会见是俄共在筹备于2013年2月举行的第十五次党代会的背景下召开的，也是为了纪念两大历史事件，一是苏联成立90周年，苏联是世界上第一个取得了社会主义胜利、以诚实劳动决定人的命运的国家；另一个是斯大林格勒战役70周年，当时的整个进步力量、首先是共产党人给予苏联以支持。各国代表就当前国际共产主义运动面临的局势和所应采取的战略、策略交流了看法。这次会议体现了包括中国共产党在内的当今世界主要共产党，最近几年在这些问题上的基本立场和主张，对于我们认识、了解当前国际共运的新发展新动态具有积极意义。在此拣选国外共产党的主要观点，专辟一个小节予以介绍。

一 关于当前世界格局及国际共产主义运动的发展态势

与会者一致认为,资本主义危机仍在加剧,资本主义对人类的威胁显而易见,但目前国际政治力量格局仍不利于社会主义力量,因而,为国际共产主义运动的发展制定战略和策略,是共产党人面临的迫切任务。然而,对国际共产主义运动发展态势的判断,与会者见仁见智。

俄共领导人久加诺夫谈道,"几乎近200个国家陷入全球危机的旋涡,这一危机正再次席卷整个世界"。他预测,"全球危机将在下一年进一步加剧"。因此,在他看来,共同制定争取社会主义的战略和策略,对共产党人来说十分重要。久加诺夫对世界社会主义的发展态势持较为乐观的看法,他指出,"客观上,全世界都在向左转"。"如果看一看世界上反危机的情况,我们就会发现一些有意思的规律。这些年,中国在共产党的领导下显示了最高的国内生产总值增长速度;社会主义的越南也展示了良好的成果。我们看到,实行高效的国家调控经济体制的国家都取得了成功。"另一方面,以美国为首的西方世界却陷在危机之中,这些国家还不得不从左翼的改革中寻找出路,"奥巴马在美国就试图取消对富人的优惠,实行社会保险,积极为人民的教育拨款。统一起来的欧洲试图给银行家戴上笼套,并支持国家项目,采取带有社会主义性质的决定。昨天还在鼓吹自由主义价值观坚不可摧的人,现在已经确信美国的自由主义遭受了失败"[1]。

巴西共产党中央书记里卡尔多·阿布罗·德梅洛也持类似的看法。他谈到,资本主义体系性危机是显而易见的。联合共产主义力量在客观上是必要的。社会主义因20世纪80—90年代的失败而威信下降。但用历史的尺度来衡量,我们很快就克服了失败造成的后果。社会主义的积极经验今天又被人们所接受。拉丁美洲国家正在建设自己的制度。[2]

多数与会者肯定共产党执政国家和拉美地区的示范作用,但同时认为世界政治力量对比关系仍不利于左翼。古巴驻俄使馆副馆长亚历山德

---

[1] Михаил Сурков: "Мы имеем свое видение, как строить обновленный социализм". Г. А. Зюганов принял участие в работе международного форума "Коммунистическое движение сегодня и завтра", http://kprf.ru/history/party/113491.html. 2012-12-15;《Коммунистическое движение сегодня и завтра》. Репортаж с международного круглого стола в Москве, http://kprf.ru/international/new-world/113542.html. 2012-12-17.

[2] 《Коммунистическое движение сегодня и завтра》. Репортаж с международного круглого стола в Москве, http://kprf.ru/international/new-world/113542.html. 2012-12-17.

罗·西曼卡斯谈道，新自由主义模式陷入深刻危机。超级剥削导致国际形势尖锐化和生态问题日益加剧。美国在拉丁美洲推行越来越具进攻性的政策，目的是破坏那些不顺从其政治路线的国家。美国支持那些造成地区不稳定的执政当局，怂恿一些组织搞军事转变。这一切证实了菲德尔·卡斯特罗的话："新自由主义不是发展的理论，而是全面掠夺我们人民的理论。"从全球来说，今天的左翼力量还不能把人民日益增长的不满引向需要的轨道。但拉丁美洲在这方面的成就是令人鼓舞的榜样。新近在几个国家上台执政的进步政府不允许资本力量得逞。这些国家联合起来抵抗试图夺走它们独立的图谋，携手克服危机。①

葡萄牙共产党中央书记处成员彼得罗·古雷罗也认为：欧盟陷入危机，因为整个资本主义体系陷入危机。欧盟是大资本的工具。欧洲一体化的进程实际上是资本向民族主权和劳动人民权利进攻的过程。危机将进一步加深，不稳定和不安全是当今的特征。帝国主义的侵略性日益增强，公开转向武力侵犯。这就是国际阶级斗争的表现。资本主义正在失去社会基础。今天，古巴、委内瑞拉和拉丁美洲的发展进程就是对资本主义的现实替代。我们相信，社会主义失败后的衰退时期会过去，我们生活在伟大的进步的变革时代。同时，我们看到在革命运动中存在阻滞发展的主观因素。②

越南共产党中央委员会宣教部副部长阮世纪指出，虽然国际共产主义运动还没有走出危机，但这一运动正在恢复。如今，拉丁美洲和其他共产党执政国家树立了令人鼓舞的榜样，但我们面临新的挑战。许多国家的共产党仍在遭受迫害。世界危机把建立新的公正社会的要求提到了首位，可是今天没有哪个政治力量能够在危机的条件下带领那些对生活条件恶化不满的人民大众跟着自己走。③

捷克-摩拉维亚共产党主席菲利普·沃伊捷赫指出，国际法是整个人类文明史上最崇高的成就之一。然而从摧毁联合国的创始国之一开始，直到野蛮进犯利比亚并杀害其法定领导人，这就是西方国家的政治。出现如此严重破坏国际法的行径，原因在于，今天西方大国在世界上没有了对

---

① 《Коммунистическое движение сегодня и завтра》. Репортаж с международного круглого стола в Москве，http：//kprf.ru/international/new-world/113542.html. 2012 - 12 - 17．

② Там же．

③ Там же．

手，而过去曾有世界社会主义体系与之抗衡。今天，俄联邦和中国不允许叙利亚冲突升级，这使人产生了某种希望：人类能够避免近在咫尺的全面战争了。①

俄罗斯联邦共产党中央书记德米特里·诺维科夫谈道，我们看到社会主义国家取得的发展成就和拉丁美洲出现的变化，但是说世界力量对比关系发生了转折，还为时尚早。因此，交换意见，进行同志式的对话，非常必要，即使对话中在看问题的方法上存在某种差异也无妨。②

乌克兰共产党中央书记格奥尔基·布伊科认为，我们还没有对20世纪80年代末90年代初发生的一切作出全面的描述。当时大家都指出今天会发生资本主义危机，但还需要对危机作出全面的评估。在后苏联空间，我们过多地忙于重建共产党的组织工作，而疏于从事这方面的分析。其实，苏联解体后资本主义除了消耗资源和进行侵略，没有给世界带来任何东西。资源消耗殆尽，却同样处于危机局势之下。怎么办？需要加强共产主义运动，既要在各自党内做工作，也要发展党际之间的联系；或许以莫斯科为基地定期举行国际理论研讨会，也是值得的。

少数与会者或委婉或尖锐地指出了国际共产主义运动目前面临的问题之症结。印度共产党（马克思主义）中央政治局委员西塔拉姆·亚秋里认为，当今力量对比关系的变化仍有利于帝国主义，有利于帝国主义进行政治和军事进攻。在经济上，剥削在加强，全球化就是表现之一，此外，国际金融资本的作用在加强。危机仍在发展，先是一些公司破产，后转变为一系列国家破产。列宁关于资本主义最高阶段的分析没有过时，必须将之运用到今天的情况。怎么办？在政治层面上，拉丁美洲日益高涨的抗议确实鼓舞我们，但暂时这些国家尚未提供真正的社会主义替代选择方案。在其他国家，需要将反对帝国主义的抗议力量团结起来。在全世界，需要开展共同的反对帝国主义的运动，而领导这一运动的应该是共产党人。因此，必须团结起来的正是在思想上没有杂质的共产党。③

希腊共产党中央国际部主任埃利塞奥斯·瓦根纳斯认为，资本主义处于危机之中。如果考虑主观因素，首先是共产党和共产主义运动不能制定

---

① 《Коммунистическое движение сегодня и завтра》. Репортаж с международного круглого стола в Москве，http：//kprf.ru/international/new-world/113542.html. 2012 – 12 – 17．

② Там же.

③ Там же.

革命的战略的话，资本主义是不会像一颗成熟的果子那样自动落地的。遗憾的是，共产主义运动今天仍在经受深刻的思想、政治和组织上的危机，处于组织和思想上的分裂状态。①

二 关于国际共产主义运动的战略和策略

与会者几乎都赞同，共产党人需要对国际共产主义运动面临的一些重大问题交流看法，制定争取社会主义的战略和策略。但是，是制定统一的发动革命运动的战略和策略，还是各党根据国情制定符合实际的战略和策略，与会者各持己见。

希共埃利塞奥斯·瓦根纳斯谈道，希腊共产党从1998年就开始倡议举行世界共产党的会面，迄今这种会面已经成为国际共产主义运动每年一次的重要事件。尽管这样的会面非常必要，然而，仅仅靠这样的会面，共产主义运动仍不能克服自身的危机。他认为应该加强革命立场，克服改良主义和机会主义立场，要对资本主义体系加以抵制并与之划清界限，而不是顺应和依附于资本主义体系。他认为应坚信无产阶级国际主义。他谈道，"我们不把帝国主义仅仅等同于美国，因为还存在其他强大的帝国主义大国和类似于欧盟那样的联盟"。"把帝国主义仅仅看成统治阶级的对外政策，而不是资本主义的一个发展阶段的观念是有害的"，"所谓'多极化世界''新的国际关系结构'不会给各国人民带来和平和安全，只会导致帝国主义国家之间矛盾的加剧"。他还谈道，"我们坚信社会主义革命和建设的规律性，不赞成'民族模式'的逻辑，因为强调'民族模式'从本质上是在取消规律性"。他认为，苏东社会主义终归是从内部和自上而下地被那些从内部成长起来的力量推翻的。然而，反革命没有取消社会主义的迫切性。反革命改变了力量平衡，但改变不了社会发展的客观需求和规律。制定革命的战略及与之相适应的策略是件很难的事情，但这是唯一的道路。我们赞同共产党之间交换意见，展开争论，共同研究当代理论问题。我们主张共同进行反对帝国主义的斗争。我们认为有必要建立反对资产阶级理论和机会主义理论、反对反共主义和反苏

---

① Speech of the Communist Party of Greece at the seminar of the CPRF, "The International Communist Movement Today and Tomorrow", Moscow, Dec. 15 – 16, 2012, http：//inter. kke. gr/News/news2012/2012 – 12 – 17-omilia-elisaioy/.

主义的思想阵线。①

印共（马）西塔拉姆·亚秋里认为，如果革命运动不去推翻资本主义，它是不会自己垮台的。社会主义建设在任何国家都应建立在列宁的理解之上，建立在对具体形势的分析之上。从资本主义向社会主义的过渡是一个激烈的阶级斗争时期，可能会出现一些倒退，不要以为这一进程是一往直前的。苏联解体的原因一方面是社会主义建设中出了问题，另一方面也是对帝国主义与社会主义力量对比关系估计错误，低估了对手。②

巴共里卡尔多·阿布罗·德梅洛认为，争取社会主义斗争的战略性任务不能归结为与资本主义危机后果的斗争。夺取政权是必要的。为此，需要把马克思列宁主义与各国的现实相结合。各党的合作应该建立在对每个党的问题的理解之上。资本主义的世界危机把制定过渡时期的理论问题提上日程，这一时期美国受到削弱，边缘国家得到加强。新的世界力量平衡为发展中国家开辟了机会。必须避免只关注经济的僵化方法，因为帝国主义还涵盖了政治和文化领域。同帝国主义的斗争要与民族解放斗争相结合。民族解放斗争就形式而言能保证无产阶级力量的统一。古共亚历山德罗·西曼卡斯也认为，这次会见意义重大。需要坚决地同向社会灌输反革命意识形态的种种企图作斗争。拉丁美洲和加勒比地区的进步力量只有联合起来，才能维护其独立和民族取向的政策。③

印度共产党中央书记处书记迪·拉贾说，我们都确信，社会主义是未来，并且大家都在为实现社会主义而斗争。过去，苏联领导人以为社会主义已经建成；当今，中国共产党人认为他们仅处于初级阶段。苏联解体后我们以中国、越南以及拉丁美洲的经验为指针。我们面临什么样的挑战？新自由主义作为一种经济战略建立在对弱国的奴役及其资源的掠夺基础之上。世界资本统治中的军事成分的作用正在增强，而且是在反恐的口号下进行的。替代何在？无疑不是"阿拉伯之春"。不是每一次革命形势都能实现革命。因此世界共产党之间应该加强互动。需要举行一系列会见，以

---

① Second contribution of the KKE at the proceedings of the seminar organized by the Communist Party of the Russian Federation (CPRF) on the subject, "the international communist movement today and tomorrow", http://inter.kke.gr/News/news2012/2012-12-17-deyterologia-elisaioy/.

② 《Коммунистическое движение сегодня и завтра》. Репортаж с международного круглого стола в Москве, http://kprf.ru/international/new-world/113542.html. 2012-12-17.

③ Там же.

回答现实问题。在信息技术领域发生革命的条件下，工人阶级内部发生了变化。需要面向青年一代，需要争取中间阶级，不能将其完全送给资产阶级。不同国家都有自己的特点。印度有很强的议会民主传统，不能无视这一传统。印度还存在种姓制度，这一制度也被用来剥削劳动人民。当代印度是一个资产阶级国家，存在各种宗教。共产党人为争取社会主义的印度而斗争，但也认为在现存制度框架内参加政府是必要的。这样才有可能面向人民、面向工会、面向农民，建立广泛的人民运动。这就是印度的道路，这也是我们不能忽视的民族现象。①

捷摩共菲利普·沃伊捷赫谈道，我们各党是在不同的条件下采用不同的方式工作。那么，国际共产主义运动准备采取革命的斗争方式吗？"阿拉伯之春"的经验表明，发动群众的方式现在正被积极地利用，但这些发动不是左翼力量领导的。我们各党应有足够的专家，去探索解决新问题的方案，包括如何利用新的信息技术和吸引年轻人。②

乌共格奥尔基·布伊科认为，不能拒绝争取一般民主权利和自由的斗争。现在欧洲大陆法西斯主义明显抬头。当欧洲重新面临20世纪20年代那样的威胁时，共产党人不能袖手旁观。这正是俄共关于共产党实行国际合作的倡议应该得到无条件支持并将取得良好发展的原因。③

三 各国共产党的理论与实践发展

越共阮世纪介绍，越共一直强化以马列主义与胡志明思想为指导方针的观点，领导越南各阶层人民推进国家革新事业，建立朝向社会主义的市场经济体制，在经济和社会文化方面都取得了进步。④

古共亚历山德罗·西曼卡斯谈道，目前古巴整个社会都在进行辩论和探讨，为的是在捍卫古巴革命成果的同时如何更新社会主义体制。⑤

巴共里卡尔多·阿布罗·德梅洛谈道，从汝拉当选总统到新总统执

---

① 《Коммунистическое движение сегодня и завтра》. Репортаж с международного круглого стола в Москве，http：//kprf.ru/international/new-world/113542.html. 2012-12-17.
② Там же.
③ Там же.
④ 《越南参加国际共产主义运动圆桌会议》，http：//www.qdnd.vn/webcn/zh-cn/120/361/369/220594.html. 16/12/2012.
⑤ 《Коммунистическое движение сегодня и завтра》. Репортаж с международного круглого стола в Москве，http：//kprf.ru/international/new-world/113542.html. 2012-12-17.

政，巴西是沿着同帝国主义斗争的道路前进的。目前，政府与社会之间正在进行斗争。共产党人在国家和地方的议会中斗争。这是一个长时期的积累力量的过程。①

俄共德米特里·诺维科夫介绍说，20 年来，俄共是在与苏共完全不同的条件下，以国内主要反对派的身份进行斗争的。20 世纪 90 年代大家曾期望社会主义很快会在俄罗斯复兴。但后来，尤其是普京执政后，资本主义制度稳定下来。因此，俄共在十三大（2008）修改了党纲，将"为 21 世纪社会主义而斗争"的任务写入党纲。但这一提法暂时还没有展开。希望共产主义运动中的争论能给俄共提供关于这一斗争的视角。在俄罗斯，无产阶级正在缓慢地形成。存在寻找盟友的问题，因为在进行社会阶级斗争的同时，还要进行民族解放斗争，而全球化为建立统一的斗争阵线提供了机会。仅仅在本国内开展斗争是不够的，所以俄共积极地在共产党联盟——苏共的框架内开展合作。俄共早就提出在反对反共主义、反苏主义的斗争中把力量联合起来，并支持出版了《资本主义黑皮书》。刚刚开过的十月中央全会确认，俄共既忠实于作为理论的马克思列宁主义，也忠实于作为方法论的辩证唯物主义。俄共效仿乌克兰共产党建立了隶属于中央的教学中心，准备出版《理论问题》杂志，开办网络电视频道。②

乌共格奥尔基·布伊科谈道，乌克兰 20 世纪 90 年代本可以走白俄罗斯的道路，但没有走。现在乌克兰成了资本主义剥削的对象。乌共成立了一个教学中心，培训党务工作者，从事社会主义问题研究。党的队伍由于青年人入党而得到扩大。在选举中青年人成为党的很大一部分选民。③

捷克-摩拉维亚共产党菲利普·沃伊捷赫谈道，在捷克，能把"共产党"的名称保存下来就是成就之一，这在严酷的政治压力之下是件不容易的事。大众传媒经常发动反共的攻击。我们仍忠实于马克思和列宁的观点。开展党的工作很困难，人民群众相对消极，人员分散。但现在人民开始倾听共产党人的声音了，我们在最近的选举中获得 25% 的选票。这一成

---

① 《Коммунистическое движение сегодня и завтра》. Репортаж с международного круглого стола в Москве, http://kprf.ru/international/new-world/113542.html. 2012 – 12 – 17.
② Там же.
③ Там же.

就吓坏了执政集团，结果现在出现了种种分化左翼运动的动作。①

葡共彼得罗·古雷罗谈道，葡萄牙现在局势复杂。垄断集团把持着政权，完全依赖外国资本。国家主权被侵犯。在财政援助方案的幌子下，国家的未来转由国际货币基金组织、欧盟和欧洲央行掌控。所有的社会成果正被取消，民众的生活条件日益恶化。葡萄牙共产党现在面临三项基本任务：民族解放、战略资源国有化和社会权利还给人民。近来，劳动人民斗争的态势不断高涨，斗争带来工人的联合，这使共产党有了成功的希望，因为以前采取中立的人们来到共产党身边。共产党动员人民，加强斗争。②

希共埃利塞奥斯·瓦根纳斯谈道，希腊共产党排除参加资产阶级政府的可能性，哪怕它被称为"左翼的"或"爱国主义的"，因为希共通过本党和国际共运的历史得出结论，在资本主义和社会主义之间不存在过渡时期。政权要么掌握在工人手里，要么掌握在资本家手里。在资本主义条件下共产党参加"左翼"政府，只能给人民运动带来危害。希共致力于在反帝斗争中团结各人民阶层，组织工会运动，这些工会承认阶级斗争，反对有利于资产阶级政权并得到机会主义支持的"社会对话"。希共建立了全国工人战斗阵线，联合了几百个企业工会、各级教育工会和战斗委员会，这样的联盟在革命形势条件下将变成统一的工人阵线。无产阶级作为剥削阶级掘墓人的作用今天仍未改变。③

总的来看，这次会议在资本主义危机将进一步深化、当前世界政治力量对比关系仍不利于社会主义力量和共产党在加强国际交流与合作等问题上达成共识，但在如何处理社会主义革命与建设的普遍规律与民族特性等理论问题上，在当前非执政国家的共产党是采取发动革命的策略还是继续以和平方式蓄积力量、是仅仅以工人阶级为社会基础还是联合一切左翼力量等策略问题上，各国代表的看法不尽相同。观点的分歧反映了当前国际共产主义运动仍未走出是选择坚持传统还是创新发展的困境。

---

① 《Коммунистическое движение сегодня и завтра》. Репортаж с международного круглого стола в Москве, http://kprf.ru/international/new-world/113542.html. 2012 - 12 - 17.

② Там же.

③ Speech of the Communist Party of Greece at the seminar of the CPRF "The International Communist Movement Today and Tomorrow", Moscow, Dec. 15 - 16, 2012, http://inter.kke.gr/News/news2012/2012 - 12 - 17-omilia-elisaioy/.

第三节　金融危机下美国共产党与工会运动的新发展①

2008年金融危机爆发后，作为危机策源地的美国经济遭到沉重打击。危机后，美国工会积极组织斗争反对政府对工人利益的侵害。针对把美国失业归罪于中国的媒体舆论，一些工会人士大力呼吁美中工人和工会之间应加强理解与合作。同时，经济危机在客观上也为美共的发展创造了机会，美共把反资本主义的斗争与工会运动相结合，利用网络等现代化手段和灵活的策略，扩大党的社会基础和党员队伍，各项工作取得新进展。

一　美国工会面临的压力和发出的反抗及诉求

（一）金融和经济危机给美国工人和工会造成很大打击

2008年美国金融危机爆发以来，不仅股市、金融衍生物市场大起大落，美国的实体经济也遭受严重打击，工人权益受到侵蚀，工会受到打压。2009年6月1日，具有百年历史的通用汽车公司向法院申请破产保护。奥巴马政府决定拨款300亿美元支持通用汽车公司（GM），利用破产保护对其进行全面重组。至此，通用汽车公司成为依据美国《破产法》申请破产的美国第三大企业、第一大制造业企业，也是涉及员工人数第二多的破产企业。7月10日，通用汽车公司总裁兼首席执行官韩德胜（Fritz Henderson）宣布了通用汽车公司的重组计划，将美国原有的6000家销售代理商裁撤2000家，关闭14家设在美国的制造厂。为进一步削减开支，于2009年年底在美国本土裁员2万人（通用汽车公司在美国本土原有雇员8.8万人）。美共经济委员会委员瓦迪·哈拉比认为，从通用汽车公司宣布"破产"以来，美国汽车行业工人的工资、退休金和福利平均减少了50%，几十家汽车厂倒闭，大约20万工人丢了饭碗。而通用电气公司（GE）的管理层也在与工会谈判，试图削减员工的福利，通用电气公司的工会目前面临被削弱或被摧毁的危险。不仅企业工人工会因关厂或裁员受

---

① 2011年，刘淑春参加了在美国举行的世界政治经济学学会第六届论坛和"美中劳工会议"，拜访了美国工会研究机构和美国共产党总部。本节是笔者通过与美国一些工会运动的组织者、研究者以及美国共产党的领导人进行面对面交流获得的一些信息，有助于我们了解美国工会运动和美国共产党自金融危机以来的处境和变化。

到打压，就连过去端着"铁饭碗"的公共部门雇员工会、教师工会、消防员工会等也遭受到打击。

（二）工会作出的反抗

美国的工会大都是民主党的支持力量。它们对奥巴马的执政寄予厚望。但令工会领导人万万没有想到的是，奥巴马刚刚上台执政，他领导的美国政府就通过了"预先设计好的"关于通用汽车公司和克莱斯勒等汽车公司的"破产保护"方案，开始了针对北美最大也是最重要的一些产业工会——"美国汽车工人联合会""加拿大汽车工人联合会"和"钢铁工人联合会"等的直接打击。对于资方来说，寻求这种"破产保护"是逃避劳工法和工会合同规定的资方责任的最便当理由，也是削减工人长期以来争得的工人权益、削弱工会力量的有力武器。美国工会对遭受这样的直接打击没有作好思想准备，为避免整个企业倒闭和使工人蒙受更大的失败，它们被迫在劳资谈判中作出妥协和让步，接受了使工人工资、津贴和福利都减半的无奈结果。

然而，随着经济危机的深入，不仅美国工业企业雇员的薪水、福利、退休金大幅缩水，公共部门雇员的利益也受到蚕食。危机以来，美国联邦和各州政府的预算缺口很大，执政当局便采取各种手段压缩开支，削减预算，甚至把手伸向政府雇员的腰包。2011年2—3月，威斯康星州共和党议员控制的议会通过一项旨在剥夺政府雇员"集体谈判权"的法案，该法案规定政府雇员不能通过传统的工会集体谈判权来要求政府涨工资，并要求这些公务员支付更高的养老和健康保险金，这就相当于当地拿铁饭碗的人的收入也降低了8%。类似的法案在共和党人控制的其他几个州也相继实施或准备实施。这一法案在威斯康星州首府麦迪逊市引发了持续数周的由公共部门工会领导并吸引10多万名社会各界群众参加的大规模抗议运动。在抗议示威的队伍中，不仅有州政府雇员、学生、教师，还有开着拖拉机的农民，有拖着水管的消防队员。在美国社会，政府雇员是待遇高、享受较好社会福利的阶层，本来与其他劳动阶层是有距离的。但如今，连政府雇员的权利也都受到侵害，其他阶层自然会有"唇亡齿寒"的危机感。因此，各阶层的人都加入到反抗的队伍中来。抗议者在长达两个多月的斗争中，表现出坚定的决心和无畏的勇气，采取灵活的战术，直至在州议会大厦静坐示威。威斯康星州的抗议得到来自全国50个州的声援。最后，试图剥夺雇员集体谈判权的法案被迫撤销，提出议案的议员被剥夺议员席位并遭到起诉。

应该看到，美国经济复苏乏力，资方以降低劳工成本、提高企业竞争力为借口向劳方和工会发起攻势，并借助媒体推波助澜，制造对劳工不利的舆论环境。在这种对工会十分不利的背景下，威斯康星州反抗运动的胜利具有示范作用，对各工会和整个劳动阶层无疑是个鼓舞。

在美国，工会运动的发展在一定程度上得益于一些专门的工会运动研究和培训机构。例如，哈佛大学法学院劳工和工作生活项目就是这样的机构之一。哈佛大学劳工和工作生活项目是面向美国乃至全世界的工会运动的研究和培训机构。该项目隶属于哈佛大学法学院，主要是对世界劳工和工人运动等相关问题从法律、经济、社会学等角度进行多学科研究，并致力于培训工会的领导者和组织者。该项目是一个综合性项目，包括以下四个领域：（1）哈佛工会项目；（2）养老金项目；（3）科学家与工程师劳工项目；（4）变革中的劳动力市场项目。其中，哈佛工会项目始于1942年，主要是对全球工会的组织者和管理者进行培训，多通过案例教学。截至2011年2月，已经组织了101期，每期授课6周，由各地工会资助其工会领导者前来参加培训。美国、欧洲、加拿大等地的许多工会领导人都参加过该项目的培训。劳工和工作生活项目每年都会接受来自世界各地的访问学者和研究员，与世界各国的工会组织及其研究机构开展合作研究项目。近年来，国际合作研究涉及印度、中国等新兴国家的劳工生存状况及工会建设等问题，研究者曾多次到中国的广东等地区调研。该项目还正同广东中山大学、加州大学伯克利分校等单位合作，筹建一个专门研究中国工人运动的交流平台。伊莱恩·伯纳德女士任项目执行总监。她长期致力于工会运动的理论与实践，是中美工会合作的主要推动者，曾组织了第一届"中美劳工会议"，为在中国的沃尔玛连锁超市建立工会组织提供了法律和道义支持。伊莱恩·伯纳德女士特别提到，培训项目要根据形势需要及时调整。例如金融和经济危机波及全世界，工人及工会受到打击，于是，该项目新增授课内容，拓展和更新工会领导者对当前世界经济背景下工会工作的理论和知识，以提高他们捍卫工人和工会权益的能力。

（三）美国左翼工会人士谋求世界工会合作

2011年5月28—29日，世界政治经济学学会第六届论坛——"对资本主义危机的回应——新自由主义还是超越"在马萨诸塞大学阿姆斯特分校举行。作为世界政治经济学学会论坛的组成部分，每届论坛期间必定召开一次"美中劳工会议"（US-China Labor Meeting）。这一届"美中劳工会议"的主题是"本次危机形势下的世界工会合作"（For World Union Cooperation in This Crisis）。参加这个专题会议的，除了来自世界各地的论坛代表，还有来自美国各行业工会的领导人，共计30多人，其中有的是美共党员。

会议由国际食品行业工人工会领导人保罗·加弗主持。他认为，金融危机严重打击了美国的实体经济。美国许多企业倒闭，导致大量工人失业。而政府和资本家及其掌控的媒体却把美国工人工作岗位的丢失归罪于中国，认为是中国工人抢了美国工人的饭碗。参加此次会议的工会人士大都反对这一主流看法，主张美中工人应加强相互理解，两国工会之间应加强联合，共同维护工人的权益。会议的组织者意在通过此次会议加深两国工会之间的沟通，探讨美中工会在危机背景下加强合作的领域与途径。会上，长期致力于美中劳工交流的美共经济委员会委员瓦迪·哈拉比作了题为"对中国及其工会的阶级性的理解"的发言，强调中国工会与美国工会在阶级属性上的统一性。他深刻地指出，中国工会与美国工会不同，在中国，国家相当于一个"已经崛起并取得国家政权"的大工会，是一种特殊形式的工人组织，而工会则相等于这个执掌政权的大工会的一个非常重要的下属委员会。国家需要解决粮食供应、经济发展、教育、平等、环境、公共卫生等一系列问题，它必须在这诸多任务中间按轻重缓急找到一个平衡点，还必须组织经济发展，防止国际资本颠覆中国的企图得逞。而工会的任务不仅要维护工人在工作场所的利益，还要参与国家整体政策的制定。国家要协调下属各委员会之间的矛盾。离开了协调机制，即使下属委员会能够有效地工作，那也会导致工会被削弱或解体。哈拉比说，在美国，2009年人们曾听说，由于汽车工会的"贪婪"，造成了通用汽车公司和克莱斯勒公司的破产。今天人们又听说，由于公共部门雇员工会的"贪婪"，造成州和市政府的"破产"。然而，破产的是资本主义，工人的组织不过是替罪羔羊。中国同样也是一个替罪羔羊。美国人不断听到关于中国是美国高失业率的原因所在、中国试图向美国儿童下毒或者中国在操控人民币汇率等说法。剥削者对中国的敌视态度就如同他们对美国的工会所采取的敌视态度一样，这是一种阶级性的敌对态度。它反映出剥削者对被剥削者的组织的恐惧和仇恨。因此，在哈拉比看来，从整个世界的角度来说，"捍卫中国及其类似国家不受剥削者的攻击，是符合工人利益的。在我们的阶级组织之间，无论其执掌了政权与否，开展合作都是符合我们的利益的"。

会议组织者和参会的美国工会人士表达了三个愿望：一是希望中国的全国总工会能通过一些具体措施推动全世界工会的合作，完成一些具体任务，如向昂贵的石油价格和粮食价格发出挑战，在环境和劳动安全方面进行合作，组织起来捍卫遭受巨大打击的工会和工人等。在他们看来，完成上述任何一项任务都会向世界传达这样一个信息：中华全国总工会关心世界工人的工作条件，与世界工人站在一起。二是希望全总能邀请美国工会领导人到中国进行为期几周的考察和交流，从全国、省级及工厂车间等多层面了解中国的工会及其工作，与此同时，美国工会（如来自钢铁、石油、医护等行业的工会领袖，哈佛大学劳工和工作生活项目、加州大学洛杉矶分校劳工研究项目负责人等）也有意邀请中国全总工会领导人及代表到美国考察，以更多地了解美国工人的工作条件及斗争情况。三是希望与中国联合举办国际石油工人工会国际会议，共同探讨"环境和劳动安全"，创造"绿色工作岗位"问题，也可以就"石油价格攀升"的主题展开研讨，因为昂贵的石油不仅是对中国的掠夺和对中国稳定的破坏，还给全球带来极度贫困和痛苦。

二　美国共产党的新发展

（一）金融和经济危机为美共的发展创造了机会

美共副主席贾维斯·泰纳谈道，经济危机是华尔街的贪婪和美国政府政策造成的，本质上是资本主义生产过剩引起的。过去10年间，美国关闭了5万家工厂，导致大量工人失业，进而失去住房、退休保障、医疗保险等，失业和不充分就业人数达3000万，某些地区失业率高达50%。危机对青年人打击很大，1800万年龄在18—25岁的青年人待业，53%的大学毕业生离校后一年之内找不到工作。社会贫困化日趋严重，5000万人处于生活保障线之下。危机表明，"资本主义无法解决自身的矛盾"。"资本主义为自己准备了掘墓人。"危机后，一项社会调查显示，20%的被调查者赞成社会主义经济制度，其中30岁以下的年轻人中，1/3，即33%的人更喜欢社会主义。这种情况在美国是前所未有的。在泰纳看来，这是美国共产党的主张可以得到劳动人民支持的潜在基础。美共正努力抓住有利于自身发展的这一历史机遇，开展各项工作，壮大自身力量，扩大自己的影响。

(二) 把反资本主义的斗争与工会运动相结合,扩大党的社会基础

美共以各种方式向民众说明危机与资本主义运营机制之间的关系,以唤醒民众的阶级意识,积极投身于反对资本主义的社会运动。在威斯康星州爆发大规模抗议运动进程中,走在前台的是工会运动领导者,但美共以参与者的身份始终支持这场斗争(有的工会领导者本身就是美共党员)。美共领导人萨姆·韦伯通过美共网站链连发表文章,表明美共的支持立场。他在2011年2月28日发表题为《威斯康星及其背后:冲突是不可调和的》的文章,分析了这场斗争的根源和性质。他指出,这场斗争实际上是右翼极端分子试图按照跨国资本的利益重组政府、削弱工会权利、社会权利以及美国人民通过长期斗争赢得的其他基本人权所引起的。在共和党右翼看来,政府对被统治者不负有任何责任,公司的利益高于人民的权利,而政府不过是一个将劳动人民的收入转移给最富有的美国人和企业并保证资本主义持续运转和盈利的机构。然而人民要维护自己不可剥夺的政治、经济和社会权利。自里根执政以来的30年间,这种不可调和的对立一直是极端右翼与工人阶级和广大美国人民之间斗争的核心。正是代表跨国资本利益的极端右翼对美国人民权利和生活状态的剥夺与打击引发了劳工及其盟友波澜壮阔的反击,展示了人民的力量和团结。在韦伯看来,威斯康星州以及加入到抗议潮流中的其他各州,是这场不可调和的冲突的引爆点。现在至关重要的是"加强与这些英雄的工人、学生、宗教及民权领袖、运动员、农民以及其他所有与我们并肩战斗的人们的团结"。①

在2011年4月的美共会议上,韦伯发表了题为"为工人的权利、就业和和平而站出来"的讲话,谈到威斯康星州的斗争与争取社会主义的关系。韦伯认为,威斯康星州民众运动胜利的意义可与半个世纪前由马丁·路德·金领导的"公共汽车抵制运动"相比,那场运动最终迫使有违美国宪法的地方政府的歧视黑人的种族隔离政策被撤销。他谈道,这场争取民主权利的反击运动具有全国性的规模,起始地是威斯康星州,并向印第安纳、俄亥俄、密歇根、佛罗里达等州扩展。斗争的形式多种多样,斗争的策略富有创造性,它带着一种久违了的阶级情绪、感情和意识上的变化。

---

① Sam Webb, "Wisconsin and beyond: the conflict is irreconcilable", Feb. 28, 2011, http://www.peoplesworld.org/wisconsin-and-beyond-the-conflict-is-irreconcilable/.

数以万计的人们认识到，资本主义无法运转了，美国梦破碎了，人们需要一种更好的制度。社会主义已经不仅仅是一种饭后谈资，在人们寻求解决包括扩大公共就业岗位、对富人征税、把钱花在人民的需求上、削减军事支出、从阿富汗和利比亚撤军等问题的方法时，社会主义已经开始进入人们的视野。现实环境正影响着人们的观点，这种环境有利于人们向共产党靠拢。因此，美共的工作和计划要考虑到这一新情况。韦伯提出了加强党的宣传工作，扩大党对工会人员、有色人种、妇女、青年的影响等任务。①

当然，美共很清楚，在今天的美国，社会主义革命尚未提上日程，这场斗争也不是真正意义上的争取社会主义的斗争，美共本身还不能站在斗争的第一线。但与工会运动联合，与广大社会阶层建立统一战线，在现阶段开展争取雇佣劳动者民主权利的斗争，能唤起民众的觉醒，为争取社会主义的斗争奠定社会基础。目前美共根据劳动者失业严重这一现实，提出扩大社会服务领域就业岗位等政策建议，以维护劳动者权益，争取广大社会阶层的支持。同时，争取美国从伊拉克撤军，使美国经济非军事化，防止美国滑向法西斯主义，也是美共当前的主要任务之一。

（三）改变工作方式，积极吸收新党员，壮大自身队伍

美共自金融危机后，加大互联网的宣传力度，不断完善自己的网站，及时发表有吸引力的文章。据介绍，2010年有100多万网民访问美共网站，每个月约有数百人发表评论（回帖），每周都有数千人将网站上的文章转发给了他们的亲友，仅4月就约有13万人访问了美共网站。美共还通过网络会议、制作视频短片等形式扩大宣传、吸引网民。

为吸引更多的参加者，美共简化了接纳新党员的方式，申请者可在网上提交申请。美共领导人提出，要为人们接触党和共青团提供机会，包括俱乐部活动、马克思主义学校、电子邮件、网站、社交活动等，首先把更多的人吸引过来，以普通人可以接受的方式宣传美共的观点，尤其要把那些对资本主义感到失望，但又不知道如何战斗的年轻人吸引到组织当中来，然后通过举办马克思主义学校、青年课堂、工人课堂，对年轻人进行理论培训。美共的青年组织现在很活跃。随着党的队伍的扩大，美共的地方组织也相应地建立起来，如在美国南部，原本没有党组织的地方现在建

---

① Sam Webb, "Stand up for workers' rights, jobs and peace", Apr. 20, 2011, http://www.cpusa.org/stand-up-for-workers-rights-jobs-and-peace/.

立了党组织。美共还开始在联邦、地方政府和议会的选举中争取选民，在个别选区，美共推出的候选人得到高达50%的选票。

（四）奥巴马采取支持的态度，以遏制右翼势力

在2008年的美国总统选举时，美共是支持奥巴马的，把奥巴马的当选看作美共的一个胜利。美共的这一策略，招致美共内部部分人和国际上其他共产党的误解和批评，认为这是修正主义。但美共领导人仍坚持这一策略。如泰纳所说，他们很清楚奥巴马不是社会主义者，充其量是个改良的资本主义者，奥巴马不会给美国带来社会主义。但奥巴马试图分裂华尔街阵营，阻止劳动人民生活水平下降。支持奥巴马当政，会给美共赢得更高支持率，取得更广阔的活动空间。韦伯在4月的会议上重申，支持民主党打败共和党，这并不是实用主义，而是基于在2012年选举中彻底打败右翼这种最迫切的任务而采取的政治现实主义手段。因此，美共应支持奥巴马推动改良，不给右翼上台的机会。

三 小结

第一，金融和经济危机给美国工人和工会造成很大打击，这引发了新一轮美国工会运动的勃起。这种现象在欧洲也同样出现。几十年来，由于福利国家制度的实行，在很大程度上消弭了工人阶级的革命意识，随着西方社会从大工业向后工业的转变，劳动方式也从集体向个体转变，资本与劳动力之间的集体谈判制度逐渐地被个体契约所取代，导致了工人队伍的分散和阶级意识的丧失，世界工人运动陷入低潮。如今，资本主义危机不仅危及下层劳动者，而且伤及作为西方社会砥柱的中产阶级，这在客观上为新的工人运动和其他社会运动的兴起提供了客观条件。但这种运动目前多以捍卫雇佣劳动者的经济和社会权利为目标，尚未转变为以夺取政权和制度替代为目标的政治革命，它的进一步发展和变化，值得关注。

第二，应该看到，近20年来，跨国资本为追逐利润最大化而借全球化向中国这样劳动力价格低廉、投资环境安全的国家转移企业和资本。这一过程不仅导致本土工厂关闭、工人失业，同时也造成中国日益严重的环境污染和中国工人的备受剥削。在金融危机来临之际，跨国资本为摆脱困境，不惜违反劳动法来降低各阶层劳动者的福利，同时又在人民币汇率、双边贸易等问题上造谣惑众，挑拨发达国家工人对中国等发展中国家工人的仇恨，引起世界工人之间的竞争，导致发达国家的工人迁怒于中国等新

兴国家的工人。因此,加强国际工人队伍内部的阶级意识、消除彼此的误解,是当前各国工会面临的挑战。能否解决好这个问题,直接关系到工会运动的前途和命运。从这个角度说,中国政府、工会应该采取"走出去""请进来"等方式,利用各种机会主动做沟通工作,这不仅对加强国际工会的团结和合作有好处,而且对于树立社会主义中国在国际上的良好形象,使中国特色社会主义得到世界劳动人民的理解与支持也十分必要。

第三,马克思主义学者,尤其是从事世界社会主义研究的学者,应该关注当前世界工会运动的新动向。迄今,我们对世界社会主义的研究,往往仅是关注共产党及左翼运动,忽视工人运动,把两者割裂开来,这是脱离现实的。现实中,国外共产党普遍意识到,目前共产主义力量仍处于弱势,只有依托工人运动及其他社会运动,并在其中发挥先锋队的引领作用,才能发展壮大。或许工人运动将是未来世界社会主义复兴的起点。因此,我们应该拓宽研究视角,把研究重点放在两者的结合上。

第四节 意大利共产党的碎片化及其发展前景

1991年,西欧地区最强大的共产党——意大利共产党,在里米尼召开了党的最后一次代表大会,正式更名为左翼民主党(即今天的民主党),从而结束了其70年的光荣历史。虽然以意大利共产党元老科苏塔为首的少数派,以复兴社会主义运动为己任,组建了重建共产主义运动,即后来的重建共产党,但重建共并没有能力挽狂澜,反而在持续不断的内耗与分裂中,走到了意大利政治舞台的边缘。在重建共20多年来分化与分裂的过程中,意大利的共产主义政党组织逐渐形成了当前"两弱三小"的碎片化格局:逐渐衰弱的重建共和新成立的意大利共产党(前身是共产党人党,以下简称新意共),以及三支更为弱小的共产主义组织——劳动者的共产党(托派)、共产党(马列)和共产主义者网。本节将关注意大利共产主义政党与激进左翼运动的发展,探讨其碎片化形成的原因,并对其未来的发展前景进行分析。

一 意大利共产主义政党的分裂与碎片化困境

意大利共产主义政党的碎片化,一方面表现为共产党组织力量的分散性,另一方面表现为主要共产主义政党内部派系分化的严重性。重建共和新意共是目前意大利共产主义政党的中坚力量，各有 1 万名左右的党员；劳动者的共产党党员人数在 1000 名到 1500 名之间，共产党（马列）人数在 1500 名至 2000 名之间，共产主义者网大约有几百名成员①。事实上，除共产主义者网之外的三支力量，都是直接或间接地从重建共分离出来的。下面将分别对各党的组织力量和理论主张进行分析介绍。

（一）在分裂中衰落的重建共

重建共在党章的导言中把党定位为工人阶级的自由组织，是"把资本主义社会改造成共产主义社会而解放全人类的所有劳动者、青年和知识分子的自由组织"②。党以社会主义的基本原理和马克思的思想为指导，拒绝斯大林主义，声称要改变 20 世纪自十月革命至 1968—1969 年的工人运动传统（但认为其中自反法西斯抵抗运动以来的意大利工人运动是重要的政治参与和大众民主斗争经验）③。重建共这种肯定抵抗运动后本国共产主义运动的斗争经验，却不认可 20 世纪国际共运历史经验和苏东社会主义国家历史作用的立场，明显承袭于 20 世纪 80 年代贝林格所提出的"十月革命的推动力已经耗尽"的主张。

原意大利共产党更名后，重建共一度是意大利社会主义运动的中流砥柱，在欧洲激进左翼政治领域也曾有很强的号召力，2008 年后却在大规模分裂中走向了衰落。如图 7.1 所示，重建共建党后，组织力量曾在 20 世纪 90 年代中期得到快速发展，巅峰时期的党员人数达到 13 万名；2008 年之前在全国议会选举中的支持率一直稳定在 6% 左右。2008 年的"选举滑铁卢"成为重建共衰落的重要转折点。2008 年之前，重建共也遭遇过大大小小十几次的组织分裂，其中影响最大的是 1998 年科苏塔带领部分党员成立了共产党人党，以及 2006 年托派出走建立了劳动者的共产党等；2008 年之后，重建共发生了更严重的组织分裂，大批党员出走，要么参与组建其他激进左翼党，如 2009 年成立的左翼生态自由党；要么彻底放弃激进立场，加入中左翼民主党。截至 2015 年 9 月 30 日，重建共只有

---

① 数据源自 2015 年 12 月 24 日时任原意大利共产党人党国际部副主任的弗朗切斯科·马林乔在中国社会科学院马克思主义研究院所作的题为"共产党在意大利的重建：困境、变化、改革与挑战"的报告。其中，历年来重建共党员人数变化、地区分布都可以从其官网获取；其他组织，包括共产党人党（新意共）在内近三年来并没有公开相应的统计信息。

② 重建共新党章，http://web.rifondazione.it/home/index.php/73-partito-contenuti/21640-statuto-approvato-ix-congresso。

③ 同上。

10299 名党员正式在册①。

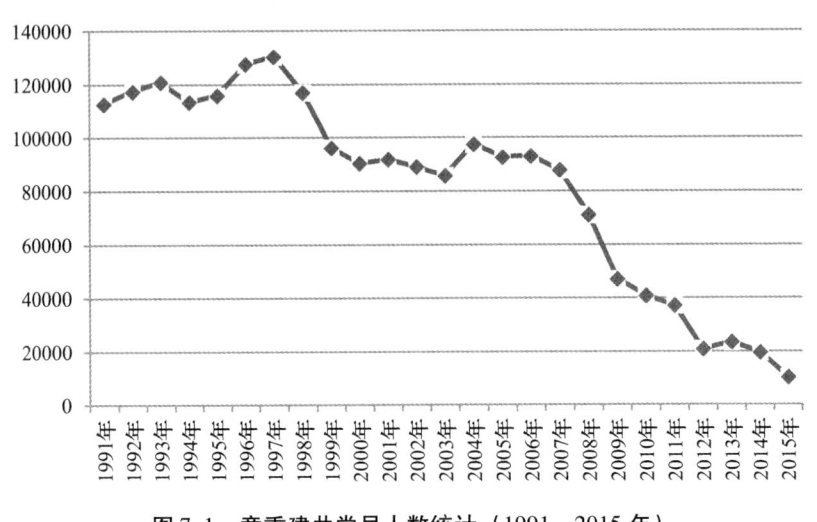

图 7.1　意重建共党员人数统计（1991—2015 年）

资料来源：http：//web.rifondazione.it/home/images/2015/tesseramento/150504grafico_iscritti.pdf。

重建共内部目前依然存在派系问题。当前主要有两大派别②：分别是"重建左翼"派和"重建一支共产党"派。其中重建共总书记保罗·费雷罗的支持者和克劳迪奥·格拉西领导的"身为共产主义者"组成的"重建左翼"派，在2013年党的九大中获得了76%的高支持率。费雷罗派的前身是"运动中重建"派，分离于重建共的老多数派，在党内已经有近20年的历史，它主张在社会生活和社会冲突中发挥党的作用，拒绝净化党员队伍和意识形态，向女权主义、和平主义开放，反斯大林主义，倾向于建立一个左翼联盟性的并保持有自身身份特征的重建共。"身为共产主义者"派，是老科苏塔派中的左翼，一度是1921年成立的意大利共产党的忠诚拥护者和虔诚继承者，曾对重建共前任总书记贝尔蒂诺蒂压制议会外运动，批判20世纪苏联、中国和古巴等社会主义国家的态度表示十分不满。

---

① 参见意大利重建共在其网站公开的数据：http：//web.rifondazione.it/home/index.php/tesseramento。

② 重建共八大曾有五大派，分别是"运动中重建"派、"为了左翼重建"派、"身为共产主义者"派、"左翼共产主义"派和"镰刀锤子"派（托派）。

重建共九大后,"身为共产主义者"派的政治立场发生了重大变化,开始寻求与左翼生态自由党①的合作。重建共的第二大派别——"重建一支共产党"派,在九大上获得支持率为15%,他们主张对重建共的组织方式进行改革,创建一支团结统一的共产主义力量。这一派也是下文将要提及的新意共为实现重建统一共产党的计划所重点争取的力量。

(二)在坚持中改变的新意共(原共产党人党)

以原意大利共产党人党为主体组织力量的新意大利共产党,于2016年6月24日至26日在博洛尼亚召开了党的第一次代表大会。这次代表大会的召开,标志着新意共的正式成立。新意共在党章中称,党以马克思列宁主义、原意共领导人葛兰西和陶里亚蒂丰富的思想为指导,以科学社会主义、国际共运和意大利共产主义运动和工人运动历史中最宝贵的经验为借鉴,秉承抵抗运动和反法西斯运动,以和平主义、反帝国主义、环保主义、反种族主义等为价值理念,致力于构建意大利唯一的一支共产党,成为意大利所有为社会主义和共产主义而奋斗的人们的先锋队。新意共党章中还提出,全体党员应该认识到劳资冲突仍处于中心位置,应该认识到工人阶级团结的重要意义以及葛兰西霸权理论的突出价值,应在政治活动中坚持国际主义原则②。目前新意共的党员人数不详,党章和纲领主张与其前身共产党人党相近,也没有否定国际共运史和苏东社会主义国家的历史作用,不同之处在于其在指导思想中加入了科学社会主义。

由于新意共的组织力量尚不明晰,下面将主要介绍共产党人党从1999年至2015年间的党员队伍的变化情况。如图7.2所示,共产党人党的党员队伍在2006年之前,整体呈增长态势。其中,2000年从重建共分裂出的人民民主党(最初为团结左翼)于2004年加入了共产党人党,同年年底党员队伍扩充至3.4万余名,较大地增强了共产党人党的战斗力和影响力。2006年,共产党人党所在的中左联盟在大选中获胜,这一年年底党员人数达到历史最高的4.3万余名。但在2008年大选失利后,共产党人党

---

① 重建共八大的五大派系之一"为了左翼重建"在2009年出走并参与创建了意大利左翼生态自由党。近两年,重建共与左翼生态自由党的关系较为紧密,一度在2014年欧洲议会选举中共同加入了希腊激进左翼联盟党领导人齐普拉斯的竞选阵营。

② 新成立的意大利共产党党章,参见 http://www.ilpartitocomunistaitaliano.it/il-partito/statuto/。

党员队伍一直呈下降趋势。到 2015 年年底，党员人数仅为 1 万名左右①。

共产党人党在党章中称党坚持民主集中制原则，禁止党内成立派系，禁止提出不同于党的领导机构已经批准的政治路线的观点。民主集中制原则在建党初期的严格实施，一定程度上避免了共产党人党党内派系的对立，减少了党的分裂。然而，分裂依然未能避免。其中影响较大的分裂，是因未遵守党章中的组织原则并多次在意大利媒体上公开批评党的路线和政策而被开除出党的马可·里佐，他于 2009 年 6 月带领少数支持者组建了共产党（马列）。新意共也在党章中明确其组织原则为民主集中制，但能否在实践中得到严格遵守，则有待观察。

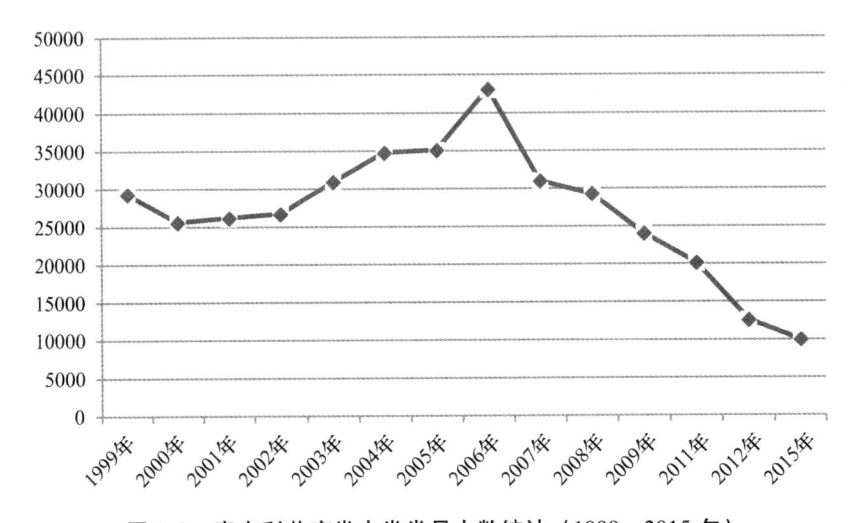

图 7.2　意大利共产党人党党员人数统计（1999—2015 年）

资料来源：http://it.wikipedia.org/wiki/Partito_dei_Comunisti_Italiani#Iscritti，其中 2010 年、2013 年、2014 年无统计数据，2015 年的数据由时任原共产党人党国际部副主任的马林乔提供，为 1 万名左右。

（三）身为意大利托派的劳动者的共产党

劳动者的共产党原是重建共内部的托派，于 2006 年 6 月因党内分歧分离出来。劳动者的共产党在党章中明确规定，党是所有劳动者通过夺取政

---

① 共产党人党没有在其官网公布 2012 年以来的党员变动情况，数据源自 2015 年 12 月 24 日时任原意大利共产党人党国际部副主任的弗朗切斯科·马林乔在中国社会科学院马克思主义研究院所作的题为"共产党在意大利的重建：困境、变化、改革与挑战"的报告。

治权力，彻底推翻资本主义剥削关系来实现自身解放的工具。党的目标是超越任何社会的、民族的、种族的、性别的压迫，实现人类自由发展、团结友爱的共产主义社会。党的指导思想是革命的马克思主义，以及马克思、恩格斯、列宁、罗莎·卢森堡、托洛茨基、葛兰西等无产阶级革命家的思想。在组织原则上，坚持民主和集中制，即以最广泛地民主展开讨论，以最统一的方式开展行动。① 根据时任原意大利共产党人党国际部副主任的马林乔同志所提供的资料，劳动者的共产党党员人数大致在 1000 人到 1500 人之间。

（四）与希腊共产党关系密切的共产党（马列）

共产党（马列）是从共产党人党分裂出来的一支，2009 年建党。共产党（马列）自称为工人阶级和人民的先锋队，以马克思主义、列宁主义为指导思想，肯定十月革命的历史经验，认为苏联解体完全是 1956 年苏共二十大之后，赫鲁晓夫、柯西金等实施修正主义的结果。② 共产党（马列）与希腊共产党的立场接近，关系紧密，对本国重建共和共产党人党持强烈的批判态度，认为它们都是偏离正道的机会主义者。也正因为如此，共产党人党对该党的评价是"反对一切，反对所有人"，无法合作。共产党（马列）党员人数在 1500 人至 2000 人之间。③

（五）并非政党的共产主义者网

共产主义者网成立于 1998 年，前身是意大利艾米利亚 - 罗马涅大区的"共产主义倡议"与"共产主义论坛"两大协会。共产主义者网的性质，是一种政治运动组织而非政党。主要在拥有 5 万名成员的独立工会——基层工会联盟④内开展活动。共产主义者网有几百名成员，主要进行理论研究——如阶级结构、马克思主义理论等，组织并参与基层工会联盟的活动等。

---

① 劳动者的共产党党章，参见 http：//www.pclavoratori.it/files/index.php？obj = ART&oid = 4446。
② 共产党（马列）党章，参见 http：//ilpartitocomunista.it/about-us/。
③ 共产党（马列）没有在其官网公布党员数据，数据源自 2015 年 12 月 24 日时任原意大利共产党人党国际部副主任的弗朗切斯科·马林乔在中国社会科学院马克思主义研究院所作的题为"共产党在意大利的重建：困境、变化、改革与挑战"的报告。
④ 基层工会联盟成立于 2010 年，是劳动者自发组织的独立工会，目前在意大利的罗马、米兰、都灵等大城市，尤其是公共部门中有一定的影响力，反对意大利总工会和钢铁工人联合会等传统工会的活动方式。

二 意大利共产主义政党碎片化的成因

如前所述，原意共更名易帜后，重建共一度成为意大利共产主义政党的中流砥柱，但它却在不断发生的组织分裂中走向了衰落。如今5支共产党的组织规模和影响力的总和，仍不及2008年之前的重建共，形成了"2+3<1"的局面。这一方面是由于以重建共为首的共产主义政党在组织原则上作出重大调整，即放弃了民主集中制。重建共在放弃民主集中制的同时又没能疏导和管控好党内分歧，使得分歧不断升级并公开化，进而常常成为引发组织分裂的导火索。新意共的前身共产党人党虽在党章中明确了坚持民主集中制，但在实践中并没有很好地贯彻执行。这两支主要共产主义政党内部分歧的公开化与组织的分裂，极大地削弱了各自的凝聚力和战斗力。另一方面则是由于意大利共产党人在思想认识上的模糊性与政治立场上的反复性。重建共的组建，并非基于统一的纲领计划和牢固的意识形态，而仅仅是基于"不要解散意共"的共识。重建共等始终没能在意大利不断变动的社会环境中有效地诠释其共产主义理想，也迟迟未能在"如何将马克思主义与意大利政治现实相结合"的这一重大问题上形成清晰、统一的认识。

(一) 党的组织制度和组织原则的改变导致党的分裂

重建共在建党之初，就在组织制度与组织原则上作出了与原意共不同的两大改变：一是同时设立总书记与主席两个职务；二是允许党内有组织派系活动，放弃民主集中制。同时设立总书记和党主席的负面意义远大于其正面作用，因为这对于重建共的普通党员来说，意味着党内有两个最高权威。实际上，1995年重建共党内发生的第一次分裂，就是源于第一任总书记戈拉维尼与党主席科苏塔之间的分歧。最终总书记辞职，并出走成立了新的组织——"团结共产党人运动"，最后并入了左翼民主党。1996年后，重建共党内的巨大分歧，也主要发生在党主席科苏塔和总书记贝尔蒂诺蒂之间。最终，重建共的全国政治委员会投票支持总书记反中左政府的立场，科苏塔带领部分支持者愤然离开，组建了共产党人党①。此后，重

---

① 1998年成立的共产党人党，早期较好地坚持了民主集中制，党内没有出现过多派系纷扰，但共产党人党也同时设立了总书记与党主席两个职位。科苏塔因与总书记之间存在分歧而在2006年6月辞去党主席职务，并最终于2007年4月退党，破坏了共产党人党的凝聚力。

建共便不再设立党主席一职。但是重建共的派系问题并没有因为科苏塔的离开而得到解决，而是逐渐成为党的一大痼疾。在 2008 年之前，重建共在激进左翼领域独领风骚，未对内部派系分立问题给予充分重视，反而放任其发展。2008 年之后，随着内部分歧的升级恶化，重建共遭遇了重大的组织创伤。到 2011 年八大时，仅有 2 万余名成员的党组织内部派系依然多达 5 支。如今，缩减至万名左右的党员队伍也分成了两大派。

当然，分歧与派系的存在并不会必然导致组织的分裂与碎片化，关键是能否对其进行合理疏导和管控。重建共放弃民主集中制，并对党内派系分歧采取放任自流的态度，显然是导致分裂的主要原因。原意共在 20 世纪 60 年代后也形成了五大派：以意大利前总统纳波利塔诺为代表的改良主义派，属于党内的右派；以总书记贝林格为代表的党内中间派，主张与苏联保持一定的距离；与意大利总工会联系紧密的英格拉奥派，1969 年后意识形态转向环保主义、和平主义等；主张与苏联保持紧密联系、反对解散原意共的科苏塔派；以及在 1969 年被驱逐的宣言派等。然而，原意共从陶里亚蒂逝世后直至 1991 年更名易帜却并没有发生重大分裂，除去当时尚无苏联解体东欧剧变的大历史背景外，还可以从组织内部寻找原因：一是原意共党章中明确禁止"宗派主义"，民主集中制的组织原则保证了党内各派意见的充分表达，同时也保证了党对外行动时的一致性；二是时任总书记的贝林格，始终是原意共的灵魂人物，他在不同派别之间成功地斡旋协调，疏导管控党内分歧，并审时度势地结合意大利现实，对原意共的实践探索进行理论升华。换言之，民主集中制与具备深厚理论功底和强大政治号召力的杰出领袖，都是使政党能够保持凝聚力与战斗力的重要组织因素。而这两大组织因素，恰恰是当今意大利共产主义政党所欠缺的。

（二）党内思想认识的混乱与政治立场的摇摆导致党的碎片化

作为意大利共产主义政党的主要力量，无论是重建共还是共产党人党，都存在思想认识混乱、政治立场反复摇摆的问题。

重建共成立后直到 1993 年，始终与左翼民主党保持距离，延续原意共贝林格时代的思想路线，着力凸显党的共产主义理想，力图塑造鲜明的政府反对派形象，组织力量相对稳定。但 1994 年，意大利抛弃了运行 40

余年的比例制选举,通过了多数制与比例制并行的新选举法。① 在新的选举法的限制下,重建共为了保持甚或扩大在议会中的影响力,不得不选择参加中左联盟。这种"不得不"的结盟,也为重建共日后的分裂埋下了"祸根"。在1996年的选举中,重建共与中左翼政党采取了保持距离的合作方式——共同组建选举联盟,但是不参加政府。左翼民主党在两年后重组,意识形态向右转,与重建共的分歧加大。1998年,时任意大利总理的普罗迪提出于下一年度将《增长与稳定公约》推广至大区、省市等地方各级,裁减公共机构职员,取消对养老金的税收优惠等政策时,重建共的总书记贝尔蒂诺蒂主张对普罗迪政府投不信任票并与之决裂,而党主席科苏塔坚持贝林格的"制度长征",即支持中左翼实施改革、不能让中右翼上台的主张。重建共的全国领导委员会投票通过了总书记的提案,这最终导致了第一届普罗迪政府的垮台。2008年普罗迪中左政府的第二次垮台,也是因为重建共撤销了对政府的支持。重建共每次参加中左政府之后,都遭遇了愈加严重的分裂:1998年党主席科苏塔的愤然离开,是意大利共产主义政党正式走向碎片化的开端;2009年党的主要领导之一范多拉的出走,成为意大利共产主义政党走向衰落的转折点。这些分裂,表明了意大利共产党人在对自身的政治定位上和对中左政府的政治立场上一直存在深刻分歧。

重建共在参加中左政府与做坚定反对派之间的摇摆,招致了诸多批评。英国左翼学者卢克·马奇批评重建共前后矛盾地耍"两面派",一方面参加政府,一方面又动员民众反对他们所不喜欢的政府,这种策略通常会影响党的团结,并给下次选举造成严重损失②。马奇的批评是中肯的,但是重建共耍"两面派"、政治立场摇摆的背后,本质上是未能对党的共产主义理想与党在政治联盟中的角色之间的关系形成统一且清晰的认识。科苏塔在2007年退出其所亲手组建的共产党人党时,也曾无不痛心地指出共产党人党内部已经出现了他无力遏制的极端偏离意大利共产主义运动历史与实践的倾向,因为在与绿党共同提名的候选人名单上,共产党人党并没有明确标示出其斧头镰刀标志。意大利当前的政治格局和选举制度,

---

① 1994年意大利选举法改革后,众、参两院75%的席位通过多数制分配,另外25%的席位则通过比例制分配。

② [英]卢克·马奇:《欧洲激进左翼政党》,于海青、王静译,社会科学文献出版社2014年版,第323页。

决定了走议会道路的共产主义政党如果要保持甚或提升政治影响力，最好通过政治联盟的方式参加选举，否则就存在被边缘化甚至失去话语权的风险。但是，重建共和共产党人党等却始终没能在如何于联盟中恰到好处地坚持共产主义理想并保持政治独立性以避免被中左党同化、被选民抛弃这一关键问题上，形成清晰的认识。这导致两党每次在参加政府后，都出现大规模的党员流失问题，遭遇危及生存之分裂。

2008年，重建共和共产党人党支持的中左政府倒台后，重建共内部再次就未来的政治路线问题发生了分歧，时任普利亚大区主席的范多拉和曾任社会团结部部长的费雷罗就党总书记一职展开竞争，前者主张放弃共产主义政党身份，建立一个新的左翼组织，后者主张坚持重建共最初的身份特征。最终，费雷罗以微弱优势赢得党内支持，而范多拉于2009年带领部分支持者组建"为了左翼的运动"，并于当年年底建立了左翼生态自由党。左翼生态自由党的成立，成为苏联解体东欧剧变后意大利共产主义政党在组织上和意识形态上走向衰落的转折点。这其中自然有组织原则变化的因素，但更为重要的原因恐怕在于重建共在"春风得意"时，忽视了用马克思主义理论武装全党的重要意义，忽视了将马克思主义与意大利政治现实相结合的重要性，助长了去马克思主义、去共产主义的主张在党内的滋生泛滥，从而对党的组织生存与发展构成了很大威胁。

三 克服碎片化的努力及面临的挑战

碎片化本身，意味着意大利共产主义政党的组织力量、政治动员能力和话语权的全面萎缩。重建共和共产党人党在遭遇选举支持率急跌和组织力量萎缩的双重创伤后，一度携手开启了构建更加团结的激进左翼组织的进程，后不幸归于失败。在总结失败教训的基础上，共产党人党又提出了重新建立意大利共产党的计划。在遭遇了重重困难后，新意共最终于2016年6月成立。

如今，重建共等主要共产主义政党组织已经丧失其在意大利激进左翼政治领域独领风骚的地位，这带来的最大消极影响就是意大利激进左翼政治出现了去共产主义的趋势。从重建共分离出的新兴激进左翼党——左翼生态自由党，如今已经呈现出替代重建共的态势，而后民粹主义力量五星运动党，也吸引了大批激进左翼的成员和传统支持者。这些政治力量的强势兴起，会严重挤压意大利共产党人的政治生存空间，对意大利社会主义运动的复兴构成极大挑战。

(一) 克服碎片化的努力及成果

重建共和共产党人党在 2008 年选举失利后，曾试图通过构建左翼联盟加强合作，但联盟却以解体告终。重建共在总结左翼联盟（2009—2012 年）的经验教训时，提出建立统一的政党不仅需要统一的意识形态做基础，还需要对当前的政治阶段和政治战略有共同的认识。然而，两党在激进左翼的政治自主性与战略替代中左翼的问题上，一直有分歧。重建共主张在批判中联合中左翼，政治上独立于中左翼，共产党人党则坚持认为应与中左翼联合，否则会让右翼渔翁得利。此外，重建共认为团结所有意大利共产党人的最好平台是重建共。因为原意共解散后，重建共扛起了共产主义旗帜，总结过去社会主义运动的经验教训，进行了彻底的转型，成为意大利团结各共产主义力量的主要平台①。但共产党人党却认为，重建共内部派系过多，缺乏坚定统一的政治意识形态，是一支折中主义的政党，不能有效团结所有意大利共产党人。

共产党人党自 2014 年 9 月以来，一直争取将本国包括重建共在内的所有探索社会主义道路的组织都纳入其所推动的重建意大利共产党的计划。该计划的主旨是恢复意大利共产党在 20 世纪的优良传统，振兴意大利社会主义运动。虽然未获得重建共领导层的认可，但重建共大约 20% 的党员已经对此计划表示出了极大的兴趣。共产主义者网的成员也表现出了对共产党人党计划的兴趣。但是劳动者的共产党和共产党（马列）依然对该计划表示不信任，也无意参与。共产党人党对外联络部副主任马林乔称，他们的建党计划最终预计将会吸引 2.5 万名左右的共产主义者加入，在 2018 年的议会选举中将能赢得 2% 的支持率。②

就 2016 年 3 月以来的实际情况来看，重建新意共的实际成果与预期目标尚有很大距离。在召开第一届意大利共产党全国代表大会之前，重建计划的首创者共产党人党甚至再度出现了党员出走的现象。不过，新意共最终于 6 月成立，正在步入正轨。新意共组建的宗旨是团结所有意大利共产

---

① Pdci, "Crisi del movimento comunista in Italia e percorsi di unità e riorganizzazione nelle Tesi del Pdci", *Marx XXI*, 2013, No. 2, pp. 37 – 39.

② 本段数据皆源自 2015 年 12 月 24 日时任原意大利共产党人党国际部副主任的弗朗切斯科·马林乔在中国社会科学院马克思主义研究院所作的题为"共产党在意大利的重建：困境、变化、改革与挑战"的报告。

党人，推动意大利社会主义运动的复兴，但如果它不能与重建共携手解决如何将马克思主义与意大利政治现实相结合的问题，那么意共的"重生"恐怕将不会具有多大价值。即便新意共最终能够吸收 2 万名党员，也只是在短期内有限提升党自身的政治影响力，并不能从实质上解决意大利共产主义政党的碎片化问题与发展问题。

（二）其他激进左翼与后民粹主义带来的挑战

苏联解体东欧剧变后，西欧社会对左翼力量作出了全面的重新定义。这些年激进左翼力量的变化和重新组合所带来的根本性转型，致使共产党不再是反资本主义政治领域的全权代表。金融危机后，意大利再度兴起的后民粹主义力量，也提出了与共产党相近的民生主张，并大量吸收了共产党的传统选民。新生激进左翼与民粹主义力量，是目前意大利共产主义政党克服内生性碎片化问题时，必须积极应对的外部挑战。

前文提到的左翼生态自由党，如今是意大利激进左翼政治领域中力量最强的政党。该党的主要力量分离于重建共，并与之拥有共同的选民基础，是一支去马克思主义化、去共产主义化的激进左翼。左翼生态自由党在意大利政治光谱中处于共产党和民主党之间，其意识形态为民主社会主义和生态社会主义。左翼生态自由党的纲领主张包括：与失业作斗争，保障最低收入、裁减军费和保障劳动者权益，抵制政府以削弱劳动者集体谈判能力为目的的劳动力市场的改革等。这些主张对重建共和共产党人党的传统选民产生了很大吸引力。2013 年，与重建共等选情大落①形成鲜明对比的是，左翼生态自由党在众议院获得了 3.2% 的支持率，在参、众两院分别获得 8 个和 32 个议席。

以五星运动党②为代表的后民粹主义力量的崛起，对意大利所有的激进左翼组织都构成了巨大挑战。所谓后民粹主义，主要指利用现代发达的互联网信息技术，通过社交网络平台进行政治动员，表达"人民"对"腐败精英"的不满。五星运动党的人民指的是"纯洁的公民"；"腐败精英"指的是腐败的政客、政党、代议机构及传统媒体。虽然冷战后的意大利一

---

① 2013 年，重建共与共产党人党联合其他 6 支左翼组织，组成了"公民革命"联盟参选，在众议院的选举中获得了 2.75% 的支持率。

② 五星运动党成立于 2005 年，2008 年正式参加地方政治选举，曾斩获 4 个城市的市长职位。2013 年首次参加全国议会选举，便在众议院的选举中获得了高达 25.55% 的支持率。2016 年的地方选举中，又赢得了罗马和都灵两大重镇市长之职，再度震动政坛。

直是民粹主义的乐土,① 但事实上,直到金融危机爆发,也未产生能对激进左翼真正构成威胁的民粹主义力量。2013年议会选举的"黑马"——五星运动党以其充满民粹主义气息的纲领,"颠覆"现有政党体制和要求改变现状的煽动性言论,以与普通党员联系紧密的组织结构和线上线下结合的政治动员方式,获得了选民、媒体与学术界的广泛关注。五星运动一方面在意识形态上对意大利共产主义政党构成了较大的冲击。该党外延丰富的"人民"概念,会对马克思主义政党的"阶级"动员产生消解作用;"腐败精英"的概念,也包含了对传统共产主义政党的社会功能与价值的否定。另一方面,五星运动党在组织力量上的急剧扩张,对共产主义政党的生存和发展也构成了威胁。虽然该党声称超越"左"和"右",但根据调查显示,五星运动党的党员和支持者,最初都是来自意大利传统红区的左翼选民,② 而且该党议员的政治主张,以及在议会中的投票表现与左翼生态自由党议员十分接近。③ 也有学者指出,该党获得成功的关键,不仅仅是"网络民主"的极致化,更多的是在于它借鉴了马克思主义政党的党建传统,重视基层组织活动,重视普通党员的意见与作用。④

为此,作为中坚力量的重建共和新意共,在重建更为团结的共产主义政党组织的过程中,面对金融危机爆发后出现的"外患"——左翼生态自由党和五星运动党共同构成的意识形态和组织力量上的挑战,应改变"嗤之以鼻"的态度,不应对其简单冠之以"乌合之众"之名;须认识到这两者不仅对共产党人的传统政治生存空间构成了威胁,而且在更为深远的意识形态上的(即去马克思主义化的和去共产主义化的)威胁更大。

意大利共产主义政党未来的复兴前景,很大程度上取决于意大利共产党人是否能够恰当地解决如何将马克思主义与意大利的政治社会现实有效结合的问题。在这一问题上达成清晰且统一的认识,是意大利共产党人有效应对来自新兴激进左翼与后民粹主义的巨大威胁与挑战的重要前提,更

---

① Marco Tarchi, "Italy: the promised land of populism?", *Contemporary Italian Politics*, 2015, Vol. 7, No. 3, pp. 273-285.

② Lorenzo Mosca, "The Five Star Movement: Exception or Vanguard in Europe?", *The International Spectator*, 2014, Vol. 49, No. 1, pp. 36-52.

③ Arianna Farinelli & Emanuele Massetti, "Inexperienced, leftists, and grassroots democrats: a profile of the Five Star Movement's MPs", *Contemporary Italian Politics*, 2015, Vol. 7, No. 3, pp. 213-231.

④ Ibid..

第五节　法国左翼阵线的演进、问题与困境

左翼阵线（Front de gauche），是法国共产党、左翼党等激进左翼政治力量在 2009 年建立的选举联盟性质的组织，也是法国激进左翼力量逆境突围，寻求实现自我发展与突破的重要尝试。其最初目标是构建一个广泛的左翼联盟，反对社会党对左翼权力的垄断，并推动社会改革。左翼阵线建立后，一度助推法国激进左翼实现了苏东剧变后最大的选举进步。但近年来，阵线内部矛盾冲突激烈，理论与实践问题频现。面对即将到来的 2017 年总统和议会选举，左翼阵线作为联合行动的统一力量出现裂痕，激进左翼实现进一步突破甚或保持 2012 年的大选战绩都面临很大困难。

一　重建左翼团结：左翼阵线的建立与发展

法国共产党是左翼阵线的主要倡导者。在法国政治舞台上，法共在二战后几十年中一直占据着左翼主要政治空间。但自 20 世纪 70 年代末以来，受社会结构变化、文化变革以及社会党崛起等因素影响，法共支持率急速下降。苏东剧变的发生，更是令与苏联一直保持着密切联系的法共遭遇沉重打击，一度面临生存危机。为摆脱困境，法共积极进行理论与实践调整。一方面，自 20 世纪 90 年代中期以来开启了以"新共产主义"理论为核心、以改变党的传统形象为目标的彻底"变革"进程。另一方面，尝试通过左翼联盟，进行反新自由主义的斗争，以重塑党的影响和号召力。从 90 年代初联合其他左翼政党和团体开展反对《马斯特里赫特条约》的斗争，到 90 年代中期倡议发起一系列左翼论坛、组织抗议运动反对朱佩政府的新自由主义政策，再到 1997—2002 年摒弃分歧与社会党合作组建多元左翼政府，以至在 2005 年围绕《欧洲宪法》公决的说"不"运动，都致力于团结包括社会党左派在内的不同激进左翼派别，进行左翼力量的政治再结盟，法共为推动法国左翼团结付出了巨大努力。

2008 年年末至 2009 年年初，法国政坛兴起了两支新的左翼政治力量。一是新反资本主义党，其前身是托派第四国际政党"革命共产主义者同盟"。在 2007 年的总统选举中，出身邮差的领导人贝赞斯诺一举获得 4% 的支持率而令该党声名鹊起。2009 年 2 月，"革命共产主义者同盟"与包

括环境保护和反全球化人士在内的一些左翼力量建立了"新反资本主义党"。新党很大程度上放弃了对托派的认同，倡导"21世纪新的社会主义和民主观"，试图将法国分散的左翼政治力量团结起来。二是由前社会党党员、参议员梅朗雄等建立的左翼党。梅朗雄一直是社会党内反对新自由主义右转的代表者。在资本主义爆发危机之后，梅朗雄看到了建立一个"坚守左翼阵营""不向右翼妥协"及代表"民主与共和价值观"的新党的必要性，[1] 因此他在2008年11月社会党兰斯代表大会左派动议遭遇否决后着手创建左翼党。2009年2月左翼党正式建立，共拥有党员6000余人，其中包括大量来自社会党、共产党以及民权运动的支持者。该党试图成为不同左翼传统的"融合点"，从而为进一步塑造更大范围的左翼联盟创造了条件。

同时，鉴于1997—2002年与社会党合作组建联合政府对党自身产生的破坏性影响，法共在实现左翼团结的对象、目标等问题上逐渐明确方向，并进行重新定位。在2008年12月召开的第34次全国代表大会上，法共向与会全体左翼发出呼吁，号召适应斗争形势的需要，建立一个"捍卫自由和民主的进步阵线"[2]。2009年的欧洲议会选举成为法国激进左翼力量凝聚到一起的契机，法共、左翼党以及一个在新反资本主义党建立之初就脱离出来的小党"团结左翼"，共同组建了名为"左翼阵线"的选举联盟。在这次欧洲选举中，左翼阵线斩获约6.5%的选票，较之此前法共支持率略有增加。需要指出的是，在对待左翼阵线的态度上，新反资本主义党内存在分歧，最终持反对意见的派别占了上风，并在后来多次拒绝了阵线的邀请，[3] 从而成为左翼阵线在各层级选举中的竞争者。然而，受制于党的文化和组织结构、宗派主义等因素，新反资本主义党的影响力下降很快，2011年后逐渐沦为政治舞台上无足轻重的边缘团体。[4]

随后的2010年地方选举和2011年州选举，左翼阵线的支持率明显提

---

[1] J. L. Melenchon, "Social Democracy is over: We need to build the 'Left that comes after'", *Transform*!, Journal 03, 2008.

[2] Marie-George Buffet, "34ème congrès : Discours de clôture de Marie George Buffet", Dec. 17, 2008, http://www.pcf.fr/spip.php?article3310.

[3] Jason Stanley, "France: The NPA in Crisis", 2012, http://www.solidarity-us.org/node/3490.

[4] Fabien Escalona and Mthieu Vieira, "The French Radical and the Crisis", in Luke March and Daniel Keith, *Europe's Radical Left: From Marginality to the Mainstream?*, Rowman & Littlefield, 2016, p. 117.

高。这些选举经历也进一步鼓舞了左翼阵线试验的继续。2012年,在"人民共同纲领"基础上,左翼党领导人梅朗雄被推选为左翼阵线的共同候选人参加总统选举。左翼阵线在选举中呼吁进行针对危机和社会经济不平等的进步改革,捍卫福利国家、劳工权和财富再分配,支持重新缔结欧洲条约和生态社会主义经济计划,获得劳动阶层的认同。首轮选举后,梅朗雄的支持率一度高达11%,创下自1981年后法国激进左翼的最好选举战绩。

但在此后几年间,左翼阵线迅速步入发展低迷期。首先是在2012年的立法选举中,左翼阵线参加了几乎所有选区的候选人竞选,但仅获得577个议席中的10个席位,梅朗雄本人也在加来海峡省的选举中惨败。2014年的市政选举令左翼联盟再次受到沉重打击,其利用梅朗雄的声望和形象以赢得社会支持的策略遭遇失败,左翼阵线支持的候选人未能在任何大中城市获得政府职位。两个月后的欧洲议会选举,左翼阵线仅获得4个议席。2015年12月法国举行地区选举,左翼阵线仅在一个地区获得了10%以上的支持率,但因未能与社会党和绿党达成协议而没有进入选举第二轮。这次选举是2017年全国大选前的最后一次重要选举。有观点认为,其失败将是左翼阵线等法国左翼政治力量发展进程的一个转折点,它标志着其所提出的反紧缩以及实现人类团结和共享进步的另一种发展方案,并未能代表一种真正的替代,也未能填补社会党留下的左翼真空。①

二 左翼阵线的内部矛盾与问题

左翼阵线迄今已经走过7年多的发展历程。作为法国激进左翼政党联合的重要载体,它将分散的左翼力量集结起来,对于在政治光谱中处于弱势的激进左翼政党加强凝聚力、发挥影响力、重塑政治地位意义重大。但近年来,左翼阵线内部在组织、战略策略方面分歧巨大,在塑造社会动员方面也缺乏行之有效的行动战略,左翼阵线的内部矛盾与问题急剧凸显。

首先,从组织上看,左翼阵线自成立后规模不断扩大,仅在2009—2012年,就有7个团体相继加入其中。2013年11月,"融合与替代""反资本主义左翼"和"社会与生态替代联盟"等三个小团体,发起成立了一个名为"左翼替代、生态与团结"(Ensemble!)的政治运动,集结了从新

---

① Elisabeth Gauthier, "French Regional Elections: First Observations", *Transform!*, Dec. 9, 2015, http://www.transform-network.net/blog/blog-2015/news/detail/Blog/-bf0c764922.html.

反资本主义党成员、法共革新派、反种族主义者、女权主义者、生态社会主义者在内的众多异质性群体，现在已经成为左翼阵线内第三大组成力量。

与德国左翼党和希腊激进左翼联盟明显不同的是，左翼阵线一直作为选举联盟存在，其主要组成部分并没有放弃自身的独特性而结成统一整体。它没有制定组织章程，也没有明确的组织规定，只是确立了一些灵活性的结构以确保加入左翼阵线的各党派团体能够保持联系以及协调动议和选举运动。比如在全国层面，建立了类似于立法机构的全国委员会，以及类似于执行和决策机构的全国协调委员会。在地方层面，建立了公民会议等地方机构。2011年后，左翼阵线的各组成部分一直通过位于格洛诺布尔的夏季大学进行会晤。这种松散的结构，造成整个联盟缺乏凝聚力、向心力，也使得阵线内部围绕一些重要问题（比如个人是否可以不必通过其组成党派直接加入阵线）一直争论不休[①]。

同时，阵线内各政党和组织的历史、政治文化（其中涵盖了从社会民主主义到最激进左派的各种派别）及其在一些重要问题上的立场倾向、植根于社会的方式等，也都具有明显差异，从而不可避免地存在发生冲突以及分裂的潜在可能性。比如，阵线创始党之一的"团结左翼"，在2014年市政选举后退出了左翼阵线的全国机构，并因其推出的候选人在欧洲议会选举中的排位问题而将其撤回。实际上，左翼阵线的这种矛盾性特征与生俱来，却又对阵线的发展意义重大。正如有学者所言，"一旦各党能够摒弃差异，其多样性将成为阵线真正获得人民支持的源泉"[②]。一些党派尝试通过组织融合的方式来弥合这种差异，比如2015年9月"团结左翼"融入具有相似意识形态的法国共产党。但从实际成效看，这种做法并未解决阵线组织上根深蒂固的问题。

其次，阵线内部尤其是法共与左翼党在战略策略上的分歧，一直伴随着左翼阵线的发展进程。而其中最主要的矛盾冲突，就是如何对待法国社会党。引发争论的导火线，是左翼阵线自2012年以来未能在总统和国民议会的递补选举中取得重要进展。此后，在2014年3月巴黎地区的议会选举中，共产党人没有选择支持左翼阵线，而是与社会党建立了选举联

---

① Jason Stanley, "France: The NPA in Crisis", 2012, http://www.solidarity-us.org/node/3490.
② Ibid..

盟。尽管这并非一种普遍现象，因为在超过10万人的市镇中，将近3/4的法共地方组织仍然选择支持左翼阵线，但却表明法共内部的一些地方领导人与普通党员在对待与社会党关系上存在明显分歧，这也在左翼阵线内部引发了不满情绪。梅朗雄在法共的巴黎地方组织做出与社会党联合的决定后指出，巴黎的形势较为简单化，对左翼阵线的实际影响并不大，"但在全国层面，形势更为复杂，造成的损失更为巨大，这种做法将使极右翼成为现存体系唯一的替代力量"；"不能不择手段达到目的，这是一场政治和意识形态征服战"①。而法共领导人洛朗则更加强调广泛左翼联合的必要性，认为"这不是与那些执行政府政策的人的联合，而是与包括社会党在内的、那些不认同紧缩政策的左派建立左翼联盟的问题。现在不是自我隔绝而是应该扩大左翼联合的时刻"②，并呼吁两党停止在这个问题上的争论、夸大其词和相互讽刺。

实质上，在因法共于巴黎地区与社会党的合作而爆发的激烈冲突之下，掩盖着左翼阵线内部在一个关键性战略问题，即如何扩大左翼阵线支持基础的重要差异。是争取失望的社会党党员和选民？对现实政治幻灭的国民阵线支持者？还是失业的青年人？在这个问题上，法共主流派尝试的方法，是构建一个尽可能广泛的反紧缩和反右翼政治的多数派。在可能的情况下，需要把部分社会党人尤其是社会党内的左派力量囊括进来。他们因而强调当选地方议员的重要性，主张左翼阵线在地方议会中的缺位不利于争取当地民众的福祉；反对将社会党所有党员"妖魔化"，认为部分社会党人同样反对现政府的反社会政策，批评梅朗雄对社会党的评价过于尖刻。这一根本性认识分歧的集中爆发，被认为触发了左翼阵线成立后最严峻的危机。

再次，在地区性以及国际性问题上，左翼阵线内部的分歧也非常突出。欧盟以及欧元作为单一货币的合法性问题，一直是法国激进左翼争论的焦点问题，激进的脱欧论与温和的"替代欧洲"论长期针锋相对。③ 左翼阵线内部围绕这一问题的争论也同样激烈。法共自20世纪90年代开启

---

① Dick Nichols, "As National Front support grows, strategy struggle erupts in Left Front", Nov. 11, 2013, http://www.internationalviewpoint.org/spip.php?article3177.

② Ibid..

③ Jean-Numa Ducange, "The Radical Left in France", in Babak Amini, *The Radical Left in Europe in the Age of Austerity*, Routledge, 2016, pp. 68–69.

党的重建进程之后，主导倾向已经从欧洲拒绝论转向模糊性地承诺"另一个欧洲"，承认欧盟在实现必要目标以及挑战美国霸权方面的政治行动潜力，主张在欧盟内部作斗争，使其做出根本性的改变①。左翼党则反对欧盟现存条约，提出将人民主权与国际主义协调起来，支持在脱欧与欧盟内自上而下地重新定位之间采取一种折中办法。在单一货币问题上，左翼党持批判态度，强调改变货币政策的可行性。而法共则坚持一种更为谨慎的立场，其党内经济学家甚至经常表现出支持欧元的明显倾向。比如法共经济委员博卡拉提出，唯一可行的方案，是使欧洲央行成为"最终贷款者"，从而能够制定一些规则确保为社会和环境计划提供资金支持。②近年来，二者在是否与欧盟决裂问题上的争论愈加激烈。尤其在英国脱欧公投之后，阵线内两条路线的分歧更加泾渭分明。左翼党主张，如果未来建立的激进左翼政府不能在内部改造欧元区，那就应该选择拒绝或退出策略。而法共提出了一个折中方案，呼吁召开政治家、工会、非政府组织以及其他政治力量的"永久性居民会议"，起草一个新协约以提交全民公决。法共强调，欧洲问题是扎在阵线内部的一根肉刺。阵线内各组织只有在一些基本问题，比如反对资本主义逻辑的经济自由主义、保护人民权利上达成一致，才有可能解决这一问题③。此外，阵线内部在其他一些国际性议题上也有矛盾。比如乌克兰危机爆发后，在对俄罗斯的态度上出现了两种主张的公开对立。而在对待拉美左翼政府的观点上，左翼党无条件的支持立场也与阵线其他组成部分的批评性倾向相冲突。

最后，左翼阵线面临的最严峻挑战，是缺乏能够将人民真正动员起来、实现社会政治转型的行动方案。经济危机以来的法国，并不缺乏对巨大社会不公正的憎恶情绪，民众针对新自由主义政策及其增长模式的反对声浪一直持续高涨。与这种社会情绪相适应，左翼阵线无论是对新自由主义和危机的批判，还是所提出的替代纲领，都彰显了左翼的激进色彩。比

---

① Giorgos Charalambous, "All the shades of red, examining the radical left's Eurosepticism", *Contemporary Politics*, 2011.

② Fabien Escalona and Mthieu Vieira, "The French Radical and the Crisis", in Luke March and Daniel Keith, *Europe's Radical Left: From Marginality to the Mainstream?*, Rowman & Littlefield, 2016, p. 120.

③ Julia Hamlaoui, "Front de gauche. Avec la présidentielle, la tension monted' uncran", 11 Juillet, 2016, http://www.humanite.fr/front-de-gauche-avec-la-presidentielle-la-tension-monte-dun-cran-611664.

如，它们关于危机的发生表明新自由主义已经丧失合法性，危机的根源不是公共支出过多而是"体制"存在问题，解决危机要对资本主义经济进行根本性变革等主张，明显不同于"向右转"的社会党的认知和解决方法。在替代发展模式方面，其建立在2012年竞选纲领"人类优先！"基础上的原则性主张[1]（如共享财富和消除社会不安全感、重新控制银行和金融市场、实现经济的生态转型、建立独立于金钱权力的真正民主国家、建设"另一个欧洲"、实现人的解放等），也在很大程度上表达了民众的诉求和期望。

然而，组织上的分散性导致了实际行动的碎片化。一方面，左翼阵线内各党派大都捍卫自己的战略主张，而其战略导向存在差异，实际上不能完全相容。另一方面，有些党派为扩大影响力而进行的诸多意识形态和战略调整本身，徒有创新其表却虚而无实，并不能真正起到群众动员的作用。比如左翼党近年来一直在寻求政治战略的重塑。它对党的作用进行了重新定位，提出党不是发挥"领导"而是"帮助人民"的作用。在此基础上，它不再尝试以理论和纲领说服人的"立场战"，而是致力于发动党员积极性的"运动战"，并参照拉美"21世纪社会主义"的实践模式，建立公民自下而上、水平参与的"公民会议"，倡导从满足"社会需要"转向实现"人类普遍利益"的"公民革命"。但从实践看，这一战略并未达成其理想成效，既未能摆脱自上而下政治动员的传统模式，也未能实现公民自发性的真正参与。同时，左翼党近年提出的"第六共和国"运动，概念本身内涵非常庞杂，涵盖了民主、社会、环保、女权、解放运动等众多理念，而其在所有领域确保人民拥有主权以及获得新的权利的实现途径也充斥着相互矛盾，比如既主张与当前制度的革命性断裂，又试图通过"投票箱"（选举成功）来达成其最终目标。[2] 显然，完善行动战略的缺失，造成了反新自由主义的社会激进情绪与左翼阵线的选举成就间形成巨大落差，尤其是在各层级选举中，陷入大量工人阶级弃权以及极右翼国民阵线高歌猛进的尴尬处境。因此有学者认为，目前左翼阵线的重中之重是构建

---

[1] "Le prgramme du Front de gauche et de son candidatcommun Jean-Luc Mélenchon-L'humaind'abord", le 03 novembre, 2011, http：//www.pcf.fr/18541.

[2] Clément Petitjean, "What Happened to the French Left?", Nov. 6, 2015, https：//www.jacobinmag.com/2015/11/front-de-gauche-melenchon-besancenot-pcf-ps-france-socialist-europe-eu-mitterand/.

一个行之有效的行动战略。其关键是需要对社会呼求做出明确回应，与各种社会运动进行平等对话，重新强化与工人阶级的联系，提出与自由主义逻辑完全不同的替代建议，并在此基础上形成具体的纲领规划，从而在民众中重建推动社会转型的信心。否则的话，反对社会不公正的斗争将被垄断了"社会问题"的国民阵线所占据，而左翼阵线也将失去进一步前进的空间。[1]

三 左翼阵线趋向分裂及其大选前景

2016年年初以来，左翼阵线虽然保持着形式上的存在，但实质上已经陷入发展停滞。早在1月末，鉴于左翼面临的困难形势，经济学家托马斯·皮凯蒂等就发起倡议，呼吁所有左翼政党进行统一的初选，推举共同候选人参加即将到来的总统选举。法共、"左翼替代、生态与团结"等积极响应，与绿党、社会党左派多次举行会议，讨论确立共同的价值导向和相关提案，为进行广泛的左翼初选奠定基础。但是，围绕哪些力量可以参加这一初选（比如其范围是否可以扩大至现任总统奥朗德？还是以是否反对《劳工法》为标准？）等问题，左翼内部存在认识混乱。梅朗雄利用这一战略争论开启的政治空间断然拒绝了该倡议。他从实现极大选举成功的西班牙"我们能"党的发展经历中获取灵感，超越法国传统的政党政治框架，创建了一个名为"抗争的法国"的新政治运动。2月初，他公开宣布将不作为左翼党的候选人，而是"抗争的法国"的代表参加总统选举。该运动以"共同的未来"为政治纲领，主要吸收了左翼阵线2012年竞选纲领"人类优先"的政治主张，但更加突出地强调生态转型，提出到2050年实现100%可再生能源等替代目标。此后，绿党也宣布自行举行党内初选。这样，推选左翼统一候选人的设想最终未能实现。

面对这一局面，法国共产党继续维护和捍卫左翼团结，呼吁加强和拓展左翼阵线方法，实现更广泛的左翼联合。2016年6月在奥贝维利召开的第37次全国代表大会上，洛朗敦促法共不要惧怕可能出现的分歧，搁置与其他左翼力量和群众组织的差异，将所有愿意与其一道推动社会转型的力量，包括左翼和政治生态力量、工会和社会运动团结起来，构建一个新

---

[1] Dominique Crozat, "France: The Left Front-The Challenge of a True Popular Dynamism", *Transform*!, 2011.

的人民和公民阵线,一个新的社会和政治阵线,以应对右翼和极右翼势力执政的危险,推动新的左翼多数掌握政权,为法国的进步与团结开启新的希望。① 随后,法共发起"伟大的公民协商"运动,在几个月的时间内,利用通信等方式与50万民众进行沟通交流,听取其意见和建议,探寻新的行动方案。11月5日,法共举行全国会议,讨论党的选举策略。洛朗呼吁法共代表在"抗争的法国"框架之外支持梅朗雄,但该提议遭遇反对意见,55%的代表主张选择法共自己的候选人。25日,经过激烈争论后,53.6%的代表同意在不加入其政治运动的前提下,推举梅朗雄作为总统候选人。

目前,共产党、左翼党以及几个左翼小党已相继宣布支持梅朗雄参选法国总统。显然,与2012年不同,法国激进左翼力量围绕总统候选人集结起来,而非致力于构建统一的联盟。无论能否作为一支团结的力量继续存在下去,一个明显的事实是,左翼阵线力量涣散,难以在此次选举中发挥重要作用。其是否会进行必要的重构或重建新的左翼联盟(无论是法共倡导的"人民的公民阵线"抑或其他形式)尚难以预测,但2017年选举中梅朗雄在多大程度上能够获得成功,必将对左翼阵线乃至更广泛左翼联合的发展具有关键意义。然而从现状看,法国激进左翼不可能具有希腊、西班牙等南欧激进左翼那般颠覆现存选举秩序的冲击力,甚至实现选举突破或保持"左翼阵线"此前的大选战绩都面临很大困难。除前述激进左翼的内部矛盾和冲突影响外,造成这一局面的主要外部因素在于:

第一,从经济层面看,经济危机对法国的冲击程度并不似南欧那般巨大。危机以来,法国政府反危机的紧缩举措主要限于增加税收、限制公共支出和劳动市场解除管制。尽管2010—2015年法国家庭购买力有所下降,但失业率一直维持在相对可控水平,公共部门员工的工资并未缩减,长期性就业协议也未受到显著冲击,普通劳动者利益受损有限。因此,法国没有发生持续性的大规模反紧缩运动,激进左翼也没有更多机会利用反紧缩来体现自身的政治存在和影响力。

第二,从政治制度层面看,法国政党政治的竞争结构不利于政治迟到者和组织规模较小的政党。从总统选举初选到两轮选举制,再到简单多数票当选制,与希腊、西班牙等国采取的比例代表制相比,涉及政权归属的

---

① PCF, "Projet de base commune", Texte adopte par le Conseil national du PCF, 6 mars 2016.

决定性投票完全将小党排除在外，令其难以形成与主流政党的有效竞争。这也是法国共产党将斗争矛头直指选举体制，反对共和党、社会党对政治生活的垄断，呼吁颠覆总统制逻辑，通过比例代表制选举国民议会的重要原因。①

第三，从选民基础看，法国激进左翼在吸引民众关注度与支持率方面处于被动和劣势。近年来，社会党政府因经济和社会安全治理无效导致支持率急剧下降，但左翼阵线并未对幻灭的社会党选民形成足够吸引力。据统计，在2012年以来的诸多选举中，这部分选民中的绝大多数都投了弃权票。同时，面对移民潮带来的社会问题以及恐怖袭击的威胁，作为左翼政治标签的多元文化主义遭遇前所未有的挑战。就公众和媒体关注度而言，法国激进左翼的"界定宽泛的后资本主义"的政治议题设置，明显无法与倡导反移民、保护主义和捍卫国家主权的极右翼国民阵线相抗衡。②民意测验显示，国民阵线的主张获得了各年龄段选民的支持，尤其成为18—30岁法国人的首选。③

随着总统选举日的临近，法国的政治天平出现了明显的"向右"倾斜。极右翼国民阵线领导人的玛丽娜·勒庞、代表中右翼力量的弗朗索瓦·菲永以及独立候选人马克龙的民测支持率领先。面对这一困难形势，激进左翼政党间有效的沟通、协调目前仍未可见，各党都在试图寻求发展自己的人民运动战略，相互间难以达成基本共识。而在团结行动上如若不能实现突破，法国激进左翼力量将陷入被进一步政治边缘化的境地。

---

① PCF, "Projet de base commune", Texte adopte par le Conseil national du PCF, 6 mars 2016.
② Fabien Escalona and Mthieu Vieira, "The French Radical and the Crisis", in Luke March and Daniel Keith, *Europe's Radical Left: From Marginality to the Mainstream?*, Rowman & Littlefield, 2016, pp. 125 – 126.
③ Virginia Hale, "Front National Now Top Choice for French Youth", May 5, 2016, http://www.breitbart.com/london/2016/05/05/front-national-now-top-choice-french-youth/.

结　语

2008年爆发的全球金融危机迄今已经持续8个年头。危机引发了资本主义世界的经济衰退和社会动荡，使整个资本主义体系发生巨震，主要发达资本主义国家直至今日仍然难以找到有效方式走出危机。与之相对照的是，危机下各国的工人斗争蓬勃发展，群众性反抗运动此起彼伏，左翼和社会主义思潮激荡勃发，苏东剧变后陷入低潮的世界社会主义运动出现了部分复苏迹象。到底应该如何认识全球金融危机？这场危机给社会主义带来了什么样的发展机遇？提出了哪些挑战？我们应该如何看待危机对社会主义发展造成的影响呢？

一　金融危机为世界社会主义的复兴提供了条件

（一）全球金融危机是真正意义上的"大萧条"

2008年9月，以美国雷曼兄弟公司破产为标志，全球陷入第二次世界大战以来最严重的金融危机之中。对于这场危机的规模及影响，人们的认识是不断深化的。2010年曾一度被媒体使用的"后危机时代"一词，很快就被危机持续深化的现实所淹没。

我们看到，这场危机不同于二战后的历次危机。

首先，危机来势凶猛。2008年9月至2009年3月，美国经济按年率计算萎缩了将近6%。此前美国经济陷入危机时，至多是经济增长速度大大放缓甚至是止步不前，但真正意义上的经济收缩却不曾见过。受其牵连，西方其他主要经济体的经济增长也普遍下降甚至出现负增长。此后，美国等国家经济衰退势头虽暂时得到遏制，但复苏疲软。

其次，危机持续时间长。二战后资本主义世界发生的每次周期性经济危机一般都持续一两年。而这次危机迄今已经到了第8个年头，仍不见隧道的尽头。早在几年前，有关研究机构的报告就预测，未来世界经济紧缩将是中长期的。① 作为其印证，直至 2016 年上半年，世界经济仍然乏善可陈，复苏动能不足，整体经济运行低迷，全球工业生产低速增长，世界贸易持续低迷，世界经济下行风险不断继续累积。② 尤其是受危机冲击最严重的发达资本主义国家，为了救市和刺激经济发展，长时间实行货币量化宽松和超低利率政策，进一步催生了金融资产泡沫膨胀，加上收入分配不平等愈益加剧，正面临再次爆发金融危机和经济衰退的风险。2016 年上半年，国际货币基金组织发布的《全球金融稳定》报告称，全球需提防新一轮金融危机。前英格兰银行行长默文·金警告称："由于管理者在上一次危机后未能改革金融体系，全球经济正处于又一次崩溃的边缘。"③

西方经济学家在给不同程度的经济危机贴标签时，对战后资本主义世界发生的多次危机一般称为"经济衰退"（recession），只有将 1929 年至 1933 年那样的世界资本主义大危机称为"大萧条"（Great Depression）。然而，这一次危机，人们又用"大萧条"来指称了，足见这次危机的规模和破坏程度都是二战以来空前的，堪与 1929—1933 年那样的大萧条比肩。

（二）金融危机向政治和社会危机转化，资本主义自我调节能力减弱

金融危机爆发后，西方各国政府在应对危机中似乎很快掌握了主动权，通过政府的"救助"措施暂时缓解了金融系统的崩溃和经济急剧衰退的势头，经济开始出现缓慢的复苏。紧接着，西方各国政府大力削减社会开支，将银行家造成的损失社会化；美国实行量化宽松货币政策，开动印钞机，使其损失全球化；美国联合日、韩在朝鲜半岛制造紧张空气，对朝鲜、中国施压，法国、英国、美国等西方大国对北非国家进行军事干涉，开始新一轮的对石油等自然资源的争夺，等等。然而，所有这些手段都未能阻止危机向纵深发展，因为实体经济不恢复，经济复苏便无从谈起。

由于经济形势恶化，在西方资本主义内部，劳动与资本的对立更加凸显。实际上，随着金融资本在当代资本主义阶级剥削中的"贡献"和比重越来越大，金融资本家的权力在最近几十年间得到亘古未有的扩张。最明

---

① 北京智能经济研究院、北京工商大学世界经济研究中心报告《2012 年世界经济风险指数与主权国家评级》，《经济参考报》2012 年 11 月 1 日，转引自人民网 http://finance.people.com.cn/n/2012/1101/c1004-19458800.html。

② 国家统计局释经组：《全球化》2016 年第 8 期。

③ 黄振奇、黄海燕：《发达资本主义国家的经济发展前景黯淡》，载《红旗文稿》2016 年第 20 期。

显的特征,就是在当代资本主义阶级结构中形成了一个"掠食者"阶级,其核心就是所谓的"金融精英"。他们通过复杂的金融机制,把一国的资源,甚至是广袤的地球资源,都掠夺过来牢牢地控制在手中。同时,被掠食财富的绝大多数又集中在了少数金融寡头手中。据统计,1990年10家最大的美国金融机构占金融业总资产的10%,到2008年,则上升到60%以上。同样的现象是,全球最大的10家银行在2009年占全球银行业资产的70%,而2006年才占59%。"占领华尔街"运动提出了一个著名的口号——"我们是99%"。其基本理念及得到各大机构验证的共识在于:99%的美国人在过去30年间根本没有获得实质性的财富增加,而1%权贵们的财富增长异常迅速。2007年,1%最高收入者的平均税后家庭实际收入约占总收入份额的24%,较之1979年攀升了275%。而在这1%中占据相当大比重的,就是超级金融大亨以及金融等机构的高级管理人、经理和主管。在发达资本主义国家,金融资本的剥削和掠夺导致两极分化进一步加剧。近二三十年来,美国企业高管与普通员工的工资差距,已经从40∶1扩大到了357∶1。与1%富有者急剧增长的财富相比,普通劳动者几十年来的收入都没有出现实质性增加。全球金融危机以来,伴随着大规模失业以及实际收入的下滑,劳动者生活受到很大影响,欧美地区位于贫困线以下的人口数量迅速增长,出现了被西方媒体称为"新贫困危机"的现象。在美国,从2008年到2012年,贫困人口从13.2%增加到16%,5000万人受到影响,几乎每6个人中就有1人生活在贫困线以下,达到1993年以来的最高点。在欧洲,一些受经济危机影响最严重的国家,比如西班牙和希腊,贫困风险分别高达22%和21%,约有9%的人口"严重物质匮乏",根本无法支付租金和账单。

与财富高度集中并行不悖的,是金钱对政府权力运作的影响。几十年来,金融资本家依仗其搜刮的雄厚财力,通过使用政治捐款和游说等手段,把"华尔街"的意识形态转换成支配公共决策者和监管政策的意识形态。在金融寡头的操纵下,任何一个政党上台执政都必然执行有利于金融大亨们的政策。诚如《每月评论》副主编米歇尔·D. 耶茨(Michael D. Yates)所言,正是1%中位于顶层的那些人提供的竞选资金及其在国会和最高法院中占据的重要地位,使得政府坚决地站在了富人一边。即使金融寡头们的肆无忌惮并最终引爆国际金融危机,颠覆了整个美国甚至全球的经济体系,却仍然不能动摇"华尔街"与政府间的关系走向。国际货币基金组织2014年报告指出，目前世界上最大的几家银行仍然享受着政府高达5900亿美元的隐性补贴。

严重的社会不平等，激化了社会矛盾，震动了作为资本主义社会稳定器的广大中产阶层，引发了社会反抗浪潮。全球金融危机以来，发达资本主义世界连续爆发了"愤怒者"运动、"占领"运动、"黑夜站立"运动，以及此起彼伏的罢工示威运动。2016年4月11日开始，美国又爆发了反对"金钱政治"的"民主之春"抗议活动，这场数千人参加的持续8天的抗议，国会大厦前千余名示威者遭到警方逮捕。这些群众性反抗行动，充分表明了西方社会标榜的自由、平等、团结的价值观已在民众心中发生动摇，政权受制于金融机构、为金融垄断资产阶级利益服务的西方政治体制正面临前所未有的信任危机。资本主义整个体系正在遭受战后以来罕见的震荡。

这一切表明，马克思所说资本主义的固有矛盾，即生产的社会化和生产资料私人占有矛盾，是资本主义无法在自身体制内克服得了的。尽管资本主义的生产关系在自身能量全部释放出来之前是不会灭亡的，但它所能够允许的社会生产力的发展空间却在一点一点地缩小，资本主义的自我调节能力正在丧失。美国、欧盟不足以应对目前的这场危机就是最好的证明。

二战后资本主义世界经历了多次周期性经济危机，且每一次都很快走出危机。于是有人根据战后资本主义经济危机的形式变化，特别是1991年苏联解体和东欧剧变得出结论：一是资本主义生产关系具有很强的自我调节能力，可以做到不在经济危机中走向灭亡，而是从中获得新生。二是马克思主义理论过时了，既不能解释二战之后的世界，更不能指导我们去改造世界。然而，2008年以来的全球金融经济危机却使人们对资本主义的自我调节能力产生怀疑，恢复了对马克思主义的信心，看到世界社会主义运动再度兴起的机会。应该说，全球金融经济危机为世界社会主义的复兴准备了客观前提。

二　世界社会主义运动的振兴初露端倪

从全球金融危机爆发以来的现实发展看，危机在使资本主义本身遭受重创的同时，也推动了世界社会主义的思想、力量和运动在一定程度上的复兴。国外许多左翼人士都看到了这场危机对社会主义发展的积极影响，认为危机给社会主义带来新的发展机遇，强调左派力量应该利用资本主义危机推动社会主义的发展。比如，世界社会主义网站国际编委会成员尼克·比姆斯（Nick Beams）在2008年年初金融危机初露端倪之时，就意识到危机可以成为社会主义发展的契机，强调危机下大力发展社会主义运动的意义，指出"世界社会主义革命和重组世界经济的观念并不是遥不可及的观念。对客观经济进程和趋势的考察表明，这一观念是唯一有价值和可行的基础。站在这一基础之上，工人阶级和全人类可以直面日益加深的全球资本主义秩序危机和它正在制造的灾难"①。美国社会主义工人党（SWP）机关刊物《国际社会主义评论》的编辑乔尔·戈伊尔（Joel Geier）指出，在危机条件下，"已被边缘化了几十年的左翼终于获得巨大的发展契机。这场自由市场的灾难，使我们更有论据来争论资本主义的必然失败以及基于人类需求的制度更替"，"左派必须利用此次经济危机进行反对资本主义的思想攻势"，"第一，必须兴建或者说是重建左派……第二，左派必须做好参加任何捍卫工人阶级利益斗争的准备，并针对自由市场及其捍卫者保守主义和自由主义，建立起一套政治与意识形态的相应替代物"②。英国马克思主义经济学家克里斯·哈曼（Chris Harman）认为，能够清楚地意识到自己责任所在的世界社会主义力量，"应该利用资本主义的这次混乱来传播社会主义者的观点，同时在统治阶级试图让人民大众为这次危机埋单之时，力争成为各种反抗形式的中流砥柱"③。埃及著名左翼学者萨米尔·阿明（Samir Amin）在对当前世界金融危机作出帝国主义寡头的资本主义危机的本质判断基础上，提出了社会主义的必然性问题，认为面临危机的寡头统治/独裁统治一旦被终结，"人类作为一个整体将只能全面走向社会主义道路——这是人类避免混乱的唯一选择"，危机下的资本主义可能面临革命、战争等浪潮，"真正的问题在于：这些斗争是否能汇聚起来，以便为向世界社会主义转型的漫长旅程铺设一条或者几条道

---

① ［澳］尼克·比姆斯：《资本主义的世界性危机和社会主义的前景》，载《国外理论动态》2008年第11期。
② ［美］乔尔·戈伊尔：《金融危机：一场全球性的资本主义系统性危机》，载《当代世界与社会主义》2009年第2期。
③ Chris Harman, "The slump of the 1930s and the crisis today", *International Socialism*, Issue 121, Spring 2009, http://www.isj.org.uk/index.php4?id=506&issue=121.

路"①。总体上看,当前的资本主义危机对社会主义发展的积极影响至少包括以下几个方面。

(一)危机使马克思的思想、观点重新得到肯定和重视

金融危机发生后,马克思的著作受到青睐,《资本论》成为畅销读物,西方国家掀起了新一轮马克思热,重新肯定马克思对资本主义经济危机的剖析及其所揭示的资本主义矛盾和经济社会发展规律的正确性。西方主流媒体在宣传这股潮流,如英国《泰晤士报》2008年11月20日就报道说,金融危机使西方人突然重视马克思的《资本论》。即使是一些主流政治精英也开始重新审视马克思,认为"某些马克思主义理论并不那么坏",法国总统萨科齐甚至还让人给他拍摄了一张翻阅马克思著作《资本论》的照片。金融大鳄索罗斯说,"此人(马克思)150年前发现了资本主义的一些事实,我们今天必须予以关注"②。

西方一些马克思主义学者高度评价马克思的思想理论对认识和理解当代资本主义问题的重要作用。英国马克思主义历史学家霍布斯鲍姆认为,"当全球资本主义正在经历自20世纪30年代初以来最严重的动荡和危机时,马克思不可能退出公众的视野","我们无法预见21世纪世界所面临的问题的解决方案,但是,倘若这些解决方案要获得成功的机会,它们就必须提出马克思所提出的问题"③。英国学者特里·伊格尔顿撰著《马克思为什么是对的?》一书,强调资本主义固有的内在弊端就在于资本不可遏制的向外拓展,这就是资本主义内在逻辑的稳定性。④ 只要资本主义不打破这种稳定性,马克思对它的批判就是有效的;资本主义存在一天,马克思就不会消亡。

此外,不仅马克思的资本主义分析和制度批判理论备受推崇,其关于未来社会发展的思想也重新受到关注。法国《世界报》2008年10月17日发表法国著名哲学家阿兰·巴迪欧(Alain Badiou)的文章,指出金融危机使广大民众认识到人类解放的主题从来没有失去它的效应,"毫无疑问,

---

① [埃及]萨米尔·阿明:《理解世界金融危机的本质》,载《国外理论动态》2010年第2期。
② [英]埃里克·霍布斯鲍姆:《如何改变世界:马克思和马克思主义的传奇》,中央编译出版社2014年版,第2页。
③ 同上。
④ [英]特里·伊格尔顿:《马克思为什么是对的?》,新星出版社2011年版,第14—15页。

'共产主义'一词正体现了这一主题,但却被贬低和侮辱了。但是现在,'共产主义'一词的消失只是便宜了既有秩序的支持者,也就是当前危机大片中的演员们。我们要重新提倡共产主义,并使它更为明晰"①。资本主义危机下的马克思热带来了社会主义思想、理论、观点的复兴,推动了低谷中世界社会主义的发展和进步。

(二)危机为共产主义力量提供了重整旗鼓的机会

危机再次暴露了资本主义制度的历史局限性,凸显了社会主义替代资本主义的必要性,提振了国际共产党人争取社会主义的信心。处于资本主义制度之下的各国共产党在新的形势下改变行动策略,从防守转向进攻,积极投身到反危机的斗争之中。从近几年的实践可以看出,国外共产党在反危机的斗争中呈现出新的发展态势。

首先,各国共产党根据新的形势和国情重新确定了战略目标和近期任务。如英国共产党在《英国走向社会主义的道路》的纲领中把"构建一个大众的、民主的、由工人阶级领导的反垄断同盟"作为现阶段的政治战略,把"反对英国政府关于大幅削减公共开支的紧缩方案和广泛私有化的做法"作为当前任务。希腊共产党则把"加速重组工人运动和社会联盟,建立统一的社会和政治阵线,展开推翻垄断政权和建立人民政权和经济的斗争"作为新的战略目标。

其次,各国共产党积极投身于罢工运动之中,在斗争中扩大与工人阶级的联系,增强自身的影响力。各国共产党都认识到,危机引起社会各阶层的不满,这在客观上为社会主义的复兴创造了条件。但社会主义不会自发地成为人们头脑中的主观信念。共产党需要引导工人阶级及其广大民众重塑社会主义信念。各共产党从实际出发,把以反映工人的现实需求作为罢工和其他抗议行动的口号,通过日常斗争赢得大众的信赖,以建立起有利于同垄断资产阶级进行"最后决战"的力量对比关系,为争取社会主义的未来作思想和行动准备。在它们看来,共产党的强大才能保证工人运动在政治上向左转。为此,有的党直接建立阶级工会,有的党间接地以工会会员身份参与工会的斗争。如希腊共产党建立了由其领导的"全国劳工斗争阵线",在轰轰烈烈的希腊罢工潮中扮演着不可或缺的角色。葡萄牙共

---

① 转引自侯惠勤、辛向阳《国际金融危机中马克思主义的复兴》,载《红旗文稿》2010年第12期。

产党与该国最大的工会组织葡萄牙工人联合会保持密切联系，现任工会领导人由共产党的中央委员担任。危机以来葡萄牙举行的大型抗议活动，都是由该工人联合会组织的。英国共产党以工会委员会成员的身份在罢工运动中扮演重要角色，努力使自己的主张体现在英国职工大会通过的人民宪章之中，其中包括向富人和大公司征税，将金融、公共交通和能源公司收归公有，投资于住房、教育、生产性工业和可持续经济，终结支持军国主义和战争政策等。英共通过自己的刊物宣传和引导罢工运动，试图通过动员和教育使工人的反抗运动更具替代性。美国共产党领导人以罢工组织者的身份参与"占领华尔街"运动，党的某些领导人为此遭到逮捕。俄罗斯共产主义工人党－俄罗斯共产党人党采取了建立广泛的阶级力量联盟的策略，在2010年2月成立了名为"俄罗斯联合劳动阵线"的组织，几个工会组织就是其中的骨干成员。该党的某些领导人同时兼任这些工会组织的共同主席，直接参与领导工人运动。近年俄罗斯劳动者举行的抗议事件增多，2011年与前一年相比增加了28%。在共产党的基层组织参与工人运动的地方，工人罢工等抗议斗争明显比其他地方活跃、有组织性，"阶级工会"也因此而发展壮大。① 许多共产党通过举办学习班、网上学校培训工会骨干，进行马克思主义基本理论教育和法律维权咨询。共产党的积极表现不仅提升了其在社会中的影响力，同时也增强了队伍内部的士气，促进了自身的发展。

（三）危机彰显了社会主义制度的优越性

面对全球金融危机浪潮的侵袭，中国、越南等社会主义国家的政府积极采取财政刺激计划和改善民生的方案，调整经济结构，确保经济平稳增长，通过巩固自身实力来防止全球经济危机的冲击。几年来，中国、越南、老挝、朝鲜、古巴等社会主义国家政局稳定，年均国内生产总值增长率位于世界前列，中国于2010年成为世界第二大经济体，为全球经济从衰退中复苏作出贡献。社会主义国家的出色表现，在一定程度上彰显了社会主义高效调配资源、合力解决重大问题的制度优越性，大大提升了社会主义的吸引力。

---

① А. К. Черепанова: Тактика и стратегия борьбы РКРП в условиях кризиса. Выступление на международном коммунистическом семинаре в Брюсселе. http://rkrp-rpk.ru/content/view/7371/1/, 29.05.2012 г.

尤其是有效应对危机考验的中国特色社会主义，越来越受到人们的关注和热议。英国《卫报》将2008年称为"中国模式年"。美国未来学家约翰·奈斯比特高度赞扬中国的发展模式更为优越，指出"中国是一辆跑得更快、性能更好的车。在西方人看来，中国这辆车可能是很复杂的，或者是不符合他们驾驶观念的车，他们在面对这辆车的时候可能有一点头晕目眩，但是从整个世界的角度来说，我建议应该获取新的发展模式"①。即使是因在1989年提出"历史终结论"而名声大噪的美国政治学家弗朗西斯·福山，也一改"美国模式优于任何发展模式"的断言，转而宣称"近30年来，中国经济令人惊异的快速发展体现了'中国模式'的有效性"②。无论中国的社会主义是因为何种原因、何种目的被这些不同政治立场和倾向的人士所追捧，中国在全球金融危机中的表现都至少表明，社会主义大有可为，中国特色社会主义在当今世界政治舞台上越来越发挥着重要作用。

（四）危机对世界格局产生重大影响

从目前来看，虽然此次金融经济危机尚未根本扭转苏东剧变以来"资强社弱"的国际力量对比，但世界格局正在发生新的变化。西方主要经济体的经济在衰退，新兴市场国家和发展中国家整体实力增强，后者为改变不合理的世界经济秩序和政治治理结构发出自己的声音；以美国为首的西方发达国家的霸权地位受到削弱，世界多极化趋势进一步推进。尽管金融危机以来，资产阶级统治阶层加大了对劳动阶级社会权利的打压、西方社会反共浪潮和法西斯主义有所抬头、世界范围的局部战争和社会动荡频发，但正如习近平总书记指出的，"世界的命运必须由各国人民共同掌握。各国主权范围内的事情只能由本国政府和人民去管，世界上的事情只能由各国政府和人民共同商量来办。这是处理国际事务的民主原则，国际社会应该共同遵守"③。

从当前各国乃至全球各种政治力量的博弈中我们可以看到，右翼势力及其主张并不得人心。危机伊始，受经济衰退的牵连，执政的欧洲左翼政党下台，右翼政党纷纷上台执政。然而，曾被认为"善于搞经济"的右翼

---

① 吴波、翁天兵：《奈斯比特：中国模式将会改变世界》，载《广州日报》2009年9月7日。
② 萧元胜：《福山谈"中国模式"》，载《天涯》2010年第1期。
③ 习近平：《在莫斯科国际关系学院的演讲》，2013年2月，新华网 http://news.xinhuanet.com/politics/2015-08/09/c_1116192264.htm。

在这轮危机面前却乏善可陈，反以其"劫贫济富"的"败绩"使选民失望。危机期间，欧洲多个执政者因应对危机不力而提前走下政坛。在2010年到2012年间，欧盟共有17个国家举行了议会选举，其中就有12个国家是提前进行选举或重组政府。除比利时外，所有国家提前大选的原因，都是缘于在解决银行体系危机和债务危机的紧缩措施上出现龃龉。在各种压力下，那些主张采取紧缩措施的执政党大多选举失利或被迫辞职，比如西欧的意大利、希腊、爱尔兰、西班牙、葡萄牙、荷兰等。与此同时，各种新兴政治势力强势崛起，比如2011年进入柏林州议会的德国海盗党，以及靠博客走红、由喜剧演员毕普·格里罗领导的意大利五星运动党等。尤其是持坚定反紧缩立场的激进左翼政党形成了持续的社会影响力，在一些国家甚至达到发展巅峰。比如希腊激进左翼联盟已经连续两次上台执政；西班牙"我们能"党从无到有，迅速成长为全国第三大政党，打破了自西班牙终结独裁统治后近40年由人民党和工社党两党轮流执政的历史。

与此同时，危机还促使作为西欧主要政治力量之一的社会民主主义政党反思和革新。这场危机宣告了新自由主义的破产，自然，为新自由主义推波助澜的欧洲社会民主主义政党会随之普遍陷入政治和信任危机。近些年，欧洲各国社民党普遍开始反思近20年来在理论路线和治理模式上的经验教训，试图通过修改纲领，重建社会基础。如德国社民党展开"重构社会民主主义基本价值"的讨论；英国工党内出现了将工党革新为"蓝色工党"的呼声，试图"赢回传统蓝领工人阶级和被压榨的中产阶级"选民；法国社会党从2008年兰斯代表大会开始对自身进行改革，提出"努力建设一个坚定的生态社会主义政党"，"希望在左翼，社会主义是我们的骄傲"，"社会主义者、替代全球化主义者和生态主义者，团结起来"等口号。[①] 不能否认，这些党的反思在很大程度上是出于竞选需要，但从其革新的意识形态取向上不难看出，这些党认识到：唯有重举社会主义旗帜，社会民主主义政党才能自救。

资本主义危机给世人的教育是深刻的。资本主义不是唯一选择，社会主义是人类的未来——这一点被越来越多的人所认识。

---

① 李其庆：《2012年法国总统选举》，载《国外理论动态》2012年第5期。

三 世界社会主义运动面临的挑战

全球金融危机为世界社会主义的复兴创造了机会,但社会主义的复兴并非一朝一夕就能成功,需要具备各种条件。当前世界社会主义运动面临诸多挑战。

其一,斗争呼唤强有力的马克思主义政党来领导。从目前世界范围的工人罢工和抗议运动来看,斗争的声势和规模很大,但目前抗议者的诉求仍主要限于经济领域,尚未转变为指向社会主义的政治斗争。一些西方左翼人士和共产党人认为,社会变革的客观条件正在成熟,但革命的主体力量准备不足,理论准备不足。大多数抗议行动缺乏强有力的无产阶级政党的领导和协调,缺乏新的战略策略指导。现有的共产党大多势单力薄,尚不足以担当历史重任。时势造英雄。相信客观历史进程会造就出新的领导社会变革主体的先锋队。其实,目前国外左翼组织和共产党已经朝着这一方向努力。呼唤"理论和战略创新",建立广泛的统一战线,吸收年轻人入党,利用互联网等新型媒体加强社会主义宣传,以提高当代工人阶级的阶级意识,这一切无不是为社会主义的复兴作组织上和理论的准备。

其二,世界社会主义力量需要团结。经济危机加剧了世界格局的变动,也带来了世界局势的大动荡。以美国为首的国际垄断资本开始了新一轮的攻势,一方面加紧对本国劳动人民的劳动权、社会保障权的侵害,对民主自由进行限制;另一方面加紧了对资本主义外围的盘剥和争夺,以各种手段对日益强大的社会主义中国进行遏制,以转嫁危机,维护其势力范围,巩固其对世界的统治。这预示着世界有可能进入新的经济、政治和军事的动荡时期,资本主义通过战争摆脱危机的历史并非不能重演,如果这一切变成现实,社会主义及一切发展中国家谋求和平发展的环境将会失去,世界社会主义运动走出低谷的步伐将会受阻,一切进步力量和共产党人将面临更大压力。在这种形势下,全世界的(社会主义制度下的和资本主义制度下的)社会主义力量必须团结一致,克服队伍内部的分散、分裂,并联合一切进步力量组成共同的反资本主义、反帝国主义阵线,打破帝国主义对社会主义国家的围堵,捍卫社会主义建设的成果,阻止帝国主义对第三世界的掠夺,反对战争,维护世界和平,促进人类进步。

其三,社会主义国家需赢得更大的自身发展空间,并有效地与资本主义展开较量。在经济全球化的今天，中国和越南等社会主义国家不得不使本国经济融入世界经济，受由发达资本主义国家主导的世界经济体系及其规则的约束，当然也受其危机的波及，还要承担克服危机的责任。因此，如何规避资本主义危机的影响，保障社会主义国家的经济稳定发展而不被拖垮，同时又能利用自身的地位为发展中国家在世界经济协调机构中争得话语权，进而改变不合理的世界经济体系，这是对社会主义国家前所未有的考验和挑战。当前，全球经济再次衰退、中国等新兴经济体也将变冷的信号应该引起我们的足够重视。对中国来说，坚持走中国特色社会主义道路不动摇，落实"四个全面"战略布局，改变经济增长方式，保持可持续性的增长，解决好民生问题，保持国内的发展、稳定、和谐，是当务之急。

总之，世界社会主义力量只有团结起来，共同迎接新的挑战，才能推动世界社会主义运动走出低谷，迎来新的发展高潮！

参考文献

《马克思恩格斯选集》第1—4卷,人民出版社1995年版。
《马克思恩格斯文集》第1—10卷,人民出版社2009年版。
《马克思恩格斯全集》第2卷,人民出版社1995年版。
《马克思恩格斯全集》第20卷,人民出版社1971年版。
《马克思恩格斯全集》第21卷,人民出版社1995年版。
《马克思恩格斯全集》第23卷,人民出版社1972年版。
《马克思恩格斯全集》第25卷,人民出版社1974年版。
《马克思恩格斯全集》第39卷,人民出版社1974年版。
《马克思恩格斯全集》第42卷,人民出版社1972年版。
《马克思恩格斯全集》第46卷(上),人民出版社1979年版。
《列宁全集》第21卷,人民出版社1984版。
《列宁选集》第2卷,人民出版社1995年版。
《列宁选集》第4卷,人民出版社1995年版。
《列宁专题文集——论无产阶级政党》,人民出版社2009年版。
《列宁专题文集——论资本主义》,人民出版社2009年版。
《列宁全集》第7卷,人民出版社1986年版。
《列宁全集》第35卷,人民出版社1985年版。
《列宁全集》第40卷,人民出版社1986年版。
《列宁全集》第52卷,人民出版社1988年版。
《列宁全集》第60卷,人民出版社1959年版。
周穗明、王玫等:《西方左翼论当代西方社会结构的演变》,江苏人民出版社2008年版。
张海涛:《三说美国:国家垄断资本主义危机》,当代中国出版社1998年版。
史志钦:《意共的转型与意大利政治变革》,中央编译出版社2006年版。

王浦劬：《政治学基础》，北京大学出版社 2006 年版。

俞可平、李慎明、王伟光主编：《阶级和革命的基本观点研究》，中央编译出版社 2008 年版。

燕继荣：《政治学十五讲》，北京大学出版社 2013 年版。

周弘主编：《认识变化中的欧洲》，社会科学文献出版社 2013 年版。

向松祚：《新资本论——全球金融资本主义的兴起、危机和救赎》，中信出版社 2015 年版。

张世鹏等：《全球化时代的资本主义》，中央编译出版社 1998 年版。

李慎明主编：《世界在动荡、变革、调整》，社会科学文献出版社 2012 年版。

庞中英：《全球化、反全球化与中国》，上海人民出版社 2002 年版。

刘洪才编：《当代世界共产党党纲党章选编》，当代世界出版社 2009 年版。

曹长胜：《世界社会主义纵论——曹长胜文集》，当代世界出版社 2006 年版。

冯颜利主编：《世界社会主义重大历史与现实问题研究——亚太、北美及拉美社会主义研究》，中国社会科学出版社 2013 年版。

李慎明主编：《世界社会主义跟踪研究报告（2015—2016）——且听低谷新潮声》（之十二），中国社会科学出版社 2016 年版。

肖枫主编：《社会主义向何处去》，当代世界出版社 1999 年版。

刘淑春等著：《欧洲社会主义研究》，中国社会科学出版社 2013 年版。

刘淑春等著：《独联体国家共产党的理论与实践》，中国社会科学出版社 2016 年版。

李硕：《论西欧多党竞争中反体制政党的体制性整合》，载《欧洲研究》2014 年第 2 期。

吕薇洲：《资本主义国家共产党关于社会主义实现形式的论争》，载《马克思主义研究》2014 年第 11 期。

沈尤佳、张嘉佩：《福利资本主义的命运与前途：危机后的思考》，载《政治经济学评论》2013 年第 4 期。

李其庆：《"欧洲激进左翼"探析》，载《当代世界与社会主义》2014 年第 4 期。

林德山：《欧洲激进左翼政党现状及变化评介》，载《马克思主义研究》2014 年第 5 期。

刘逸君：《意大利最新移民状况分析》，载《改革与开放》2013年1月。
欧债危机研究课题组：《南欧重债国发展前》，载《现代国际关系》2013年第2期。
姜辉：《论当代资本主义的阶级问题》，载《中国社会科学》2011年第4期。
于海青：《激进政治视阈下葡萄牙共产党与左翼集团的比较评析》，载《社会主义研究》2014年第1期。
戴涛、赵大朋：《从世界金融危机看列宁帝国主义理论的生命力》，载《社会主义研究》2010年第2期。
戴翔：《危机冲击、贸易保护与经济全球化》，载《石家庄经济学院学报》2012年6月。
韩晶晶、吴国富：《资本主义国家共产党对国际金融危机的新分析和反危机新规划》，载《社会主义研究》2012年第3期。
刘春元：《第十二次共产党和工人党国际会议的政策主张》，载《当代世界社会主义问题》2011年第1期。
刘春元编写：《葡萄牙共产党关于当前资本主义国际性危机及其应对措施的分析》，载《国外理论动态》2009年第2期。
刘淑春：《全球金融危机背景下的美国工会运动和美国共产党》，载《马克思主义研究》2011年第9期。
木春山、纪双城等：《西方担心中产阶级成"动荡之源"》，载《环球时报》2010年3月15日。
聂运麟、刘卫卫、杨成果：《第十一次共产党和工人党国际会议书评》，载《当代世界与社会主义》2010年第3期。
田德文：《金融危机背景下的英国社会改革》，载《当代世界与社会主义》2012年第5期。
张茉楠：《美操纵国债市场埋下重大隐患》，载《上海金融报》2012年4月13日。
朱安东：《金融资本主义的新发展及其危机》，载《马克思主义研究》2014年第12期。
郑若麟：《多种因素糅合出欧洲"愤怒的一代"》，载《文汇报》2011年8月13日第6版。
林德山：《在探索中前进》，载《国外理论动态》2001年第12期。

李周:《法共"新共产主义"理论:解释观念的方法是实践》,载《社会科学报》2007年1月25日。

王建礼、成亚林:《巴西共产党的现状、理论政策及面临问题》,载《当代世界社会主义问题》2014年第3期。

黄振奇、黄海燕:《发达资本主义国家的经济发展前景黯淡》,载《红旗文稿》2016年第20期。

侯惠勤、辛向阳:《国际金融危机中马克思主义的复兴》,载《红旗文稿》2010年第12期。

萧元胜:《福山谈"中国模式"》,载《天涯》2010年第1期。

吴波、翁天兵:《奈斯比特:中国模式将会改变世界》,载《广州日报》2009年9月7日。

李其庆:《2012年法国总统选举》,载《国外理论动态》2012年第5期。

[美] 贝弗里·J. 西尔弗:《劳工的力量:1870年以来的工人运动与全球化》,张璐译,社会科学文献出版社2012年版。

[美] 保罗·克鲁格曼:《美国怎么了?——一个自由主义者的良知》,刘波译,中信出版社2008年版。

[美] 大卫·哈维:《新自由主义简史》,王钦译,上海译文出版社2010年版。

[美] 文森特·帕里罗等著:《当代社会问题》(第四版),周兵等译,华夏出版社2002年版。

[日] 大前研一:《M型社会》,刘锦秀、江裕真译,中信出版社2010年版。

[日] 渡边雅男:《现代日本的阶层差别及其固定化》,陆泽军等译,中央编译出版社1998年版。

[美] 哈里·布雷弗曼:《劳动与垄断资本:20世纪中劳动的退化》,方生等译,商务印书馆1973年版。

[埃及] 萨米尔·阿明:《全球化时代的资本主义——对当代社会的管理》,丁开杰等译,中国人民大学出版社2013年版。

[美] 迈克尔·赫德森:《全球分裂:美国统治世界的经济战略》,杨成果等译,中央编译出版社2010年版。

[意] 多米尼克·洛苏尔多:《自由主义批判史》,王崟兴等译,商务印书馆2014年版。

［美］丹尼尔·辛格：《谁的新千年——他们的还是我们的》，曹荣湘等译，中国人民大学出版社2002年版。

［美］诺姆·乔姆斯基：《新自由主义和全球秩序》，徐海铭、季海宏译，江苏人民出版社2000年版。

［日］伊藤诚：《幻想破灭的资本主义》，孙仲涛等译，社会科学文献出版社2008年版。

［英］唐纳德·萨松：《欧洲社会主义百年史》（上、下册），姜辉、于海青、庞晓明译，社会科学文献出版社2008年版。

［英］卢克·马奇：《欧洲激进左翼政党》，于海青、王静译，社会科学文献出版社2014年版。

［英］罗丝玛丽·克朗普顿：《阶级与分层》，陈光金译，复旦大学出版社2011年版。

［美］托尼·朱特：《战后欧洲史》（上、下册），林骧华、唐敏译，新星出版社2010年版。

［意］乔·萨托利：《民主新论》，冯克利、阎克文译，东方出版社1998年版。

［美］弗雷德里克·普赖尔：《美国资本主义的未来》，黄胜强等译，中国社会科学出版社2004年版。

［英］冯·哈耶克：《哈耶克论文集》，邓正来编译，首都经济贸易大学出版社2001年版。

［英］I. 梅扎罗斯：《超越资本——关于一种过渡理论》，中国人民大学出版社2003年版。

［德］克劳斯·奥菲：《福利国家的矛盾》，吉林人民出版社2011年版。

［美］托马斯·索维尔：《被掩盖的经济真相》，中信出版社2008年版。

［美］拉古拉迈·拉詹：《断层线》，中信出版社2011年版。

［美］C. 莱特·米尔斯：《白领：美国的中产阶级》，南京大学出版社2006年版。

［美］丹尼尔·贝尔：《后工业社会》，科学普及出版社1985年版。

［法］雷蒙·阿隆：《阶级斗争——工业社会新讲》，译林出版社2003年版。

［日］高島善哉「現代国家論の原点」『高島善哉著作集』第8巻、東京：こぶし書房、1997年。

[英] 卡尔·波兰尼：《巨变：当代政治与经济的起源》，黄树民译，社科文献出版社2013年版。

[美] C. 科恩：《论民主》，聂崇信、朱秀贤译，商务印书馆1988年版。

[美] 迈克尔·耶茨：《从统计数字看当前美国工人阶级状况》，郭懋安编译，载《国外理论动态》2006年第8期。

[美] 约瑟夫·斯蒂格利茨：《1%的"民有、民治、民享"》，宋丽丹译，载《环球时报》2011年10月18日。

[英] 霍布斯鲍姆：《霍布斯鲍姆论当前世界趋势》，张春颖、张卫红译，载《国外理论动态》2012年第4期。

[法] 让-伊夫·加缪，《欧洲的极右翼》，陈露译，载《当代世界与社会主义》2001年第3期。

[美] 保罗·克鲁格曼：《极端不平等正在毒害美国》，http://www.guancha.cn/PaulKrugman/2013_09_16_172734.shtml。

[美] 萨伦·史密斯：《资本主义危机再次打开工人运动的大门》，载《马克思主义研究》2011年第12期。

[美] 约瑟夫·斯蒂格利茨：《99%人民的觉醒》，载《国外理论动态》2012年第12期。

[日] 面川诚：《韩国工人运动与非正规就业工人》，载《国外理论动态》2010年第1期。

[英] 菲尔·赫斯：《"自在"还是"自为"：工人阶级的阶级意识瓦解了吗》，载《马克思主义研究》2009年第10期。

[英] 安德列亚斯·比勒尔：《欧洲工会和社会运动联合反对新自由主义》，载《国外理论动态》2011年第5期。

[美] 瓦迪·哈拉比：《十项因素：当今科学发展中的政治经济学》，载《海派经济学》2008年第4期。

[德] 约翰·尼尔森：《反对全球资本主义：新社会运动》，载《国外理论动态》2006年第11期。

[美] 大卫·科茨：《当前金融和经济危机：新自由主义资本主义的体制危机》，载《海派经济学》2009年卷第25辑。

[埃及] 萨米尔·阿明：《资本主义世界体系的内爆——萨米尔·阿明谈当代全球化垄断资本主义的不可持续性》，魏南枝译，载《红旗文稿》2013年第11期。

[美] 斯蒂芬·雷斯尼克理查德·沃尔夫：《经济危机：一种马克思主义的解读》，载《国外理论动态》2010 年第 10 期。

[澳] 尼克·比姆斯：《资本主义的世界性危机和社会主义的前景》，载《国外理论动态》2008 年第 11 期。

[美] 乔尔·戈伊尔：《金融危机：一场全球性的资本主义系统性危机》，载《当代世界与社会主义》2009 年第 2 期。

[埃及] 萨米尔·阿明：《理解世界金融危机的本质》，载《国外理论动态》2010 年第 2 期。

John Bellamy Foster, "Aspects of Class in the United States: An Introduction", *Monthly Review*, Volume 58, Number 3, July-August 2006.

Charles Murray, *Coming Apart The State of White America 1960 – 2012*, Crown Forum, 2012.

Elizabeth Warren, Amelia Warren Tyagi, *The Two-Income Trap: Why Middle-Class Parents are Going Broke*, Basic Books, 2003.

Paul M. Sweezy, "Paul Sweezy Replies to Ernest Mandel", *Monthly Review*, 31, No. 3 (July – August 1979).

Robert Frank, *Falling Behind: How Rising Inequality Harms the Middle Class*, University of California Press, 2013.

Cas Mudde, *Populist Radical Right Parties in Europe*, Cambridge University Press, 2007.

Nicola Montagna, "Labor, Citizenship, and subjectivity: Migrants' Struggles within the Italian Crisis", *Social Justice*, Vol. 39, No. 1.

Bureau of Labor Statistics, "Union affiliation of employed wage and salary workers by selected characteristics", http://www.bls.gov/news.release/union2.t01.htm.

Gale Holland, "Increase in L. A. County Homeless Population Defies U. S. Trend", http://www.latimes.com/local/lanow/la-me-ln-hud-homeless-20131121,0,1923578.story#ixzz2yjr6VIHG.

Stephen Gandel, "By Every Measure, the Big Banks are Bigger", *Fortune*, September 13, 2013.

Steven Greenhouse, "Our Economic Pickle", *New York Times*, January 13, 2013.

David Harvey, "Urban Revolution is coming", April 29, 2012, http://www.salon.com/2012/04/28/urban_revolution_is_coming.

Walton Pantland, "Trade union crisis and the potential for renewal", Apr. 24, 2010, http://cyberunions.org/trade-union-crisis-and-the-potential-for-renewal/#/vanilla/discussion/embed/?vanilla_discussion_id=0.

Beth Holmes, "Unions recruiting more minority workers", Sep. 13, 2011, http://www.personneltoday.com/articles/2011/09/13/57949/unions-recruiting-more-minority-workers.html.

Stuart Jeffries, "Why Marxism is on the rise again", Wednesday 4 July 2012 20.00 BST, http://www.guardian.co.uk/world/2012/jul/04/the-return-of-marxism.

Hank Johnston and Albert Melucci, *New Social Movement*, Temple University Press, 1994.

Li Minqi, "Climate Change, Limits to Growth, and the Imperative for Socialism", *Monthly Review*, 2008, July-August.

Bruce Norton, "Economic Crises", *Rethinking Marxism*, 2013 (1).

Paul Krugman, *The Conscience of a Liberal*, New York: W. W. Norton & Company, 2007.

Paul Pierson and Jacob S. Hacker, *Winner-Take-All-Politics: How Washington Made the Rich Richer-and Turned Its Back on the Middle Class*, Simon & Schuster, 2010.

Charles Murray, *Coming Apart: The State of White America, 1960 – 2010*, Crown Forum, 2012.

Timothy Noah, *Great Divergence: America's Growing Inequality Crisis and What We Can Do About It*, Broomsbury Publishing, 2012.

David Coburn, "Beyond the Income Inequality Hypothesis: Class, Neo-Liberalism, and Health Inequalities", *Social Science & Medicine* 58 (1), 2004.

A. Gamble, *The Spectre at the Feast: Capitalist Crisis and the Politics of Recession*, Bsingstoke: Palgrave, 2009.

Panagiotis Sotiris, *Rebels with a Cause: The December 2008 Greek Youth Movement as the Condensation of Deeper Social andPolitical Contradictions*, *International Journal of Urban and Regional Research*, Volume 34.1 March 2010.

Paul Buhle, "The Myth of the Middle-Class Society", *Monthly Review*, 2001, Volume 52, Issue 10 (March).

Paul Taggart, *Populism*, Berkshire: Open University Press, 2000.

Nancy Fraser and Andrew Arato, "Critical Support: Nancy Fraser and Andrew Arato discuss the 2016 US Presidential Election", Nov. 8, 2016, http://www.versobooks.com/blogs/2931-critical-support-nancy-fraser-and-andrew-arato-discuss-the-2016-us-presidential-election.

Руслан Тхагушев. Михаил Сурков: Г. А. Зюганов:《Главная особенность XV Съезда - это устремленность в будущее》, Лидер КПРФ провел пресс-конференцию в ИА《Интерфакс》, 2013 - 02 - 26. http://kprf.ru/party-live/cknews/115927.html.

Sam Webb, "Wisconsin and beyond: the conflict is irreconcilable", http://www.peoplesworld.org/wisconsin-and-beyond-the-conflict-is-irreconcilable/, February 28, 2011.

Sam Webb, "Stand up for workers' rights, jobs and peace", http://www.cpusa.org/stand-up-for-workers-rights-jobs-and-peace/, April 20, 2011.

Arianna Farinelli & Emanuele Massetti, *Inexperienced, leftists, and grassroots democrats: a profile of the Five Star Movement's MPs*, Contemporary Italian Politics, 2015, Vol. 7, No. 3.

Lorenzo Mosca, *The Five Star Movement: Exception or Vanguard in Europe*? The International Spectator, 2014, Vol. 49, No. 1.

J. L. Melenchon, "Social Democracy is over: We need to build the 'Left that comes after'", *Transform*!, 2008, 3.

Marie-George Buffet, "34ème congrès: Discours de clôture de Marie George Buffet", Dec. 17, 2008, http://www.pcf.fr/spip.php?article3310.

Jason Stanley, "France: The NPA in Crisis", 2012, http://www.solidarity-us.org/node/3490.

Luke March and Daniel Keith, *Europe's Radical Left: From Marginality to the Mainstream*?, Rowman & Littlefield, 2016.

Elisabeth Gauthier, "French Regional Elections: First Observations", *Transform*!, Dec. 9, 2015.

Babak Amini, *The Radical Left in Europe in the Age of Austerity*,

Routledge, 2016.

Giorgos Charalambous, "All the shades of red, examining the radical left's Eurosepticism", *Contemporary Politics*, 2011.

Julia Hamlaoui, "Front de gauche. Avec la présidentielle, la tension monted'uncran", 11 Juillet, 2016, http://www.humanite.fr/front-de-gauche-avec-la-presidentielle-la-tension-monte-dun-cran-611664.

Clément Petitjean, "What Happened to the French Left?", Nov. 6, 2015, https://www.jacobinmag.com/2015/11/front-de-gauche-melenchon-besancenot-pcf-ps-france-socialist-europe-eu-mitterand/.

PCF, "Projet de base commune", Texte adopte par le Conseil national du PCF, 6 mars 2016.

Chris Harman, "The slump of the 1930s and the crisis today", *International Socialism*, Issue 121, Spring 2009, http://www.isj.org.uk/index.php4?id=506&issue=121.

А. К. Черепанова: Тактика и стратегия борьбы РКРП в условиях кризиса. Выступление на международном коммунистическом семинаре в Брюсселе. http://rkrp-rpk.ru/content/view/7371/1/, 29.05.2012 г.